한국의 대외관계와 외교사
고려 편

동북아역사재단 연구총서 77

한국의 대외관계와 외교사

고려 편

동북아역사재단 한국외교사편찬위원회 편

발간사

『한국의 대외관계와 외교사』를 펴내며

외교사는 역사의 주요 장면에서 각국이 당시의 국제환경을 어떻게 판단하고 관리해 왔는지, 국가적 위기나 민감한 외교적 사안을 어떻게 타개하려 했는지를 탐구하는 영역입니다. 어떻게 외부세계와 교류하며 국부를 축적하고 번영을 추구했는지를 밝히는 것 또한 중요한 연구대상입니다. 많은 나라들이 자신의 대외관계와 외교사를 연구, 편찬하면서 외교정책과 국가전략 수립에 참고해 온 것은 이 때문입니다.

안타깝게도 한국의 대외관계와 외교사는 부분적으로 이루어진 많은 연구에도 불구하고 아직 체계적으로 정리되어 있지 않습니다. 더구나 동북아시아 지역의 역사 갈등이 심화되면서 중국과 일본은 대국주의적, 팽창주의적 역사관을 정당화하며 한국의 대외관계에 대한 그릇된 편견을 집요하게 퍼뜨리고 있습니다. 갈등과 위계의 측면에서 국제관계를 보는데 익숙한 서구의 연구자들도 대부분 한국 역사를 중국사의 주변부, 심지어 중국사의 종속변수처럼 인식하고 있습니다.

동북아의 역사 갈등 속에 있는 우리나라가 국제 환경 속에서 어떻게 대처해 왔는가를 살펴보는 것은 이런 의미에서 뜻깊은 일입니다. 역사분쟁을 미래지향적으로 해결하고 평화의 기반을 마련하기 위해 노력하는 우리 동북아역사재단이 이 문제를 다루어야 한다는 것은 의심의 여지가 없는 일입니다. 이에 우리 재단은 "한국의 대외관계와 외교사"라는 연구총서를 간행하기로 하였고, 2015년부터 이를 준비해 왔습니다. 재단은 앞으로도 외교사료의 번역, 해제 등 관련 연구를 심화하고 확장해 나갈 계획입니다.

　우리 재단에서는 외교사 총서를 추진하기 위해 먼저 1945년을 기준으로 두 개의 편찬위원회를 구성하였습니다. 1945년 이전까지는 구대열 명예교수(이화여대)를 위원장으로 하여 이진한 교수(고려대, 고려 편), 한명기 교수(명지대, 조선 편) 등을 위촉하였고 재단에서는 김종학·홍면기 연구위원이 참여하였으며, 총괄 간사는 홍면기 연구위원이 맡았습니다. 그리하여 1945년 이전까지 4권-고대편, 고려편, 조선편, 근대편-을 간행하게 되었습니다. 편찬위원회에서 수고하신 모든 분들과 집필자들에게 고마움을 전합니다.

　이 총서는 우리 재단이 주관하였으나, 전반적인 큰 틀에서 한국의 대외관계와 외교의 역사를 하나의 흐름 속에 아우르는 원칙을 세웠고, 그 외는 편찬위원회의 독자성을 인정하고, 동시에 필자 개개인의 학문적 입장을 존중한다는 입장을 견지했습니다. 연구자 개인의 문제의식과 사료 해석에 따라 다양한 견해가 가능하고 필요하다고 보았기 때문입니다. 그런 만큼 많은 토론의 주제와 쟁점이 있을 수 있을 것입니다.

　이 책의 발간을 계기로 한국의 대외관계와 외교사에 대한 진지한 '학문적' 토론이 이루어지기를 기대합니다. 특히 미래를 이을 젊은이들이 우리의 역사적 경험을 깊이 성찰할 수 있는 계기가 되었으면 좋겠습니다.

2018. 12.
동북아역사재단 이사장
김 도 형

여는 글

『한국의 대외관계와 외교사』 발간의 학술적 의의

지난 4년간 준비해온 『한국의 대외관계와 외교사』를 발간하게 되어 감회가 깊다. 동북아역사재단은 우리 고대사를 자국사의 일부로 편입하려는 중국의 동북공정에 대항하여 설립된 고구려연구재단과 독도·동해 및 일제강점기 역사에 대한 일본의 왜곡된 주장을 바로잡기 위해 세워진 바른역사정립기획단을 통합하면서 출범했다. 그동안 재단은 고구려와 발해 등 옛 선조들이 활동하던 역사와 한중관계를 연구·정리하는 한편, 일본의 역사왜곡에 대응하기 위한 이론과 정책 개발에 노력해 왔다.

외교사는 단순히 '외교의 역사'가 아니라 국내외의 주요 사건들을 통해 축적된 인식과 경험의 보고(寶庫)이다. 국제정치의 현실은 추상적인 상태에서 존재하는 것이 아니라, 다기(多岐)한 국제환경과 대외관계 속에서 국가가 선택하고 실천하는 외교행위를 통해 구성된다. 이는 곧 대외관계와 외교사의 배경과 맥락에 대한 깊은 이해가 선행되지 않으면 국제정치 연구가 튼튼한 기초를 가질 수 없음을 말해주는 것이다. 오늘날 우리가 국제정치 현상을 해설하는 데 사용하는 주요한 개념들은 예외 없이 서구의 특수한 역사적 경험에 기초해서 그 해석과 개념화를 통해 구성해낸 것이다. 이러한 점에서 이번에 발간하는 『한국의 대외관계와 외교사』는 우리 역사에서 나타난 사실(史實)과 행위들을 우리의 시각에서 체계화함으로써 한국 국제정치학 발전의 새로운 토대를 구축한다는 의의를 갖는다.

두말할 나위 없이 모든 국가의 외교정책은 국가이익의 추구를 최우선의 목표로 삼는다. 하지만 강대국과 약소국은 국제정치에서 수행하는 역할이나 기능의 측면에서 큰 차이가 있으며, 따라서 외교사가 갖는 의미 또한 동일할 수 없다. 한국에 있어 외교사란 한국인의 역사적 삶이 대외적으로 표현된 기록이다. 하지만 이보다 더 중요한 것은, 그것이 바로 당면한 국제환경에 대한 우리 민족의 도전과 투쟁의 기록이라는 사실이다. 이러한 의미에서 한국 외교사를 국내정치사와 구분하거나 단순히 한국사의 일개 영역으로 다루는 것은 한국사 전체를 왜곡시킬 위험이 있다. 왜냐하면 외교사는 한국사가 전개돼온 국제적 환경과 구조, 정치적 선택 등을 총체적으로 이해하기 위한 필수적이며 핵심적인 요소가 되기 때문이다.

한국사는 국내정치와 대외관계가 긴밀하게 연동되어 진행돼 왔다. 국내적으로는 지역으로 분리된 여러 집단들이 투쟁·타협하며 국가를 형성·유지해 왔고, 대외적으로는 한반도에 대한 전략적 관심을 놓지 않았던 중국과 일본과의 투쟁의 역사로 점철되었다. 수천 년 동안 한국은 동아시아라는 역사공간 속에서 중국·일본 등과 때로는 갈등하고 때로는 공생하면서 성장·발전해 왔다. 이런 의미에서 한국외교사는 비단 한민족뿐 아니라 주변세력들과의 복잡다단한 관계를 아우르는 것이라고 할 수 있다.

한국 외교사는 각 시대별로 다르게 나타날 수 있는 한국적 정체성을 정확하게 해석하는 작업과 함께 동아시아 국제관계에서의 힘의 관계 - 오늘날의 관점에서 말하면 대외관계를 규율·조정하는 국제제도와 국제법적인 요소들 -, 국가적 위기나 특정 교섭사안을 해결하는 데 기여한 인물들의 활약상, 그리고 경제적·문화적 교류 등을 연구대상으로 삼는다. 특히 주변국가와의 경제적·문화적 교류를 탐구하는 작업은 한국 외교사 연구의 외연을 확장하는 한편, 사료의 부족을 보완하여 한국과 주변국 간의 대등한 교제의 양상을 드러낸다는 점에서 중요한 연구 과제라고 할 수 있다.

또한 한국 외교사에서 국제정치적 측면만 부각시킨다면 필연적으로 한국은 강대국들의 정책이 적용되는 '대상'으로 전락할 수밖에 없다. 중국의 한반도 지배나 일본의 팽창과 침략, 그리고 러시아의 진출이라는 강대국들의 정책과 그에 대한 한국의 대응은, 다시 국내정치 과정으로 피드백(feedback)되어 직접적인 영향을 미쳤다. 무엇보다 중국이라는 거대세력에 대응하는 과정에서 불가피하게 나타난 수동성이나 많은 경우 외국 사료에 의존하지 않을 수 없는 상황도 외교사 연구의 큰 제약요인이 되고 있다. 따라서 이를 극복하기 위해서는 한국의 외교사 연구에서 이와 같이 부정적으로 보이는 여러 측면들을 어떻게 객관적으로 분석·서술할 것인가 하는, '우리의' 시점(視點)을 확립하는 것이 중요하다는 사실에 유념할 필요가 있다.

오늘날 국내 대학에서의 '외교사', 특히 '한국외교사'의 위상은 확고하지 않다. 사학과에서는 국내사에 치중하여 대외관계사 또는 외교사가 체계적으로 교수되지 않으며, 정치외교학과에서는 국제정치의 주변과목으로 겨우 명맥을 유지하는 정도이다. 아마도 그 가장 큰 원인은 국제관계는 강대국 중심으로 전개되어 왔으며, 한국은 이에 능동적으로 참여하지 못했다는 그릇된 인식에 있을 것이다. 한국이 강대국간 경쟁과 흥정의 대상이었을 뿐이라는 피동적 사고는 국제관계 속에서 우리가 선택하고 개척해온 역사에 대한 성찰을 근원적으로 가로막는다는 점에서 심각한 문제이다. 사정이 이와 같다 보니 그동안 '한국 외교사'를 가르칠 만한 마땅한 교재도 찾기 어려웠다. 대학의 교과목의 경우에는 대부분 서양에서 개발된 학문체계를 무비판적으로 도입해서 가르쳐 왔지만, 이 분야에 관한 한 외국 교과서를 그대로 번역해서 가르치기는 어렵다. 왜냐하면 미국의 동양외교사는 그들의 동아시아 정책을 서술한 것이고, 일본인들이 개발한 동양외교사는 대체로 일본의 팽창과 중일 간의 경쟁이라는 관점에서 기술된 것에 지나지 않기 때문이다.

이번에 동북아역사재단에서 펴내는 『한국의 대외관계와 외교사』는 이상의 학문적 난맥을 해결하기 위한 첫 걸음을 내딛는 것이라는 점에서 큰 의의를 갖는다. 본서는 한국의 대외관계와 외교사를 고대·고려·조선·근대 등 총 4편으로 나누어 편제하고, 각 시기 별로 한반도를 둘러싼 국제정치적 환경의 변화와 그에 조응한 국내정치의 변화·발전의 양상을 규명하고자 했다. 특히 본서의 집필에는 국제정치학 뿐 아니라 한국사·일본사·중국사 등 다양한 분야의 권위 있는 연구자 50여명이 참여했다. 이와 같이 방대한 규모의 집필진을 동원한 한국 외교사 통사서술 작업은 우리 학계 초유의 일로서, 본서에서 제기된 논점과 질문들은 앞으로 한국 외교사 분야의 학문적 정립에 크게 기여할 것으로 기대된다. 이와 같이 의미 있는 작업을 후원해준 동북아역사재단과 본서의 편찬 취지에 깊이 공감하여 우리 대외관계와 외교사의 새로운 해석을 가능케 하는 귀한 원고를 제출해주신 집필자들께 깊은 감사를 드린다.

2018. 12.
동북아역사재단 한국외교사편찬위원회
위원장 구 대 열

고려 편 서문

고려시대 외교의 재조명

고려는 918년에 왕건이 궁예왕을 몰아내고 건국하였고, 1392년에 멸망하였다. 그 사이에 중국에는 유난히 많은 왕조가 있었다. 10세기에는 후량, 후당, 후진, 후한, 후주 등의 오대왕조와 십국이 있었다. 916년에 거란이 건국한 이후 동북아의 군사적 강자가 되었고, 960년에 조광윤이 송을 건국하고 장강 이남 지역의 여러 나라를 정복했으나 군사적으로 거란이 우세하였다. 12세기 초에 금이 건국되었고, 송과 금은 거란을 멸망시키는 데 성공하였지만, 금의 세력은 더욱 강성해서 거란보다 더 많은 중원 지역을 차지하였다. 13세기 초 칭기즈칸이 몽골제국을 건설하였고, 금과 송을 멸망시키고 중국을 통일하였으며, 역사상 유례없는 세계 대제국을 이룩하였다. 14세기 후반에는 주원장이 세운 명이 중국을 통치하게 되었다.

    중국왕조의 부침은 고려에도 영향을 주었다. 북방의 거란·금과 중원의 오대·송 등이 서로 패권을 다툴 때는 경쟁적으로 고려와 연합하고자 했기 때문에 고려의 국제적 위상이 높아졌다. 반대로 원·명 등의 통일국가가 등장하였을 때는 상대적으로 고려에 대한 중국의 외교적 압력이 높아질 수밖에 없었다.

    이러한 점에서 고려왕조의 존속이 대외적인 변수에 의존하는 바가 많은 것처럼 오해받아왔다. 그러나 고려의 외교사를 정밀하게 추적해보면 고려왕조야말로 국가의 생존과 번영이라는 전략을 실현하기 위한 주변 국가와의 외교적 전술에 매우 능하여서 동아시아 국제정세의 급격한 변화 속에서도 500년 가까운 왕조를 지속할 수 있었다고 생각된다.

    실제 고려의 외교적 역량이 잘 드러난 사건도 적지 않다. 고려 태조는 후진이 거란의 부용국(附庸國)이라는 것을 잘 알면서도 거란에서 벗어나고자 노력하던 후진과 외교를 맺어 막대한 경제적 후원을 받았다. 후삼국 통일 이후 태조는 북쪽에 가까이 있는 거란을 멀리하고, 발해인들의 투화를 유도하기 위해 만부교 사건을 일으켰다. 성종·목종·현종은 동아시아의 군사적 강자인 거란보다는 선진문화를 받아들이기 위해 고려를 후대하는 송과 외교하거나 거란과 송의 이중외교를 시도하였다.

거란과의 1차 전쟁 때 많은 사람들이 북쪽 영토를 떼어주거나 항복하자고 하였다. 그러나 서희는 거란의 침입 목적을 정확히 파악하여 소손녕(蕭遜寧, 蕭恒德)과의 담판을 제안하였으며, 그 결과 전쟁을 종식시키고 압록강 부근의 강동 6주를 얻는 성과를 거두었다. 현종은 거란과의 3차 전쟁을 승리하였는데도, 오히려 송과의 외교를 통해 국가적 실리를 얻는 것보다는 평화를 유지하는 것이 국익에 도움이 된다고 판단하고 거란과의 사대를 결행하여 양국의 책봉관계가 어느 정도 수평성을 갖게 되었다. 문종은 거란과의 사대를 하면서 대송 통교를 재개하여 송으로부터 막대한 회사품(回賜品)을 받고 고려를 부강하게 만들었다. 무신정변이 일어나고 명종이 새롭게 즉위한 뒤, 신왕의 즉위를 알리러 갔던 고려 사신 유응규(庾應圭)는 금의 압력에 굴복하지 않는 충절을 보여 금 황제와 대신들을 감동시켰으므로 신왕의 책봉을 받아 정권을 안정시키는 데 이바지하였다.

최씨정권은 자신들의 이익을 지키기 위한 것이기는 해도, 강화 천도를 단행하고 몽골과의 항쟁을 지속해나갔다. 전세가 불리할 때는 몽골의 요구를 들어준다고 하며 군사를 되돌리게 하고, 이후에는 약속을 지키지 않는 것에 대해 여러 가지 외교적 수사(修辭)로 몽골을 기만하며 30여 년간을 버텼다. 그리하여 1259년에 고려 태자와 쿠빌라이의 만남이 이루어질 수 있었고, 몽골과 항전했던 다른 어떤 나라보다 유리한 조건으로 강화를 맺게 되었다. 원 간섭기에도 고려를 없애고 원의 한 행성으로 바꾸려는 입성책동이 있었지만, 아주 많은 고려 사람들은 왕조의 존속을 원하고 있어서 마침내 원을 설득하고 그 일을 무산시켜 버렸다. 1356년의 반원개혁은 고려 사람들이 원의 정치적 간섭에서 벗어나고자 하는 열망이 매우 뿌리 깊은 것임을 보여주는 사건이다.

명이 등장하고 공민왕의 사후에 우왕의 정통성이 문제되면서 고려는 명과의 외교에서 주도권을 빼앗기고 공마의 문제로 많은 어려움을 겪었다. 그렇지만 명이 고려의 옛 땅에 대한 원과의 연고를 주장하며 철령위를 설치하려 하자, 단호하게 군사적인 행동으로 나섰다. 최영의 요동정벌이 위화도 회군으로 결국 실패했으나 명의 고려에 대한 인식을 전환시키는 계기가 되었고, 고려는 원보다는 조금 유리하고, 거란(요)·금·송보다는 다소 불리한 조공책봉 관계를 맺게 되었다.

고려 외교사에서 가장 주목해야 할 것은 주변 국가의 침략에 대한 적극적인 항전과 빛나는 승리였다. 고려는 거란과 세 차례의 전쟁을 겪었고 몽골과 우리 역사상 가장 오랜 전쟁을 치렀지만, 끝내 정복되지 않았다. 또한 동아시아의 화란이 되었던 카단적[哈丹賊]·홍건적(紅巾賊)·왜구(倭寇)의 침략은 고려의 반격(反擊)으로 잠잠해졌다. 몽골과의 항쟁 과정에서 반란이 일어나 영토를 잃는 어려움을 겪었어도 망하지는 않았고 마침내 영토를 다시 회복하였다.

그런데 고려왕조가 주변 국가와 갈등을 겪고 여러 차례 오랜 전쟁을 수행해 나가면서 백성들의 마음을 얻지 못했다면 패배할 수밖에 없었을 것이다. 또한 고려는 인구 300만 내외의 작은 나라인데도 전쟁 과정, 전후 처리, 강화 협상 등에서 뛰어난 외교적 수완을 발휘하여 거대 제국들과 맞설 수 있었던 것이다. 결국 고려왕조는 발해 유민을 끌어안고, 우산국과 탐라국을 영유하였으며, 건국 때보다 조금 더 넓은 영역을 보유한 채 다음 왕조인 조선에 넘겨주었는데, 이것이야말로 고려가 해낸 최고의 외교적 공적이라고 평가해도 좋다.

고려는 475년간 주변 동아시아 정세의 변화 속에서도 주체적인 외교 역량과 전쟁에서 승리할 수 있는 강인한 군사력을 바탕으로 국가를 유지하는 데 성공하였다. 이 성과는 주변 정세에 따라 그냥 얻어진 것이 아니라 능동적으로 대처해 나갔던 고려 나름의 특유한 힘으로 이룩한 것이었다. 따라서 이 책은 단순한 국가 간의 관계사나 교류사의 차원을 벗어나 고려라는 '국가의 위상'을 주변국으로부터 실제 이상으로 평가받고 권위를 누릴 수 있게 하였던 고려의 전통적 외교 활동을 서술하고자 하였다. 그와 더불어 전쟁과 평화 시기를 막론하고 그것을 실현시켰던 국왕과 외교 담당자의 노력에 대해 재조명하였다.

이러한 간행 목적에 따라 고려의 외교를 10개의 주제로 설정하였다. 고려 외교사 개설에 해당되는 총론 이외에 시기를 고려하여 오대십국, 거란(요), 송, 금, 몽골과 원, 명 등과 같이 고려와 책봉관계를 맺었던 국가와 더불어 일본이나 여진과 같이 외교적 위상이 고려와 대등하거나 조금 낮았던 주변 국가와

민족으로 나누었다. 각 국가별 외교의 서술은 당시의 동아시아 국제정세를 반영하면서 고려의 외교 활동을 독자들이 생생하게 느낄 수 있도록 서술하려고 하였으나 사료의 부족으로 제대로 구현되지 못한 것도 있다.

10세기에서 14세기 말에 이르기까지 중국에 복수의 왕조가 병존하였으므로 특정 왕조와의 외교를 서술하는데 약간의 중복이 불가피하였다는 점도 설명해두어야 할 것 같다. 예를 들어 거란 및 오대십국, 거란과 송, 금과 송, 몽골과 송, 명과 북원 등이 동시에 있었는데, 거란과의 외교는 송과의 관계를 염두에 두고, 송과의 외교는 거란과의 관계를 고려하며 서술하였다. 부분적으로 겹치는 것이 있어도, 반드시 필요한 것이어서 배경적 지식으로 서술하였던 것이다. 이 책은 개요를 제외한 각 장의 제목을 '외교'로 일치시키려고 노력했으나, 그 내용은 외교사와 더불어 '대외관계'를 포괄하고 있다고 생각된다.

마지막으로 이 책은 동북아역사재단에서 발간하는 것이지만, 집필자에게 특정한 학설이나 용어를 요구하지 않았다는 점을 밝혀둔다. 그러므로 거란, 송, 금의 외교를 서술하면서 서로 다른 주장이 있어도 통일하려고 하지 않았다. 고려와 원·명과의 관계에 대한 여러 가지 논의가 있는데, 집필자의 견해를 그대로 존중하였다. 각 장 말미의 참고문헌은 저서를 중심으로 주요 논문을 약간씩 더하도록 하였다. 「고려 편」의 내용을 훌륭하게 채워주신 집필자 여러분들께 감사드립니다.

『한국의 대외관계와 외교사』의 「고려 편」 책이 나올 즈음에, 각 시대의 편찬위원들이 처음 만나서 정말 '외교사' 다운 주체적인 외교사를 만들어보자는 결의를 했던 기억이 떠오른다. 우리가 목표로 했던 것을 이루었다고 하기에는 아직도 수정하고 보완해야 할 내용이 적지 않은 것 같다. 하지만, 이 책이 외교사 편찬의 끝이 아니라 시작이라고 한다면 충분히 가치를 인정할 만하다고 생각된다. 그러한 점에서 이 책은 「고려 편」 '2018년'판 또는 'ver 1.0' 정도로 이해해도 좋다. 향후 새로운 연구자들이 이것을 참고하여 더욱 완성도가 높은 외교사 저술을 만들어주기를 바란다.

2018년 12월
〈고려 편〉 주편자 이진한

차 례

발간사_『한국의 대외관계와 외교사』를 펴내며   4
여는글_『한국의 대외관계와 외교사』 발간의 학술적 의의   6
고려 편 서문_고려시대 외교의 재조명   10

**제 1 장
고려시대 대외관계와
외교사 총론**
장동익

1. 고려시대의 외교   21
2. 국제정세의 전개   23
3. 외교관계의 변화   34
4. 외교사의 역사적 성격   44
5. 외교 활동의 여러 모습   52
6. 앞으로의 과제   58

**제 2 장
고려 초기의
대중국 외교**
김갑동

1. 고려 태조 왕건의 대중국 외교   67
2. 혜종~광종의 대중국 외교   80
3. 고려 초 중국과의 경제·문화 교류   82
4. 고려 초의 대발해·거란 외교   85

**제 3 장
거란과의 외교**
이정신

1. 고려 초기 거란과의 갈등   97
2. 거란과의 전쟁   100
3. 보주와 각장을 둘러싼 거란과의 갈등   116
4. 대거란 외교의 특징   123

제 4 장
송과의 외교
이진한

1. 대송 외교의 특징과 서술 방향	133
2. 송의 고려 책봉과 외교의 개시	134
3. 고려와 송 외교관계의 진전과 파국	137
4. 거란과의 전쟁과 갈등 속에 진행된 송과의 외교	144
5. 문종의 대송통교 시도와 성과	150
6. 송과의 외교를 지속하기 위한 선종·숙종의 노력	162
7. 거란·금 교체기의 고려와 송의 외교	170
8. 동아시아의 정세 변화와 송과 고려의 외교전	176
9. 송의 사신 외교 중단	184
10. 고려의 실리외교와 평화 추구	187

제 5 장
금과의 외교
한정수

1. 여진의 부모 나라[父母之邦], 고려	195
2. 전사(前史)로서의 여진 인식과 금과의 외교관계 성립	197
3. 보주 회복 협정과 여진족 쇄환 문제	206
4. 명종 옹립에 따른 외교 갈등과 한 외교관의 활약	213
5. 대금 외교 전개 상의 특징	220
6. 자주와 사대 속 실리외교	229

제6장
몽골과의 항쟁과 외교
윤용혁

1. 개요와 시기 구분 235
2. 1219년 몽골과의 '형제 맹약' 236
3. 몽골과의 항전과 외교 242
4. 두 개의 정부에 의한 대일 외교 253

제7장
몽골(원)과의 외교
이익주

1. 원종대 고려와 몽골의 강화 269
2. 충렬왕대 '세조구제'의 성립과 그 의미 286
3. 공민왕 반원운동 이후의 고려·원 관계 300

제8장
주변 민족과의 외교와 전쟁
이미지

1. 교류하는 고려 315
2. 여진과의 교류와 전쟁 316
3. 주변국의 반적(叛賊)에 대한 대응 327
4. 대식국·류큐·섬라곡국과의 조우 331

제 9 장
일본과의 외교와 왜구
나종우

1. 10세기 초 동아시아의 국제관계   339
2. 사절의 내왕   341
3. 일본 상인의 내왕과 진봉 외교   349
4. 왜구의 침구(侵寇)와 대응   353
5. 고려 대일 외교의 성격   363

제 10 장
명과의 외교와 갈등
김순자

1. 원·명의 교체와 고려의 외교정책   371
2. 제주 소재 목장과 말, 목호(牧胡)의 귀속권 분쟁   373
3. 우왕 책봉을 둘러싼 대립과 공물   378
4. 쌍성총관부 귀속을 둘러싼 영토 분쟁 – 철령위(鐵嶺衛) 사건   383
5. 요동 인구 귀속권 분쟁   389
6. 위화도 회군 이후 고려의 정치 변동과 명과의 관계   394

찾아보기   402
편찬 후기   420

제 1 장
고려시대 대외관계와 외교사 총론

장동익

1. 고려시대의 외교
2. 국제정세의 전개
3. 외교관계의 변화
4. 외교사의 역사적 성격
5. 외교 활동의 여러 모습
6. 앞으로의 과제

1. 고려시대의 외교

한국사의 전개 과정에서 국제관계는 서북쪽으로 아시아 대륙에 연결되어 있고, 동남쪽으로 해양(海洋)에 접해 있는 한반도의 지정학적인 환경으로 인해 매우 중요하였다. 특히 인근 국가인 중국과 일본이 한반도에 지리적으로 인접하여 있기에 그들과의 관계에 대한 적절한 지견(知見)이 부족하면 한국사의 올바른 이해(理解)에 한계가 뒤따를 수도 있다. 이는 한국의 많은 연대기(年代記)에 중국과 관련된 기록이 가장 많은 비중을 차지하고 있는 데서 알 수 있다. 또한 19세기 말 이전의 시기에 동아시아 지역이 중원(中原)을 중심으로 한 중국적 세계질서(Sinocentric world order) 아래에서 그 역사를 발전시켜 왔다는 사실을 통해서도 알 수 있다.

10세기 초에서 14세기 말까지 존속하였던 고려왕조는 한국사의 다른 어느 시기에 비해 주변의 여러 민족과 접촉·충돌이 많았던 시기에 존재했다. 그리하여 고려왕조는 국초 이래 대륙의 오대십국(五代十國), 송(宋), 거란[契丹], 여진(女眞, 金), 몽골[蒙古, 元], 명(明) 등과 접촉하면서 다양한 형태로 이들 국가와 외교관계를 맺었다. 고려는 또한 국가를 형성하지 못했던 여러 유형의 여진족을 거느리기도 했고, 일본과는 공식적인 외교관계를 정립하지 못한 가운데 지방정부와 색다른 교섭을 맺었다.

고려는 이들 여러 국가 또는 민족과의 접촉에서 외교적 활동을 통해 우호적인 관계를 유지하기도 하였지만, 대륙에서 강력한 국가가 출현했을 때는 대립·분쟁의 관계에 놓이거나 장기간에 걸쳐 전쟁을 치르기도 했다. 이러한 현상은 여러 국가 사이의 관계에서 평화와 공존의 시기가 없었던 것은 아니지만, 대부분의 경우는 대립과 분쟁의 관계로 얼룩져 있었던 것과 같은 현상일 것이다. 후자의 경우, 국제관계에서는 외교적 수단을 통해 대립과 분쟁을 평화적인 교섭으로 해결하면서 무력(武力)을 동원한 군사적 충돌을 막고자 하는 움직임이 일어나기도 하였다.

외교는 전쟁과 달리 설득·협상·타협 등의 수단을 통해 상대방의 본질적 국익을 해치지 않고 자신의 중요한 국익을 지킬 것을 추구한다. 외교는 승리와 패배라는 극과 극을 피하고 중간지점에서 상대방을 만나 접점을 찾는다. 이러한 외교는 서구에서 30년 전쟁(1618~1648)을 종결지은 베스트팔렌 조약으로부터 연유하는 베스트팔렌 체제(Westphalian System)라는 근대적인 국제체제가 등장하기 이전부터 존재했다. 사실, 전근대 동아시아 세계에서도 국가 사이에 중대한 이해관계(利害關係)가 관련된 문제가 발생하였을 때는 외교적 수단으로 이를 조정하거나 해결하기도 하였다. 이 경우의 외교 행위는 국가와 국가 사이의 정치적 교섭을 가리켰고, 여기는 사신 왕래, 국서(國書)의 수수(授受), 그리고 표류민(漂流民) 송환, 귀화(歸化)와 이주(移住), 무역을 통한 인간적인 접촉, 문화 교류 등이 포함되었다.

이러한 전근대사회의 외교를 이해하기 위해서는, 우리는 그 시대의 외교사를 배워야 할 것이고 그 주안점은 외교사를 받아들이는 방식일 것이다. 곧 외교사는 여타 역사 분야의 경우와 마찬가지로 단순히 외교에 관련된 사실을 학습하는 것이 아니라 국가를 대표하는 정치의 책임자 또는 외교를 담당한 관리들이 그들이 직면했던 국가적 위기, 특히 다른 나라와의 대립과 분쟁에서 어떻게 행동하고, 어떠한 결단을 내렸는가, 그리고 그들의 성공과 실패의 요인은 무엇이었는가, 승패를 결정지은 정책의 대안(代案)은 무엇이었는가, 끝으로 그것을 어떻게 평가해야 하는가? 등을 생각해보는 것이어야 할 것이다.

이상과 같은 점을 염두에 두고 고려시대에 이루어졌던 국제정세의 전개, 외교관계의 변화, 고려 외교사의 역사적 성격, 이민족과의 접촉에 나타난 고려의 외교적 대응의 양상, 그리고 앞으로 우리가 해결해야 할 과제 등에 대해 간단히 정리해 보기로 한다.

2. 국제정세의 전개

　10세기 전반에서 거의 14세기 말까지 474년간에 걸쳐 존속하였던 고려왕조는 일반적으로 1170년(의종24) 일어났던 무신정변을 분수령으로 하여 전기와 후기의 두 단계[二分法]로 나누어지고 있다. 이는 다시 세분(細分)되어 귀족사회의 토대가 형성되었던 초기(918~981, 성종 즉위년), 문벌귀족 시대라고 불리는 전기(981~1170), 무신의 집권이 이루어졌던 중기(1170~1270, 원종 11), 그리고 외세(外勢)에 의해 제후국(諸侯國)으로 강등되었던 후기(1270~1392)의 네 단계[四分法]로 구분되기도 한다. 이 중에서 사분법은 국내외의 정치적 상황을 고려한 구분법이므로, 이 방식에 따라 동북아시아의 국제정세를 살펴보기로 한다.

1) 오대십국(五代十國)

　10세기 초반 중국의 역대 왕조 중에서 강성한 국가의 대표적 존재로서 율령체제(律令體制)를 크게 정비하여 정치, 경제, 문화 등의 여러 분야에서 동아시아의 여러 국가에 큰 영향을 끼쳤던 당(唐)이 절도사(節度使) 세력(藩鎭이라고 불림)과 환관(宦官) 세력의 대립·충돌로 인해 3세기를 채우지 못하고 멸망하였다(618~907). 이후 중원(中原)은 다시 분열되어 960년 한족(漢族)에 의해 송(宋)이 창건되기까지 53년간에 걸쳐 중앙에서 다섯 개의 왕조[五代, 907~960]가 차례로 교체되었고, 지방에서 10개의 국가[十國, 891~979]가 경쟁하게 되었다[五代十國].

　이들 오대십국은 859년 황소(黃巢)의 반란이 일어난 이후 지방의 통제를 위해 파견되었던 번진의 일부가 왕(王)으로 책봉을 받아 자립한 것이었다. 그중 화북(華北) 지역에서 강력한 세력을 지닌 것이 오대를 형성하여 제왕(帝王)을 칭하였는데, 두 번째 왕조인 후당(後唐, 923~936) 이후는 모두 북쪽의 돌궐(突厥) 계통의 사퇴족(Shatuo, 沙陀族)이 건설한 것이었다. 이들 오대가 전국을 통제하지 못해 각지의 번진이 자립하여 황제가 되었으나 후량(後梁, 907~923) 시기의 일부 국가를 제외하고 모두 오대에게 제후(諸侯)의 의례(儀禮)를 취하며 칭왕(稱王)·칭제(稱帝)하였는데, 이들이 십국이다.

이러한 중원의 분열은 이들과 직·간접적으로 연결되어 있던 인근 국가들에게도 일정 부분 영향을 미쳐 그들 사회의 변동을 초래하게 되었다. 곧 중원의 정치적·군사적 영향력이 미치지 않자 북쪽에서 거란의 팽창과 남하가 이루어지게 되었고, 서쪽으로 정난군(定難軍, 후일의 西夏), 남쪽으로는 정해군(靜海軍, 후일의 交趾)이 점차 독립하게 되었다. 또한 동쪽으로 한반도에서 새로운 국가의 등장으로 인하여 후삼국이 정립하게 되었고, 바다로 인해 멀리 떨어진 일본열도에서는 중앙의 정치력이 지방에 미치지 못해 율령 국가의 쇠퇴가 이루어지게 되었다.

2) 송(宋, 北宋과 南宋)

오대의 마지막 왕조인 후주(後周, 951~960)의 장군 출신인 조광윤(趙光胤, 太祖, 960~976在位)은 쿠데타로 집권하여 송(宋, 北宋)을 건립하고, 그의 동생 조광의(趙光義, 太宗, 976~997 재위)와 함께 각지의 군웅(群雄)을 소탕하고, 979년 십국 중의 마지막 왕조인 북한(北漢, 951~979)을 멸망시켜 전국을 통일하였다. 이어서 태종은 같은 해에 후진(後晉, 936~947)의 고조(高祖) 석경당(石敬瑭)이 거란에게 양도한 연운 16주(燕雲十六州, 현 北京市에서 山西省 大同市까지)를 회복할 의도로 북정(北征)을 위해 군사를 출진시켰다. 이후 25년간에 걸친 송과 거란의 전쟁이 시작되었는데, 이때 송은 역주(易州, 현 河北省 易縣)와 탁주(涿州, 현 北京市의 서남부에 위치한 하북성 涿州市)를 함락시켰으나 연경(燕京)의 고량하(高粱河) 지역에서 참패하여 후퇴하고 말았다. 이후 양국은 전쟁을 계속하다가 거란의 경종(景宗)이 병사(病死)하고 성종(聖宗, 982~1031 재위)이 즉위하면서 잠시 휴전이 이루어졌다.

거란은 993년 윤10월 이래 고려를 신속(臣屬)시켜 요동 지역에서 안정을 찾은 이후 송과의 전쟁을 다시 격화시켜 나갔다. 거란이 995년(統和 13) 1월 송의 서쪽 변경인 인주(麟州, 현 陝西省 神木市의 서북 지역)를 침입한 이후 10년간에 걸쳐 크고 작은 전쟁들이 끊임없이 이어졌다. 997년(至道 3) 3월 송 태종이 서거하고 진종(眞宗) 조환(趙恒)이 즉위한 틈을 노려 거란의 성종은 친히 군사를 거느리고 누차에 걸쳐 송을 공격하여 여러 지역을 점령해 나갔다. 이어서 1004년(景德 1) 9월 소태후(蕭太后)와 성종은 송을 공격하기 위해 고려에 사신을 보내 선무하는 한편, 대대적으로 군사를 일으켜, 윤9월 거란군은 고안(固安, 현 하북성 복부 固安縣 지역)에 집결하여 여러 지역을 공격하고 11월 단주(澶州, 현 하남성 濮陽市 지역)를 압박하였다.

이때 거란군의 대장(大將) 소달름(蕭撻凜)이 전선을 시찰하다가 송의 복병을 만나 전사하자 거란군은 급격히 사기가 떨어졌고 송군의 협공을 받을까 두려워하여 송에 화의(和議)를 떠보기도 하였다. 이때 송의 진종은 깊이 남진한 거란군을 피해 남쪽으로 천도를 하려다가 재상 구준(寇準)의 건의를 받아들여 전선에 나와 독전하면서 군사들의 사기를 끌어올려 단주(澶州)를 결전장으로 삼아 병력을 집중시켰다. 그렇지만 송은 단주가 돌파되면 동경(東京, 현 하남성 開封市)이 위험하다고 판단하여 거란에 해마다 예물[歲幣]을 보낼 것을 조건으로 하여 화약을 체결할 것을 제시하였다. 이에 12월 양국이 단연(澶淵)에서 강화를 체결하여 25년간에 걸친 송과 요의 전쟁은 끝이 나고, 양국은 형제국가가 되어 송은 거란에 세폐로 은 10만 량·비단 20만 필을 제공하게 되었다(1005년 1월 澶淵之盟).

송과 거란 사이의 맹약은 명분을 뒤로한 정치적 현실주의의 큰 승리였다. 그것은 한 세기에 걸친 두 나라 관계의 안정과 평화적 공존의 터전을 닦았다는 점에서 송과 거란 모두에게 이로운 것이었다. 그리고 송은 비록 거란에 세폐를 보내야 했지만, 그것이 큰 문제가 되지는 않았다. 송이 거란에 보내는 세폐 액수는 전체 송 재정 수입의 불과 2%밖에 안 되는 것이어서 송은 거란과의 무역에서 그 손실을 쉽사리 만회했다.

이후 100여 년간 양국 사이에 대규모의 전쟁이 없었고, 서로 사신을 파견하여 통교하고 국경지대에서 무역을 시행했다. 그러다가 1042년 송이 서하(西夏)와 전쟁을 하는 것을 기회로 거란이 토지를 요구하자 송은 그 대가로 종래의 세폐에 은 10만 냥, 비단 10만 필을 더해 주었다. 또 1074년 송이 산서(山西) 지역의 보루(堡壘)를 보수하는 것을 구실로 삼아 거란이 경계를 다시 정할 것을 요구함에 따라 송은 일부 토지를 할양하였다. 한편, 이 시기에 신종(神宗)은 왕안석(王安石)을 기용하여 신법(新法)에 의한 부국강병책을 도모하였으나 실패하고 신법당과 구법당 사이에 대립이 심하게 일어나 국력이 쇠퇴하게 되었다.

신종의 뒤를 이은 휘종(徽宗, 1100~1126 재위)은 정치에는 관심이 없어 채경(蔡京)에게 정무를 위임하게 되어 구법당이 정계에서 축출되는 등 정치의 무능으로 인해 송의 국력이 크게 약화하였다. 이럴 때 거란이 신흥세력 여진에게 연속적으로 공격당하고 있음을 알게 된 송은 여진이 건국한 금과 동맹을 맺고 공동으로 거란을 공격하여 남경과 서경을 격파하고 연운 지역을 회복하였다. 그 대가로 송은 이전에 거란에 보내던 세폐를 금에 지급하게 되었다(1120년 海上之盟).

그렇지만 거란을 송과 공동으로 공격하는 과정에서 송군의 허약함을 알게 된 금군(金軍)은 이제 송을 공격했다. 송군은 금군에 크게 패하여 연경의 인구를 노략질 당하였고, 1125년(宣和 7) 금군이 남하하자 휘종은 아들인 흠종(欽宗)에게 양위하였지만 다음 해(靖康 1) 11월 수도인 개봉부가 포위되었다. 이어서 1127년 2월 흠종이 금에 의해 폐위되었고, 장방창(張邦昌)을 황제로 하는 초(楚)가 개창되었고, 휘종·흠종 두 황제는 오국성(五國城)으로 옮겨지게 되었고, 송은 일시 멸망하게 되었다[靖康之變, 北宋].

북송은 국제관계에서 약자가 취할 수 있는 세력균형 정책을 올바로 추구하지 못하고 거란과 금의 두 적(敵) 중 보다 위험한 금을 친구로 택하는 치명적 실수를 범하여 멸망하고 말았다. 이후 남송도 같은 실수를 반복하여 금과 몽골 중 더욱 위험한 후자를 친구로 선택하는 결정적인 잘못을 저질러 결국 멸망에 이르고 말았다.

1127년 북송이 멸망하자, 강왕(康王) 조구(趙構, 徽宗의 子, 1127~1162 재위)가 남경(南京) 응천부(應天府)에서 즉위하여[高宗] 송을 재건하였다[南宋]. 이후 그는 금군을 피해 여러 곳을 전전하였지만 각지에서 송군이 금군을 공격하여 물리침에 따라 1129년 7월 항주(杭州)를 임안부(臨安府)로 승격시켜 머물다가 1138년 도읍으로 삼았다. 그러다가 1141년 11월 양국은 마침내 화의를 맺고 송이 금에 매년 은 25만 냥, 비단 25만 필을 세폐로 바칠 것을 약속하였다(紹興和議).

3) 거란[契丹, 遼]

오대가 존재하던 시기에 거란족의 야율아보기(耶律阿保機, 907~926 재위)가 한인(漢人)들을 약탈하고 하북 지역의 유민(流民)들을 구류하여 세력을 확대하면서 거란(契丹, Khitan, 遼, 916~1125)을 건국하여 918년 임황부(臨潢府, 現 內蒙古自治區 赤峰市 波羅城)를 수도로 삼았다. 이어서 거란은 926년 발해를 멸망시키고, 936년 후당의 내란을 틈타 하동절도사 석경당(石敬瑭)이 황제를 칭하면서 연운 16주를 할양하겠다는 조건으로 거란에 원병을 청하자 태종 야율덕광(耶律德光, 927~947 재위)이 군사를 이끌고 후당을 공격하여 후진을 건립시켰다.

거란은 곧 연운 지역을 획득하여 중원으로의 영역 확대의 터전으로 삼고 남하하기 시작하여 947년 1월 그들에게 신속(臣屬)하기를 거부하던 후진의 출제(出帝) 석중귀(石重貴)를 공격하여 수도인 개봉부(開封府)를 함락하고 멸망시켰다. 이로써 거란 태종은 중원 지역의 대부분을 차지하게 되었고, 다음 달에 국호(國號)를 요[大遼]로 바꾸었으나 각지에서 한인(漢人)들의 반격을 받아 철수하다가 병사(病死)하였다(이후 국호를 983년 다시 거란으로, 1066년 재차 요로 개칭하였다).

976년 송 태종이 연운 지역의 회복을 위해 북진에 나서자, 경종(景宗)의 치세에 있던 거란군은 일시 패배하였으나 점차 군사력을 확충하여 송군을 크게 격파하여 군사적 우위에 서게 되었다. 이후 성종(聖宗)이 즉위하자 황태후 소씨(蕭氏)가 27년간 섭정(攝政)하면서 여러 방면에서 국정의 개혁을 단행하여 국세가 크게 강성하게 되었다. 거란은 979년 송이 제2차 북정(北征)을 단행하자 이를 격파하였고, 993년 고려를 공격하여 신속을 받았다. 이어서 1004년에 소태후와 성종이 친히 송을 정벌하여 단주에서 크게 이겨 다음 해 1월 양국이 화의를 체결하였고(澶淵之盟), 그 여세를 몰아 1009년 신속을 제대로 이행하지 않은 고려를 재차 공격하여 개경을 함락시켜 신속을 압박하였다.

이후 거란은 군사적 우위를 바탕으로 동아시아의 최고 강자로서 송·고려·서하를 신속(臣屬)시켰고, 누차에 걸쳐 서정(西征)을 단행하여 서역의 여러 국가의 신속을 받아 중앙아시아 지역에서도 세력을 떨쳤다. 거란은 이후 거의 100여 년에 걸쳐 세계적인 국가로서 유라시아에서 이름을 높였지만, 이후 내란으로 인해 국력이 분산되어 국세가 점차 쇠퇴의 길로 들어서게 되었다. 이러한 가운데 천조제(天祚帝, 1101~1125)가 즉위하였다. 이 시기에 1112년 이래 거란의 예하에 있던 여진의 추장 완옌 아구타[完顔阿骨打]가 거란의 정령(政令)을 받들지 않다가 2년 후에 거병하였다. 이에 천조제는 1115년 친정을 준비하면서 토벌군을 파견하였으나 토벌군이 여진에게 패배하여 반란을 일으키기도 하였다. 또 그 와중에 발해 계통의 고영창(高永昌)이 반란을 일으켜 자립하기도 하였다.

1115년 아구타가 황제를 칭하며 금을 건국한 후 5년 후인 1120년 거란의 상경이 함락되었다. 금의 압박에 시달리던 거란은 1년 후에는 영역의 절반을 상실하고 말았다. 이후 거란은 내부 분열로 반란이 계속 일어나서 다시는 금의 공격을 방어할 능력을 잃었고, 수세에 몰리다가 중경(中京, 현 内蒙古 赤峰市 寧城縣 天义镇 大明乡의 大明城)이 함락되었고, 천조제는 협산(夾山,

현 內蒙古 土默特 左旗 북쪽)으로 달아났다가 1125년 2월 포로가 되었다. 이로써 거란은 멸망하였고, 천조제는 금의 상경(上京, 현 黑龍江省 阿城區 白城子)으로 옮겨졌다가 3년 후에 병사하였다.

4) 금(金, 女眞, Jurchen)

완옌 아구타[完顔阿骨打]는 여진의 여러 부족을 통합한 후 1114년 9월 거란에 대해 공격의 태세를 갖추었고, 다음 해에 회령부(會寧府, 현 흑룡강성 阿城縣)에서 금(金, 1115~1234)을 건국하였다. 금은 1116년 5월 거란의 동경(東京) 요양부(遼陽府)를 점령하였고, 1120년에 상경 임황부를 함락시켜 거란의 영역 절반을 차지하였다. 금은 1122년 중경 대정부를 공격하여 거란의 천조제를 사막 쪽으로 내쫓았고, 3년 후인 1125년 북송과 동맹을 맺어[海上之盟] 금군과 송군이 공동으로 거란을 공격하여 멸망시켰고, 나아가 2차에 걸쳐 북송을 격파하여 1127년 이를 멸망시켰다. 금은 이어서 서하와 고려를 복속시켰고, 새로 건국한 남송의 주화파들과 연결하여 화의를 맺어 이전의 북송이 거란에 바친 세폐의 예와 같이 남송도 준수하게 하였다.

또한, 금은 해릉왕(海陵王) 완안량(完顔亮, 1149~1161 재위)의 치세하인 1153년에 중도(中都, 현 北京市)로 천도하였다. 이때 화북(華北) 지역과 회하(淮河) 이북의 화중(華中) 지역을 모두 차지하고 남송·고려·서하를 위시하여 막북(漠北)의 여러 부족을 모두 복속시켜 동아시아의 패자로 군림하였다. 이후 금은 세종(世宗, 1161~1189 재위)과 장종(章宗, 1189~1208) 시기에 최성기를 맞이하였으나 장종의 후기부터 점차 국력이 하강기에 들어섰고, 선종(宣宗, 1213~1223 재위)에 이르러 몽골의 대대적인 침입을 받았고 이를 틈타 화북(華北), 산동(山東) 지역에서 민란이 이어졌다. 이때 금은 오직 하남·회북(淮北)·관중(關中) 일대만을 지배하고 있었는데, 이 시기에 황하(黃河)의 범람이 잦아 국력이 더욱 쇠약하게 되었다.

5) 몽골국[蒙古國, 大元蒙古國]의 등장과 중원의 정복

1206년 12월 대몽골국[大蒙古國]을 수립한 테무친[鐵木眞]이 점차 남진하여 1209년 12월부터 금을 공격하기 시작하자 화북 지역은 다시 큰 혼란에 휩싸이게 되었다. 이때 금 지배하에 있던 거란인[契丹遺種]들이 궐기하여, 1213년 3월 야율유가(耶律留哥), 야율시불(耶律廝不, 耶廝不) 형제가 요동에서 요(遼)를 건국함에 따라 화북 지역은 더욱 혼란스럽게 되었다. 그 후 야율시불이 이끈 대요수국(大遼收國)의 군사는 2차에 걸쳐 압록강을 건너 고려에 침입하였다. 한편, 금은 몽골의 군사적 압박으로 1214년 변경(汴京, 현 하남성 開封市)으로 천도하였으나 서하·남송과의 전쟁으로 국력이 소모된 가운데 1234년 몽골과 남송의 협공을 받아 멸망하게 되었다.

몽골은 1232년 12월 송에 사신을 파견하여 양국이 연합하여 금을 공격하자고 제의하였는데, 이때 몽골은 금을 멸망시킨 후 하남 지역을 송에 돌려주겠다고 구두(口頭)로 약속하였다. 이러한 사실을 알게 된 금의 애종(哀宗, 1223~1234 재위)은 송의 이종(理宗, 1224~1264 재위)에게 세폐 중단 등과 같은 상당한 양보를 제의하면서 함께 몽골에 저항하자고 권유하였으나 잃어버린 영토를 회복할 절호의 기회를 맞이했다고 생각한 이종에 의해 거부되었다. 다음 해인 1233년 송은 금을 공격하여 등주(鄧州, 현 하남성 등주시)를 함락했고, 1234년 5월 몽골군·남송군이 채주(蔡州, 현 하남성 汝南縣)를 함락시키자 애종이 자진(自盡)하여 금은 멸망하게 되었다.

송은 몽골군이 철수함에 따라 동경(東京) 개봉부(開封府), 남경 응천부(應天府), 서경 낙양부(洛陽府)를 회복하기 위해 하남 지역으로 군대를 파견하였다. 송군은 6월에 남경을 회복하였으나 7월 서경을 공격하다가 몽골군의 반격을 받아 참패를 당하여 병력과 물자에 큰 손실을 보았고, 이후 몽골의 침략 구실만 남겼다. 그래서 남송은 금보다 훨씬 위협적인 몽골을 이웃으로 맞게 되었다. 금이 거란을 멸망시킨 후 북송을 침략했던 것처럼 승기를 잡은 몽골은 남송을 탐내었다. 결국 북송과 남송은 모두 세력균형

정책에서 중대한 실수를 범함으로써 멸망에 이르게 되었다.

1235년 몽골군은 2차에 걸쳐 송을 공격하고자 남침하였고, 다음 해에 다시 침입하였다. 몽골의 선봉군은 장강(長江 揚子江)의 북쪽에 이르렀으나 송군의 맹렬한 반격을 받아 도강(渡江)에 실패하였다. 이후에도 송군은 여러 번에 걸쳐 여러 곳에서 몽골군을 격파하여 남하를 저지하였다. 1259년 7월 몽골의 헌종(憲宗) 몽케[蒙哥]가 합주(合州, 현 重慶市 合川區) 조어성(釣魚城)에서 송군의 유시(流矢)에 맞아 군중에서 서거하였다. 그의 동생 쿠빌라이[忽必烈]는 주둔지인 장강 중류의 북쪽인 황피(黃陂, 현 湖北省 武汉市 黄陂区)에서 송군과 교전하다가 9월에 그 소식을 듣고서 곧 철군하여 스스로 제위(帝位, 大汗位)에 올랐다. 이때 송의 집권자인 가사도(賈似道)와 고려의 고종(高宗)은 쿠빌라이에게 사신을 파견하여 화의를 맺어 전쟁을 끝내고자 하였다.

1275년 봄에 몽골군이 안경(安慶, 현 安徽省 安慶市)과 지주(池州, 안휘성 지주시)를 함락시키고 건강(建康, 현 南京市)을 압박하자 장강의 방어선이 붕괴하였고, 이에 가사도가 출전하였으나 크게 패하였다. 같은 해 11월 상주(常州, 현 강소성 상주시)가 함락되어 남송의 기층민들이 대거 학살되었고, 다음 해 2월 임안에서 공종(恭宗)이 항복함에 따라 남송은 사실상 멸망하였다. 이후 송의 황실 출신이 단종(端宗), 위왕(衛王)으로 즉위하여 황제를 칭하며 몽골군에 저항하다가 1279년 2월 애산(崖山, 현 廣東省 新會)에서 위왕이 최후를 맞이하였다.

테무친[鐵木眞, 成吉思汗]이 몽골고원에서 건국한 대몽골국[大蒙古國]은 1227년에 서하를, 1234년에 그들의 종주국이었던 금을 차례로 정복하여 화북 지역을 장악하고, 3차에 걸친 서쪽 정벌을 단행하여 유럽과 아시아에 걸쳐 대제국을 건설하였다. 그렇지만 1259년 헌종 몽케가 남송을 정벌하다가 서거한 후, 화북 지역의 한지(漢地, 中原)를 영유하고 있던 쿠빌라이[忽必烈]와 막북 지역의 여러 제왕(諸王)들의 지지를 받은 아리부카[阿里不花]

가 제위(帝位, 汗位)의 쟁탈전을 전개한 결과 1264년 쿠빌라이(1260~1294 재위)가 승리하였다. 그러나 여러 칸국[汗國]들이 이탈하여 제국은 분열되고 말았다.

쿠빌라이는 1271년 국호를 바꾸어 대원(大元, 大元蒙古國, 1271~1368)으로 한 후 남송을 계속 공격하여 1276년 중국의 모든 지역을 영유하게 되었고, 1279년에 남송을 멸망시켰다. 그를 이은 성종(成宗, 1295~1307 재위), 무종(武宗, 1308~1311 재위) 시기에 대원은 최성기를 구가하면서 군사를 파견하여 서북 지역을 평정하여 장기간에 걸친 이 지역의 혼란을 수습했다. 또한 세조 쿠빌라이의 즉위 과정에서 제국의 권역에서 이탈했던 우구데이 칸국[窩闊台汗國]이 원을 종주국으로 승인하게 되었기에 중앙의 정령(政令)이 더 넓은 지역으로 파급될 수 있었다.

그렇지만 이보다 먼저 쿠빌라이는 일본, 동남아시아 등의 여러 지역을 여러 번에 걸쳐 공격하였으나 모두 만족스러운 성과를 거두지 못했고, 뒤이어 빈번한 제위(帝位) 교체와 쟁탈전, 정치적 문란과 부패, 유력한 군벌(軍閥)의 등장과 권력 투쟁 등으로 인해 점차 대원의 국력은 쇠퇴하게 되었다. 그러다가 1333년 혜종(惠宗, 順帝, 1333~1370)이 즉위한 후 정사(政事)에 소홀하여 정국이 문란하게 되었고, 통화의 팽창과 같은 경제 생활에 큰 문제가 생겼다. 또한 황하의 범람, 한발과 기근, 태풍과 지진, 온역(溫疫, 장티푸스) 등이 잇달아 발생하여 농민 경제가 파탄에 이르렀고, 이를 계기로 1351년 이래 홍건적과 같은 농민들의 반란이 각지에서 일어났다.

그러한 가운데 방국진(方國珍), 진우량(陳友諒), 장사성(張士誠) 등의 군웅들이 궐기하여 원(元) 제국의 권위는 크게 추락하였고, 이들을 진압하던 과정에서 지배층의 분열이 일어나 군사력은 더욱 약화하였다. 이때 홍건적 출신의 주원장(朱元璋)이 각 지역의 군웅과 남부 지역에 주둔한 원군(元軍)을 격파하여 패자로 등장한 후, 그의 주군(主君)인 소명왕(小明王) 한림아(韓林兒)를 유폐시키고, 1367년 남경(南京)에서 오왕(吳王)으로 독립하였다. 다음 해

1월에 명(明)을 창건하고, 북벌군을 파견하여 8월에 대도(大都)를 함락하여 원을 멸망시켰다.

혜종은 7월에 대도를 출발하여 상도(上都)로 가서 여전히 원의 황제로서 몽골 지역을 지배하였는데, 이를 북원(北元, 1368~1402)이라고 부른다. 이때 혜종은 막북(漠北)·막남(漠南)을 장악하였고, 관중(關中)에는 케케 테무르[廓擴帖木兒, 王保保]가, 요동 지역에서는 홍보보(洪保保)·나하추[納哈出] 등이 포진해 있었고, 운남(雲南) 지역에도 몽골의 잔존세력이 있었다. 그 후 혜종은 응창부(應昌府)로 옮겼다가 그곳에서 병사하였고, 소종(昭宗, 奇皇后의 子, 1371~1379 재위), 천원제(天元帝, 昭宗의 子, 1379~1388 재위)를 계승한 4인의 제왕(帝王)이 더 있었으나 1402년 제위(帝位)의 찬탈이 일어나 북원은 멸망하였다.

6) 명(明)

홍건적 출신의 한림아(韓林兒), 유복통(劉福通)을 중심으로 한 송(宋, 1351~1363)은 한족(漢族)의 농민을 중심으로 한 새로운 제국을 건설하려고 하였으나 무모한 북벌(北伐)로 인해 안정적인 정권을 구축하지 못한 채 몽골에 의해 진압되고 말았다. 그렇지만 그들의 한 부류였던 주원장(朱元璋)은 농민층을 배반하고 지주층과 타협하고서 명을 창건하고 곧 원을 멸망시키고 중국의 지배 체제를 한족의 왕조로 회귀(回歸)시켰다.

강남 지역에서 창건된 명은 장성(長成)의 북쪽에서 북원의 세력이 여전히 강성하였기에 이에 대비하여 40여 개의 위소(衛所)를 설치하였고, 요동 지역에는 요동도사(遼東都司, 遼東都指揮使司의 약칭)를 설치하여 이 지역에의 전진기지로 삼았다. 또 요동을 개척하는 과정에서 영역과 인민의 관할권을 둘러싸고 고려와 분쟁이 있었는데, 이를 기화로 북원과 연결되어 있었던 고려에 여러 가지의 부당한 압박을 강요하여 고려 조정에 분란을 일으키기도 하였다.

3. 외교관계의 변화

고려시대의 외교는 상대국의 민족 구성과 국력, 영역의 접경 여부, 그리고 초강대국의 등장 등과 같은 요인들에 따라 성격을 달리하는 모습을 보였는데, 이를 단계별로 나누어 살펴보기로 한다.

1) 한족(漢族)과의 외교[五代~南宋]

고려왕조는 국초부터 오대십국과 조공(朝貢) 관계를 맺음으로써 외교적으로 우호관계를 유지하면서 선진문물을 받아들이려 하였다. 이러한 중국왕조들과의 조공 관계 수립은 또한 세력균형 정책으로서, 후백제와의 경쟁에서 외교적으로 유리한 위치를 확보하여 한반도 내에서 패권을 확보하려는 정치적인 목적이 있었다. 이러한 고려의 외교정책은 후삼국의 통일 이후에도 유지되었는데, 이는 발해를 멸망시킨 거란이 동쪽으로 세력을 확장해 와 고려의 북진정책과 충돌하였기 때문이다. 다시 말해서 고려는 중국왕조들과의 조공 관계 수립을 통해서 거란의 세력을 견제하고자 했다. 이러한 세력균형 정책은 중원의 여러 왕조 쪽에서도 마찬가지였는데, 빈번한 왕조의 교체 속에서 이민족인 고려와의 외교관계 수립이 중원의 패자(覇者)로서의 권위 확보에 도움이 되었기 때문이다. 게다가 거란이 화북의 연운 16주를 점령하고 계속 남침을 도모함에 따라 중원의 왕조들은 이에 대처하는 공동의 연대 세력이 필요하였을 것이다.

이러한 현상은 특히 송의 경우에 두드러졌는데, 송이 "이민족과 연결하여 다른 이민족을 제압하자(聯夷以制夷)"는 외교정책을 채택함으로써 송·고려 양국 간에 우호적인 관계가 성립되었다. 송·고려 두 나라 간의 우호관계는 기본적으로 거란에 공동으로 대처하겠다는 데서 출발하였으나, 실제 양국의 입장에는 차이가 있었다. 예컨대 송은 985년(성종 4) 그들의 급선무인 연운 지방의 회복을 위해 고려에 원병을 요청하였으나 고려는 자국에 실익이 없는 이 전쟁에 개입하려 하지 않았다. 반면에 고려도 994년(성종 14) 거란의 침입에 대처하기 위해 송에 원병을 요청하였으나 송은 이를 거부하였다. 이로 인해 송과 고려 양측 모두 상대방을 불신하게 되었고, 양국의 관계는 점차 소원해져서 마침내 외교관계가 단절되기에 이르렀다.

그 후 고려가 거란과 일면(一面) 전쟁, 일면 강화를 추진하는 과정에서 송에 사신을 파견하여 두 나라 사이에는 국교가 재개되었다. 하지만 양국은 서로가 필요할 때에 상대방에게 군사적인 지원을 해주지 않았다. 곧 북방에서 거란을 대신하여 고려와 긴밀한 관계에 있던 여진이 세운 금(金)이 패자로 등장하게 되자, 송은 고려를 동맹으로 끌어들여 금에 대항하려 하였다. 고려가 이에 쉽사리 응하지 않자, 양국 사이의 공식적인 통교는 끊어지고, 서로 간의 필요 때문에 간헐적인 사신의 왕래만이 유지되다가 그마저도 1164년 이후에는 없어지게 되었다.

이러한 고려의 송·거란·금과의 외교관계는 기본적으로 전근대에 동아시아에 존재했던 조공체제(tribute system) 속에서 이루어졌다. 조공제도는 조공과 책봉의 의례를 규정한 조공 규범과 중국과 주변국가 사이의 조공·책봉 관계가 합쳐진 것이다. 조공제도는 이미 전한(前漢) 시대에 그 기본적인 형태가 마련되었고, 그 후 명·청 시대에 그것의 고전적인 형태가 완성을 보았다. 조공제도는 15세기 초부터 중국과 주변 조공국가 간의 외교 및 무역 네트워크로서 확고하게 자리를 잡았다.

조공제도, 특히 조공·책봉 관계는 주변국가의 지배자가 중국 황제에게 사절을 보내 조공하고[遣使獻方物], 그윽한 글을 올려 신하라고 하면서[奉表稱臣], 해마다 설날에 인사를 올리면[朝覲之禮], 중국의 황제는 그 반대급부로 이들 국가의 지배자에게 중국의 관직을 하사하면서[除授], 국왕으로 책봉하고[冊封], 형식적으로 토지를 나누어 주어[分封] 중국의 제후[外藩]로 삼는 외교관계의 주된 형태였다. 조공·책봉의 의례가 시행된 후 중국과 주변국가 간에는 종주국(宗主國)과 번속국(藩屬國)의 관계가 성립되었다.

조공체제는 상징적이든 실질적이든 간에 중국을 패권국으로 하는 계서제도(hierarchy)를 바탕으로 운영되었다. 그리하여 중국인들은 종주국이라는 중화의식(中華意識)에 사로잡혀 주변의 여러 민족이 그들의 교화[王化德治]에 감복하여 자발적으로 항복하여 인사를 올린[來朝] 것으로 이해했다. 그렇지만 그것은 어디까지나 그들 자신의 생각이었을 뿐이고, 주변국가나 민족의 입장은 그렇지 않은 경우가 많았다. 이렇게 조공제도가 중국과 주변국가들에 의해 달리 이해된 것은 조공체제가 중국과 조공국가 모두의 상호 필요의 산물이었고 그 둘 모두를 만족시켰기 때문이다. 사실 조공제도는 비용과 효과의 관점에서 중국과 조공국가 모두에게 유익한 국제질서였다. 그들 모두는 조공 관계를 통해 국가 안보 강화, 정치적 정통성, 경제적 혜택에서 커다란 이득을 볼 수 있었다.

조공제도는 전근대 동아시아 세계질서의 복잡성을 잘 보여준다. 조공제도는 그 당시 동아시아의 경제적, 정치적, 이데올로기적, 법적, 문화적인 상황 모두를 포함하는 복잡하고 다면적인 국제질서 확립을 위한 제도였다. 그리고 조공 관계는 쉽게 긴장되고 외견상 사소하게 보이는 요인들에 의해 단절될 수 있는 취약한 제도였다. 그것의 많은 다양한 변수 때문에 동아시아에서는 하나의 보편적인 조공 관계는 절대로 존재하지 않았다. 조공 관계는 중국과 주변 조공국가 간의 역사적 현실, 특히 국력과 국익의 현실에 따라서 매우 다양하게 전개되었다. 요컨대 조공체제는 한 마디로 정의할 수 없는 복잡한 국제질서였다.

조공 관계가 매우 복잡다단하게 전개된 사례는 많다. 한 사례로서 송은 북방민족과의 분쟁을 해결하기 위해 고려에 도움을 요청했지만, 고려의 응답이 자신을 충족시키기 못하자 고려 사신을 접대하는 방식을 달리했다. 곧 송은 북진정책을 추진하던 시기에는 고려 사신에 대한 접대가 융숭하였지만, 그렇지 않았을 때는 지방관의 영접 거부, 배신(陪臣)이라고 멸시, 숙소(宿所)의 출입 제한, 상경(上京)을 위해 제작한 지리도(地理圖)의 압수, 거란의 첩자[細作] 의심 등과 같은 각종 박대 행위를 일삼았다. 이는 그 당시 조공 관계가 얼마나 취약했는가를 바로 보여주는 한 가지 사례에 지나지 않는다.

12세기에 이르러 여진이 새로운 강자로 등장하면서 동북아시아의 정세는 다시 요동을 치게 되었다. 이에 거란과 송은 여진과 접경하면서 긴밀한 관계를 유지해왔던 고려를 자국 편으로 끌어들이기 위해 노력했다. 곧 송은 고려가 거란·여진 양국의 사이에 있으므로 1077년의 예에 따라 고려 사신을 우대하였으며(1111년), 사신의 명칭을 국신사(國信使)로 승격시켜 사신의 서열을 서하(西夏) 사신의 그것보다 상위에 두었다(1113년). 그 후 송은 다시 거란의 예와 같이 고려 사신을 우대하기 위해 사신 접대 의례를 추밀원(樞密院)에 예속시키기도 하였고(1115년), 고려 사신에게 여진을 불러 오도록 요청했다(1117년).

그 후 1125년 12월 금(金)이 연경(燕京)을 함락시키고 다음 해 1월 변경에 침입하자 송은 4월 고려에 군사를 동원하여 금을 후방에서 공격할 것을 요청했다(1126). 이는 종래에 고려가 여진과 긴밀한 관계를 맺고 있었음을 알고 있었던 송의 어떤 환상에 의한 것이겠지만, 고려는 그러한 송의 요구를 충족시켜 줄 형편이 아니었다.

2) 북방민족(北坊民族)과의 외교[契丹, 金]

고려왕조는 건국 초부터 부단하게 북방민족과 접촉하였는데, 이들과의 관계 여하에 따라 국운의 성쇠가 좌우될 정도였다. 고려 전기에 외교관계를 맺은 북방민족은 유목민족인 거란[遼], 유목과 농업을 함께 영위하고 있던 여진[金]이었는데, 이들과의 관계는 고려 지배층의 이해와 직결되어 있어서 고려 조정은 외교 방침을 결정하는데 수많은 진통을 겪기도 하였다.

먼저 993년(성종 12년) 10월 거란의 1차 침입에 패배한 고려에게는 완전한 패망을 피하고자 토지의 할양(割讓, 割地), 또는 신속을 전제로 한 조공의 선택만이 남았다. 이때 후자를 제시한 서희와 이를 수용한 성종의 정책은 오늘날까지 국가를 안정시키고 서북쪽의 연해 지역을 확보하여 국경선을 압록 강구까지 확장했다는 긍정적인 평가를 받고 있다. 이는 일면 대립에서 화평으로 나아가는 좋은 외교정책으로 평가받을 수도 있을 것이지만, 다른 한편으로 한반도의 정세에 큰 영향력을 줄 수 없는 송과 연결되어 있다가 제국(帝國)의 자주성을 상실하고, 북진정책을 후퇴시킨 정책이기도 했다.

이후 고려는 중원의 종주국을 자처하고 있던 거란의 외번(外藩)인 제후국(諸侯國, 藩屬國)으로 지위가 격하되어 여러 가지 의무를 부담하게 되었다[稱藩納貢]. 이때 고려를 신속시켜 후방을 안정시킨 거란은 이보다 11년 후인 1004년 윤9월 송을 격파하고 12월 송과 단연(澶淵)에서 강화를 체결하였다. 이후 송으로부터 조공의 다른 모습인 세폐(歲幣)를 받게 되었다.

이처럼 10세기 후반에서 11세기 초반에 걸쳐 동북아시아의 정세는 북쪽에 위치한 거란의 압도적인 군사력에 눌려 송과 고려는 모두 북진이 좌절되었을 뿐만 아니라 거란군의 침입에 직면하여 천도론(遷都論)과 할지론(割地論)이 제기되는 것을 감수해야 했다. 결국 국경선의 방어에 급급한 형편에서 송은 세폐를 보내는 것을 통해, 고려는 신속의 의례를 통해 영토를 지키기에 분주하였다.

이러한 거란과 고려의 계서적인 조공·책봉 체제는 1125년(인종 3, 天會 3) 8월 거란이 멸망한 후 금(金)에게 그대로 계승되었다. 곧 7년 전인 1118년(예종 13, 天輔 2) 2월 아구타[阿骨打]가 거란에 명하여 금을 형(兄)으로 섬기는 동시에 세공을 바치게 하고, 송·하·고려에의 왕복서한(往復書翰)인 조(詔)·표(表)·첩(牒)의 서식(書式)을 요구하자, 거란은 이를 수용하였다. 이를 통해 볼 때, 이후 송·하·고려는 금으로부터 지난날 거란에 행하였던 외교 행위[稱藩納貢]를 그대로 반복해서 준수하도록 강요받았을 것이고, 이에 고려도 1126년 4월 금에 신하를 칭하면서 표를 올렸고, 1129년(인종 7, 天會 7) 11월에는 앞으로 계속 공물(貢物)을 바치겠다는 서표(誓表)를 올려야 했다.

고려의 북방민족과의 외교관계도 한족과의 관계에서와 마찬가지로 기본적으로 조공제도를 바탕으로 하고 있었지만, 이는 정치적 신속을 전제로 하고 연호나 역법(曆法)의 채용을 통해 상징적으로나마 종속관계를 나타내는 것이었다. 고려는 자체 내의 정변(政變)이나 비정상적인 왕위 계승과 같은 사안에 대해서는 그들로부터 부당한 간섭을 받기도 했고, 번속국으로서 종주국에 공물을 바치기도 하였다. 그렇지만 고려는 그들에게 선진 문물을 가진 한족에게 대한 것과 같은 모화(慕華)의 정은 보이지 않았고, 소중화(小中華)라는 자부심을 지닌 채 군사적 우위에 승복하는 내키지 않는 굴복의 자세를 취했다.

아울러 고려는 북방민족에게 눌려 세력이 약화된 송에 대해 끝까지 사대의 예와 우의를 보였던 것처럼, 이들 민족이 다른 민족에게 압박받아 국운이 쇠약해질 때도 우호관계를 유지하려고 노력하였다. 이에 대해 북방민족들은 고려에 대해 종주국으로서의 위치를 확고히 가질 수 없었기에 실질적인 외교에서는 쌍무적(雙務的)인 대등한 관계를 바탕으로 한 불간섭주의 내지는 화친정책을 구사하여 양국 관계를 원만하게 유지하고자 노력하였다.

고려는 이들 북방민족과의 관계에 있어서 복잡한 국제정세 때문에 서로 정치적·군사적으로 협조할 수 없는 경우가 더 많았다. 곧 송과 대치하고 있으면서 신흥의 여진과 접전하여야 할 거란은 1115년 1월 금을 창건한 아구타[阿骨打]의 공격을 막기 위해 같은 해 4월부터 3차에 걸쳐 고려에 사신을 보내 원병을 요청하였지만, 어떠한 도움도 받지 못했다. 그렇지만 1120년 2월 거란이 고려에 원병을 요청한 것을 금이 질책하였음을 볼 때, 거란은 상경(上京, 現 內蒙古自治區 巴林左旗 林東鎭 남쪽)이 함락된 5월 또는 다음 해 1월 중경(中京)이 격파될 때까지도 고려에 대해 일말의 기대를 버리지 못했던 것 같다.

3) 초강대국 몽골제국[蒙古帝國]과의 외교

앞에서 살펴본 바와 같이 사분법에 따른 세 번째의 단계라고 할 수 있는 중기(中期)까지는 고려왕조가 대륙으로 연결되어 있던 동북아시아의 여러 국가와의 관계에 있어서 조공·책봉을 통해 공존을 도모하는 외교정책을 추진할 수 있었다. 그렇지만 1231년(고종 18) 8월 이래 지금까지 경험한 바 없던 초강대국(超强大國, super power)인 몽골제국과의 관계는 전혀 그렇지 못했다. 이제 몽골에 대한 항쟁 과정에서 고려가 채택한 외교정책을 살펴보기로 한다.

1206년(희종2) 대몽골국[大蒙古國]을 건립한 테무친[鐵木眞]이 점차 남진하여 1209년 12월부터 금을 공격하기 시작함에 따라 하북 지역은 다시 크게 혼란에 휩싸이게 되었다. 이때 금의 예하에 있던 거란인[契丹遺種]들이 궐기하여 1213년(강종 2) 3월 야율유가[耶律留哥]가 요동에서 요(遼, 후일의 大遼收國)를 건국하였는데, 1215년 야율유가가 몽골에 투항한 후 야율시불(耶律厮不, 耶厮不)이 황제로 즉위하였다. 이들은 몽골군의 토벌에 밀려 다음 해 8월 압록강을 건너 고려에 쳐들어 왔다. 이후 거란군은 2년 5개월 동안 한반도의 서북부에서 고려군과 치열한 전투를 거듭하다가 1218년(고종5) 12월 주력부대가 고려군에 밀려 강동성(江東城, 현 평안남도 강동군)에 들어갔다. 이때 고려군은 예상하지 못한 1만 명의 몽골군과 그들이 이끌고 온 2만 명의 동진군(東眞軍)을 맞이하게 되었다.

이들 몽골·동진군과 합세한 고려군은 다음 해(1219년) 1월 강동성을 함락시켰고, 20일 몽골군의 지휘관 카친[哈眞], 자라[札剌]와 고려군의 지휘관 조충(趙冲), 김취려(金就礪)가 형제관계의 동맹을 맺었다. 이어서 몽골군의 지휘관이 파견한 사신이 고려에 도착하여 24일 고종(高宗)을 알현하고 두 나라 사이의 화친을 도모했다. 이때 몽골과 고려는 형제국이 되었다고 하지만 전선의 지휘관 사이에 체결된 동맹이 몽골 정부에 의해 어떻게 승인되었는지는 알 수 없다. 또한 이후 몽골이 고려에 수많은 요구사항을 제시했음을 볼 때, 양국 간의 관계가 형제관계라는 것은 의문의 여지가 없지 않다.

그런데 『고려사』에는 1218년(고종 5) 12월 몽골군이 강동성의 인근에서 고려군과 만나기 이전에 고려와 몽골이 접촉한 사실이 나타나 있지 않다. 그래서 몽골군의 한반도에의 진입은 사전에 아무런 통고 없이 월경(越境)한 것으로 이해될 수 있을 뿐만 아니라, 이는 아무리 전쟁 중이라고 하더라도 침략 행위로 간주할 수 있다. 더구나 양국이 강화한 이후 몽골 정부의 고려에 대한 정치적 압박과 경제적 수탈, 그들이 파견한 지휘관들의 고려인 도륙(屠戮), 사신들의 행패 등과 결부시켜 볼 때, 몽골군은 오직 전쟁에서의 승리가 최고의 목적일 뿐 정상적인 외교적 교섭은 없었던 것으로 여겨질 수 있다.

그렇지만 몽골군이 한반도에 진입했던 1218년(고종 5) 12월 이전에 몽골의 사신이 이미 고려에 도착하여 강화를 도모하려고 하였던 흔적이 나타나고 있어 몽골이 외국과의 첫 접촉에서조차 야만적인 행동을 취하였던 것만은 아니었음을 알 수 있다. 당시 고려군의 지휘관이었던 조충의 묘지명에 다음과 같은 기사가 수록되어 있다[자료 a].

[자료 a] 이때 몽골군의 지휘관 카친[合眞], 자라[札刺] 등이 군사[勝兵] 만여 인을 거느리고 동쪽 경계로부터 들어와서 강동성을 함락시키려 하면서, 다만 우리나라와 화친을 청하고 거란에게 복수하겠다는 사연으로 조충의 군영에 청하니 조충이 즉각 왕에게 보고하였다. 이보다 먼저 몽골국이 40여 인을 보내 문서를 가지고 선박을 통해 정주(定州)에 도착시켜 오늘과 같이 강화를 요청한 일이 있었다. 조정이 의논하기를 '이들이 대요수국[契丹遺種]인지 알 수 없고, 일반인이 몽골문서[蒙古文字]를 위작(僞作)하여 거란에 복수한다는 명목을 들고 있지만, 실은 우리를 정탐하려

는 것이 아니겠는가?' 하면서 마침내 회답하지 않았다.
_「조충묘지명(趙冲墓誌銘)」, 金龍善 2006년, 335쪽.

이를 통해 살펴보면, 카친[合琩]·자라[札剌]의 군사가 고려에 진출하기 이전에 몽골국으로 표기된 문서를 소지한 40여 인의 몽골 사절이 선박을 통해 정주(定州, 현 평안북도 정주군)에 도착하여 고려와 화친하려고 했던 것 같다. 그렇지만 고려정부는 몽골 사신이 제시한 화친 제안과 대요수국에 복수를 하겠다는 문서를 대요수국의 모략, 또는 일반인에 의한 위조라고 치부하고 회답하지 않았던 것 같다.

1209년(희종5) 12월 이래 몽골은 금을 대파하고 화북과 요동을 석권하고 있었으므로 고려는 신흥제국 몽골의 존재를 이미 알고 있었을 것이다. 그래서 이때 카친[合琩, 哈眞]·자라[札剌]의 군량 요청을 받은 조충과 김취려는 사태의 엄중성을 인지하고 즉각 군사를 파견하여 쌀 1천 석을 제공했다. 또한 한광연(韓光衍)의 묘지명에 의하면 이때 몽골군이 왔다는 사실을 접한 3군의 사기가 크게 저하되었다고 한 점으로 보아 당시 유라시아에서 공포의 대상이었다는 몽골군의 위세를 고려인도 알고 있었을 것이다.

이처럼 욱일승천과 같았을 몽골제국의 위세를 고려의 위정자들도 파악하고 있었을 것임에도 불구하고, 몽골의 화친 의사에 대해 고려 조정은 어떠한 반응도 보이지 않았다. 이러한 고려 조정의 행동은 몽골 입장에서는 자신의 제의를 묵살한 것으로 받아들여질 수 있었을 것이고, 양국 간의 공동관심사 또는 상호이익이 거부된 것으로 받아들여질 수도 있었을 것이다. 이는 결국 향후 두 나라가 현안을 외교로 푸는 데 실패하여 전쟁으로 나아가는 실마리로 작용할 수 있었다.

당시 몽골 정권은 이전 시기의 북방민족이었던 거란·금의 외교정책과 마찬가지로 장차 있을 중원 정복에 대비하여 배후의 화근을 없애려는 방안으로써 고려와 화친하려고 했을 가능성이 있다. 그렇지만 정확한 목표가 없었던 것으로 추측되는 고려정부의 몽골에 대한 외교는 이후에도 그대로 이어졌을 가능성이 농후하다. 이는 1224년(고종 11) 1월 몽골의 영향력으로부터 이탈하려던 동진(東眞)이 사신을 보내와 몽골과의 단절을 전하고 호시(互市)를 요청하였다는 사실을 통해서 알 수 있다. 당시 고려가 몽골과 형제 맹약을 체결한 국가였다면 동진의 요청이 접수될 수 없었을 것이고, 다음 해에 일어난 탐욕스럽던 자구르[著古與]의 피살 사건도 일어나지 않았을 것이다.

그러다가 1229년(고종 16) 2월 이래 고려는 동진과 화친을 의논하였는데, 이것이 다음 해의 몽골의 고려 정벌 결정에 영향을 미쳤고, 결국 1231년(고종 18) 8월 살레타이[撒禮塔]의 고려 침공으로 이어졌던 것 같다. 또한 1232년(고종 19) 12월 살레타이가 김윤후(金允侯)에 의해 사살되었을 때, 고려는 동진에 외교문서를 보내 몽골과의 화친이 본의가 아닌 것, 살레타이의 사살, 몽골군의 철수 등을 전하고 동맹을 요청하였다.

이는 몽골의 침입을 방어할 수 없는 약소국가들이 공동방어에 나서겠다는 무모한 도전에 지나지 않았다. 이는 고려가 어리석기 그지없게 섶을 지고 불난 집에 들어가는 것과 같은 파멸의 길을 자초하는 것이었다. 사실 강대국의 군사력이 너무 강할 때는 소국(小國) 간의 동맹을 통한 세력균형은 실패할 공산이 크다. 동맹을 통한 세력의 균형 정책은 그 강대국의 힘을 상쇄할 수 있는 또 다른 강대국이 존재할 때 가능하다.

이후 고려의 지배층은 과거 그들의 선조[祖宗]들이 실행했던 상대국과의 전쟁 그리고 화의라는 이중 행위에 제삼자와 연대 모색을 통해 생존을 도모하는 전략을 따르지 않아 대원 몽골국의 지배 질서 아래에 들게 되었다. 그리고 이 시기 고려 지배층은 오랑캐들로부터 국가[王朝]와 신민(臣民)을 지켜야 한다고 선창하였을 것이지만, 그들의 행동을 살펴보면 자신과 일족들의 온전한 삶을 보전하기 위해서만 전쟁을 지속해 나갔다는 사실을 부인할 수 없다.

4. 외교사의 역사적 성격

　힘과 이익은 국제관계의 바탕을 이루는 원동력이다. 국가의 힘은 국가 그 이상의 권위를 가진 존재가 없는 그야말로 무정부 상태로 특징지어지는 국제 체제를 작동시키는 열쇠가 되고 있다. 국가 사이의 힘이 균등하게 분포되어 있지 않은 국제 체제에서 강한 나라는 국가 사이의 상호 관계를 지배하는 게임의 규칙을 자신에게 유리하게 정하고 약한 나라는 강한 나라의 패권적인 간섭을 예방하고 자신의 정치적 독립을 지키기 위해 강한 나라가 강요한 게임의 규칙을 받아들이거나 거기에 스스로 적응하는 길을 택한다. 요컨대, 국제관계의 게임의 규칙은 현실적인 힘에 의해 좌우된다.

　국제관계에서 모든 나라는 언제나 자신의 국익을 보호하고 증진할 것을 추구한다. 특히 그들은 안보와 생존을 여타 국익을 달성하기 위한 필수불가결하고 양보할 수 없는 절대적인 국익으로 여겨 사수하고자 한다. 외교사학자 베일리(Thomas A. Bailey)는 국익은 '모든 외교정책의 원천 바로 그 자체'로서 국가들이 다른 방식으로는 도저히 설명할 수 없는 모순적인 행위를 하도록 한다고 말했다.

　국제관계에서는 한 국가가 외부로부터 상당한 생존의 위협을 받을 때 일반적으로 균형(balancing) 혹은 편승(bandwagoning)의 전략을 취한다. 균형은 자신의 힘을 위협을 가하는 나라의 그것에 필적하게끔 상향하여 맞추는 것을 의미한다. 전략적으로 균형은 군사적 준비 태세 갖추기와 방위력 증강과 같이 국가 자신의 힘을 증대시키는 방식과 위협에 대해 그것을 상쇄하는 힘을 만들기 위해 자신의 힘에 의한 동맹 결성과 같은 방법으로 다른 나라의 힘을 보태는 방식의 두 가지 방식에 의해 달성될 수 있다.

　이에 비해 편승은 위협받는 나라가 그 위협을 무력화하거나 승리의 전리품을 공유할 수 있을 것이라는 희망에서 그 위협의 원천, 즉 위협하는 나라와 제휴하는 행위를 의미한다. 균형과 편승 전략은 모든 시대, 모든 지역에서 국가들이 행하는 생존 전략이다.

전근대 동아시아의 조공체제는 역사상의 무수히 많은 다른 국제관계들과 마찬가지로 국력과 국익의 바탕 위에서 이루어졌다. 우선 조공 관계는 중국과 인근 국가 사이의 복잡한 힘의 정치의 산물이었다. 그것은 외관상으로는 국가 간의 국력의 비대칭성을 특징으로 하는 국력이 우월한 국가(중국)와 열등한 국가(주변국가들) 사이의 불평등한 관계였다. 그러나 실제로는 조공 관계는 중국과 개별 주변국가 간의 현실적인 힘의 적절한 균형 위에서 이루어졌고 또한 유지되었다. 그리고 중국과 그 주변국가들은 모두 현실적인 이유에서, 다시 말해서 각기 자신들의 국익을 극대화하기 위해서 조공 관계를 맺었다. 그러므로 조공체제는 중국과 주변 조공국가들이 합의한 실용주의의 외교 원리였다.

역사상의 많은 다른 국제관계에서와 마찬가지로, 동아시아 조공체제 내에 있던 모든 국가도 세력 균형의 정치를 펼쳤다. 중국 그리고 특히 그 인근 조공국가들은 생존을 위한 투쟁 과정에서 외교전략으로 동맹국 혹은 동반자를 찾는 균형 전략을 추구했다. 그리고 이러한 균형 전략이 기대에 미치지 못했을 경우에는 특히 중국의 조공국가들은 주저함이 없이 편승 전략을 취했다. 중국의 인근 국가들이 중국을 지배하는 강대국에 조공한 것은 전형적인 편승 전략이었다. 이러한 균형·편승의 전략들은 개별적으로 행해지기도 했고, 두 개 이상이 결합하여 행해지기도 했다.

중원을 차지한 강대국들과 전쟁을 하고 또한 조공 관계를 맺은 고려도 예외 없이 이러한 외교적 패턴을 따랐다. 곧 고려는 자신의 힘을 최대한 동원하여 생존을 비롯한 국익을 추구했는데, 그러기 위해서 특히 중원을 차지한 강대국과의 조공 관계 수립이라는 편승의 전략을 취했다.

고려왕조는 건국 직후 한족의 왕조였던 오대십국 및 송과 이전의 왕조가 행하였던 조공·책봉을 바탕으로 외형상의 외번(外藩)의 자격으로 국교를 체결하였다. 그렇지만 북쪽의 거란·여진과는 대립과 투쟁을 거쳐 평화를 구축하였기에 양국과의 관계는 어느 정도 호혜적이었던 한족의 왕조와는 약간 다른 양상을 보였다. 곧 고려는 이들 북쪽의 정복 국가들과는 한족의 왕조들보다 훨씬 위계적인 관계를 맺어야 했다. 그것은 강요된 평화에서 기인하는 불가피한 지배·종속의 관계였다.

국제관계에서 평화와 공존의 이전 단계(段階)는 거의 대립과 투쟁의 관계였는데, 그 이유는 국가들이 목표·이익 혹은 이데올로기를 공유할 수 없기 때문일 것이다. 이 점을 염두에 두면서 고려시대에 이루어진 대표적인 외교 활동을 구체적인 사례로 들어 전쟁의 계기를 마련한 외교, 임시변통의 외교, 조공과 책봉의 허울, 초강대국의 등장과 일방적인 강요 등 고려 외교사에 나타난 특징적인 모습을 살펴보기로 한다.

첫째, 후삼국을 통일하여 한반도를 재통일한 태조 왕건의 외교정책 중에서 거란에 대한 강경한 적대 정책은 942년(태조 25) 10월에 일어난 만부교(萬夫橋)의 사건을 통해 설명되고 있는데, 이 사실과 이에 관련된 자료를 제시하면 다음의 [자료 b]와 같다.

[자료 b1] 942년(태조 25) 10월 거란이 사신을 보내와서 낙타(駱駝. 橐駝) 50필을 선물하였다. 왕이 거란이 일찍이 발해와 더불어 평화를 이어오다가 갑자기 의심(貳心)을 일으켜 맹약을 어기고 멸망시켜 버렸으니, 이는 매우 무도(無道)하므로 화친을 맺어 이웃으로 삼을 만하지 못하다고 하였다. 그래서 외교관계를 단절하고 그 사신 30인(人)을 섬[海島]에 유배하였고, 낙타는 만부교의 아래에 매어두어 다 굶어죽게 하였다
_ 『고려사』 권2, 세가2, 태조 25년 10월

[자료 b2] 충선왕(德陵)이 일찍이 신(臣) 이제현(李齊賢)에게 묻기를, '우리 태조 때에, 거란이 낙타(橐馳)를 보낸 것을 다리 밑에 매어두고 꼴이나 콩[馬太]을 주지 아니하

여 굶어죽게 하였다. 그런 까닭에 그 다리 이름을 그렇게 붙였다고 한다. 낙타가 비록 중국에서 생산되지 않으나 중국에도 또한 일찍이 사육(養畜)하지 않은 때가 없고, 나라의 군주(君主)는 수십 마리의 낙타를 가지고 있으나 그 폐해가 백성을 상하게 하는 데에는 이르지 않는다. 또 물리치고 안 받으면 그만이지, 어찌 받아서 굶겨 죽이는 데에 이르게 하였을까?'라고 하셨다. 신(臣)은 대답하기를, '왕업(王業)을 창시(創始)하여 왕통(王統)을 자손에게 영원히 전하는 임금은 그 보는 것이 멀고, 그 생각하는 것이 깊어서 후세에서 미칠 수 없는 것입니다. … 우리 태조가 이러한 일을 한 까닭은 장차 오랑캐들의 속임수(誑計)를 꺾으려고 한 것인지, 아니면 또한 후세의 사치를 억제하려고 한 것인지, 아마 반드시 미묘한 뜻이 있었을 것입니다. 이것은 전하(殿下)께서 공손히 묵묵히 생각하여 힘써 행하여 몸소 본받을 것이고, 어리석은 신이 감히 경솔하게 논의할 바가 아닙니다'라고 하였다.

_ 『역옹패설』前集 권1

[b1]은 태조 왕건이 거란의 사신을 유배시키고 낙타를 만부교의 아래에서 아사(餓死)시킨 사실을 전하는 것이고, [b2]는 만부교 사건에 대한 원인의 구명(究明)과 그에 대한 충선왕과 이제현의 판단을 제시하고 있다.

[b1]의 내용을 외교정책의 결정과 연결해 볼 때, 『요사(遼史)』에 의하면 937년(태조 20) 거란의 사신이 고려에 도착하였을 것 같은데, 이때 중대한 문제가 발생하였다. 곧 거란이 사신을 파견하기 1년 전인 936년(태조 19, 天顯 11) 9월 8일 고려가 한반도를 통일했고, 11월 12일 거란이 석경당을 후진 황제(後晉皇帝)로 책봉했고, 석경당은 연운 16주를 거란에 할양했다. 이로써 동북아시아 3국의 대치 양상이 거란과 중원의 대립에서 거란과 고려의 대립으로 이전(移轉)되었다. 이때 거란의 사신은 그들이 후진에게 신속(臣屬)을 관철했던 바와 같이 고려에도 신속을 요구하였을 가능성이 있다.

곧 이때 거란은 고려에 915년 이래 궁예의 태봉과 외교관계를 수립할 때 체결하였던 형제의 관계에서 군신관계(君臣關係)로의 개정을 요구하였을 가능성이 있다. 고대 이래 동북아시아의 여러 민족과 국가 사이에는 상호 간의 세력관계에 의해 형제·옹서(翁壻)·부자(父子)·군신(君臣) 등의 형태로 결합하던 사례가 많았음에 비추어 볼 때 태조 왕건의 말이 전혀 실제와 다른 수식어[飾辭]만은 아니었을 것으로 추측된다.

만부교 사건에서 나타난 태조의 행위는 제왕(帝王)으로서 지녀야 할 도덕적 군주상(君主像)이라고 판단하기에 어려움이 있다. 곧 그것은 [b2]의 충선왕이 '물리치고 안 받으면 그만이지, 어찌 받아서 굶겨 죽이는 데에 이르게 하였을까?'와 같이 외교적인 면에서도 비신사적인 행위로 여겨졌을 것이다.

근대 이전의 어떤 국가가 상대국에 대해 외교적인 제의를 하였을 때 상대국의 대응을 유형별로 상정(想定)해 보면, 긍정적인 수락, 즉각적인 반발, 무대응, 묵살 등이 있을 수 있는데, 태조의 행위는 즉각적인 반발일 것이며 그 방법조차 충선왕이 언급한 것처럼 은근한 방법이 아니라 적대적인 반대의 표시를 한 것이라고 할 수 있다. 또한 그것은 국익(國益)의 관점에서도 이해되지 않는 조치라 할 수 있다.

이러한 태조의 정책 결정을 준수해야 했을 그의 아들이며 후계자들인 혜종·정종·광종 등은 국초의 공고하지 못했던 제왕으로서의 위상을 굳건히 하여야 할 급선무를 제치고 거란과 접경하고 있던 북방 지역에서의 국방력 확충과 성곽 축조에 주력하지 않을 수 없었을 것이다. 이는 국가 사이에 대립의 시기에는 군비의 강화가 공존(共存)의 핵심적인 요소의 하나가 될 수 있음을 보여주는 사례일 것이다.

둘째, 993년(성종 12) 윤10월 거란의 1차 침입으로 인한 전쟁 중의 전선사령관이었던 고려의 내사시랑평장사(內史侍郎平章事, 현재의 부총리)인 서희와 거란 황제의 부마이자 동경유수인 소항덕의 사이에 이루어진 회담에 관한 것이다. 이 회담에서 서희의 활동은 여러 면에서 후세의 귀감(龜鑑)이 될 수 있는 외교의 전범(모델)으로 받아들여지고 있다. 또 이는 고려정부가 취한 실리적 외교의 하나로서 이후 외교정책의 결정에서 중요한 지침이 되었다고 평가되고 있다.

전근대 사회에서도 모든 협상에는 철저히 힘의 논리가 작동했으며, 힘의 우위에 있는 쪽이 협상에서 유리한 고지를 점하는 것이 일반적인 현상이었다. 또 국교가 원만한 국가 사이에도 어떤 사안을 두고서 회담 또는 협상이 있을 때는 서로가 수긍할 수 있는 타협은 반반(半半)의 이익 확보 또는 고통 부담이 전제되어야 할 것이다. 이것이 동등한 비율로 정해졌을 때 자국(自國)의 제왕(帝王)을 위시한 지배층의 승인을 얻기는 어려울 것이다. 두 당사국이 모두 자국의 이득이 과반(過半)을 이루는 데 반해 상대국은 과반 이하라고 받아들이면서, 부담은 그 반대라고 생각할 때에만 타협이 이루어질 수 있을 것이다.

거란의 1차 침입의 초전(初戰)에서 크게 패배한 것으로 보이는 고려가 이득이 되는 결과를 얻었다고 한다면, 서희가 거란 측의 어떤 약점을 가지고서 협상에 임했을 가능성이 높다. 곧 그것은 당시의 고려 측은 거란·송과의 대립 관계에 놓인 국제정세를 잘 알고서 이를 적극적으로 이용하여 이외의 결과를 얻게 되었던 것 같다. 그렇다면 이 회담에서 고려가 얻은 결과는 명분을 중시하면서도 국제정세의 현실을 고려하여 실리를 취하는 외교였다는 것으로 높이 평가할 수도 있을 것이다.

다른 한편으로 생각할 수 있는 것은 전화(戰禍)를 피하고 영역을 확장하기 위해서는 자존심도 포기할 수 있다는 것인데, 그것이 과연 실리적 외교라고 할 수 있을까, 하는 의문도 없지 않을 것이다. 그보다는 초전(初戰)에서의 실패를 만회하기 위해 어쩔 수 없이 취한 일시적인 방책[權道]일 뿐이고, 장구히 취할 외교 방침[經道]이라고 판단하기 어려울 수도 있다.

이러한 상황에서 고려와 거란 사이에 이루어진 조공·책봉 체제는 왕도정치를 표방하는 통치자가 인민을 교화하기 위해 먼저 행하여야 하는 기본 덕목의 하나인 인정(仁政)에서 나온 것이라고 한다. 그러나 그 실상을 해부(解剖)해 보면 이 시기 동북아시아 3국의 외교방침은 오로지 국제관계의 기본 바탕인 자국의 이익을 위해 패권(覇權, hegemony)의 쟁탈과 패자(覇者)로서의 위상을 확고히 하는 것이고, 인의(仁義)에 입각한 외교는 하나의 공구(工具)일 뿐이라는 한비자(韓非子)에 의해 주창된 패도(覇道)의 선양(宣揚)이었을 뿐이다. 곧 거란은 압도적인 군사력을 행사하여 자신의 국익을 위해 송과 고려를 수탈하는 제국주의적인 행태를 자행하였던 것 같다.

셋째, 12세기 전반에 동북아시아에서 금이 등장하여 거란이 멸망하고 송이 남쪽으로 물러날 때 송·거란은 무력으로 적극적인 공세를 펴지 못하고 고려를 매개로 하여 수성(守成) 또는 역전(逆戰)을 도모하였던 것 같다. 그렇지만 이들은 신흥제국의 등장에 대해 관망하는 자세를 취하고 있던 고려의 지원을 받지 못하고 모두 패망의 길을 걷게 되었다.

어쩌면 우유부단한 정책을 취하였다고 할 수 있는 고려도 쟁패전을 전개하고 있던 제국들의 틈새에서 나름의 영향력을 발휘하여 접경(接境)하고 있던 새로운 패자(覇者)로부터 일정한 몫을 받지 못하고, 겨우 자신의 영역이었던 압록강 동쪽 지역의 극히 일부분만을 회복하였을 뿐이었다. 그조차도 지난날 거란에 신속하였던 체제를 그대로 인정한 연장선 위에서 이루어진 결과였다. 결국 12세기 전반에 고려가 취한 외교정책은 긴밀한 관계를 맺고 있던 이웃 국가가 새로운 제국으로 등장할 때 호혜적 동맹을 형성하거나 승세(勝勢)에 편승하지 못하고 중립적 자세를 취하여 방관하다가 피압박 국가에서 벗어나지 못했던 것 같다.

넷째, 13세기 전반 고려의 무신정권은 중원에서 새로운 패자로 등장한 몽골의 침입에 대해 소수 위정자에 의해 채택된 주전론(主戰論)이 계속 시행되면서 전 국토는 불바다로 변해 버리고 농민들의 삶은 도탄에 빠지고 말았다. 그 결과 고려왕조는 1356년(공민왕 5) 이래 공민왕이 일련의 개혁정책을 추진할 때까지 85년간에 걸쳐 몽골제국의 강한 압박을 받게 되었다.

그렇지만 고려는 몽골제국의 지배하에 편입된 여타 국가·민족들과 달리 국가체제를 온전히 보존할 수 있었고, 국왕에 의한 독자적인 국가 운영이 가능하였다. 그래서 당시 중원(中原)의 문인(文人)들은 고려왕조를 '중국의 옛 봉건국가와 비슷한 위상을 지닌 국가'라고 긍정적으로 평가하였지만, 정작 고려는 몽골제국으로부터 강한 정치적 압박을 받아 국가의 운영에 있어서 수많은 어려움을 겪었다.

이 시기에 몽골제국은 양국의 연결을 위해 설치한 정동행성(征東行省)을 통하거나 사신을 직접 파견하여 고려의 국정 전반에 걸쳐 간섭하였다. 정치적으로 고려를 속국(屬國)으로 정착시켰고, 군사적으로 각종 만호부(萬戶府)를 설치하여 군권을 장악하였으며, 경제적으로 수많은 공물을 강요하였고, 사회적으로 그들의 법제(法制)를 적용하여 고려의 사회체제를 변화시키려 하였다.

이로 인해 고려왕조의 자주성이 크게 훼손되었고, 양국의 외교관계는 그 이전의 역대 왕조에서 행해지던 조공과 회사의 명목으로 이루어진 사실상의 대등한 관계와는 거리가 먼 완전한 종주국과 번속국의 관계로 변화되었다. 그래서 고려의 왕위 계승, 왕후 책봉 등에 따른 제반 의식이 생략되어 대부분 규식대로 이루어지지 않았고, 고려의 각종 사신에 대한 답사(答使)의 파견 및 조공에 대한 회사(回賜)도 제대로 이루어지지 않았다.

이러한 몽골제국과 고려와의 관계를 계승하려고 했던 명(明)도 고려의 복잡한 정치적 상황을 기회로 삼아 고려에 대해 강한 내정 간섭과 과도한 공물을 요구하였다. 이것이 친명정책(親明政策)을 표방하고 있던 일군의 지배층에 의해 개창된 조선 왕조에도 굴레로 남겨져 중원(中原)과의 외교가 '작은 것은 큰 것을 섬겨야 한다[以小事大]'는 이상한 방향으로 바뀌게 되었다.

5. 외교 활동의 여러 모습

고려왕조가 13세기 후반에 몽골제국의 지배 체제에 들어가기 전에 오대십국, 북송, 남송 등과 같은 한족(漢族) 왕조들과의 외교는 직접 국경을 접하고 있지 않은 결과인지는 확실하지 않으나 당과 신라의 관계처럼 사대외교(事大外交)에서 전형적으로 나타나는 조공과 책봉을 통한 신속(臣屬)이었기에 커다란 불상사는 거의 없었다. 그렇지만 거란(契丹, 遼), 금(金, 女眞) 등과 같은 북방민족과의 경우에는 무력적인 압박으로 강요에 의한 신속(臣屬)이었다. 그래서 이 경우 조공과 책봉은 한족과의 관계에서와 같이 호혜적이라고 판단하기에는 어려운 종주국과 번속국 간의 불평등한 관계였다고 할 수 있다.

사실, 후자의 경우 파견되어온 사신에 의해 행해진 여러 가지 정치적 강요, 경제적 수탈, 지나친 향연 요구 등과 같은 폐단이 있었다. 또 그들에 파견된 고려의 사신이 받은 박대(薄待), 사신의 요청에 대한 거부, 무시, 무대응 등과 같은 비정상적인 행위도 많이 있었던 것 같다. 이러한 상대국의 무례는 몽골제국이라는 특정의 초강대국이 등장하자 더욱 심해져서 사신의 행위가 마치 정복자가 자행하던 각종 불법 행위와 다를 바 없는 경우도 많았다. 이는 당대의 기록이 비교적 많이 남아 있는 여말선초(麗末鮮初)에 명 사신의 각종 무례한 행동에서 그 일면을 찾아볼 수 있을 것이고, 그들에 대한 대접이 지나쳐 '풍성한 상차림이 칙사(勅使) 대접과 같았다'라는 말조차 생겨날 정도였다.

이러한 점을 참작하여 고려시대에 이루진 이민족과의 접촉, 교섭, 교류 등에서 있었던 외교 활동의 몇 사례를 적시하여 보면 다음과 같다[자료 c].

[자료 c1] 993년 윤10월 모일(某日), 서희(徐熙)가 국서(國書)를 받들고 소손녕(蕭遜寧)의 군영에 가서 통역자로 하여금 상견례의 절차를 묻게 하였다. 소손녕이 말하기를, "내가 큰 조정의 귀인(貴人)이니 네가 마땅히 뜰에서 절해야 한다"라고 하였다. 서

희가 말하기를, "신하가 군주에게 아래에서 절을 올리는 것은 예의지만, 두 나라의 대신이 서로 만나는데 어찌 이와 같이 할 수 있겠소?"라고 하였다. 두세 번 절충하려 왔다 갔다 했지만, 소손녕은 허락하지 않았다. 서희가 노하여 돌아와 관사에 드러누운 채 일어나지 않으니, 소손녕은 마음속으로 그를 기이하게 여기고 마침내 허락하여 마루로 올라와 대등하게 예를 행하도록 하였다. 이에 서희는 군영의 문에 이르자 말에서 내려 안으로 들어갔다. 소손녕과 뜰에서 서로 절하고 올라가 예법에 맞게 행하고 동서로 마주 앉았다.

_『고려사』 열전7, 徐熙.

이는 전선(戰線)에서 이루어진 화의(和議)를 위한 상견례의 장면인데, 제국(帝國, 종주국)의 대표로 자처한 소손녕이 서희를 제후국(諸侯國, 臣屬國)의 대표로 인식한 것에 대한 서희의 항변이다. 이에서 서희의 행위는 언어를 통한 상징적 행위로서 자국(自國)의 정체성을 밝히고 동시에 고려가 동등한 주권국임을 인식시키는 효과를 거두었음을 암시한다.

[자료 c2] 1171년 11월 모일, 금(金)의 세종(世宗)이 전왕(前王, 毅宗)의 양위(讓位)를 허락하지 않는다는 회답(回答) 조서를 유응규에게 주었다. 유응규가 아뢰기를, "배신(陪臣)이 올린 표문은 2장이었습니다. 새 임금의 표문에 어찌 회답이 없는 것입니까? 어느 곳에 사신으로 가더라도 임금의 명을 욕되지 않게 하는 것이 신하의 직무입니다. 신이 이제 임금의 명을 욕되게 하였으니, 그 죄는 죽어도 용서받을 수 없으므로 살아서 본국으로 돌아가느니 차라리 상국에서 목숨을 끊어 천하가 알게 하겠습니다"라고 하고는 음식을 먹지 않은 채 의관을 갖추고 뜰에 서서 대궐을 바라보며 명을 기다렸다. 밤낮으로 3일 동안 움직이지 않자, 관반(館伴)이 황제에게 알렸고, 황제는 여러 번 사람을 보내 식사를 권하였으나 기어코 먹지 않았다. 수종(隨從)하던 사람이 밤에 몰래 물과 미음을 갖다 주자, 유응규가 꾸짖으며 말하기를, "너 또한 사람인데 어떻게 간사한 짓을 이다지 심하게 하느냐?"라고 하였다.

5일째가 되자 얼굴은 야위어서 파리하였고, 숨이 곧 끊어질듯 하여 서 있을 힘이 없어 자꾸만 쓰러졌다. 황제가 그의 충성을 어여삐 여겨 대신(大臣)을 보내 위로하며 타이르기를, "그대의 나라가 비록 작지만 이 같은 신하가 있으니 죄를 물으려는 논의는 이미 중지하였다. 장차 조서를 내려 양위를 윤허(允許)할 것이니 그대는 우선 음식을 먹고 몸을 상하지 않게 하라!"라고 하였다. 유응규가 아뢰기를, "황제의 보살핌이 비록 지극하오나 신이 회답 조서를 받지 못하였는데 어찌 감히 음식을 먹겠습니까? 조서를 받는 날이 바로 신의 목숨을 잇는 날입니다"라고 하며 7일 동안 먹지 않았다. 황제가 더욱 안타깝게 여겨 회답 조서를 주고 어찬(御饌)과 폐백(幣帛)을 하사하여 극진히 위로하여 보냈다

_ 『고려사』 열전12, 庾應圭.

이는 정중부(鄭仲夫)에 의해 의종(毅宗)이 폐위되고 명종(明宗)이 옹립되었을 때 금에 파견된 유응규의 활동이다. 유응규의 단호한 행위는 고려 조정의 진실함과 충성을 의미하는 것으로 보기에 충분한 것임과 동시에 명분을 중히 여기는 사회에 큰 감동을 주었다는 점에 의미를 찾을 수 있다.

[자료 c3] 1212년 7월 28일, 강종(康宗)이 즉위하자 금(金)에서 책명(册命)하는 사신을 보내왔는데, 금의 사신이 의봉문(儀鳳門) 정문으로 들어오려 하자, 조정에서는 의논하여 수긍하지 않았다. 서로를 힐난하는 말이 반복되자 왕이 금의(琴儀)에게 명하여 가서 그들을 회유하게 하였다. 금의가 물어 말하길, "천자의 천하[方禹] 순수(巡狩)는 예로부터 행한 바 있는데, 만약 대국(大國)에서 소국(小國)으로 왕림한다면 어느 문으로 들어오는 것이 마땅하겠습니까?"라고 하자, 금의 사신이 말하길, "천자가 출입할 때 중문(中門)을 버려둔다면 어디겠소?"라고 하였다. 금의가 말하기를, "그렇다면 신하된 자가 군주가 다니는 정문으로 들어오려 하는 것이 옳은 일이겠습니까?" 하니, 금 사신이 크게 탄복하고, 이윽고 서문(西門)으로 들어왔다

_ 『고려사』 열전15, 琴儀.

이는 금(金)의 사신이 고려의 제왕(帝王)이 궁궐에서 출입하는 정문(正門)으로 들어오려고 할 때, 지주사(知奏事) 금의(琴儀)가 임기응변으로 대처한 일이다. 당시 금의 사신들은 고려의 국왕도 황제의 신하이므로 자신과 동등하고, 고려의 관료는 제후의 신하[이를 陪臣, 重臣이라고 함]이므로 그들과 동석할 수 없다고 얕잡아 보았다. 그러나 상대가 예상하지 못한 논리를 통해 상대의 주장을 뒤집어 대응함으로써 상대의 기세를 꺾고 있다. 외교에서는 힘도 중요하지만, 논리적 명분도 중요하다는 것을 보여주는 일화이다.

[자료 c4] 1255년 6월 9일 몽골에 파견된 김수강이 다음 해 9월 2일 귀환할 당시 도읍을 강화(江華)로 옮기자, 몽골이 장수를 보내어 침략하고서 옛 도읍으로 돌아오라 독촉하였다. 왕이 김수강을 몽골에 보내어 토산물을 바치게 하였는데, 김수강은 몽골 황제[憲宗]를 따라 화림성(和林城, 現 몽골 Qara-Qorum)에까지 들어가서 철병할 것을 청하였다. 황제는 육지로 나오지 않았다는 것으로 핑계를 삼으니 김수강이 아뢰기를, "비유컨대 만약 사냥꾼에게 쫓긴 짐승이 굴로 들어갔는데 활과 화살을 가지고 그 앞을 지키고 있으면, 곤경에 빠진 짐승이 어찌 따라서 나오겠습니까? 또 눈보라가 참혹하고 맹렬하여 땅은 얼어붙고 폐쇄되는데 초목이 능히 살 수 있겠습니까?"라고 하였다. 황제가 그러하다 하면서 말하기를, "그대야말로 성실한 사신이로구나. 마땅히 양국이 화친을 맺을 것이다"라고 하면서 마침내 서지(徐趾)를 사신으로 보내어 철군토록 하였다. 후에 다시 침략하자 또 김수강을 사신으로 보냈다. 황제가 바야흐로 몸소 송(宋)을 정벌하려 하였는데 김수강이 행영(行營)으로 가서 알현하면서 철병을 간곡하게 청하니 황제가 또 이를 허락하고 사신을 보내어 김수강과 동행하도록 하였다.
『고려사』 열전15, 金守剛.

이는 고려가 몽골과 투쟁하면서 외교적으로 일면 강화(講和, 主和), 일면 전쟁(戰爭, 主戰)의 두 노선을 취하여 상대의 불신을 받을 때 중견 관리였던 김수강[후일 金守精으로 改名]이 재치(才致)와 간곡한 호소를 통해 황제의 허락을 받아 낸 사례이다. 이때 김수강의 외교적 노력은 유리한 비유를 통해 상대의 마음을 간파하여 상대에게 명분을 주고 나라의 실리를 얻게 하는 외교적 기술의 하나일 것이다.

> [자료 c5] 1280년 1월 모일, 우승상(右丞相) 안퉁[安童]은 평소 고려에 은혜를 베풀었던 사람으로, 마침 북방(朔方)에 있었기 때문에 국신(國贐)을 보내지는 못하였으나, 하정사(賀正使) 김방경은 은(銀) 술잔과 모시를 그의 부인에게 보냈다. 그의 부인이 말하기를, "이 사람이 김재상이 아닌가? 승상께서 북방으로 간 뒤부터는 국신이 끊어져 없었는데, 공이 아니면 누가 부인(婦人)을 헤아리겠는가?"라고 하였다. 이전에 진봉사(進奉使)는 반드시 국신을 가지고 갔다가, 혹시 남으면 사신은 대개 사사로운 용도로 삼았으나, 김방경이 일찍이 진봉사가 되었을 때는 이를 모두 반납하였다.
> _『고려사』 열전17, 金方慶

이는 고려의 총리인 첨의중찬(僉議中贊) 김방경이 대도(大都, 현 북경)에서 현실적으로 실세(失勢) 상태에 있었던 안퉁의 집을 방문하여 그 부인에게 선물을 전달한 것이다. 이는 개인적인 선물을 통해 국익(國益)을 도모해야 할 정도로 국가의 자주성이 크게 부인되고 있었던 당시의 형편을 조금이나마 개선하려는 바램이었을 것이다.

> [자료 c6] 1301년 7월 28일 몽골에 파견된 성절사 김태현(金台鉉)이 황제[成宗]의 생일을 축하하는 사신으로 원(元)에 가서 상도(上都)에 도착하였는데, 마침 황제는 감숙(甘肅)에 행차하였으므로 조서를 내려서 천하의 진공사(進貢使)는 모두 경사(京師, 大都)에 가서 머물러 있으라고 하였다. 그러자 김태현이 중서성(中書省)에 말하기를,

"우리나라[下國]가 대국(大國)을 섬긴 이래 세시(歲時) 때마다 조정에서 하례 드리는 일을 일찍이 빠뜨린 적이 없었습니다. 경사에 머물라고 하는 것은 황제의 명령이지만 행재소까지 가라고 하는 것은 우리 임금의 명령입니다. 내가 황제로부터 벌을 받을지언정 감히 우리 임금의 명령을 저버릴 수는 없습니다"라고 하였더니 중서성이 허락하였는데, 마침내 행재소에 도착하니 황제가 그 충성과 간절함[忠懇]을 갸륵하게 여겨서 크게 상을 내리고 어찬을 하사하여 총애하였다
_『고려사』 열전24, 金台鉉.

이는 사신 김태현이 종주국인 몽골제국 황제의 명령보다 자신의 나라인 고려국왕의 명령이 더 중요하다고 강변하여 황제를 감동하게 한 사례이다. 오늘날 외교적 수사학에서 동기를 통해 의지에 호소하는 전략을 김태현이 그 옛날에 이미 지혜롭게 사용하고 있었음을 보여준다. 이는 한편으로는 국왕의 명령이라는 동기를 통해 다른 한편으로는 대국에 충성한다는 의지를 동시에 보여주는 기막힌 외교전의 하나일 것이다.

6. 앞으로의 과제

이상에서 살펴본 것과 같이, 고려시대는 한국사의 다른 어느 시대와 비교할 수 없을 정도로 주변의 여러 민족과의 접촉 및 충돌이 많았던 시기였다. 고려시대에는 외교가 단순히 외교사의 영역에 한정되는 것이 아니라 국가의 생존과 직결되어 있었기에 당시 사회에서는 그 무엇보다도 중대사로 다루어졌다.

그렇지만 이 분야에 대한 연구 성과는 다른 분야에 비해 비교적 저조하였는데, 이는 지금까지 외교사를 비롯한 대외관계사 분야의 연구가 주로 연대기에만 의존했던 자료상의 한계 때문이었다. 최근에 이르러 연구자의 수적인 증가와 연구 영역의 심화라는 질적인 변화의 추세에 따라 새로운 자료의 발굴과 시각의 전환을 통한 새로운 연구 방법의 개발로 주목되는 연구 성과가 나타나고 있다.

이러한 점을 고려하여, 향후 고려 외교사의 연구 방향에 대해 간단히 언급하면 다음과 같다. 먼저, 고려시대의 대외관계사에 대한 기왕의 연구 성과는 주로 한·중 양국의 연대기에만 의존해 왔으며, 그 사료에 대한 시각조차 일치되지 않고 있다. 양국의 각종 사서에 수록된 자료가 내용상으로 상충하는 경우가 많은데, 종래에는 어느 한쪽에 치우치는 경향이 없지 않았다. 이러한 한계를 벗어나기 위해서 아직 본격적으로 연구의 대상으로 다루어지지 않았던 중국 및 일본 측의 새로운 자료의 발굴을 통해 연대기에서 간과되거나 상충한 내용을 보완해 나가야 할 것이다.

또 기왕의 성과들이 개별 주제들의 실태를 구명하는 실증적인 연구가 많았음에도 동북아시아에만 주목하여 국제관계의 다양한 측면을 파악하려는 시도가 부족하였다. 500년 가까이 존속했던 고려왕조는 한반도 역사상 어느 시기보다 국제관계가 복잡다단하였기 때문에 대외관계사 연구에서 짚고 넘어가야 할 점이 많다. 지금까지 역사학자들에 의해 여러 문제

점이 해명되었으나, 그것들이 한두 차례의 검토로 끝나는 경우가 많았고, 연구자들 사이의 종합적인 검토가 이루어지지 않아 총체적인 정리가 제대로 이루어지지 않았다. 또한 당시의 대외관계가 국제질서의 변화 속에서 국가 상호 간의 교섭이 그 나라의 내재적 역사 발전에 어떤 계기들을 제공하였는지를 검토해가는 연구도 부족하였다.

이러한 사정으로 인해 고려 외교사를 1차 자료에 의한 연구 성과를 바탕으로 해야 할 사회과학자들이 최신의 과학적인 검증 방법을 원용하여 국제관계사로 전환할 수 있는 출구를 마련할 수가 없었다. 이제 인문학, 사회과학, 그리고 첨단의 정보통신기술까지 결합한 종합적인 연구 풍토가 조성되는 시대적인 여건 변화에 발맞추어 고려시대의 대외관계사도 크게 변신할 필요가 있다. 그리고 새로운 연구 방법에 의한 고려 외교사가 오늘날의 외교에 접속될 수 있는 실용적인 외교사로서 발전할 수 있는 터전을 마련하여야 할 것이다.

참고문헌

1. 저서

姜在光, 2011, 『蒙古侵入에 대한 崔氏政權의 外交的 對應』, 경인문화사.
金龍善, 2006, 『고려묘지명집성』, 한림대학 출판부.
南仁國, 1999, 『고려중기정치세력연구』, 신서원.
唐代史研究會, 1979, 『隋唐帝國と東Asia世界』, 汲古書院.
동북아역사재단, 2011, 『13·14세기 고려·몽골관계의 탐구』.
李孝珩, 2004, 『발해유민사연구』, 부산대학 박사학위논문.
閔賢九, 2004, 『고려정치사론』, 고려대학 출판부.
朴漢男, 1993, 『고려의 대금외교정책 연구』, 성균관대학 박사학위논문.
宋史提要編纂協力委員會, 1967, 1974 『宋代史年表』北宋·南宋, 東洋文庫.
外交通商部, 2009, 『21세기 창조적 실용외교와 서희』(발표요지).
尹龍爀, 1991, 『고려대몽항쟁사연구』, 일지사.
_____, 2000, 『고려 삼별초의 대몽항쟁』, 일지사.
_____, 2011, 『여몽전쟁과 강화도성 연구』, 혜안.
李玠奭, 2013, 『高麗-大元 關係의 연구』, 지식산업사.
李云泉, 2004, 『朝貢制度研究』, 新華出版社.
李貞信, 2004, 『고려시대의 정치변동과 대외정책』, 경인문화사.
張東翼, 1994, 『高麗後期外交史研究』, 일조각.
_____, 1997, 『元代麗史資料集錄』, 서울대학 출판부.
_____, 2000, 『宋代麗史資料集錄』, 서울대학 출판부.
_____, 2004, 『日本古中世高麗資料研究』, 서울대학 출판부.
_____, 2009, 『고려시대 대외관계사 종합연표』, 동북아역사재단.
_____, 2014a, 『고려사세가 초기편 보유』 1·2, 경인문화사.
_____, 2016, 『モンゴル帝國期の北東アジア』, 汲古書院.
韓國中世史學會, 2012, 『中國에서 바라본 제1차 麗·遼戰爭과 徐熙』(발표요지).

韓圭哲, 1994,『발해의 대외관계사』, 신서원.
黃寬中, 1985,『南宋史硏究集』, 新文豊出版公司.

2. 논문

具山祐, 1992,「고려 성종대 대외관계의 전개와 그 정치적 성격」,『한국사연구』 78.
金光哲, 1996,「14세기초 원의 정국동향과 충선왕의 토번유배」,『한국중세사연구』 3.
金順子, 1995,「고려말 대중국관계의 변화와 신흥유신의 사대론」,『역사와 현실』 15.
_____, 2002,「고려시대 대중국관계사 연구의 현황」,『역사와 현실』 43.
金潤坤, 1997,「중세사의 시기 구분론」,『고려시대사 강의』, 늘함께.
藤田明良, 2007,「文獻資料から見た日本海交流と女眞」,『北東アジア交流史硏究』, 塙書房.
羅鍾宇, 1984,「고려시대의 대송 관계」,『원광사학』 3.
李益柱, 2006,「14세기후반 元·明 交替와 한반도」,『전쟁과 동북아의 국제질서』, 일조각.
李泰鎭, 1994,「前近代 韓·中 交易史의 虛와 實」,『진단학보』 78.
毛利英介, 2004,「1074年から76年におけるキタイ·宋間の地界交渉發生の原因について」,『東洋史硏究』 61-4.
朴龍雲, 1995,「高麗·宋 交聘의 목적과 使節에 대한 고찰」,『한국학보』 21, 22.
朴永海, 1978,「11世紀末~12世紀初女眞の侵入を沮止するための高麗の對外活動」,『朝鮮學術通報』 XV-3·4, (『歷史科學』, 1977-4 揭載).
朴宗基, 1994,「고려시대의 대외관계」,『한국사』 6, 한길사.
_____, 1994,「고려중기 대외정책의 변화에 대하여」,『한국학논총』 16.
_____, 1998,「11세기 고려의 대외관계와 정국운영론의 추이」,『역사와 현실』 30.
方震華, 2017,「復仇大義與南宋後期對外政策的轉變」『歷史語言硏究所集刊』 86-2, 中央硏究院.
西嶋定生·李成市 編, 2000,『古代東アジア海世界と日本』, 岩波書店.
徐聖鎬, 1999,「고려 태조대 對契丹政策의 추이와 성격」,『역사와 현실』 34.
尹龍爀, 2007,「14세기 초 동아시아 교역의 諸問題」,『新安船과 동아시아 陶磁

交易』, 국립해양유물전시관.
_____, 2008,「대외관계」,『새로운 한국사 길잡이』上, 한국사연구회.
乙坂智子, 1997,「元代內附序論」,『史境』34.
_____, 1999,「元朝の對外政策」,『史境』38·39.
李貞信, 2002,「고려 태조의 건국이념의 형성과 국내외정세」,『한국사연구』118.
李鎭漢, 2010,「高麗 무신정권기 송상의 왕래」,『민족문화』36.
_____, 2007,「고려시대의 대외교섭과 海防」,『한중일의 해양인식과 海禁』, 동북아역사재단.
_____, 2010,「高麗時代의 對外關係の諸相」,『東アジア海をめぐる交流の歷史的展開』, 東方書店.
_____, 2014b,「佛典의 유통을 통해 본 고려시대의 한·일 관계」,『石堂論叢』58.
_____, 2015,「高麗時代에 이루어졌던 對外政策의 諸類型」,『한국중세사연구』42.
周采赫, 1989,「몽골-고려사 연구의 재검토」,『국사관논총』8.
_____, 2009,『蒙·麗戰爭期의 撒禮塔과 洪福源』, 혜안.
蔡雄錫, 2006,「11세기후반~12세기전반 동북아시아의 국제정세와 고려」,『전쟁과 동북아의 국제질서』, 일조각.
川崎保, 2002,「吾妻鏡異國船寺泊浦漂着記事の考古學的考察」,『信濃』54-9.
崔德煥, 2012,「993년 고려-거란 간의 갈등 및 여진문제」,『역사와 현실』85.
崔永好, 2007,「고려시대 송나라와의 해양교류」,『역사와 경계』63.
崔允精, 2011,「몽골의 遼東·高麗經略 再檢討」,『역사학보』209.
피터 윤(윤영인), 2005,「몽골 이전 동아시아의 다원적 국제관계」,『만주연구』3.

Bailey, Thomas A. 1980, *A Diplomatic of the American People*, 10th. ed. Englewood Cliffs, NJ: Prentice Hall.
Breuker, Remco E. 2010, *Establishing a Pluralist Society in Medieval Korea, 918-1170: History, Ideology and Identity in the Koryŏ Dynasty*. Leiden: Brill,(especially chapter 6: "Koryŏ Diplomacy," 195-256).

Franke, Herbert, and Denis Twitchett, eds. 1994, *The Cambridge History of China*. Vol. 6, *Alien Regimes and Border States, 907-1368*. New York: Cambridge University Press.

Kang, David. C. 2010, *East Asia before the West: Five Centuries of Trade and Tribute*. New York: Columbia University Press.

Kim, Jinwung(a). 2016, "An Ancient Middle Power's Diplomatic Dilemma: The Nature of Koguryŏ's Tributary Relationship with China." *Journal of Asian History* 50, no. 2: 175-99.

Kim, Jinwung(b). "Normal Tributary Practice: The nature of King Kojong's Policy toward the United States in the 1880." Acta Koreana 19, no. 1 (June 2016): 267-99.

Morgenthau, Hans J. 1978, *Politics among Nations: The Struggle for Power and Peace*. 5th ed. New York: Alfred A. Knopf.

Rogers, Michael C. 1983, "National Consciousness in Medieval Korea: The Impact of Liao and Chin on Koryŏ." In *China among Equals: The Middle Kingdom and Its Neighbors, 10th-14th Centuries*. Edited by Morris Rossabi, 151-71. Berkeley: University of California Press.

Walt, Stephen. 1987, *The Origins of Alliances*. Ithaca: Cornell University Press.

제 2 장
고려 초기의 대중국 외교

김갑동

1. 고려 태조 왕건의 대중국 외교
2. 혜종~광종의 대중국 외교
3. 고려 초 중국과의 경제·문화 교류
4. 고려 초의 대발해·거란 외교

1. 고려 태조 왕건의 대중국 외교

1) 고려 건국 이후

왕건의 고려 건국 이전 후삼국의 대외관계를 보면 우선 신라는 종전대로 북중국의 당에 대한 활발한 외교 활동을 전개하였다. 한편 견훤의 후백제는 남중국의 오월과 외교관계를 수립하였고, 궁예의 태봉은 초기에는 대외정책에 별 신경을 쓰지 않다가 만년에 들어와 북방의 거란과 외교 활동을 전개하는 상황이었다.

중국에서는 당이 멸망하고 후량(後梁)이 건국되었으나 이를 찬탈 왕조로 여겨 후삼국 어느 국가도 적극적인 외교를 펼치지 않았다. 다만 전란기를 피해 유학생이나 유학승들이 대거 귀국하는 상황이 전개되었다. 이 시기의 특징적인 것은 태봉의 궁예가 뒤늦게 거란과의 외교를 시도했다는 점이다. 지리적인 인접과 더불어 신라·후백제와의 외교적 차별성을 추구한 결과라 하겠다.

그러나 궁예는 말년에 폭정을 거듭하다 홍유, 배현경, 신숭겸, 복지겸 등의 추대를 받은 왕건이 왕위에 오름으로써 권좌에서 물러나게 되었다. 918년의 일이었다. 이미 그 이전 해인 917년 신라에서도 신덕왕(神德王, 912~917)이 죽고 경명왕(景明王, 917~924)이 즉위하였다.

왕건의 즉위 직후 견훤은 다시 오월에 사신을 보내어 말을 바치니 오월왕 전류(錢鏐)는 견훤에게 중대부(中大夫)를 더하여 관작을 제수하였다. 새로 즉위한 왕건보다 먼저 남중국과의 외교를 선점하여 왕건의 대중국 외교를 봉쇄하려 한 의도로 보인다.

한편 왕건은 즉위한 해 9월 고구려의 부흥을 외치며 고구려의 옛 서울 평양을 대도호부(大都護府)로 승격시키고 사촌동생인 왕식렴(王式廉)을 파견하여 지키도록 하였다. 동시에 인근 염(鹽)·백(白)·황(黃)·해(海)·봉(鳳) 등 주(州)의 백성들을 여기에 사민하여 인구를 채웠다. 북진정책을 실시하여 북방을 회복하겠다는 의지의 표현이었다.

즉위 이듬해인 919년 1월 왕건은 철원에서 개성으로 수도를 옮겼다. 그것은 개성이 자신의 본거지였을 뿐 아니라 외교와 대외무역을 위해서는 개성이 훨씬 유리하다고 판단했기 때문이었다. 그해 7월에는 외교전략의 필요성을 절감하고 김립기(金立奇)를 오월국에 파견하여 조공외교를 전개하였다. 그러나 그에 대한 답이 없었던 것으로 미루어 실패한 것으로 보인다. 오월국에서는 오래전부터 맺어온 견훤과의 외교관계를 청산하고 고려와 새롭게 외교를 맺을 명분이 없었기 때문일 것이다.

그러나 아주 성과가 없었던 것은 아니었다. 그해 9월 오월국의 문사였던 추언규(酋彦規)가 내투(來投)해 왔기 때문이다. 기록에는 그가 자발적으로 온 것처럼 되어 있으나 김립기가 오월국에 갔던 것이 두 달 전인 7월임을 고려하면 김립기가 돌아오면서 같이 데리고 온 것이 아닌가 한다. 즉 공식적인 외교에는 실패했으나 대중국 관계의 필요성을 느껴 추언규를 회유하여 데려온 것이라 생각한다. 이후 그는 대중국 외교에 나름대로 기여하였을 것임에 틀림없다.

920년(태조 3) 정월에는 신라가 처음으로 고려에 사신을 파견함으로써 고려와 신라의 우호관계가 성립되었다. 그러자 후백제 견훤도 9월에 아찬 공달을 고려에 보내 공작새 깃털로 만든 부채와 지리산 대나무로 만든 화살을 보내와 수교를 요청하였다. 그러나 그해 10월 견훤이 신라의 합천지역을 침공하였다. 그러자 신라가 고려에 구원 요청을 해왔고 고려가 구원군을 출동시키자 후백제와 고려는 이때부터 라이벌 관계가 되었다.

이듬해인 921년 2월에는 달고적(達姑狄)이 신라를 침공하기 위해 남하하였다. 이에 고려가 장군 견권(堅權)을 파견하여 격파하자 신라왕은 사절을 파견하여 감사의 인사를 올렸다. 이로써 양국의 관계는 더욱 공고해졌다.

922년에 들어오면서 거란이 고려에 사신을 보내와 낙타와 양탄자를 바쳤다. 궁예 때에는 사신을 보냈는데 궁예를 내쫓은 왕건이 사신을 보내오지 않자 거란이 먼저 손짓을 한 것이다. 아직 크게 성장하지 못한 거란으로서는 고려를 자기 편으로 삼아 안심하고 발해를 위협하기 위한 목적이었지 않나 한다. 그러나 왕건은 답빙하지는 않은 것 같다.

반면 왕건은 거란보다 중국과의 외교관계가 더 필요함을 느꼈던 것 같다. 오월과의 관계는 실패했으나 북중국의 후량(後梁)과 외교관계 수립을 원하였다. 923년 복부경(福府卿) 윤질(尹質)을 후량에 사신으로 파견하였는데 돌아오는 길에 5백 나한상(羅漢像)을 가지고 왔던 것이다. 며칠 후에는 오월국의 문사(文士) 박암(朴巖)이 다시 귀순하여 왔다. 박암의 귀순에는 이전에 내투한 바 있던 추언규의 공이 있었다고 생각된다. 이로써 중국의 문사 둘을 확보한 왕건은 대중국 외교에 유리한 고지를 점령하는 계기가 되었을 것이다.

그러나 그해 후량은 멸망하고 후당(後唐)이 건국되었다. 후당을 건국한 이는 이존욱(李存勖)으로 그는 당 황실의 인척이었다. 따라서 그는 후량의 말제(末帝)를 살해하고 당을 개건한다는 명분으로 국호를 후당이라 하고 수도를 낙양(洛陽)으로 천도하였다. 따라서 이존욱 본인은 물론 외부에서도 후당을 당의 뒤를 이은 정통왕조로 생각하였다. 그 때문인지 모르지만 신라는 재빨리 사신을 파견하여 통교하였다. 김낙(金樂)과 김유경(金幼卿)을 사신으로 보냈던 것이다. 이에 장종(莊宗) 이존욱은 사신들에게 후한 예물을 하사하여 화답하였다. 이는 신라가 장종의 등극을 축하함과 동시에 당과의 전통적인 우의를 강조하려 한 것으로 풀이된다.

그러자 고려에서도 광평시랑(廣評侍郎) 한신일(韓申一)·부사(副使) 춘부소경(春府少卿) 박암(朴巖)을 후당에 파견하였다. 그러자 장종은 고려의 사신 한신일에게 조산대부·시전중감(朝散大夫·試殿中監)을, 박암에게 조산랑·시비서랑(朝散郎·試秘書郎)을 제수하였다. 이때 광평시랑 한신일은 서사(書史)에 능통하다고 하여, 그가 떠날 때 황제가 편전에서 임려장(林慮漿)이란 술을 친히 하사하였다. 또 춘부소경 박암은 문사(文史)에 뛰어남이 중국의 현사(賢士)와 같다고 하였다 한다. 직전에 오월국에서 온 박암을 사신으로 보내 대중국 외교에 활용하였던 것이다. 이로써 고려는 신라와 대등한 외교관계를 수립할 수 있었다.

이에 불안을 느낀 신라의 경명왕은 이듬해인 924년(경명왕 8년, 태조 7년) 두 차례나 후당에 사신을 파견하여 기울어져 가는 신라를 공인받으려 하였다. 그해 정월에 사신을 파견하였으며 6월에도 사신을 파견하였던 것이다. 정월에 보낸 사신은 신라의 중앙이 아닌 지방의 절도사가 보낸 사신인 것 같다. 즉 그것은 그해 정월 천주절도사(泉州節度使) 왕봉규(王逢規)가 독자적으로 후당에 사신을 파견한 것이었다. 천주는 지금의 경남 진주로 지방세력이 독자적으로 중국에 사신을 파견할 정도로 신라는 쇠퇴해 있었음을 반증하는 것이라 하겠다. 6월에도 조산대부·창부시랑(朝散大夫·倉部侍郎) 김악(金岳)을 후당에 파견하여 조공하자 후당의 장종은 그에게 조의대부·시위위경(朝議大夫·試衛尉卿)이란 관직을 내려주었다. 이로써 볼 때 후당에서는 전통적인 우호관계를 참작하였지만 신라의 쇠퇴와 고려의 등장을 고려해 거의 대등하게 대우해 주었다고 하겠다.

그해 9월 신라에서는 경명왕이 죽고 그의 아우가 왕위에 올랐다. 그가 바로 경애왕(景哀王, 924~927)이었다. 한편 925년 왕건과 견훤은 조물군에서 교전하였으나 세력이 대등하여 서로 인질을 교환하고 화의를 맺었다. 즉 견훤 측에서는 그의 생질 진호(眞虎)를 왕건에게 보내고 왕건은 사촌동생 왕신(王信)을 견훤에게 인질로 보냈던 것이다. 이즈음 양국은 비슷한 세력을 갖고 있었다 하겠다.

그러자 양국은 중국과의 외교를 통해 자신들의 우위를 인정받으려 한 것 같다. 먼저 왕건은 그해 11월 사신 위신(韋伸)을 후당에 파견하여 공물을 바쳤다. 뒤이어 12월에는 후백제의 견훤이 사신을 후당에 보내 번신(藩臣)을 칭하니 견훤에게 검교태위겸시중·판백제군사(檢校太尉兼侍中·判百濟軍事)를 제수하고 이전과 같이 지절도독 전·무·공등주군사·행전주

자사·해동사면도통·지휘병마제치등사·백제왕·식읍이천오백호(持節都督 全·武·公等州軍事·行全州刺史·海東四面都統·指揮兵馬制置等事·百濟王·食邑二千五百戶)로 책봉하였다. 외교 전쟁이었다. 양국은 정통왕조인 후당의 인정을 받아 대내외에 선전하고자 한 것이었다. 그런데 여기서 얼핏 보면 견훤에게는 관작을 제수하고 왕건에게는 그것이 없어 후백제를 더 인정한 것처럼 보이지만 그것은 기록의 차이에서 빚어진 것으로 보아야 할 것이다. 즉 왕건의 사신 파견 기사는 중국 측 기록인데 반해 견훤의 관작 수여 기사는 한국 측 기록으로 더 자세하기 때문에 빚어진 현상이 아닌가 한다. 후당 측에서는 양국을 다 인정해 준 것으로 보는 것이 옳을 듯하다.

이즈음 중국 후당에서는 926년 4월 이극용(李克用)의 의자(義子) 이사원(李嗣源)이 왕위에 즉위하여 명종(明宗)이 되었다. 한편 한반도에서는 태조 9년(926)에 접어들면서 견훤의 인질 진호가 병으로 죽자 견훤 측은 고려가 일부러 죽였다 하여 왕신을 죽이고 웅진[공주]을 공격하였다. 왕건은 성을 지키고 출전하지 아니하였다. 왕건이 수세적인 위치에 있었던 것이다. 이로써 고려와 후백제는 다시 대결 국면에 들어서게 되었다.

927년(태조 10)에 들어서면서 신라의 경애왕은 그해 2월 후당에 병부시랑(兵部侍郎) 장분(張芬)을 파견하여 조공하니 명종은 그에게 검교공부상서(檢校工部尚書)를, 부사인 병부낭중(兵部郎中) 박술홍(朴術洪)에게는 겸어사중승(兼御史中丞)을, 판관 창부원외랑(倉部員外郎) 이충식(李忠式)에게는 겸시어사(兼侍御史)를 주었다. 이때의 사신 파견은 새로운 왕의 즉위를 축하하고 본국을 비롯한 한반도의 사정을 진술하기 위한 것이었다고 생각한다. 그런데 『고려사(高麗史)』에는 그 전해인 926년에 고려가 후당에 장빈(張彬)을 파견한 것으로 나와 있다. 장분과 장빈은 동일인으로 추정되는데 신라의 사신으로 갔던 그가 고려인인 것처럼 되어 있는 것은 그가 후에 고려에 귀순했기 때문으로 여겨진다. 시기가 약간 다른 것은 착각에 의한 것이었다고 생각된다.

그러자 그해 3월 후당은 권지강주사(權知康州事) 왕봉규(王逢規)를 회화대장군(懷化大將軍)으로 삼는 조치를 취하였다. 이에 왕봉규는 임언(林彦)을 후당에 보내 조공하니 명종이 중흥전에서 그를 불러 보고 물건을 하사하였다. 그런데 『고려사』에는 그해에 고려가 임언을 후당에 파견한 것으로 되어 있다. 이 역시 앞서 본 장분처럼 임언도 왕봉규를 따라 고려에 귀순했기 때문에 고려에서 파견한 것처럼 기술한 것이다. 그런데 후당이 신라의 사절을 받아들이면서도 왕봉규에게 관직을 준 것을 보면 신라의 쇠망을 예견하면서 지방의 독립적인 세력을 인정해 주었다 할 수 있다. 중국 측 기록에는 그를 신라국 사람으로 기록해 놓았기 때문이다.

한편 견훤의 웅진 공격시 수세를 취했던 고려의 왕건은 927년에 들어와 선제 공격을 감행하여 후백제의 용주(龍州, 경북 예천 용궁면)를 쳤다. 그러자 신라 경애왕도 군사를 출병하여 고려를 도왔다. 이어 고려는 공격을 계속하여 운주[충남 홍성], 근품성[경북 상주], 강주[경남 진주], 대량성[합천] 등을 함락하였다. 이때 강주의 세력가였던 왕봉규도 자연스럽게 고려에 오게 되었다고 생각된다. 왕건은 그를 회유할 목적으로 왕씨 성을 하사해주었고 그 밑에 있던 임언도 고려에 옴으로써 왕봉규가 보낸 임언이 고려의 사신으로 둔갑하게 된 것이었다.

이에 불안을 느낀 견훤은 3월에 이르러 신라의 서울 경주에서 가까운 고울부[경북 영천]를 공격하여 점령하였다. 신라가 고려에 구원 요청을 하자 견훤은 신라의 수도인 경주로 쳐들어가 경애왕을 죽이고 경순왕(敬順王, 927~935)을 옹립하였다. 후백제군은 수도인 전주로 돌아오다 공산[현 대구 팔공산]에서 남하하던 고려군과 만나 전투를 벌였다. 이것이 바로 그해 9월의 공산(公山) 전투였다. 이 전투에서 고려군은 대패하여 개국 1등공신 신숭겸(申崇謙)과 2등공신 김락(金樂) 등이 죽고 왕건은 겨우 몸을 보전하였다.

견훤이 왕건과의 대결에서 대승했다는 소식은 금방 외국에도 전달된 것 같다. 이에 거란이 즉각 반응하였다. 거란이 35명이나 되는 사신을 보냈던 것이다. 오월국도 재빠른 행동을 보였다. 그것은 그해 12월 견훤이 고려왕건에게 보낸 국서에 잘 나타나 있다. 거기에는 "전달 7일에 오월국(吳越國)의 사신 반상서(班尙書)가 우리에게 와서 조서를 전하고 갔는데 '백제 왕과 고려는 오래 전부터 친선관계를 맺어 함께 동맹을 맺고 있었는데 근자에 양쪽 인질이 다 죽은 것을 계기로 하여 드디어 친선의 옛 호의를 잃어버리고 서로 강토를 침범하여 전쟁이 그치지 않는다는 것을 알고 있다. 그래서 이제 일부러 당신 나라에 나의 사신을 파견하고 또 고려에도 편지를 보내노니 두 나라는 마땅히 서로 친선하고 영구히 휴전을 보전하라' 하였다. 나는 원래 신라를 존중히 여기는 의리에 충실하고 큰 나라에 대한 정의가 깊은 터이므로 오월국왕의 조서를 듣고 즉시 그 뜻을 받들고자 한다. 다만 염려되는 것은 당신이 종래의 미련에 끌리어 싸움을 그만두려 하여도 그만 두지 못하고 곤경에 빠져서도 그냥 싸우려는 것이다. 지금 조서를 복사하여 보내노니 청컨대 유의하여 자세히 읽으라. 또한 구멍에 든 토끼와 사냥개가 다투다가 서로 피곤하여지면 마침내 반드시 남의 조롱을 받는 것이요 조개와 황새가 서로 버티는 것은 역시 남의 웃음거리가 되는 것이니 마땅히 미욱한 고집을 경계할 것이요 스스로 후회를 남기지 말도록 하라"라고 되어 있다. 즉 그에 의하면 오월국이 한반도의 상황을 상세히 알고 있으며 전통적인 우호관계에 있던 후백제에 조서를 내려 대승을 축하하면서 고려와 후백제의 화친을 권고하고 있음을 알 수 있다. 그러나 어디까지나 후백제의 입장에서 화친을 권고하고 있다. 조서를 후백제에만 보낸 것이 그것을 말해주고 또 후백제의 대승 직후이기 때문에 더욱 그렇다.

이에 대해 928년(태조 11) 고려의 왕건은 견훤에게 답서를 보내었다. 거기에는 "오월국의 통화사(通和使) 반상서가 전한 조서 1통을 받고 겸하여 당신이 보낸 장문의 편지도 받았다. 그런데 오월국의 조서와 당신의 편지에 대해 말한다면 전자는 비록 감격을 느꼈으나 후자는 혐의쩍은 생각을 금할 수 없기에 지금 사신이 돌아가는 편에 이 글을 부쳐 옳고 그름을 밝히노라. …… 오월왕 전하의 큰 덕은 외국에까지 미치고 작은 나라를 동정하는 마음으로 특별한 서한을 보내어 동방에서 전쟁을 중지하라고 권하였다. 기왕 권고를 받았으니 어찌 이를 접수하지 않으리오. 만일 당신이 이 권고를 정중히 받들어 흉악한 생각을 그친다면 그것은 다만 오월국의 선의에 보답하는 것일 뿐 아니라 또한 신라의 끊어진 전통을 다시 이을 수 있는 것이다. 그러나 만일 죄과를 범하고도 능히 고치지 못한다면 그 때에는 후회하여도 수습하지 못할 것이다"라 쓰여 있다. 왕건 자신은 오월국왕의 권고를 받아들이려고 하는데 다시 고려를 침공하거나 신라를 공격한다면 후회할 것이라 강력히 경고하고 있다.

요컨대 이때까지 신라와 고려는 우호관계를 유지하면서 주로 북중국의 후당에 사신을 파견하여 후원을 받으려 하였다. 그러나 후당은 한반도의 문제에 대해서는 크게 개입하지 않았다. 그러다가 거란이 발해를 멸망시키자 고려는 거란과의 외교에도 신경을 썼다. 반면 후백제의 견훤은 거란과도 우의를 다지려 하였지만 오랫동안 공들여온 오월국과의 외교에 전력을 다하였다. 특히 927년(태조 10) 공산 전투에서 고려를 패퇴시키고 대승을 거두자 오월국의 힘을 빌려 고려의 패배를 기정사실화 하려 하였다. 후백제 외교의 승리였다 해도 과언이 아니었다. 이 시기 후삼국 외교의 특징은 먼저 왕건이 왕위에 즉위하자마자 오월과의 외교를 시도하면서 후백제와 오월의 관계를 끊으려 하였다. 반면 조물군 전투 후에는 후백제가 후당에 사신을 파견하여 고려에 대한 외교적 승리를 시도하였다는 점이다. 그리고 지방세력에 불과하였던 천주절도사 왕봉규가 독자적으로 중국에 사절을 파견하고 있다는 점이다. 또 거란이 성장하여 발해를 멸망시키려 하자 신라나 고려가 사신을 파견해 후폭풍을 막으려 하였다. 그러나 공산 전투 직후 거란은 후백제와 접촉하여 고려를 압박하려 하였다는 점도 특징으로 들 수 있다.

2) 공산 전투 이후

공산 전투 이후에도 고려와 후백제와의 전쟁은 계속되었다. 928년 5월 고려는 이전에 확보했던 강주(康州, 현재의 경남 진주)가 후백제의 공격을 받아 함락되었다. 7월에는 왕건이 삼년산성을 공격하였으나 이기지 못하고 청주를 거쳐 충주로 갔다. 그리고 오어곡(烏於谷)에 군사를 주둔시켜 죽령으로 통하는 길을 폐쇄하였다. 그러나 오어곡성은 견훤군의 공격으로 그해 11월 다시 탈취당했다. 견훤의 적극적인 공세에 밀려 고려가 수세에 몰리는 상황이었다.

929년(태조 12)에 들어오면서 왕건은 서경 인근의 주진(州鎭)을 순행하고 남쪽의 기주(基州, 경북 풍기)와 인근의 주진을 순행하면서 전투 준비를 하고 군사를 모집하였다. 그러나 견훤군은 의성부(義城府, 경북 의성)를 침범하여 고려 장군 홍술(洪術)을 죽이고 이를 점령하였으며 나아가 순주(順州, 경북 순흥)도 함락하였다.

왕건은 한편으로 대중국 외교도 전개하였다. 그해 8월 광평시랑(廣評侍郞) 장분(張芬) 등 52인을 후당에 보내 향로와 보검, 옷감, 인삼 등의 여러 가지 물건을 바쳤다. 이전에 신라의 사신으로 중국에 다녀온 바 있던 장분이 고려에 귀순하자 그를 고려의 대중국 사절로 활용하였던 것이다.

한편 그해 12월에는 견훤이 고창군(古昌郡, 경북 안동)을 포위하자 왕건이 직접 출동하였다. 930년에 들어와 신라의 재암성(載巖城, 경북 진보) 장군 선필(善弼)이 왕건에게 귀순해오면서 왕건의 전력이 많이 보강되었다. 이어 벌어진 고창군(古昌郡, 경북 안동) 병산(甁山) 전투에서 왕건이 대승하였다. 그것은 토착세력이었던 김선평, 권행, 장길 등의 도움 덕분이기도 했다. 그리하여 그들에게 각기 관작을 수여하였다.

이 전투의 승리로 영안(永安, 현재의 경북 경북 영천)·하곡(河曲, 현재의 경북 하양)·직명(直明, 현재의 경북 안동)·송생(松生, 현재의 경북 청송) 등 30여 군현이 고려에 귀부하였다. 이어 930년 2월에는 고창군 전투의 승리가 알려지자 강원도 명주(溟州)로부터 흥례부(興禮府 : 현재의 경북 안동)에 이르는 110여 성도 귀순해 왔다. 신라의 중부 지역과 동부 지역이 거의 모두 고려의 영역이 된 셈이었다.

이에 왕건은 신라에 사신을 보내 고창군 전투의 승첩을 알렸고 경순왕도 답례를 하여 서로 만날 것을 청하였다. 이듬해인 931년 신라왕의 청으로 왕건은 신라에 가서 경순왕을 만났다. 왕건은 경주에서 3개월간 머무르면서 우의를 다지고 신라왕을 비롯한 대신들에게 상을 내렸다.

경주에서 돌아온 후 932년(태조 15) 3월 왕건은 대상(大相) 왕중유(王仲儒)를 후당에 보내 조공을 바쳤다. 지금까지 전개된 후백제와의 전투 상황을 설명하고 최종적으로 자신이 패권을 잡았음을 설명한 것이라 생각한다. 그러자 곧이어 4월 신라의 경순왕은 집사시랑(執事侍郎) 김비(金朏)·사빈경(司賓卿) 이유(李儒)를 후당에 보내 조공하였다. 후백제에 대한 고려의 승리에도 불구하고 아직도 신라는 건재하고 있음을 드러내고자 한 것 같다. 그러나 후당은 이미 한반도의 정세가 고려에게 돌아갔음을 인식하고 왕건에게만 특진검교태보·사지절현토주도독·충대의군사겸어사대부·상주국·고려국왕(特進檢校太保·使持節玄菟州都督·充大義軍使兼御史大夫·上柱國·高麗國王)으로 책봉하였다. 이는 고려의 입조사(入朝使) 왕중유의 요청에 의한 것이었다. 책봉 사신은 이듬해인 933년(태조 16) 3월에 도착했는데 왕경(王瓊), 양소업(楊昭業) 등을 보내 왕을 책봉하고 왕건의 부인 유씨(柳氏)를 하동군부인(河東郡夫人)으로 봉하였다. 이에 따라 고려에서는 기존의 독자적인 천수(天授) 연호를 버리고 후당의 연호를 사용하게 되었다. 고려의 최종적인 승리를 후당으로부터 인정받았던 것이다.

고려는 933년 후당으로부터 책봉을 받은 후 후당과의 교류를 더욱 돈독히 하였다. 934년 8월 고려의 입공사(入貢使) 김길(金吉)이 후당에 갔으며 그를 따라온 고려 상인들이 교역을 하기도 하였다. 935년에는 고려에서 예빈경(禮賓卿) 형순(邢順) 등을 후당에 보냈다. 그러자 후당에서는 형순에게 시장작소감(試將作少監)을, 부사(副使) 최원시(崔遠試)에게 소부감주부(少府監主簿)를 제수하였다.

신라도 933년 경순왕이 사신을 후당에 보냈으나 큰 성과는 거두지 못하였다. 한편 후백제는 오월국과의 관계를 유지하기 위해 다시 사신을 파견하였다. 즉 933년 태복경(太僕卿) 이인욱(李仁旭)을 파견하여 지난해 죽은 선왕(先王) 전류(錢鏐)를 조문하고 제사하였다. 그런데 후백제는 갑자기 936년 정월 후당에 사신을 파견하여 토산물을 바쳤다. 그러나 이는 견훤이 보낸 사절이 아니라 신검이 왕위에 오른 후 파견한 사절임에 틀림없다. 견훤 정권은 이미 그 전해인 935년 3월에 붕괴되었기 때문이다. 새롭게 권력을 잡은 신검이 자신의 집권에 대한 정당성을 설명하고 인정받고자 함이었다. 그러나 책봉 기사가 없는 점으로 미루어 큰 성과는 없었다고 하겠다.

요컨대 공산 전투의 패배로 외교권을 빼앗겼던 고려는 전열을 정비하여 고창군 전투에서 승리하면서 외교적인 승리도 획득하였다. 신라를 방문한 후 양국이 다 후당에 사신을 파견하여 한반도의 상황을 알렸다. 이에 후당 명종은 사태를 파악한 후 고려의 우위를 인정하여 왕건을 고려국왕으로 책봉하였다. 왕건은 이후에도 여러 차례 사신을 파견하여 후당과의 관계를 공고히 하였다. 한편 신라는 후당에, 후백제는 오월국에 한 두 차례의 사신을 파견하였으나 큰 성과를 거두지는 못하였다. 중국이 실질적인 지원을 해 준 것은 아니었지만 고려의 최종적인 외교적 승리였다. 이 시기의 특징은 후당과의 외교에 고려와 신라가 경쟁을 벌였으며 후백제 말기 신검에 의해 후당과의 외교 시도가 있었다는 점이다.

3) 후삼국 통일 이후

후백제는 태자 책봉을 둘러싼 내분이 발생하여 935년 견훤이 고려로 귀순하였고 신라의 경순왕도 나라를 들어 고려에 투항하였다. 끝까지 버티던 후백제 신검도 936년 경북 선산의 일이천(一利川) 전투에서 패하고 황산[충남 연산]에서 왕건에게 항복하였다. 이로써 고려에 의한 후삼국 통일이 달성되었다.

고려가 후삼국을 통일한 936년 중국에서는 후진(後晉)이 건국되었다. 후당 명종의 사위였던 석경당(石敬瑭)은 명종의 양자로 왕위에 오른 이종가(李從珂)가 자신을 토벌하려 하자 거란의 도움을 받아 후진을 세운 것이다. 물론 그는 거란의 도움에 대한 대가로 연운 16주를 할양하고 거란에게 세폐(歲幣)를 주기로 하였다. 연운 16주를 할양받음으로써 거란은 중원 진출의 교두보를 확보했을 뿐 아니라 후진에 대한 우월한 입장을 견지할 수 있었다.

이에 고려에서는 937년 왕규(王規)·형순(邢順)을 후진에 보내 석경당의 등극을 축하하는 사절을 보냈고 이듬해부터 후진의 연호를 사용하게 되었다. 후진에서는 왕규에게 검교상서우복야(檢校尙書右僕射)를, 부사(副使) 광평시랑(廣評侍郎) 최유(崔儒, 혹은 崔禹)에게 시장작감(試將作監)을, 그 이하의 수행사절 30여 인에게 모두 관직을 제수하였다. 또 후진에서는 939년(태조 22) 국자박사(國子博士) 사반(謝攀)을 보내와 왕을 책봉하여 개부의동삼사·검교태사(開府儀同三司·檢校太師)로 삼고 여타 관직은 그대로 인정해 주었다.

그러나 왕건은 후백제가 주로 전담했던 오월과의 외교도 다시 전개하였다. 938년(태조 21) 오월국에 들어갔던 사신 장훈(張訓) 등이 돌아와 오(吳)의 이변(李昪)이 황제에 즉위하였음을 보고하였던 것이다. 이는 오 나라의 서지고(徐知誥)가 성명을 이변(李昪)으로 바꾸고 황제에 올라 국호를 남당(南唐)이라 하여 자립했던 사실을 말하는 것이다. 이는 그해 고려 사신 광평시랑(廣評侍郎) 유훈률(柳勳律)이 남당에 가서 보고한 표전(表箋)의 내용에도 있는 것이었다. 즉 그가 남당에 와서 공물을 바치고 즉위를 축하하자 이변이 무공전(武功殿)에서 친견하고 숭영전(崇英殿)에서 연회를 베풀었으며 학사승지(學士承旨) 손기(孫忌)로 하여금 모시게 하였다는 중국 측 기록으로 알 수 있다. 이로 미루어 태조 왕건은 오월 뿐 아니라 남당과도 교류를 시작했음을 알 수 있다. 유훈률(柳勳律)은 이듬해인 939년 다시 한번 남당에 사신으로 가기도 하였다. 이제 통일 왕조를 이룩한 이상 북중국이나 남중국을 가리지 않고 외교적인 전략을 구사하는 것이 바람직하다고 생각한 것 같다.

한편 940년에는 이전에 중국에 파견한 바 있던 고려의 숙위질자(宿衛質子) 왕인적(王仁翟)이 고국으로 돌아오기도 하였다. 그해에 왕건은 다시 남당에 광평시랑(廣評侍郎) 유긍질(柳兢質)을 파견하여 방물을 바쳤다. 남당이 남중국에서 오월보다 더 큰 위세를 떨치고 있었음을 알고 있었던 것이다. 941년에는 다시 고려가 대상(大相) 왕신일(王申一)을 후진에 보내 방물을 바쳤다. 그러자 후진에서는 조서를 내려 대의군사·특진검교태보·사지절현토주도독·상주국·고려왕(大義軍使·特進檢校太保·使持節玄菟州都督·上柱國·高麗王) 왕건을 개부의동삼사·검교태사·사지절현토주도독·충대의군사·식읍일만호·식실봉일천호·고려국왕(開府儀同三司·檢校太師·使持節玄菟州都督·充大義軍使·食邑一萬戶·食實封一千戶·高麗國王)으로 책봉하고 광록경(光祿卿) 장징(張澄)·국자박사(國子博士) 사반(謝攀)을 파견하여 책봉 명령을 전하게 하였다. 이렇듯 그는 중국과의 관계를 돈독히 하면서 통일 왕조로서의 위상을 높여나갔다. 그 후 왕건은 943년 4월 대광(大匡) 박술희(朴述熙)를 불러 「훈요10조(訓要十條)」를 전하고 그해 5월 67세의 나이로 생을 마감하였다.

요컨대 후삼국 통일 이후 왕건은 중국에 대해서는 전방위 외교를 펼쳤다. 북중국은 물론 남중국에까지 사신을 파견하여 교류함으로써 통일 왕조로서의 위상을 확실히 하였다. 그러나 발해를 멸망시킨 거란에 대해서는 적대적인 태도를 취함으로써 고구려의 부흥과 북방정책의 의지를 분명히 하였다. 이 시기 외교의 특징은 고려 태조 왕건이 후백제와 교류하였던 오월보다도 남당과의 외교에 더 신경을 썼다는 점과 더불어 후당에 파견하였던 고려의 인질 왕인적을 귀환시켰다는 점이다.

2. 혜종~광종의 대중국 외교

태조의 뒤를 이은 혜종(惠宗)도 중국과의 외교를 돈독히 하였다. 944년에 즉위하여 광평시랑 한현규(韓玄珪)와 예빈경(禮賓卿) 김렴(金廉)을 후진에 보내 왕위 계승을 통보하고, 거란을 격파한 것을 축하하였다. 그러자 이듬해에 후진도 혜종을 고려국왕에 책봉하여 왕위를 인정하였다.

정종(定宗)대에는 후진의 뒤를 이은 후한(後漢)과의 외교가 이루어졌을 것이다. 그러나 자세한 사절 교환 기록은 보이지 않으며, 948년에 후한의 연호를 사용했다는 기록만 남아있을 뿐이다.

고려 4대 임금 광종(光宗)이 즉위한 다음 해인 950년(광종 2)에는 후주(後周)가 건국되었다. 광종은 그해 재빨리 후주의 연호를 사용하였고, 952년에 광평시랑 서봉(徐逢)을 후주에 보내어 토산물을 바쳤다. 이에 대한 답으로 후주에서는 이듬해에 사신을 파견하여 광종을 고려국왕으로 정식 인정하였다.

광종은 955년에는 대상 왕융(王融)과 광평시랑 순질(筍質)을 파견하여 조공하였다. 그러자 이듬해 장작감 설문우를 보내와 왕을 책봉하고 백관의 의복을 중국과 같게 하였다. 특기할 만한 것은 이때 설문우를 따라 고려에 왔던 쌍기(雙冀)가 병 때문에 돌아가지 못하고 고려에 남게 되었다는 것이다. 그러자 광종은 그를 우대하였고, 그는 이후 광종의 개혁 정책에 많은 역할을 하게 되었다. 과거제도가 그의 건의에 의해 실시되었던 것은 이를 잘 보여준다. 이후 광종은 중국에서 오는 문사(文士)들을 우대하여 폐단을 일으키기도 하였다. 쌍기의 아버지인 쌍철(雙哲)이 쌍기가 왕의 총애를 받고 있다는 소식을 듣고 959년에 고려에 와서 좋은 대우를 받은 것은 단적인 사례이다.

958년에도 좌승(佐丞) 왕긍(王兢)과 좌윤(佐尹) 황보위광(皇甫魏光)을 후주에 보내어 말과 의복 등을 바쳤고 그 이듬해 봄, 가을과 겨울에도 사절을 보내 우호관계를 돈독히 하였다. 그러자 후주에서도 사절을 보내 화답하였다.

　이처럼 고려 태조의 뒤를 이은 혜종이나 정종, 광종대에도 고려와 5대 10국과의 외교관계는 평화적으로 전개되었다. 이는 중국이 5대 10국의 혼란기라는 측면에서 북방의 거란을 견제하기 위한 목적이었다고 볼 수 있다. 고려에서는 자신들의 개혁 정치에 중국의 도움을 받고자 함이었다.

3. 고려 초 중국과의 경제·문화 교류

왕건은 외교적인 목적 뿐 아니라 경제적인 목적의 교류도 시도하였다. 왕건은 후당으로부터 책봉 받은 이듬해인 청태 원년(934)부터 활발하게 외교와 교역을 전개하였다. 『책부원구(册府元龜)』에 의하면 이때에 고려의 선박 1척이 해안에 다달아 압장(押將) 노기(盧肵) 이하 70인을 거느리고 등주(登州)에 들어와 물건을 사고팔고 교역을 하였다는 것이다. 이러한 상황을 산동성의 등주에서 중앙에 보고하고 있다. 그 이듬해에도 고려에서 산동성의 청주(靑州)에 상인을 보내 교역을 하였음을 전하고 있다. 이처럼 고려의 상인들이 개성에서 가까운 산동성의 청주나 등주에 가서 경제적인 교역을 전개하였다.

아마도 이 무렵 교역을 허락해 달라는 사절로 왕인적을 인질로 하여 청주에 파견한 것이 아닌가 한다. 당시는 후당 말년으로 절도사가 실질적으로 지방을 독립적으로 통치하는 상황이었다. 그리하여 청주에는 절도사로 있던 방지온(房知溫)이 동평왕(東平王)으로 책봉받아 통치하고 있었다. 동평왕은 '동쪽을 평정한 왕'이란 뜻으로 거의 반독립적인 세력을 유지하고 있었다. 왕건은 방지온에게 자신의 친척인 왕인적을 인질로 보내는 한편 재물을 주어 회유하여 무역의 이득을 꾀한 것 같다. 왕건은 이를 통해 국가 재정을 튼튼히 하면서 혹시 있을지도 모르는 후백제의 반격에 대비한 것이 아닌가 한다.

왕건은 후당에서 후진으로 왕조가 바뀌자 예전에 보냈던 자신의 인질을 귀환시키고자 하였다. 938년 8월에 중국의 청주절도사(靑州節度使) 왕건립(王建立)은 고려에서 보낸 바 있던 숙위질자(宿衛質子) 왕인적(王仁翟)이 고국으로 돌아가기를 바란다고 보고하자 이를 허락했던 것이다. 939년에는 다시 광평시랑 형순 등 72인을 후진에 파견하여 방물을 바쳤다. 왕인적의 귀국을 촉구하기 위한 사절이었을 것이다. 그리하여 왕인적은 940년에 고려로 귀국하게 되었다. 이처럼 태조 왕건은 무역을 통하여 얻은 재력으로 통일의 초석을 마련하고자 하였다.

중국과의 문화적인 교류도 계속되었다. 특히 불교 면에서 많은 교류가 이루어졌다. 923년(태조 6) 복부경(福府卿) 윤질(尹質)을 후량에 사신으로 파견하였는데 돌아오는 길에 5백 나한상(羅漢像)을 가지고 왔던 것이다. 복부가 어떠한 관청이었는지 자세히 알 수 없으나 불교와 관련된 관청이었던 것 같다. 그가 5백 나한상을 가져온 것은 교류의 목적이 정치적인 것 외에도 문화적인 목적이 있었다는 것을 증명해 준다. 고려시대에 나한은 인간들의 소원을 성취시켜 주는 대상으로 믿어졌기 때문이다. 왕실에서도 나한재(羅漢齋)를 자주 개최하였는데 비가 오기를 바라거나 도적을 퇴치하려는 목적이었다. 아마도 태조 왕건은 5백 나한상을 통해 후삼국 통일을 기원했을 것이고 불교를 통한 백성들의 정신적 통일을 기대했으리라 짐작된다.

또 928년에는 신라 승려 홍경(洪慶)이 10국의 하나였던 민(閩)으로부터 대장경 1부를 배에 싣고 예성강에 이르니 왕건이 친히 나가 맞이하고 이를 제석원(帝釋院)에 안치하였다. 제석원은 919년(태조 2) 창건된 내제석원을 말하는 것으로 여기에 중국에서 가져온 대장경을 안치했다는 것은 제석 신앙을 불교의 중심 사상으로 하고자 함이었던 것 같다. 제석 신앙은 제석이 거주하는 도리천(忉利天)이 우리 고유의 하늘 숭배 사상과 결합하여 이루어진 것이었다. 따라서 제석원에 대장경을 안치함으로써 왕을 우리 고유의 하느님, 또는 불교의 제석과 동일시하게 한 조치였을 것이다. 제석원에서 주로 한 행사는 왕의 만수무강과 왕실의 안녕을 비는 예불이었기 때문이다. 중국의 불교를 통해 왕실의 안녕과 국토의 통일을 이룩하려는 염원을 빌었다.

중국에 와 있던 인도의 승려들을 초치하여 그의 통치에 이용하기도 하였다. 929년(태조 12) 인도의 삼장법사 마후라(摩睺羅)가 오니 왕건이 의장을 갖추어 맞이하였다. 938년에도 서천축국의 승려 홍범대사(弘梵大師) 실리전일라가 왔는데 의장을 성대히 갖추어 맞이하였다. 이들은 원래 인도의 승려였으나 고려에 입국한 것은 중국을 통해서 왔을 것임에 틀림없다. 인도의 승려까지 초치하여 불교를 통한 민심 수습과 사상적 통일을 꾀하였다 하겠다.

또 오월국에서 추언규, 박암과 같은 문사(文士)를 불러들여 우대한 것은 유교적 지식을 통하여 외교는 물론 통일의 기반을 닦으려 한 것으로 보인다. 박암을 다시 외교 사절로 중국에 파견하고 있는 것이 이를 말해준다. 광종대 후주의 쌍기를 받아들여 과거제도를 실시하게 한 것은 유학 교류의 성과를 단적으로 보여주는 예이다.

요컨대 고려 태조 왕건은 고려와 가장 가까운 산동반도 지역과 경제적인 교류를 하여 후삼국 통일의 재원을 확보하려 하였다. 그러한 목적으로 자신의 친척인 왕인적을 인질로 산동에 파견하기도 하였다. 문화적인 교류도 활발히 전개하였다. 오백 나한상이나 대장경을 수입하고 인도의 승려들까지 초치하여 사상적 통일을 꾀하였다. 중국의 문사들을 불러들여 우대함으로써 외교는 물론 개혁 정치에 활용하려 하였다. 후주의 문사 쌍기에 의해 과거제도가 도입된 것은 이를 잘 말해준다.

4. 고려 초의 대발해·거란 외교

고려의 북쪽 지역에는 발해라는 나라가 있었다. 발해는 스스로 고구려를 계승했음을 표방하였다. 그리하여 일본에 외교문서를 보낼 때 스스로를 '고려(高麗)'라 하고 임금을 '고려국왕(高麗國王)'이라 했다. 예컨대 『속일본기(續日本紀)』를 보면 발해 제3대 문왕 대흠무(大欽茂)가 일본에 보내 온 외교문서에 스스로를 '고려국왕 대흠무(高麗國王 大欽茂)'라 적고 있었던 것이다. 고구려의 계승을 표방했던 고려도 발해를 친척의 나라로 생각했다. 『자치통감(資治通鑑)』에는 고려 태조 왕건이 호승(胡僧) 말라(襪囉)를 통하여 후진(後晉)의 고조(高祖)에게 이르기를 "발해는 나와 혼인하였는데 그 왕이 거란에 포로가 되었으니, 청컨대 후진 조정과 같이 공격하여 취합시다"라고 하였다는 기록이 있다. 즉 '발해(勃海) 아혼인야[我昏姻也]'라 하여 고려와 발해 왕실 간에 혼인을 한 것 같은 기사도 전하고 있다.

한편 발해를 위협했던 거란과도 초기에는 우호정책을 표방하였다. 궁예의 외교정책을 그대로 계승하였던 것이다. 『요사(遼史)』에 의하면 915년 10월 고려가 거란에 사신을 보내와 보검을 바쳤다고 되어 있다. 그러나 이때는 아직 왕건의 고려가 성립되지 않았을 때이므로 여기서의 고려는 궁예의 태봉을 가리키는 것으로 보아야 할 것이다. 궁예는 901년에서 904년까지 고려라는 국호를 사용한 적이 있기 때문에 혼동한 것이라 생각된다. 또 918년 2월 3월에도 거란에 사신을 파견하였다. 이때의 사신 파견 주체는 '고려(高麗)'라고 되어 있으나 아직 왕건의 고려는 건국되지 않았을 때이므로 이는 궁예가 보낸 사절로 보는 것이 옳을 것이다. 또 이는 두 번의 사절을 보낸 것이 아니라 하나의 사절인데 기록에 따라 약간의 시기 착오가 생긴 것이라 보아야 할 것이다. 이렇듯 궁예가 거란과의 외교에 신경을 쓴 것은 멀리 떨어져 있고 분열 상태에 있었던 중국보다는 새롭게 떠오르는 거란이 새 시대의 주인공이 될 것이라 믿었기 때문이 아닌가 한다.

궁예의 뒤를 이어 왕건이 즉위하자 922년(태조 5) 거란이 사신을 고려에 보내 낙타와 말, 양탄자 등을 보내왔다. 그러자 고려에서도 여기에 화답하였다. 3년 뒤인 925년에도 사신을 거란에 보내 답빙하였던 것이다. 이때 거란과 발해는 심각한 대립관계에 있었다. 924년 발해가 거란의 요주(遼州)를 공격하여 자사(刺史)를 살해하자 거란은 발해의 요동을 보복공격하는 상황이었다. 그런데도 거란과 우호관계를 지속한 것은 후백제와의 경쟁 속에서 쓸데없이 거란을 자극하지 않으려 했기 때문이었다. 발해에 대한 친척의 감정은 있었으나 발해를 적극적으로 도와줄 입장이 아니었던 것이다.

거란은 그해 12월 발해(渤海)를 정벌하러 나섰고 발해는 이듬해인 926년 1월 항복하여 멸망하게 되었다. 이렇게 됨으로써 고려는 거란과 국경을 접하게 되는 결과가 되었다. 그러자 그해 2월 고려는 다시 예맥(濊貊)·철려(鐵驪)·말갈(靺鞨)과 더불어 거란에 사신을 파견하였다. 거란과의 우호를 통해 북방을 튼튼히 하고자 함이었다. 아직 남방에 있는 후백제와 자웅을 겨루어야 하는 부담이 있었기 때문이다.

그러나 거란의 침입으로 발해가 멸망하자 발해에 대한 태도는 바뀌었다. 발해 유민을 적극적으로 받아들이는 한편 거란에 대해 적대시하기 시작하였다. 925년 9월 발해의 장군 신덕(申德) 등 500여 명이 고려에 내투(來投)한 것을 시작으로 발해 유민들이 계속 고려에 넘어 들어왔다.

한편 한반도 내에서는 927년 공산 전투에서 후백제가 승리하자 거란은 재빨리 후백제에 사신을 파견하였다. 거란의 사신 사고마돌(裟姑馬咄) 등 35인이 후백제에 내빙하였던 것이다. 일을 마친 후 돌아갈 때 견훤이 장군 최견(崔堅)으로 하여금 이들을 반송(伴送)하게 하였는데 항해하여 북쪽으로 가다가 풍랑을 만나 산동(山東)의 등주(登州, 현 山東省 蓬萊市)에 이르러 모두 살육되고 말았다. 거란은 발해를 멸망시킨 후 한반도의 패권을 쥐게 된 후백제와 협력하여 고려를 후방에서 압박하기 위한 목적이었다고 보여진다.

그러나 고려는 발해 유민에 대한 포용 정책을 멈추지 않았다. 934년(태조 17)에는 발해국의 세자 대광현(大光顯)이 유민 수만 호를 거느리고 고려로 귀순해 왔다. 그러자 태조는 그에게 왕계(王繼)라는 성명을 하사해 주고 백주(白州)를 주어 제사를 받들게 하였다. 우호적인 태도로 감싸주었던 것이다.

〈표 1〉 고려 태조대 발해 유민의 유입 내용

연·월·일	유민 유입 내용
925. 9. 6	渤海將軍 申德 등 500인 내투
925. 9. 10	渤海禮部卿 大和鈞·均老, 司政大元鈞·工部卿大福謨·左右衛將軍 大審理 등이 民 100호와 내부
925. 12. 29	渤海左首衛小將 冒豆干, 檢校開國男 朴漁 등이 민 1천 호를 이끌고 내투
927. 3. 3	渤海工部卿 吳興 등 50인, 僧 載雄 등 60인 내투
928. 3. 2	渤海人 金神 등 60호 내투
928. 7. 8	渤海人 大儒範 민을 이끌고 내부
928. 9. 26	渤海人 隱繼宗 등이 내부하여 天德殿에서 3번 절을 하니 사람들이 실례라고 하였으나 大相 含弘이 망한 나라 사람은 3번 절하는 것이 옛 법이라고 함.
929. 6. 23	渤海人 洪見 등이 배 20척에 사람을 싣고 내부
929. 9. 10	渤海 正近 등 300여 인이 내투
934. 7	渤海國 世子 大光顯이 무리 수만을 이끌고 내투. 王繼라는 이름을 주고 왕실 족보에 등록하고, 특별히 元甫를 주어, 白州를 지키게 하였으며 그들의 제사를 받들게 함. 그의 僚佐에게도 爵位를, 군사에게는 전택을 차등있게 내림.
934. 12	渤海 陳林 등 160인 내부
938	渤海人 朴昇이 3천여 호로 내투

반면 거란에 대해서는 적대적인 감정을 그대로 표출하였다. 발해를 멸망시킨 거란에 대해 적대적인 외교를 전개하여 거란을 경계하였던 것이다. 즉 942년(태조 25) 거란이 사신을 보내와 낙타 50필을 선물하였다. 그러나 태조 왕건은 거란이 그들과 우호관계에 있었던 발해를 멸망시킨 것은

제 2 장 고려 초기의 대중국 외교 87

무도한 처사라고 비난하면서 사신 30인을 먼 섬에 유배하고 낙타는 만부교 아래에서 굶어죽게 하였다. 고구려 부흥을 내건 고려가 발해의 영토까지 수복하려는 의지의 표현이 아니었나 한다.

이처럼 고려는 거란에 대해 단호한 조치를 취하였다. 이는 거란에 대한 보복적인 행동일 뿐 아니라 고려가 강력하게 발해가 차지하고 있던 북방으로 진출하겠다는 의지의 표현이기도 했다. 또한 국제적인 역학관계의 영향이기도 했다. 이미 중국의 후진(後晉)에 거란에 대한 협공을 제의한 바 있었던 태조는 거란을 다시 한번 궁지에 몰아넣기 위한 전략이었다. 거란에 대한 자신의 감정을 강력하게 표현하여 당시 거란과 적대관계에 있던 후진의 호의를 사고 고려와 후진과의 관계를 더욱 밀착시켜 거란을 압박하기 위한 것이었다. 단교의 명분으로 발해 멸망의 무도함을 내세운 것은 과거의 발해 땅에 살면서 북방 개척에 장애가 되고 있던 서여진과 그 지역을 점유한 거란 모두에게 고려의 강력한 북진 의지를 표명한 것이었다.

거란은 이에 대해 불쾌한 감정을 갖게 되었고 영토 확장 정책을 계속하였다. 우선 거란은 압록강여진과 정안국을 경략하여 여진과 송과의 통교를 끊어버림으로써 고려와 국경을 마주하는 상태가 되었다. 이에 고려에서는 거란이 고려를 침략할지도 모른다는 불안감을 갖고 있었다. 그것은 정종(定宗)이 거란의 침입에 대비하여 광군(光軍) 30만을 조직하였던 것에서 알 수 있다. 즉 최언위의 아들이었던 최광윤이 일찍이 빈공진사(賓貢進士)로서 후진(後晉)에 유학 갔다가 거란에게 포로된 바 있었다. 그러나 재간으로 오히려 벼슬을 얻었는데 사신으로 고려의 구성(龜城)에 왔다가 거란이 장차 고려를 침범하려는 것을 알고 편지를 보내 이를 고려에 알려왔다. 그러자 정종은 주관 부서에 명령하여 군사 30만 명을 선발하고 광군(光軍)이라고 칭하였던 것이다.

이후 991년경에 거란은 송의 공격을 받았으나 오히려 송을 대파하였다. 자신감을 얻은 거란은 고려와 송과의 관계를 끊어 송을 고립시키고자 하였다. 이것이 993년(성종 12)에 일어난 거란의 1차 침입 배경이었다. 결국 태조 왕건의 이러한 대거란 강경정책이 옳았는가에 대해서는 의문의 여지가 있다. 북방의 새로운 강자로 떠오른 거란에 대한 강경정책이 후일 3차에 걸친 거란의 침략으로 이어졌다고 볼 수 있기 때문이다.

 요컨대 태조는 국제적인 관계를 잘 고려하여 외교정책을 구사하였다. 후백제와의 관계에 신경을 써야 했던 집권 초기에 그는 거란과 우호관계를 유지하였다. 그러다가 거란의 침입으로 발해가 멸망하자 발해 유민들을 따뜻하게 맞이해 주었다. 한편 후삼국 통일을 달성한 후에는 북진정책을 확실히 하기 위해 거란을 적대시하였다. 중국의 후진과 협공하여 거란을 공격하려 하였다. 그러나 거란에 대한 강경 외교가 후진의 멸망 후 3차에 걸친 거란의 침략으로 이어진 것은 안타까운 일이라 하겠다.

 결론적으로 볼 때 고려 초기의 대중국 관계는 한반도 각국의 이해관계에 따라 전개되었다. 당시 중국도 당말 5대 10국의 분열기였으므로 주변국에 대해 크게 신경쓸 형편이 못되었다. 조공과 책봉이라는 전통적인 관계는 지속되었으나 실상은 한반도의 상황 변화에 따라 중국의 인정을 받는 정도에 지나지 않았다 하겠다. 따라서 고려 초기의 왕들은 정치적인 외교 뿐 아니라 경제·문화 교류를 단행하여 실용적인 외교에 치중하였다. 한국사 중의 다른 어느 시기보다 독자성이 엿보였던 시기라 하겠다. 다만 거란에 대한 적대 정책으로 3차에 걸친 침략을 당한 것은 애석한 일이었다.

참고문헌

1. 저서

김갑동, 2010, 『고려의 후삼국 통일과 후백제』, 서경문화사.
김명진, 2014, 『고려 태조 왕건의 통일 전쟁 연구』, 혜안.
김재만, 1999, 『고려·거란 관계사 연구』, 국학자료원.
류영철, 2005, 『고려의 후삼국 통일과정 연구』, 경인문화사.
문안식, 2008, 『후백제 전쟁사 연구』, 혜안.
신성재, 2016, 『후삼국시대 수군활동사』, 혜안.
신호철, 1983, 『후백제 견훤정권연구』, 일조각.
신호철, 2002, 『후삼국 시대 호족연구』, 도서출판 개신.
심재석, 2002, 『고려국왕 책봉연구』, 혜안.
안주섭, 2003, 『고려 거란 전쟁』, 경인문화사.
이기백 외, 1981, 『고려광종연구』, 일조각.
이지관, 1994, 『校勘譯註 歷代高僧碑文』, 伽山文庫.
장동익, 2000, 『宋代麗史資料集錄』, 서울대출판부.
조인성, 2007, 『태봉의 궁예정권』, 푸른역사.
최규성, 2005, 『고려태조 왕건 연구』, 주류성.
하현강, 1988, 『한국중세사연구』, 일조각.
홍승기 외, 1996, 『고려태조의 국가경영』, 서울대학교 출판부.

2. 논문

강봉룡, 2003, 「나말려초 왕건의 서남해 지방 장악과 그 배경」, 『도서문화』 21.
권덕영, 2000, 「후백제의 해외교섭 활동」, 『후백제와 견훤』, 서경문화사.
김갑동, 2001, 「나말려초의 면천과 복지겸」, 『한국중세사회의 제문제』, 한국중세사학회.

김갑동, 2008, 「'王建의 중국 출신설'에 대한 비판적 검토」, 『동북아역사논총』 19.
김갑동, 2017, 「후삼국의 대중국 외교」, 『한국중세사연구』 49.
김광수, 1977, 「고려건국기의 패서호족과 대여진관계」, 『사총』 21·22합집.
김명진, 2008, 「태조 왕건의 충청지역 공략과 아산만확보」, 『역사와 담론』 51.
김명진, 2013, 「고려 태조 왕건의 질자 정책에 대한 검토」, 『한국중세사연구』 35.
김문경, 1986, 「唐代 高句麗 遺民의 藩鎭」, 『唐 高句麗遺民과 新羅僑民』, 日新社.
김소영, 2001, 「고려 태조대 대거란정책의 전개와 그 성격」, 『백산학보』 58.
김순자, 2006, 「10~11세기 고려와 요의 영토 정책」, 『북방사론총』 11.
김인규, 1996, 「고려 태조대의 대외정책」, 『고려 태조의 국가 경영』, 서울대출판부.
김재만, 1983, 「오대와 후삼국·고려초기 관계사」, 『대동문화연구』 17.
김종섭, 2006, 「伍代 高麗에 대한 인식」, 『梨花史學研究』 33.
김택균, 2004, 「궁예와 세달사」, 『사학연구』 75.
盧向前, 2004, 「오월국과 후백제의 관계에 대한 검토」, 『후백제의 대외교류와 문화』, 후백제문화사업회.
문수진, 1987, 「고려 건국기의 나주세력」, 『성대사림』 4.
문수진, 1988, 「고려태조의 외교에 대하여」, 『계촌민병하교수정년기념사학론총』.
박옥걸, 1996, 「발해유민의 來投」, 『고려시대의 귀화인 연구』, 국학자료원.
서성호, 1999, 「고려 태조대 대(對)거란 정책의 추이와 성격」, 『역사와 현실』 34.
송기호, 「발해 멸망기의 대외관계-거란·후삼국과의 관계를 중심으로-」, 『韓國史論』 17
신안식, 2004, 「高麗前期의 北方政策과 城郭體制」, 『歷史教育』 89.
안병우, 2004, 「고구려와 고려의 역사적 계승 관계」, 『한국고대사연구』 33.
이기백, 1960, 「고려초기 오대와의 관계」, 『한국문화연구원론총』 1.
이재범, 2003, 「고려 태조대의 대외정책」, 『白山學報』 67.
이정신, 2002, 「고려 태조의 건국이념의 형성과 국내외 정세」, 『韓國史研究』 118.
이진한, 2012, 「고려 태조대 대중국 해상항로와 외교·무역」, 『한국중세사연구』 33.
전덕재, 2014, 「신라의 대중·일 교통로와 그 변천」, 『동아시아의 교통로와 대외관계』, 단국대학교출판부.

정구복, 1992,「高句麗의 '高麗' 國號에 대한 一考 -三國史記의 기록과 관련하여-」,『湖西史學』19·20.

주보돈, 2002,「『文館詞林』소재 外交文書」,『금석문과 신라사』, 신서원.

하현강, 1967,「高麗西京考」,『歷史學報』35·36,

한규철, 2004,「高句麗의 繼承性을 通해 본 渤海國의 正體性」,『高句麗硏究』18.

한정수, 2010,「고려 초의 국제관계와 年號紀年에 대한 재검토」,『역사학보』208.

허인욱, 2013,「고려·후주 관계와 광종의 영토 확장」,『전북사학』43.

허인욱, 2014,「고려 초 남중국 국가와의 교류」,『국학연구』.

허인욱, 2016,「後百濟의 對중국 교류 연구」,『사학연구』112.

허인욱, 2017,「고려 太祖代 對中 외교 연구」,『한국중세사연구』49.

제 3 장
거란과의 외교

이정신

1. 고려 초기 거란과의 갈등
2. 거란과의 전쟁
3. 보주와 각장을 둘러싼 거란과의 갈등
4. 대거란 외교의 특징

1. 고려 초기 거란과의 갈등

당말 오대의 혼란기에 동북아에서는 새로운 강국으로 거란이 등장하였다. 거란은 요하 상류의 시라무렌에서 유목생활을 하고 있던 선비족의 하나이다. 당이 쇠약해짐을 틈타 야율아보기(耶律阿保機)는 이웃의 여러 부족을 통합시켜 세력을 확대하여 916년에 거란을 세워 스스로 황제라 칭했으며 926년에는 발해를 멸망시킨 후 동단국을 세웠다. 태조에 이어 즉위한 태종 야율덕광(耶律德光)은 928년에 후당을 멸망시킨 후, 절도사 석경당(石敬塘)으로 하여금 후진(後晋)을 세우게 하고 그 후원의 조건으로 연운 16주(燕雲 16州)를 차지함으로서 북방 지역의 강자로 등장하게 되었다.

고려와 거란과의 관계는 태조대부터 시작되었다. 고려는 922년(태조 5)에 거란과 첫 교류를 가진 이래 여러 차례 사신을 파견하였다. 그러나 거란이 발해를 멸망시킨 후에 고려 태조는 친척의 나라인 발해를 멸망시켰다고 하여 거란을 적대시하였다. 934년 7월에 발해의 왕자 대광현이 수만명의 주민을 데리고 고려에 귀화했을 때 태조는 이들을 대대적으로 환영하며 받아들임으로써 고구려 계승 의지를 분명히 했으며 이를 계기로 분열된 나라의 정신적인 통합도 구축하고자 했다. 이 같은 정책을 시행하는 과정인 942년(태조 25)에 거란이 사신을 파견하여 선물로 낙타 50필을 가지고 왔을때 태조는 사신 30명을 섬에 유배시키고 낙타를 만부교 아래에 묶어두어 굶어죽게 하였다.

거란이 고려에 낙타를 선물로 보내면서 친선을 도모한 것은 후진과의 전쟁을 앞두고 배후의 위험을 없애고자 함이었다. 거란의 도움으로 후진을 세운 석경당(고조)은 그 대가로 연운 16주를 거란에 할양하고 군신관계를 맺게 되었는데 이에 대한 후진 내부의 반발도 적지 않았다. 이를 인식한 거란은 후진을 정벌하기 위한 준비 작업으로 고려와의 관계를 개선할 필요성이 있다고 판단하여 사신과 낙타를 보냈던 것이다. 결국 거란은

946년에 후진을 멸망시켰다.

태조는 후삼국을 통일한 이후에는 옛 고구려 땅을 회복시킬 야망을 품고 있었다. 그러나 고려가 후삼국을 통일하기 전에 거란이 발해를 멸망시킴에 따라 태조의 꿈은 깨어졌다. 이에 따라 그의 공격 목표는 발해에서 거란으로 바뀌었으며, 대신 발해를 고구려와 연계시켜 포용하고자 했다고 생각된다. 그러나 거란은 후진과의 결전을 눈앞에 두고 있어 태조의 적대적인 태도에 아무런 보복조처를 취하지 않았다.

고려는 태조 이래 북진정책을 시행하였다. 오늘날의 평안남도 지역 즉 평양·용강·함종·성주(成州)·안수진(安水鎭, 价川)·숙천(肅川) 등의 요지를 모두 확보하였으며 평안북도까지 진출하였다. 정종대에는 덕창진(德昌鎭, 영변)·철옹(鐵甕, 孟山)·박주(博州, 博川)의 확보와 더불어 30만의 광군을 두고 거란을 방어하게 하였다. 계속해서 광종대에 이르면 박주·태천·운산·영변·정주(定州)·가주(嘉州 ; 嘉山)까지 진출하였으며 경종대에는 청새진(淸塞鎭, 熙川)에 축성함으로서 적유령 산맥 아래의 주요 지역은 모두 고려가 확보하였다. 이제 압록강 이남에서 남은 지역은 의주·용주(龍州, 龍川)·철주(鐵州, 鐵山)·통주(通州, 宣川) 등 압록강 서쪽 유역의 일부분에 불과했다.

이에 성종은 압록강까지 고려의 영역으로 만들기 위해 984년(성종 3)에 형관어사(刑官御事) 이겸의(李謙宜)로 하여금 압록강변에 관방을 축조하게 했으나 여진의 저항으로 실패하였다. 이후 991년에 이르러서 고려는 비로소 압록강 바깥의 여진인을 백두산 밖으로 몰아낼 수 있었다[1]. 이것은 이미 성종대에 고려가 압록강 유역을 거의 점령했거나 최소한 이 지역의 여진 세력을 고려가 통제하고 있었음을 말해준다.

980년대에 들어서면서 거란은 요동 지역의 여진을 토벌하기 시작하였다. 983년에 거란 성종은 동경유수 야율말지(耶律抹只)가 거느린 군대를 친

---

1 『고려사』권3, 세가, 성종 10년 10월 〈逐鴨綠江外女眞於白頭山外, 居之〉.

히 사열하고 이듬해 4월에는 여진을 공격하였다. 985년 7월에 '정예병사를 정돈하여 고려 정벌에 대비하라'는 거란 임금의 조서에 따라 동경의 군사와 병기를 점검하고 있었다는 사실은 고려와의 충돌 시기가 임박해졌음을 나타내고 있다.

991년(성종 10)에 거란은 압록강 유역에 위구(威寇, 위치 미상)·진화(振化, 위치 미상)·내원(來遠, 압록강의 黔同島로 추정)의 3성을 쌓아 3,000명의 군사를 배치하여 고려와의 경계지역을 감시하여, 고려가 압록강을 기준으로 더 이상 북진하지 못하게 하려는 의도를 드러내었다. 이제 고려와 거란의 힘겨루기가 압록강 유역을 중심으로 본격적으로 진행되면서 전운이 감돌기 시작했다.

2. 거란과의 전쟁

1) 고려 성종대 거란과의 전쟁(993년 10월, 성종 12년)

고려와 거란과의 전쟁은 거란의 선제공격으로 시작되었다. 993년 5월 서북계의 여진은 거란의 침략을 미리 통보하였으나 고려 조정에서는 평소 신뢰할 수 없었던 여진족의 말이라 하여 또다른 속임수가 있을 것으로 치부하고 제대로 방비태세를 갖추지 않았다. 8월에 여진이 다시 거란 내침을 알려오자, 고려정부는 비로소 사태의 위급함을 알아차리고 각 도에 병마제정사(兵馬齊正使)를 파견하여 군사를 징집하였다. 성종은 그해 10월, 시중 박양유를 상군사(上軍使), 내사시랑 서희를 중군사, 문하시랑 최량을 하군사로 하는 3군을 편성하여 서북부 요충지에 배치했다.

성종도 서경을 거쳐 안북부(安册)로 행차하여 머물다가, 거란의 소손녕이 봉산군(蓬山郡, 평안북도 구성시)을 쳐서 고려 선봉군사(先鋒軍使)인 급사중 윤서안 등을 사로잡았다는 소식을 전해 듣고는 더 이상 나아가지 못하고 돌아왔다. 거란 장수 소손녕은 우선 봉산군을 함락시키고는 고려에 무조건적인 항복을 요구하였다. 그는 침략하게 된 이유를 고려에 침압하는 과정에서 수차례 공포하였다.

소손녕은 거란이 고구려의 영토를 영유하여 고구려를 계승하였는데 고려가 그 영토를 침범하므로 토벌하러 왔다고 하였다. 고구려를 계승하여 북방으로 진출하고자 하는 고려의 의지를 꺾으려는 의도가 보인다. 그리고 거란이 천하를 통일했으므로 거란에 귀부할 것을 요구하였다. 이 정도의 위협으로 고려가 쉽게 받아들이라고는 생각되지 않았으므로 다음 단계로 언급한 것이 80만 대군이었다. 소손녕은 고려를 굴복시키기 위해 80만 대군이라는 엄청난 군사가 고려를 침입하였음을 강조하였다. 그러나 80만 대군은 매우 과장된 규모였으리라 추정된다.

이와 더불어 소손녕은 '화친하겠다면 빨리 와서 항복하라'고 하여 고려의 태도 여하에 따라 전쟁을 포기할 수도 있다는 언질을 줌으로써 민심을 자기 편으로 끌어들이려는 의도를 드러내었다. 즉 고려정부의 북진책은 군사비를 증강시키게 되고 이는 결국 농민들의 삶을 피폐하게 만들 것이므로 고려 민이 정부에 대해 의구심을 갖고 거란의 조선부 화평요구에 귀를 기울이도록 시도하였다.

소손녕이 침입하는 즉시 봉산군을 함락시키고, 무려 80만이라는 대군을 이끌고 고려에 침입하였다고 큰소리를 치자 고려 관리들은 매우 두려워하였다. 이같이 두려움 속에 떨고 있을 때 소손녕의 회유책은 고려 관원들로 하여금 서경 이북의 땅을 거란에 떼어주고 강화를 맺자는 할지론(割地論)을 대두시키게 하였다.

이에 대해 가장 강력하게 반발한 인물이 서희였다. 서희는 일단 거란과 만나 그들의 의도가 뭔지 알고 난 후에 싸우거나 항복하자는 지극히 객관적이고 상식적인 주장을 내세웠다. 그럼에도 성종은 할지론을 수용하여 서경 이북의 땅을 떼어주기 위해 서경에서 비축한 군량미를 주민들에게 나누어 주었다. 그러나 성종이 적의 군량미로 사용될까 우려해 남은 양식을 대동강에 빠뜨리고 항복하려는 결정적 순간에 이르게 되자 서희는 건민관어사(前民官御事) 이지백(李知白) 등 동조자를 끌어모아 할지론을 강력하게 반대하고 나섰다. 이것은 전쟁 발발 초기 단계에서 투항파가 우세한 상황에서는 서희의 견해가 제대로 반영되기 어려웠음을 보여준다. 그러나 서경의 양식을 강에 내버리려는 상황에 이를 즈음에는 일부 관리들과 농민층에서 고려왕조의 무능을 질타하는 소리가 나오기 시작했다. 이들의 비난을 내세워 서희는 국왕에게 적극적으로 대처하는 방안을 강구하도록 설득하였다.

사실 거란과 강화를 맺으려는 사실 자체가 고려정부의 입장에서는 태조의 유훈(遺訓)과 정면으로 배치되는 일이었다. 태조대 이후 고려는 거란을 적대시하여 교류하지 않고 있는데, 이제 거란의 위력에 눌려 강화를 맺으려는 고려정부의 태도는 매우 떳떳하지 못한 모습으로 인식될 수 있었다. 서희 또한 전쟁에서 승리할 확신은 없지만, 그렇다고 영토를 할양하면서 굴욕적으로 강화를 맺는다면 고려가 오히려 더 큰 위기에 직면할 우려가 있다고 판단하여 우선 외교적인 타협책을 강구하도록 권유했던 것이다.

고려 측의 회답을 촉구하는 과정에서 소손녕은 청천강 남쪽의 안융진(安戎鎭)을 공격하였다. 그러나 고려의 중낭장 대도수(大道秀)에게 패배하게 되자 거란 또한 고려와의 전쟁에서 일방적인 우세를 확신할 수 없었다. 소손녕은 거란군이 고려 영토 내에 깊숙이 진군하였다가는 고려가 압록강 유역을 차단할 경우 대처할 방법이 없다는 점, 또한 수십만의 거란군과 말의 양식 조달 또한 걱정거리였다. 셋째는 고려를 침공하는 군대의 침공군 상당수가 동경도 관내의 주민으로서 본래 발해의 유민이나 여진인이므로 만일 전선이 불리해진다면 그들은 곧바로 고려에 투항할 우려가 있었다. 이 같은 상황이 고려와 거란이 강화를 맺을 수 있었던 조건이었다.

서희가 거란과 강화를 맺기 위해 회담장에 왔을때 소손녕은 고려가 신라를 계승했음에도 고구려 땅을 침식했음과 송과 교류함을 문제로 삼았다. 즉 소손녕은 '너희 나라는 신라 땅에서 일어났고 고구려 땅은 우리의 소유인데도 너희들이 침략하여 차지하고 있다. 그리고 우리와 국경을 접하고 있는데도 바다 건너 송나라를 섬기기 때문에 오늘의 출병이 있게 된 것이다'라고 하였다.

이에 서희는 '우리가 바로 고구려를 계승한 나라이니, 그 때문에 국호를 고려라 하고 평양에 도읍한 것이다. 만약 땅의 경계[地界]로 논한다면, 거란의 동경도 모두 우리 경역이어야 하는데 어찌 우리가 침식했다고 말하는가? 게다가 압록강 안팎도 우리 땅인데, 지금 여진이 그 땅에 살면서 길을 막고 있으니 거란으로 가는 것은 바다를 건너는 길보다 더욱 어렵다. 조빙이 통하지 않는 것은 모두 여진 때문이다'라고 하여 고려가 고구려를 계승한 나라임을 강조하고 여진의 방해로 거란과 교류할 수 없었음을 강변하였다.

협상은 순조롭게 진행되어 고려 측은 여진을 내쫓고 압록강 동쪽의 280리의 영토를 장악하며, 거란과 교류하고 송과의 관계는 단절하는 조건을 받아들였다. 그 결과, 고려는 영토를 확장시킬 수 있었다. 즉 여진을 내쫓고 압록강 동쪽 유역을 보장받는 실익을 얻게된 것이다. 이에 비해 거란 측은 단순한 경역의 양보에 그치지 않고 동여진 경략에 불가결한 요충지를 포기한 것으로써, 이 회담은 고려 측의 일방적인 외교적 승리로 평가되기도 한다.

그러나 외교란 국력에 따라 결정되는 것이 상례이다. 나라를 세운 지 이미 60여 년이 지나 나름대로의 국가 운용 방안과 외교정책을 가지고 있었으리라고 추정되는 거란이 서희의 논리적인 말솜씨에 말려들어가 치명적인 실책을 저질렀다고 보여지지는 않는다. 그들이 양보했다면 당시에는 그것이 그들 나름대로 실익이 있다고 인식했기 때문이라고 생각한다.

거란의 침공 목표는 고려와의 경계를 확정지어 고려가 더 이상 북쪽으로 진출하는 것을 막고, 송과의 관계를 단절하고 거란과 교류하게 함으로써, 고려가 송과 연합하지 못하게 하려는 것이었다. 또한 고려가 압록강 유역을 장악하여 여진을 관리해 준다면 거란으로서는 변방의 위협이 크게 줄어들 수 있었다. 그러므로 거란 또한 영역 획정과 국교 수립이라는 목표를 달성했다고 판단된다.

거란의 의도를 눈치챈 서희는 이 기회에 압록강 북쪽까지 수복하려는 생각을 갖고 있었다. 그는 성종에게 압록강 너머의 영토까지 확보한 이후에 거란과 국교를 정상화할 것을 건의하였다. 여기에서 서희가 소손녕과의 강화 조건으로 확보하였던 지역이 강동 6주로 명시된 지역이 아니라 압록강 유역의 여진이 살고 있던 영역이라고 모호하게 합의했음을 짐작할 수 있다.

그러나 소손녕은 거란 조정의 지시를 받아 다시 고려에 편지를 보내었다. 그는 서희와의 회담 내용을 약간 변경하여, 양국은 압록강을 경계로 삼으며 각국의 영역에서의 축성은 알아서 하되 축성한 수는 알려주는 것을 조건으로 빠른 시일 내에 국가간 공식적으로 회담을 타결지을 것을 제의하였다. 거란이 송과 주변국을 치기 위해 가능한 빨리 변방의 안정을 구축하고자 했음을 짐작할 수 있다.

이에 거란 대군의 침입으로 두려움을 갖게 된 성종과 고려 관원들은, 거란과의 화의에 시간을 끌면서 고려군을 압록강 너머로 북상시키다가 다시 충돌이 일어날 것을 우려했던 것 같다. 그러므로 성종은 서둘러 거란에 화친 사신을 파견하여 영토를 확정지었다.

서희가 쌓은 성을 보면, 994년(성종 13)에 여진을 내쫓고 장흥진(長興鎭, 평북 태천)·귀화진(歸化鎭, 미상)·곽주(郭州, 곽산 능한산성)·구주(龜州, 구성시 구성읍)에 축성하였으며, 14년에 안의진(安義鎭, 평안북도 천마군)·흥화진(의주 남 55리, 평북 피현군 당후리 걸망성)·영주(靈州)·맹주(猛州)에 축성하였고 15년에 선주(宣州 혹은 通州, 선천)에 축성하였다고 한다. 그러나 이미 성종 초에 의주·용주(龍州)·철주·통주 등 압록강 서쪽의 일부를 제외하고는 압록강 이남 지역은 이미 고려의 영역과 마찬가지의 땅이었다. 991년에 압록강 밖의 여진을 백두산 밖으로 몰아내었다는 사실은 고려가 이 지역의 영토를 모두 확보했으며, 이 곳에 사는 여진인은 이미 고려에 편입되어 고려민이나 다를 바가 없었음을 말해주기 때문이다.

다음에서 보는 바와 같이 서희가 강화를 통해 획득했다는 지역은 강동 6주가 아니라 8~9개의 지명이 나오므로 강동 6주라는 용어를 쓰는 것이 온당한가에 대해서는 의문이 있다. 그러나 이 또한 고려의 영토로 볼 수밖에 없는 영역을 거란이 생색내며 추인해주는 형태에 불과했다고 판단된다. 당시 서희가 맡은 임무는 거란과의 전쟁을 종식시키는 것이었고 고

| 거란과의 강화조약으로 고려가 확보한 영역

려정부는 가능한 한 거란과의 갈등이나 전쟁을 피하는 데 주력하고자 하였다. 그러므로 서희는 이를 받아들일 수밖에 없었다. 이 같은 상황에서 서희는 성종이 압록강 북쪽까지 확보한 이후에 국교 정상화를 위한 사신을 파견하도록 주장하여 간접적으로 불만을 드러내었던 것이다.

고려는 태조 이래로 북진정책을 표방하여 성종대에 압록강 유역까지 진(鎭)을 설치하여 영토를 넓히게 되었다. 이에 거란은 위치상으로 고려의 수중에 들어갈 것이 뻔한 고려의 서북 지역을 여진만 몰아낸다면 고려가 소유해도 좋다고 하여 일면 양보하는 듯 하면서 압록강 이북으로는 진출하지 못하도록 선을 그었다.

앞서 태조가 거란과 외교를 맺지 않은 것은 발해를 멸망시킨 나라라는 명분을 내걸었지만 그 이면에는 고려민을 하나로 통합시키려는 의지의 표명이었다. 이와 더불어 만일 고려가 고구려 옛 땅을 수복하지 않은 상태에서 수교한다면 나라의 경계선이 거론될 것이고, 일단 경계가 정해진다면 후일 고구려 옛 영역을 회복하려 할 때 제동이 가해져서 고려로서는 명분상 불리해지리라 판단했다고 생각한다. 그러므로 성종대의 거란과의 강화는 항시적인 전쟁 상태를 벗어난다는 장점이 있지만 북진정책의 의지를 접어야 하는 심각한 문제였다. 그러나 어쩔수 없이 강화는 이루어졌고 이후 고려의 영토는 압록강 이남으로 고착되게 되었다.

서희는 최선을 다하여 소손녕과 회담하여 나름대로는 최대한 양보를 받아내기 위해 노력하였지만 그의 강화는 고려의 영역을 규정하고 항구화하여 북진정책을 어렵게 만드는 결과를 초래하였다. 이것은 서희가 실책을 범했다는 것이 아니라 대규모의 군사력을 앞세워 침략한 거란에 밀린 고려왕조의 한계라고 보는 것이 타당할 것이다. 거란의 입장에서는 북진하는 고려를 사전에 차단시켜서 고려 영역을 압록강으로 한정시키는 효과에 만족하였다고 생각된다.

거란과의 강화를 체결한 후 고려는 송과 외교관계를 끊고 거란과 우호관계를 맺었다. 이후 고려와 거란 관계는 평화가 지속되었다. 그러나 그것은 외면적인 모습에 불과했다. 이후 고려는 서북 지방이 거란의 견제로 이상 더 진출이 어려워지자 동북 지역으로 영역을 넓히기 위해 노력하였다. 동북 지방에서 여진의 내부(來附)가 지속적으로 이루어지고 있는 것은 고려의 영향력 강화에 의한 것으로 판단된다.

2) 성종 이후 고려와 거란의 외교 추이

고려와 거란은 전쟁을 치르지 않고 각기 필요한 이익을 챙김으로써 두 나라 사이에는 당분간은 분쟁이 없었다. 거란의 양보든 형식적인 묵인에 불과하든, 거란 침입 이전에 비해 고려의 영토가 늘어난 것은 사실이었다. 이로 인해 고려는 이후의 거란과의 전쟁에서 승리를 이끌어낼 수 있는 전략적인 요새가 확보되었으며, 거란으로서도 고려와 강화를 맺음으로써 송과의 전쟁에 전념할 수 있게 되었다.

그러나 고려의 입장에서는 태조 이래로 발해를 멸망시킨 야만국으로 단정하여 교류하지 않다가 거란의 군사력에 밀려 교류하게 된 것은 크게 자존심이 손상되는 일이었다. 이에 고려는 시중 박양유를 거란에 보내 거란의 역법을 시행함을 알리고 포로를 돌려주도록 요구하는 동시에 송에도 사신을 파견하여 함께 거란을 칠 것을 요청하였다. 당시 송은 이 같은 제의를 받아들일 형편도 아니고, 또 의지도 없었으므로 양국은 드디어 단교하게 되었다.

거란은 고려와 강화를 맺어 배후의 우려를 없앤 후, 995년(성종 14)에 옛 발해의 상경 부근에서 독립적인 정권을 세운 올야부(兀惹部)와 함흥평야 일대의 여진부락 포로모타부(蒲盧毛朶部)까지 정벌하였다. 고려는 거듭되는 거란의 군사행동을 우려하여 송과 외교관계를 재개하여 1000년(목종 3) 10월과 1003년 8월의 두 차례에 걸쳐 송의 군대를 국경에 주둔시켜 거란을 견제해 줄 것을 요청하였다. 그러나 송나라는 거란과의 계속된 전쟁에서 번번이 패배하여 1004년에는 거란에 해마다 은 십만 냥과 비단 이십만 필을 세폐(歲幣)로 바치는 굴욕적인 '전연지맹(澶淵之盟)'을 체결하였다.

고려는 거란과 강화한 이후에는 동북 방면으로 진출하였다. 즉 목종 3년에 덕주(德州, 평안도 안주목 덕천군), 4년에는 영풍진(永豊鎭, 안변)에 축성했으며 6년에 가주(嘉州)·위화(威化, 운산)·광화(光化, 평북 태천군)에, 8년에 진명현(鎭溟縣, 宜州)·금양현(金壤縣, 강원도 通川)에, 9년에 용진진(龍津鎭, 함남 정평)·구주(龜州)·등주(登州, 안변)에, 10년에는 홍화진·익령진(翼嶺縣, 강원 양양)에, 11년에 통주(通州)·등주(登州)에 축성하였다.

서북계는 거란과 국경선이 맞닿는 교통의 요충지로서 고려가 전통적으로 방비를 게을리하지 않은 지역이지만 위의 기록에서 보는 바와 같이 목종대에는 동북 방면에도 상당히 주의를 기울여 축성하였음을 알 수 있다. 특히 1010년(현종 1)에 하공진·유종 등 장수들이 동여진을 공격하고 여진인을 살해한 것은 고려가 동북여진을 제압하는 과정에서 발생한 사건이었다. 이 점은 직접 당사자인 여진은 물론 거란의 입장에서도 그들을 위협하는 행위로 판단했을 것이다. 이때 여진이 거란에 가서 고려정부의 여진인 살해를 하소연하자, 거란 임금은 강조 정변을 구실로 국왕 교체의 어지러운 정세를 틈타 고려를 침입했던 것이다. 고려는 이들의 침공을 막기 위해 일시적으로 하공진과 유공을 유배보내어 사태를 무마하려 했으나[2] 거란의 침략을 막지는 못하였다.

3) 현종대 거란과의 전쟁

고려는 현종이 즉위한 그해(1009년) 2월에 사신 왕일경(王日敬)을 거란에 파견하여 목종의 상(喪)과 현종의 즉위를 알렸으며, 그해 4월에는 거란 태후의 생일을 축하하는 사신을 파견하여 거란과의 친선관계가 여전히 유효함을 강조하였다. 그러나 거란 성종은 목종을 폐하고 현종을 즉위시킨 강조의 정변을 구실로 직접 40만 군대를 이끌고 침략하였다. 2차 침입의 이유를 거란은 고려 장수 강조가 목종을 폐하고 현종을 즉위시킨 대역죄를 묻기 위해 출병한다고 했지만 사실은 고려가 송과 연맹하여 거란에 협공을 가하지 않을까 하는 우려와 고려가 동계의 여진족을 복속하여 동북방으로 영역을 확대하는데 대한 불안감에서 다시 침략한 것이었다. 거란이 침입 직전에 고려에 발송한 문죄서(問罪書) 중 '동으로는 여진을 제압하고 서로는 송나라와 왕래하니 이는 무엇을 의도하고자 하는 것이냐'에서 잘 드러나고 있다.

목종을 내쫓고 즉위한 지 얼마되지 않아 왕권의 안정이 필요했던 현종은 다시 1010년 8월과 9월에 연이어 거란에 사신을 파견하여 우호관계를

---

2 『고려사』 권4, 세가, 현종 원년 5월 갑신. 상서좌사낭중(尙書左司郎中) 하공진(河拱辰)과 화주방어낭중(和州防禦郎中) 유종(柳宗)을 먼 섬으로 유배보냈다. 하공진이 일찍이 동여진을 치다가 패배한 일을 두고 유종이 한스럽게 생각하고 있었다. 때마침 여진족 95명이 우리 조정에 입조하던 길에 화주관(和州館)에 당도하자 유종이 이들을 모두 죽여버렸으므로 두 사람을 같이 유배보냈다. 여진이 거란에게 호소하니 거란 임금은 신하들에게, "고려의 강조는 임금을 죽인 대역죄인이니, 마땅히 군사를 일으켜 죄를 묻겠다"고 선언했다.

지속시키고자 하였다. 그러나 거란이 고려를 침략할 의지가 확고함을 알게 되자 고려는 이에 대한 대비책으로 군사체제를 정비하였다.

그해 10월 초하루에 이부상서 참지정사 강조를 행영도통사(行營都統使), 이부시랑 이현운과 병부시랑 장연우를 부사(副使)로, 검교상서 우복야 상장군 안소광을 행영도병마사, 어사중승 노정을 부사로, 소부감 최현민을 좌군병마사, 형부시랑 이방을 우군병마사, 예빈경 박충숙을 중군병마사, 형부상서 최사위를 통군사(統軍使)로 삼아 군사 30만 명을 거느리고 통주(평북 선천)에 주둔하여 거란에 대비하게 하였다.

거란 성종은 1010년(현종 원년) 11월, 압록강을 건너 흥화진을 공격하였으나 순검사(巡檢使) 양규(楊規), 진사(鎭使) 호부낭중 정성(鄭成) 등의 철통같은 방어로 함락시키지 못하고 남진하였다. 그러나 고려군을 이끌던 강조가 통주성에서 패배하고 사로잡히게 되자 거란군은 그 기세를 몰아 빠른 속도로 남진하여 개경까지 함락시켰다. 이때 현종은 공주·삼례를 거쳐 나주로 피신하면서 거란에 국왕 입조를 조건으로 화친을 제의하였다.

거란 성종은 강조를 살해하고 개경을 함락시켰으나 고려군의 강력한 저항으로 흥화진·구주·서경 등을 함락시키지 못한 채 남으로 내려왔으므로 자칫 잘못하면 퇴로가 막힐 우려가 있음을 깨달았다. 그러므로 성종은 하공진 등을 통한 고려 측의 정전 제의를 받아들여 현종이 친조한다는 조건을 확인하고는 서둘러 군사를 돌이켰다. 이때 거란군은 압록강에 이르기까지 구주 등 회군로 곳곳에서 고려군의 공격을 받아 막대한 손실을 입었다. 그래도 출병의 명분이던 강조를 죽이고 고려국왕의 친조 약속을 받음으로써 일정한 성과는 거둔 셈이었다.

거란군이 철수한 이후 고려는 1011년(현종 2) 4월에 사신을 보내 회군한 것을 사례하고 이어서 10월, 11월에도 동지사 생신사를 파견하여 양국간의 화평 유지에 노력하였다. 그러나 고려는 거란의 끈질긴 재촉에도 친조만은 미적거리다가, 1012년 6월에 드디어 국왕의 질병을 핑계로 친조할 수 없음을 알렸다.

이를 계기로 거란 성종은 인질로 데려간 하공진을 죽이고 흥화진·통주·용주·철주·곽주·구주 등의 6성을 빼앗겠다고 통보했다. 거란은 현종의 친조 거부가 앞서 성종대에 체결된 외교협상조차 파기된 것으로 간주하였다. 이에 따라 거란은 고려 성종대 강화의 전제가 되었던 압록강 이동의 영역, 즉 강동 6주 지역에 대한 고려의 영유권도 부정하였다.

거란은 강동 6주가 북방의 여러 종족들과의 교역의 중심지이며 거란의 영향권 밖에 있는 여진과 고려가 통할 수 있는 지정학적 가치가 있는 요충지임을 비로소 인식하게 되었던 것이다. 이 점은 고려에게도 마찬가지여서 절대 양보할 수 없는 곳이었다. 또한 고려의 입장에서 볼 때 실지로 그들이 고려에게 직접 양여한 땅도 아니면서 반환을 요구하는 것은 강대국의 억지논리에 불과했다. 그럼에도 계속 사신을 보내어 반환을 요구하는 것은 아마도 거란이 1차 침입시에 고려 내부에서 할지론 논의가 있었음을 알게되지 않았나 추정된다.

거란과의 2차 전쟁이 끝난 후 거란은 고려국왕이 친조를 거부한 것을 빌미로 6주의 반환을 요구하며 계속 고려를 공격하였다. 2차전 이후 거란이 계속 침략하는 이유를 고려의 친조 약속 위반과 6주 반환이 목적이라고 하지만, 사실은 전연지맹 이후 거란의 국제적 위상이 달라진 것 또한 주요한 요인이었다. 거란과 송은 대등하게 황제국으로 칭했으나 실질적으로 거란이 송보다 우세한 위치를 차지하면서 고려에 요구하는 외교도 형식적인 사대나 조공이 아니라 완전한 복속을 요구하게 되었던 것이다. 고려도 거란의 침략에 대비하여 1011년(현종 2) 8월에는 송악성을 중수하고 서경성도 새로 쌓아 병부상서 유방을 서경유수 겸 서북면 행영도병마사로 삼아 방어하게 했다.

거란은 강동 6주의 반환을 요구하며 이후에도 계속 사신을 파견하는 한편, 군대를 보내 소규모의 침략을 수차례 계속하여 보주를 점령함으로

> ⟨현종대 고려와 거란의 공방 과정⟩
>
> 1013년(현종 4) 3월, 거란 사신 야율행평(耶律行平), 6성 요구
> • 5월 임인일. 여진이 거란군을 인도해 압록강을 건넘 – 고려군 격퇴시킴
> • 7월 거란사신 야율행평, 다시 6성 반환 요구
>
> 1014년 8월 송나라에 사신을 파견하여 다시 교류할 것 요청
> • 9월 거란장군 이송무 6성의 반환 요구
> • 10월 거란 소적열(蕭敵烈), 통주(通州)를 침략 – 고려 패퇴시킴
> • 거란이 보주(保州)와 정주(定州)를 차지하고 동경통군사에 예속시킴.
>
> 1015년 1월, 거란이 압록강에 교량을 가설한 후 다리 좌우에 성을 쌓음
> 거란, 통주와 흥화진 공격 – 고려 막음
> 4월 거란사신 야율행평이 6성 반환 요구 – 야율행평을 고려에 억류시킴.
> 9월, 거란이 통주, 寧州城 공격
> 11월 거란이 선화진(宣化鎭) 정원진(定遠鎭)을 빼앗아 성을 쌓음.
>
> 1016년(현종 7) 정월, 곽주 공격
> 갑인일. 거란사신 10명이 압록강까지 이르렀으나 받아들이지 않음
> 이 해에 다시 송의 대중상부(大中祥符) 연호 사용.
> 1018(현종 8) 5월, 거란 소합탁(蕭合卓) 부대, 흥화진 공격했으나 실패

써 압록강 이내에서 고려를 공격할 수 있는 교두보를 마련하였다. 이는 고려의 반발을 사게 되어 고려는 다시 송과 가깝게 지내며 1017년부터는 송의 연호를 사용하기에 이르렀다. 이러한 고려의 친송정책은 다시 거란의 대규모 침입을 불러오게 되는 계기가 되었다.

거란 성종은 1018년(현종 9) 12월, 동평군왕(東平郡王) 소배압(蕭排押)을 도통(都統), 소허열(蕭虛烈)을 부통, 동경유수 야율팔가(耶律八哥)를 도감으로 삼아 또 다시 군사 10만을 이끌고 고려를 침입하게 했다. 고려는 강감찬을 상원수, 대장군 강민첨으로 부원수를 삼아 군사 20만 8천 명의 출정군을 영주(寧州, 安州)에 배치했다.

이때 동원된 군사의 규모로 보아 이전의 전투에 비해 이번만은 고려가 승리를 기대할 수 있는 전쟁이었다. 거란이 10만의 군사를 이끌고 왔을 때 고려가 20여 만의 대군으로 방어했음에서 추정할 수 있다. 일반적으로 방어보다 공격이 훨씬 더 많은 인원이 필요함을 감안해 볼 때 특별한 변수가 없는 한 고려가 승리할 수밖에 없는 전쟁이었다고 판단된다.

현종 9년 12월 무술일에 고려는 흥화진에 이르러 기병 1만 2천 명을 뽑아 산골 속에 매복시키고 또 큰 밧줄로 소가죽을 꿰어 성 동쪽의 큰 냇물을 막아두었다가 거란군이 도착하자 막은 물을 터 놓고 복병을 내어서 거란군을 크게 패퇴시켰다. 이에 소배압은 군사를 이끌고 바로 개경으로 진군했으나 강감찬 김종현 등의 장수들이 이끄는 고려군의 선전으로 크게 패하였다. 개경 인근에서 계속 패전을 거듭한 거란군은 퇴각하는 과정에서도 고려의 반격을 받았는데 특히 1019년 2월의 귀주대첩에서 거란군은 참패하여 죽어 넘어진 시체가 들판을 덮고, 사로잡은 포로와 말·낙타·갑옷·병장기는 이루 다 헤아릴 수도 없었으며, 살아 돌아간 자가 겨우 수천 명뿐이었다고 한다.

강감찬 등이 이끄는 고려 군사들의 철저한 방어로 소배압이 이끄는 10만의 거란군은 참패하고 물러갔다. 이에 대노한 거란 성종은 소배압에게 '네가 적을 무시하고 깊이 들어가서 이 지경에 이르렀으니 무슨 면목으로 나를 볼 것인가, 마땅히 네 낯가죽을 벗기고 죽이겠다'며 크게 분노했다고 한다.

이후 양국은 화약을 맺어 전쟁을 종결지었다. 이 조약에서 거란은 고려를 무력으로 굴복시킬 수 없음을 인지하고 고려와의 조공책봉 관계를 회복하는 선에서 만족하여 6주를 거론하지 않았다. 거란의 고려 정벌을 무산시켜 자신감을 얻게 된 고려는 동아시아에서 유리한 입지를 확보하였으며, 압록강 연안까지의 영토를 확보할 수 있었다. 그러나 고려 또한 오랜 전쟁에 지쳐 평화가 절실하게 필요했으므로 일단은 거란의 보주 점령을 묵인한 채로 화의를 맺었다.

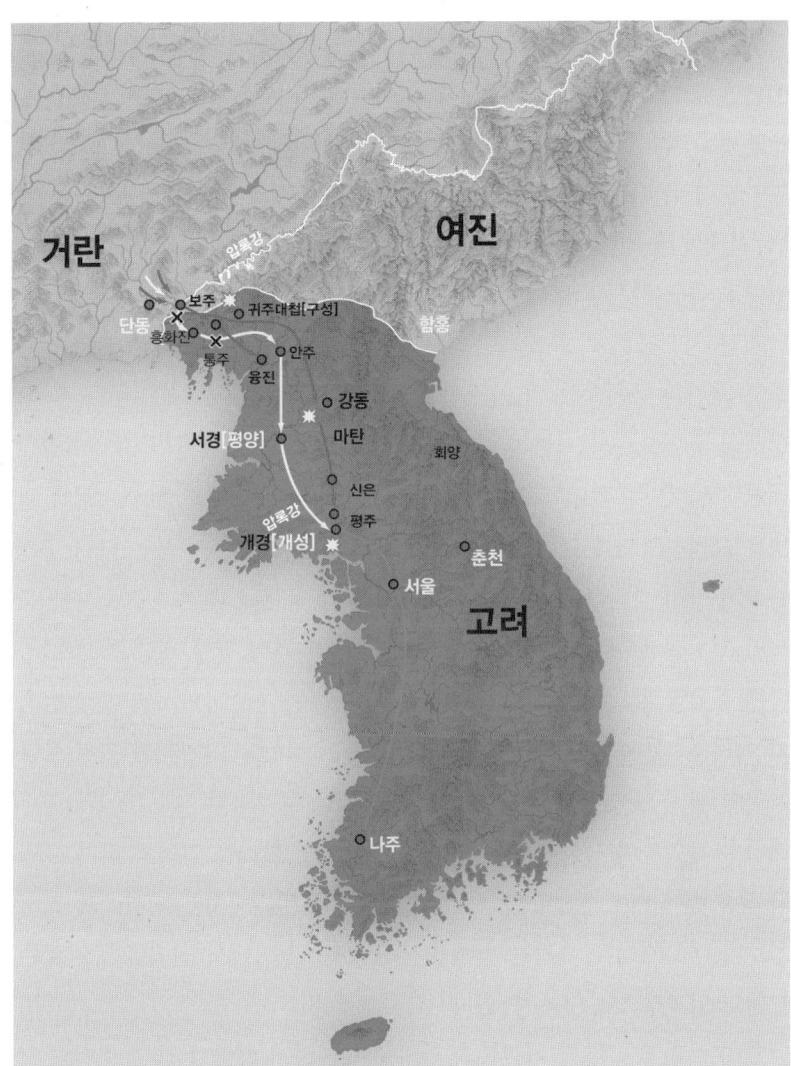

| 거란군의 침입 경로와 보주 흥화진 통주

3차에 걸친 고려 침입으로 거란이 얻은 군사적 거점은 내원(검동도)·보주(保州, 抱州라고도 함) 지역이었다. 이곳은 거란이 고려 영토 내에 구축한 교두보였으므로 고려는 화의를 맺은 이후에도 수차례 반환을 요구했으나 받아들여지지 않았다. 덕종대에 고려가 천리장성을 구축하게 된 것은 내원·포주에 주둔한 거란군의 위협을 방어하려는 것도 주요한 요인의 하나였다고 판단된다.

　거란과의 전쟁 이후 고려는 국제사회의 중심세력이 교체된 것을 인정하고 거란과 공존하는 외교 노선을 견지했다. 그러므로 1029년(현종 20)에 발해의 유민으로서 거란의 동경사리군(東京舍利軍)의 상온(詳穩, 장군)이었던 대연림(大延林)이 흥요국(興遼國)을 세우고는 거란과 대적하면서 고려에 원병을 요청하였으나 고려는 받아들이지 않았다. 오히려 이 틈을 타서 고려는 형부상서 곽원(郭元)의 건의에 따라 압록강 동쪽을 취하려고 군사를 움직였으나 실패하였다. 이때 시중 최사위(崔士威)는 평장사 채충순(蔡忠順)과 함께 흥요국의 지원을 반대하였다고 한다. 그는 흥요국의 승리를 장담하기 어려운 상태에서 지원하는 것은 거란과의 갈등을 야기시켜 고려에 불이익이 될 수도 있으므로 상황을 지켜볼 것을 주장하였는데, 이에 국왕과 대다수 관원들이 동조하였다고 한다. 여기에서 발해를 인척의 국가로 적극 옹호했던 태조대의 모습은 보이지 않으며, 적극적으로 거란을 공격하기보다 어부지리를 택하는 방책을 강구하려 한 점에서 실리를 중시하는 고려의 외교정책을 엿볼 수 있다.

　고려는 건국 초부터 이민족의 남하에 대비하여 북방의 각 요충지에 성채(城寨)를 구축해 왔다. 그러다가 덕종 2년에는 평장사 유소(柳韶)에게 명하여 장성을 축조하기 시작하여 정종(靖宗) 10년에 완성시켰다. 천리장성은 옛 국내성 경계의 압록강이 바다로 들어가는 곳부터 시작하여 동으로 위원·흥화·정주(靜州)·영해·영덕·영삭·운주·안수·청새·평로·영원·정융·맹주·삭주 등의 13성을 걸쳐 요덕·정변·화주에 이르렀다.

서희가 확보한 영역을 토대로 덕종대에 천리장성을 쌓은 것은 고려가 한반도 내에서만 자족하겠다는 표시였다. 원래 장성이란 국경선을 표시하는 의미를 강하게 나타낼 뿐 북방의 이민족이 침범하는 데는 큰 장애물이 되지 못한다. 중국이 일찍이 만리장성을 쌓았더라도 이민족이 침범하는데 조금도 걸림돌이 되지 못하였는데, 이 점은 고려도 마찬가지였다. 오히려 장성은 고려와 이민족의 구분을 명확히 하는 결과를 가져왔다. 즉 장성은 고려민과 다른나라 사람, 혹은 다른 종족을 구별하는 경계선이 되었던 것이다.

3. 보주와 각장을 둘러싼 거란과의 갈등

1) 보주의 지리적 중요성

내원성은 압록강 강안의 섬으로서 지금의 검동도인데 보주에 포함되는 영역이었다. 보주(保州)는 현재의 평안북도 의주 일대로, 고구려 때 이미 현으로 편제되었던 교통의 요지였다.

> 『고려사』 권58, 지리, 의주.
> 본래 고구려의 용만현(龍灣縣)으로, 또 화의(和義)라고도 한다. 처음 거란이 압록강 동쪽 강언덕에 성을 쌓고 보주(保州)라고 칭했으며 문종조에 거란이 또 궁구문(弓口門)을 설치하고 포주(抱州)라고 칭하였다.
> 예종 12년(1117)에 거란 자사(刺史) 상효손(常孝孫)이 도통(都統) 야율령(耶律寧) 등과 함께 금나라 군대를 피해 바다로 도망하면서 우리 영덕성에 공문을 보내 내원성과 포주를 우리에게 귀속시키니, 우리 군대가 그 성에 들어가 병장기와 재물과 곡식을 수습했다. 왕이 기뻐하여 의주방어사로 고치고 남쪽 지방의 백성들을 추쇄하여 민호를 채웠다. 이에 다시 압록강을 국경으로 삼고 관방(關防)을 설치했다.
>
> 『요사』 권38, 지리지, 보주(保州) 선의군(宣義軍).
> 절도사를 두었다. 고려가 주를 설치하였다. 현이 하나인데 내원현(來遠縣)이라고 한다. 성종이 고려의 왕순(王詢. 현종)이 제멋대로 왕위에 올랐다고 하여 그 죄를 물었으나 받아들이지 않았다. 통화 말기에 고려가 항복하였다. 개태 3년(1014)에 그 나라의 보주와 정주(定州)를 차지하여 그곳에 각장을 설치하고 동경통군사에 예속시켰다. 관할하는 주군(州軍)이 둘이며 현이 하나이다.

보주의 지리적 특징은 동쪽으로 흘러들어온 압록강이 이 지역에서 여러 갈래로 나뉘므로 강의 흐름이 약해지고 수심도 얕아지므로 압록강 도강을 위한 주요한 거점으로 활용될 수 있었다. 고려는 이미 994년(성종 13)

에 거란침입에 대비하기 위해 이전부터 이곳에 압강도구당사(鴨江渡勾當使)를 두고 관리했으며, 후일 거란은 이 일대에 각장을 설치한 적도 있었다.

또한 보주는 한반도와 대륙을 연결하는 통로였다. 따라서 고려의 입장에서는 보주를 장악한다면 대륙세력을 효과적으로 방어할 수 있었으며 반대로 대륙세력이 보주를 차지한다면 고려는 북방 지역으로의 진출 뿐 아니라 한반도를 지키기에도 큰 어려움을 겪을 수 있었다.

현종 초 거란은 강조의 정변을 구실로 1010년 11월에 40만 대군을 이끌고 고려를 침입했다. 거란 성종은 천자국의 권위를 내세워 조공국인 고려의 정변을 문제삼았던 것이다. 국왕친조를 조건으로 거란은 물러갔으나, 고려가 약속한 국왕친조를 거부하자 이를 핑계로 1012년 6월에는 6주의 환수를 요구하였다. 그 과정에서 거란은 1014년(현종 5년) 5월에 압록강 하구 동쪽에 보주에 선의군(宣義軍)을 설치하고 절도사(節度使)를 두어 사실상 점령하였다.

거란의 보주 점령은 고려와 여진의 지리적 접근을 어렵게 하고, 거란이 고려와 여진 기미의 주도권을 놓치지 않으려는 생각에서 발생한 것이었다. 따라서 거란의 강동 6주 환수 요구는 이곳을 다시 거란의 영역으로 확보하려는 의도보다는 보주 문제에 대한 대응책이었다. 즉 거란은 6주 환수를 거론함으로써 외교 현안의 방향을 돌려서 보주 점령을 기정사실화하려는 의지였다고 판단된다.

이후 고려는 거란과의 전쟁에서 승리함으로써 강화를 맺었으나 보주는 여전히 거란의 영역인 채로였다. 화약을 맺어 거란이 강동 6주의 반환을 요구하지 않게 된 이후에도 고려는 끊임없이 보주가 고려의 영역임을 주장하여, 거란에게 보주가 고려의 영토임을 각인시키고자 하였다.

2) 덕종·정종대의 보주 문제

영토문제로 인한 거란과의 갈등은 덕종대에 다시 발생하였다. 즉 덕종과 정종대 초반은 거란과의 갈등이 다시 일어났던 시기로, 거란이 고려 사신을 억류하고 고려 영토 내에 거란성을 축조한 것이 그 원인이었다. 원래 이 두 사건은 현종 초에 일어난 것이었다. 고려 사신의 억류는 1010년(현종 원년) 거란이 군사를 일으키자 화친을 위해 파견된 고려 사신 이예균·왕동영 등 8명을 거란이 억류한 사건이다.[3] 거란의 축성은 1015년 정월, 거란이 고려 침입을 시작하면서 압록강 동쪽에 동서 2성을 축성한 것을 말한다.

현종이 죽고 덕종이 즉위한 1031년에 거란에서는 성종이 죽고 흥종이 즉위하였다. 성종의 사위 필제(匹梯)는 이에 불만을 품고 동경을 근거지로 반란을 일으켰는데, 이때 거란에서는 북방의 유목민족인 조복(阻卜)과의 전쟁이 진행 중이었다. 이 틈을 타서 고려는 그해 10월 거란 성종의 장례식과 흥종의 즉위식에 참석하는 사신 편에 압록강 연안의 성과 다리를 철훼하고 억류한 고려 사신을 풀어줄 것을 요청하였다.

거란이 받아들이지 않자, 고려 조정에서는 거란과 단교 여부가 논의되었다. 여기에 대해 왕가도·서눌 등 29명은 단교 찬성, 황보유의 등 33명은 반대하였다고 한다. 이에 덕종은 왕가도 등의 건의를 받아들여 흥종대신 죽은 성종의 태평 연호를 계속 사용하고 하정사 파견을 중단했다. 이는 거란에 대한 소극적인 항의의 표시로써 거란황제로서 흥종의 권위를 부정한 것이었지만, 양국간의 외교질서 자체를 부정하고자 한 것은 아니었다. 고려는 갈등이 전쟁으로까지 비화되지 않도록 거란과의 외교질서가 허용하는 범위 내에서만 강경책을 구사하였던 것이다.

덕종이 죽은 후 동모제인 정종(靖宗)이 즉위하였다. 1034년 정종이 즉위

---

[3] 『고려사』 권4, 현종 원년 10월 계축.

한 이후 거란은 내원성 명의로 덕종대의 강경책을 비난하였는데 고려 또한 영덕진 명의로 내원성에 첩을 보내 거란의 비난을 강력하게 반박했다.[4] 그러나 고려는 거란이 외교관계 재개를 요청하자 드디어 1037년 12월에 사신을 파견하였으며, 이듬해 4월에는 흥종의 연호를 사용하겠다고 통보했다. 정종 또한 국내의 정국 안정을 가져오기 위해서는 거란과의 관계를 우호적으로 바꿀 필요성을 인식하였기 때문이라고 판단된다.

한편 고려는 1039년(정종 5) 2월에 유선(庾先)을 거란에 파견하여 압록강 동쪽 성벽이 농사에 방해된다는 이유로 거란성을 철거할 것을 요구했다. 그러나 거란은 선왕이 변방의 통상적인 방비를 위해 설치한 것이므로 함부로 철거할 수 없다고 강변하였다.[5] 이로 미루어 보아 거란성 설치는 고려 측이 양해하고, 거란은 그 지역에 고려인이 경작하는 것을 허용하는 선에서 타협했던 것 같다.

정종대의 안정된 거란 관계는 문종 초까지 지속되었으나 압록강 유역은 여전히 분쟁지역이었다. 1054년(문종 8) 7월에 거란이 포주성(보주) 동쪽 들판에 궁구문란[6]을 설치하면서 고려와 거란은 다시 긴장관계에 접어들었다. 고려는 이듬해 7월에 사신을 파견하여 철폐를 요구하였다.

"우리나라는 기자의 나라를 계승하여 압록강을 국경으로 삼아왔습니다. 하물며 전 태후와 황제께서도 책문을 보내 은혜를 베풀면서 영토를 분봉할 때에도 또한

---

4 『고려사』 권6, 정종(靖宗) 3년 9월
5 『고려사』 권6, 정종 5년 4월 초하루 신유. "우리가 압록강 동쪽에 증축한 성벽이 고려 백성의 농사와 식수 조달에 지장을 주고 있다는 내용의 표문을 잘 보았다. 그러나 그 성들은 우리 선조 때부터 설치한 것으로 국경을 방어하는 통상적 대비이니 고려 강토에 무슨 피해가 있겠는가. 짐은 이미 정해진 법규를 충실히 지키는 데 힘써야 하므로 그것을 함부로 고치기 어렵다."
6 활을 쏠 수 있는 창[弓미]이 있으며 건물 안에서 외부를 살필 수 있는 난간이 있는 일종의 관문과 같은 출입 경계 시설.

압록강을 경계로 삼았습니다. 그런데 최근 상국에서는 우리 영토 안으로 들어와 교량과 보루를 다수 설치하고 있습니다. 또 최근에는 내원성의 군사들이 우리 성 바로 근처까지 사격용 궁구(弓口)를 설치했으며, 망루를 만들려고 건축자재까지 쌓아 놓음으로써 변경의 주민들을 놀라게 하고 있으니 그 의도가 무엇인지 알지 못하겠습니다. 바라건대 동경유수께서는 이웃나라와의 친선을 염두에 두고 우리의 실정을 잘 헤아려 황제께 잘 보고해 주셔서 우리 땅을 돌려받게 해주십시오. 그리고 임의로 설치한 성과 교량, 전투용 방책과 궁구 및 망루는 모두 철거하도록 해 주십시오."

_『고려사』 권7, 문종 9년 7월 초하루 정사.

여기에서 고려 조정은 단순한 시설물 신축에 항의한 것이 아니라 포주성의 기존 시설에 더하여 포주성 동쪽에 군비를 증강함으로써 압록강 동쪽에서 영향력을 확대하려는 거란의 의도에 항의한 것으로 볼 수 있다.

그러나 거란은 시설물을 철훼하지 않고 오히려 간전(墾田)을 넓히고 암자를 설치하였다. 고려는 1057년 4월에 다시 토지 개간과 암자 설치에 항의하였으나 별다른 성과를 거두지 못하였다. 이에 고려는 거란을 견제하기 위해 송과의 통교를 희망하게 되었는데, 때마침 1068년(문종 22) 7월에 송이 국교 재개를 요청함에 따라 1071년부터 국교가 재개되었다. 송이 먼저 재개를 희망한 것은 송 또한 고려와 함께 거란을 견제하려는 목적이 있었기 때문이다.

고려와 송이 가까워지는 것을 우려한 거란은 그에 대한 대응책을 모색하여 고려에 영토 경계(地界)를 재조정할 것을 제기하였다. 거란은 압록강 동쪽 유역의 거점 유지 문제로 고려와 오랫동안 갈등을 겪은 만큼 고려와 논의하여 거란이 바라는 대로의 지계 변경을 시도하였으나 원만한 합의를 이끌어내지 못하여 지계조정은 미해결된 채로 중단되었다.

3) 선종대 각장(榷場) 설치 문제

1083년 문종이 승하고 순종이 즉위하였다. 그러나 순종은 즉위한지 3개월만에 죽고 이어 문종의 둘째아들 선종이 즉위하였다. 선종대에는 거란의 각장 설치 시도가 가장 중요한 현안이었다. 『고려사』에 의하면 1086년(선종 3) 5월에 고려가 고주사(告奏使) 상서우승 한영을 거란에 보내 압록강 연안에 각장을 설치하지 않도록 요청하고 있으므로 이미 그 이전에 거란이 각장을 설치할 것을 결정했다고 판단된다. 이후 고려는 1087년 정월에 비서감 임창개를 고주사(告奏使)로, 15일 후 다시 합문인진사 김한충을 밀진사(密進使)로, 10월에 예빈소경 유신을 고주사로 파견하였다. 그리고 1088년에는 이안을 구주(龜州)에 보내어 만일의 경우에 발생할 수 있는 군사적 충돌에 대비하게 하니 결국 거란은 각장 설치를 중지하였다.

고려와 거란 사이의 각장은 1005년(목종 8) 거란에 의해 보주에 설치된 것이 최초의 일이다. 거란의 각장 개설은 고려와의 물자 교류의 필요성이 가장 중요한 목적이었지만, 고려와 여진에 대한 정치·외교적 압력을 지속적으로 행사하기 위한 의도도 있었다고 평가된다. 이때의 각장은 개설 5년 만에 거란의 제2차 고려 침입으로 인해 폐지되었다. 따라서, 각장을 통한 양국의 교역은 그리 활발하게 전개되지는 못하였다. 선종 초에 이르자 거란은 또다시 압록강 연안에 각장을 개설하려 하였던 것이다.

고려는 거란의 각장 재개 계획이 당시 강동 지역에 거주하고 있던 여진족에 대한 고려의 기미권(羈縻權)에 위협을 가해 고려와 여진 간의 경제적·군사적 유대관계를 차단하려는 목적에서 제기된 것이라고 의심하였다. 이에 고려정부는 계속 철회를 요구하는 사신을 파견하여 결국 거란으로부터 중지하겠다는 확약을 받았다. 보주의 각장이 폐지된 이후 양국의 교역은 사신의 왕래에 따른 사행무역과 국경지역에서의 밀무역에 주로 의존하게 되었다.

또한 고려는 거란으로부터 보주를 돌려받는 1117년까지 100여 년 동안 계속해서 이 일대가 고려의 영토임을 주장하였다. 이는 당대에는 큰 효과는 없었으나 결과적으로 고려가 압록강 하구까지의 지역에 대한 영유권을 지속적으로 주장함으로써 거란으로 하여금 이곳이 고려의 영역임을 각인시키는 효과가 있었다고 생각된다. 이에 따라 거란은 1117년(예종 12)에 이르러 국력이 쇠약해져서 여진족의 금에 쫓기게 되자 보주 일대를 포함한 압록강 하구 지역을 고려에 돌려주었다. 고려는 건국 후 200년이 경과한 뒤에야 비로소 압록강 하구까지 영역을 확보할 수 있었다.

4. 대거란 외교의 특징

고려시대 동아시아는 일방적으로 한 국가가 큰 세력을 형성하여 주변국에 조공을 강요하던 시대가 아니라 비슷한 세력을 가진 여러 나라들이 공존하던 다원적인 시대였다. 따라서 어느 한 나라가 일방적으로 우위를 차지한 사회가 아니었다는 점이 당시 고려의 대거란 외교의 가장 중요한 특징으로 볼 수 있을 것이다. 그러나 995년부터 거란과 조공책봉 관계를 맺은 것은 부인할 수 없는 사실이다.

고려와 거란과의 외교관계는 대략 세 시기로 분류할 수 있다. 942년(고려 태조 25)부터 993년(성종 12)까지의 교류가 없던 시기, 993년부터 1019년(현종 10)까지의 전쟁기, 1020년(현종 11)에 화평조약을 맺은 이후부터 1125년(인종 3) 거란이 멸망하기까지의 시기이다.

고려와 거란과의 관계는 태조 때부터 시작되었다. 태조는 거란이 발해를 멸망시킨 나라라고 하여 그들이 보낸 낙타를 굶겨죽이고 사신을 귀양 보냄으로써 거란과 친교를 맺을 의사가 없음을 분명히 했다. 태조의 단절 선언 이후 약 50여 년간 교류가 없던 양국은 성종대에 거란이 전쟁을 일으키면서 양국의 영역 획정과 친교 문제가 현안으로 대두하였다. 그러나 993년 거란의 고려 침략이 시작되어 약 30년간 양국이 전쟁 상태로 공방을 거듭하다가 1020년(현종 11)에 이르러 비로소 화평조약을 맺게 되었다.

거란과의 1차 전쟁에서 거란이 고려를 침략하기는 했으나 고려가 일방적으로 밀리고 있지는 않았다. 1차 때 거란의 소손녕은 고려가 쉽게 제압할 수 있는 약한 나라가 아님을 깨닫고 강동 6주의 고려 소유를 승인하는 대신 송과의 단교, 거란과의 친교 등 피차간의 요구조건을 조절하는 선에서 고려와 화약을 맺었다.

서희와 소손녕을 내세워 고려와 거란이 맺은 화의로 인해 고려는 강동

6주 획득을 인정받는 쾌거를 이루었으나, 거란과 경계를 정함으로써 고려의 북진정책을 어렵게 만드는 결과를 초래하였다. 거란의 입장에서는 북쪽으로 진출해오는 고려를 사전에 차단시켜 압록강으로 한정시키는 목적을 달성하였다고 판단된다. 이 같은 강화를 중심으로 고려는 송과 관계를 끊고 거란과 우호관계를 맺었다. 이후 고려와 거란 관계는 평화가 지속되었으나 그것은 피상적인 모습에 불과했다.

이후 거란은 송과의 전쟁에서 송을 완전히 굴복시킴으로써 송으로부터 막대한 세폐(歲幣)를 받는 전연지 맹을 맺었다. 송을 제압한 거란은 고려도 확실하게 조공국으로 만들기 위해, 강조의 정변을 구실로 거란 성종이 직접 40만 군대를 이끌고 침략했다. 2차전을 시작한 거란 성종은 강조를 살해하고 개경을 함락시켰으나 흥화진·구주·서경 등 주요 요새지를 함락시키지 못한 채 남쪽으로 내려왔으므로 자칫 잘못하면 퇴로가 끊길 우려가 있었다. 그러므로 성종은 고려 측의 정전 제의를 받아들여 현종이 친조한다는 조건을 확인하고는 서둘러 군사를 돌이켰다.

고려가 국왕의 질병을 평계로 친조 약속을 지키지 않으니 이번에는 6주 반환을 내세우며 변방을 수차례 침략하였는데, 이 과정에서 거란은 보주를 획득하였던 것이다.

그러나 고려로부터 별다른 반응을 얻지 못하자 또다시 소배압으로 하여금 고려를 침략하게 했다. 강감찬 등이 이끄는 고려 군사들의 철저한 방어로 소배압이 이끄는 10만의 거란군이 참패함으로써 양국은 화약을 맺어 전쟁을 종결지었다.

양국 모두 많은 전투를 겪으면서 더 이상 전쟁으로는 갈등이 해결되지 않을 것임을 인식하고 있었기 때문이었다.

그러나 고려와 거란이 화약을 맺었으나 보주는 여전히 거란의 영역인 채로였다. 화약을 맺어 거란이 강동 6주의 반환을 요구하지 않게 된 이후에도 고려는 끊임없이 보주가 고려의 영역임을 주장했다.

이 과정에서 고려는 송과도 다시 교류하여 거란의 태도 여부에 따라 거란과 단교하고 송과 가깝게 지낼 수 있음을 표방했으며, 한편으로는 군사를 정비하여 거란의 침략을 잘 막아냈던 것이다. 거란으로서는 30년 전쟁의 결과 보주성 등 압록강 유역을 확보했으며 고려의 외교 방향을 송에서 거란으로 바꾸는 성과를 거두었다.

  고려의 경우는 비록 거란에 조공을 바치는 처지로 바뀌었지만 이 전쟁은 거란의 일방적인 승리가 아니었다. 오히려 3차전에서는 거란이 참패하고 고려가 승리를 거둠으로써 국제사회에서의 위상은 높아졌다. 거란과의 전쟁이 끝난 후 동북 지방 여러 여진 부락에서 자진해서 고려에 조공을 바치는 모습이 이를 잘 보여준다.

  영토문제로 인한 거란과의 갈등은 덕종대에 다시 발생하였다. 고려 덕종이 즉위한 1031년에 거란에서는 성종이 죽고 흥종이 즉위하였다. 성종의 사위 필제(匹梯)는 이에 불만을 품고 반란을 일으켰는데, 당시 거란은 조복(阻卜)과의 전쟁도 계속하고 있는 상황이었다. 이 틈을 타서 고려는 그해 10월 압록강 연안의 성과 다리를 철훼하고 억류한 고려 사신을 풀어줄 것을 요청하였다.

  거란이 받아들이지 않자, 고려 조정에서는 흥종 대신 죽은 성종의 태평 연호를 계속 사용하고 하정사 파견을 중단하였다.

  덕종에 이어 정종이 즉위한 후, 거란이 다시 외교관계 재개를 요청하자 고려는 1037년 12월에 사신을 파견하였으며, 이듬해 4월에는 흥종의 연호를 사용하겠다고 통보했다. 정종은 국내의 정국 안정을 가져오기 위해서는 거란과의 적대관계를 완화시킬 필요성을 인식하였기 때문이라고 판단된다.

  정종대의 안정된 거란 관계는 문종 초에도 계속되었으나 압록강 유역은 여전히 분쟁지역이었다. 1054년(문종 8) 7월에 거란이 포주성 동쪽 들판에 궁구문란을 설치하면서 양국은 다시 긴장관계에 접어들었다. 고려는 이듬해 7월에 사신을 파견하여 철폐를 요구하였으나 거란은 오히려 토지를 개간하고 암자를 설치하였다. 이에 고려는 거란을 견제하기 위해 송과 통교하게 되었다.

고려와 송이 가까워지는 것을 우려한 거란은 그에 대한 대응책을 모색하여 고려에 영토의 경계(地界)를 재조정할 것을 제기하였다. 거란은 압록강 동쪽 유역의 거점 유지 문제로 고려와 오랫동안 갈등을 겪은 만큼 고려와 평화적으로 논의하여 거란이 원하는 대로의 경계 변경을 시도하였으나 원만한 합의를 이끌어내지 못하였다.

고려의 보주성 확보는 1117년(예종 12)에 거란이 멸망할 즈음에 이루어졌다. 점차 세력이 커진 여진이 거란을 공격하자 거란 자사(刺史) 상효손(常孝孫)과 도통(都統) 야율녕(耶律寧) 등이 내원성과 포주(抱州, 보주)를 돌려주겠다는 공문을 영덕성에 보내고 해로로 철수함으로써 고려는 비로소 두 성을 점령할 수 있게 되었다.

거란과의 전쟁 이후 고려와 거란 관계는 한 나라가 일방적으로 승리를 거둘 정도의 힘을 가지고 있지 않음을 서로가 인식하고 있었으므로 양국은 전쟁을 야기시키지 않는 선에서 문제를 해결하여, 1125년(인종 3) 거란이 멸망할 때까지 대체로 평화가 유지되었다.

따라서 고려는 거란과 명분상 조공 관계를 맺었지만 그것은 종속적인 관계가 아니라 실질적으로 상당한 자율성을 확보하여 동등한 위상을 지킬 수 있었다.

이것은 고려가 송과도 교류를 계속하는 모습이나 1026년 거란이 동북여진을 치기위해 가도(假道)를 요구했을 때에 단호하게 거부하는 모습에서도 단적으로 드러난다.

거란과의 전쟁을 겪은 이후, 고려는 동아시아의 중심세력이 거란으로 바뀐 것을 인정하고 그들과 공존하는 외교 노선을 견지했다. 그러나 당시 동아시아는 단일한 중심세력 아래 일원적인 상하관계가 아니라 고려 거란 송 서하 등 여러 나라들이 비교적 평등하게 공존하는 국제질서 속에 있었다.

　이것은 고려가 거란과의 전투에서 일방적으로 밀리지 않고 잘 물리침으로써 이루어낸 쾌거였다. 이 같은 관계는 거란이 멸망할 때까지 지속되었다.

참고문헌

1. 저서

高句麗硏究會, 1999,『徐熙와 高麗의 高句麗 繼承意識』, 학연문화사.
金渭顯, 2004,『契丹東方經略史硏究』, 명지대출판부.
金在滿, 1999,『契丹·高麗關係史硏究』, 國學資料院.
李美智, 2012,『고려시기 對거란 외교의 전개와 특징』, 高麗大 韓國史學科 博士學位論文.
이미지, 2018,『태평한 변방-고려의 對거란 외교와 그 소산』, 경인문화사.
이정신, 2004,『고려시대의 정치변동과 대외정책』, 경인문화사.

2. 논문

姜大良, 1948,「高麗初期의 對契丹關係」,『史海』1, 朝鮮史硏究會.
具山祐, 1992,「고려 성종대 대외관계의 전개와 그 정치적 갈등」,『한국사연구』78.
_____, 1993,「高麗 成宗代의 鄕村支配體制 강화와 그 정치·사회적 갈등」,『韓國文化硏究』6, 부산대.
김당택, 2007,「고려 현종 덕종대 대거란(요) 관계를 둘러싼 관리들과의 갈등」,『역사학연구』29.
김상기, 1959,「단구와의 항쟁」,『국사상의 제문제』2, 국편위.
김순자, 2006,「10-11세기 고려와 요의 영토정책」,『동북아역사논총』11.
김우택, 2009,「11세기 대거란 영역 분쟁과 고려의 대응책」,『한국사론』55.
金在滿, 1986,「契丹·高麗國交前史」,『人文科學』15.
박영해, 1966-1,「거란 침입 이전 시기 고려의 대외정책」,『역사과학』.
박종기, 1998,「11세기 고려의 대외관계와 정국운영론의 추이」,『역사와현실』30.
_____, 1994,「고려시대의 대외관계」,『한국사』6, 한길사.
朴漢男, 1995,「10~12세기 동아시아 정세」,『한국사』15, 국사편찬위원회.

_____, 1995, 「거란 및 금과의 통교」, 『한국사』 15, 국사편찬위원회.
朴賢緖, 1981, 「北方民族과의 抗爭」, 『한국사』 4, 국사편찬위원회.
方東仁, 1985, 「高麗前期 北進政策의 推移」, 『領土問題研究』 2.
徐聖鎬, 1999, 「고려 태조대 對契丹政策의 추이와 성격」, 『역사와 현실』 34.
서일범, 1982-4, 「서희가 축성한 성곽과 청천강 이북 방어체계」, 『력사과학』.
육정임, 2011, 「고려·거란 30년 전쟁과 동아시아 국제질서」, 『동북아역사논총』 34.
李龍範, 1977, 「高麗와 契丹과의 關係」, 『東洋學』 7.
_____, 1981, 「10~12世紀의 國際情勢」, 『한국사』 4.
이정신, 2002, 「고려태조의 건국이념의 형성과 국내외 정세」, 『한국사연구』 118.
_____, 2003, 「강동6주와 윤관의 9성을 통해 본 고려의 대외정책」, 『군사』 48.
장동익, 2015, 「고려시대에 이루어졌던 대외정책의 제유형」, 『한국중세사연구』 42.
정동훈, 2017, 「10세기의 동아시아 국제질서와 외교문서의 서식」, 『한국중세사연구』 49.
蔡雄錫, 2006, 「11세기후반~12세기전반 동북아시아의 국제정세와 고려」, 『전쟁과 동북아의 국제질서』, 일조각.
최규성, 1995, 「거란 및 여진과의 전쟁」, 『한국사』 15, 국사편찬위원회.
최덕환, 2012, 「993년 고려-거란간 갈등 및 여진 문제」, 『역사와현실』 85.
피터 윤, 2005, 「몽골 이전 동아시아의 다원적 국제관계」, 『만주연구』 3.

제4장
송과의 외교

이진한

1. 대송 외교의 특징과 서술 방향
2. 송의 고려 책봉과 외교의 개시
3. 고려와 송 외교관계의 진전과 파국
4. 거란과의 전쟁과 갈등 속에 진행된 송과의 외교
5. 문종의 대송통교 시도와 성과
6. 송과의 외교를 지속하기 위한 선종·숙종의 노력
7. 거란·금 교체기의 고려와 송의 외교
8. 동아시아의 정세 변화와 송과 고려의 외교전
9. 송과의 사신 외교 중단
10. 고려의 실리외교와 평화 추구

1. 대송 외교의 특징과 서술 방향

송(960~1278)은 고려와 가장 오랜 동안 외교관계를 가졌던 중국왕조였다. 고려와 송은 직접적으로 국경을 접하고 있지 않아서 양국 사이에 전쟁과 같은 큰 갈등이 일어나지 않았다. 그러므로 선학들은 양국의 관계가 시종 우호적이었으며, 고려는 송과의 외교를 통해 경제적·문화적 실리를 추구하였다는 것을 주요한 특징으로 제시하였다. 그러나 양국간의 관계를 조금 더 자세히 살펴보건대 시종 단순하게 이루어졌던 것만은 아니었다. 양국간에는 책봉 관계였던 시기와 그렇지 않았던 시기가 있으며, 책봉관계 없이 사절을 교환한 시기도 있고 아예 관계가 단절된 시기도 있었다. 또한 송이 적극적으로 고려에 외교를 요청하던 때가 있는가 하면 고려가 송과의 외교 단절을 막기 위해 필사적으로 노력하던 때도 있었다.

이와 같이 다양한 상황에서 진행된 양국간의 외교를 올바르게 이해하기 위해서 거란(또는 요)·금을 포함한 당시 동아시아 국제환경을 염두에 두면서 고려와 송의 외교를 서술할 것이다. 또한 고려와 송이 자국의 이익을 위해 외교를 추구하는 과정에서 책봉의 유무에 따른 차이가 있고, 각 왕 별로 지향하는 외교적 자세가 달랐으며, 시기에 따라 외교적 목표가 변하였으므로 이러한 점을 반영하여 장·절을 구분하여 구체적으로 살펴볼 것이다.

2. 송의 고려 책봉과 외교의 개시

1) 송의 건국과 광종의 책봉

고려는 후주의 책봉을 받고 왕권강화를 위해 그 투화인들을 기용하는 등 후주와 우호적인 관계를 유지하고 있었는데, 조광윤(趙匡胤, 태조)이 960년에 송을 건국하였다는 소식이 전해지자, 962년에 광평시랑 이흥우(李興祐) 등을 송에 보내 방물을 바쳤다. 이에 거란을 군사적으로 견제해야 하는 송이 후주를 계승한 왕조이며 외교정책을 계승한다는 의미에서 후주가 광종에게 주었던 개부의동삼사·검교태사·현토주도독·충대의군사·고려국왕(開府儀同三師·檢校太師·玄菟州都督·充大義軍使·高麗國王)의 책봉호를 그대로 인정하였고, 972년에는 공신호와 식읍을 더해주었다. 유의할 점은 송이 광종의 책봉호에 현토주도독·대의군사라는 군사적 성격의 관직을 포함하였으며 이후 역대 국왕에게도 그대로 이어졌다는 것이다. 이는 자신들이 추진하고 있는 북벌을 달성할 수 있도록 고려가 거란의 배후에서 군사적 견제 역할을 해주기를 바라는 의도를 담고 있었다.

그러나 고려가 송의 책봉국이 되면서 송의 연호 건륭(建隆)으로 인해 아주 곤란한 일이 일어났다. 왜냐하면 송의 연호는 고려 태조의 이름인 '건(建)'과 태조의 아버지 세조의 이름인 '륭(隆)'을 합친 것이어서 피휘(避諱)를 해야 하는 고려에서는 도저히 사용될 수 없었기 때문이다. 고려는 어쩔 수 없이 건륭 대신에 준풍(峻豊)이라는 독자적인 연호로 표기하였고, 송이 이 사실을 알고 연호를 건덕(乾德)으로 변경하자, 고려는 비로소 963년 12월부터 그것을 사용하기 시작했다. 송이 특별한 사유도 없이 반포한 지 3년 밖에 안 된 연호를 바꾼 것은 고려를 배려한 것이다. 송은 고려를 위해 조공·책봉 관계를 초월하여 연호를 개정함으로써 고려가 그 은혜에 감화되어 송과의 외교에 더욱 매진하도록 하는 책략이 담겨 있었다. 또한 바다를 건너는 위험한 여정을 겪어야 하는 고려의 사절들에게 황제가 베푸는 은덕의 하나로 송의 관직을 제수하였으며, 그들의 명예를 높여주고 장차 친송적인 활동을 하게 하려는 의도가 있었다.

2) 경종대 송과의 외교

975년 5월에 경종이 즉위하였고, 976년(경종 1) 9월에 조준례(趙遵禮)가 송에 가서 신왕의 계승을 알리고 책봉을 요청하였다. 11월에 사신을 보내 송 태종의 즉위를 하례하였고, 송은 사신을 보내 경종을 책봉하였다. 이후 세 차례에 걸쳐 공물을 바치러 고려의 사신이 송에 갔는데, 보통의 토산물에다가 거란의 전쟁 준비에 필요한 말이나 병기 등이 포함되어 있었다. 송에서는 경종의 추가책봉과 거란 정벌을 알리기 위한 사신이 왔었다. 경종대에는 7년 동안 다섯 차례 고려에서 갔고, 송은 경종에게 처음 책봉한 뒤에 두 번 더 책봉사절을 파견하였다. 그것을 광종대와 비교하건대, 훨씬 활발하게 양국의 사신 교류가 있었던 것이며, 그 만큼 양국간에 외교적 협력이 필요했음을 뜻한다.

한편, 고려는 김행성(金行成)을 보내 송의 국자감에 입학시켰으며, 다음해 그는 진사시에 급제하였다. 고려의 인재를 송의 최고 교육기관에 유학하게 하는 것은 양국간 주고받는 외교문서를 작성하는 능력을 배양하기 위한 것이었다.

3) 오대 왕조를 계승한 송과의 사절 교환 방식

광종대 시작된 대송 외교의 특징으로 신년 또는 황제의 생일과 같이 특정한 날에 정기적으로 사신이 가지 않았다는 점을 들 수 있다. 보통 책봉국은 황제로부터 정삭(正朔, 책력)을 받고 각종 경축일에 맞춰 사신을 보내기 마련이었다. 그러나 광종과 경종대 송에 보낸 사절의 명목은 처음에는 송의 건국에 따른 축하사절과 경종의 즉위를 알리러 가는 것 이외에는 조공사절이었고, 매년 가지도 않았다. 이처럼 사절의 방문이 부정기적으로 이루어졌다는 것은 그 만큼 고려의 편의를 따랐다는 의미이다. 즉 사절의 파견이 '정기적'이었다면 책봉국으로서 반드시 수행해야 하는 의무와 같이 인식되는 반면, 비정기적이라는 것은 고려가 사안에 따라 파견 여부를 자유롭게 결정할 수 있어서 고려에게 매우 유리한 조건이었다.

이러한 방식은 933년에 고려가 후당의 책봉을 받은 이후 후진과 후주 등과의 외교에서도 적용된 원칙이다. 당시 중국 내의 상황은 중원의 오대 왕조가 당 제국의 정통성을 잇고 있는 것처럼 보였지만, 중국의 분열과 군사적 강국인 거란의 위협으로 상대적으로 세력이 미약하였기 때문에 고려에 대해서 사절 파견을 의무화할 수 없었으며, 오히려 거란의 배후에 있던 고려의 조공은 오대 왕조의 권위를 높여주는 역할을 하였을 것이다. 송의 건국 이후에도 동아시아의 국제환경은 크게 변하지 않았으므로 거의 같은 방식으로 계승되었다고 생각된다.

3. 고려와 송 외교관계의 진전과 파국

1) 송의 성종에 대한 다섯차례 책봉과 대고려 외교정책

981년 7월에 즉위한 성종은 다음 해 사신을 보내 황제를 위한 복식과 더불어 명마·향약 등을 바치고 왕위 계승을 알리고 책봉을 요청하였다. 이에 983년(성종 2) 3월에 송은 개경의 남교에서 성종을 고려국왕으로 책봉하면서 "길이 우리의 울타리가 되어 중국을 엄숙히 받드는 것이야말로 영원한 계책이라는 큰 가르침을 잊지 말라"고 당부하였다. 성종은 황제가 사신을 보내 제후로 책봉한 것은 자신의 영예일 뿐 아니라 백성이 기뻐할 일이라며 다섯차례 책봉 때마다 그 이전에 지은 백성들의 죄를 사면해 주었다. 이것은 송과의 외교를 국내 정치에 활용한 것이었다. 광종대 이후 왕권강화 정책이 어느 정도 성공을 거두어 호족 세력의 권한을 많이 축소해놓았으나, 성종이 즉위한 당시만해도 여전히 왕권이 안정되지 않은 상황에서 송 황제의 책봉은 왕위 계승을 정당화하고 국왕의 권위를 높이는 역할을 하였다. 고려국왕은 송의 책봉을 받는 순간 왕위 계승의 정통성을 인정받아 호족들이 왕위를 넘볼 수 없게 하는 중요한 정치적 자산을 갖게 되었으며, 그 사실을 고려 전역의 백성들에게 알리기 위해 궁궐 밖 남교에서 책봉의식을 치르고 사면령을 반포한 것이었다.

또 하나의 흥미로운 사실은 송이 고려국왕을 다섯 차례나 책봉하였다는 점이다. 보통 국왕에 대한 책봉은 고려에 신왕이 즉위하였을 때 한 번만 이루어졌다. 이 경우 고려국왕은 자신을 권지국사(權知國事, 임시로 국가의 일을 맡고 있는 사람)라고 낮추고 방물을 바치며 송 황제에게 책봉을 요청하면, 송은 고려의 왕위 계승을 존중하고 그 전왕의 책봉호 등을 참작하여 신국왕의 책봉호를 정해 사신을 고려에 보냈다. 하지만 송은 성종에게 983년에 첫 번째 책봉을 한 뒤에도, 985년·988년·990년·992년에도 책봉호를 높여주었다[加封]. 그 가운데 988년 10월의 송 사절은 연호가 개정된 것을 알리는 일을 겸하였는데 역시 주요한 임무는 책명에 있었다. 물론 송은 광종과 경종을 책봉한 뒤, 식읍과 공신호 등을 더해준 적은 있었지만, 성종에게 네 차례나 가봉한 것은 분명 이례적인 일이었다.

송의 사신이 와서 성종을 검교태위, 검교태사 등으로 높이고, 식읍과 식실봉을 더해주며 공신호를 더한다고 해서 특별히 성종에게 그 정도의 권력이나 이익이 생겨나는 것이 아니라 말 그대로 명예를 높여줄 뿐이었다. 따라서 송이 여러 차례 성종에게 가봉을 해주었던 이면에는 그것을 명분으로 고려에 와서 정정을 살피고 고려의 송에 대한 변치 않는 충성을 확인하고자 하는 것이었다.

거기서 더 나아가 고려가 송에게 유리한 군사적인 역할을 해주기를 바라고 있었다. 그래서 985년 5월에 송이 장차 거란을 쳐서 연주(燕州)와 계주(薊州, 이상 현재의 북경과 부근 지역)를 수복하려고 하면서 고려에 감찰어사 한국화(韓國華)를 보내 조서를 전하였다. 그 내용은 후진이 거란에게 넘겨준 유주(幽州) 등을 되찾기 위해 고려와 힘을 합쳐 적을 소탕하고자 하니 고려가 떨쳐 일어나기를 바라며, 그 대가로 노획하는 포로와 가축, 재물과 병장기 등은 모두 고려에게 주겠다는 것이었다. 그러나 성종은 송이 원하는 대로 실행하지 않았고, 여진인들이 송에 가서 고려가 거란의 도움을 받아 송의 우호세력인 자신들을 공격하였다고 모함한 것을 해명하는데 주력하였다. 성종의 태도로 보건대, 한국화가 고려에 왔던 것은 출병의 요구와 더불어 고려가 거란 편이 아니라는 것을 확인하는 것이었다고 생각된다. 그 다음 해 송은 대규모 군사를 일으켜 거란을 공격하였지만 고려가 출병하지 않았으며, 거란에 크게 패하고 말았다.

송은 거란의 동쪽 편에서 국경을 맞대고 있는 여진과 고려를 우군으로 삼아 자신들의 북벌이 성취될 수 있기를 기대하고 있었다. 비록 985년에 고려가 송의 원병 요청을 들어주지 않았다고 해도 송이 거란이 차지하고 있는 연운 16주 등의 영토 회복을 포기하지 않는 한, 고려와 친해져야 했

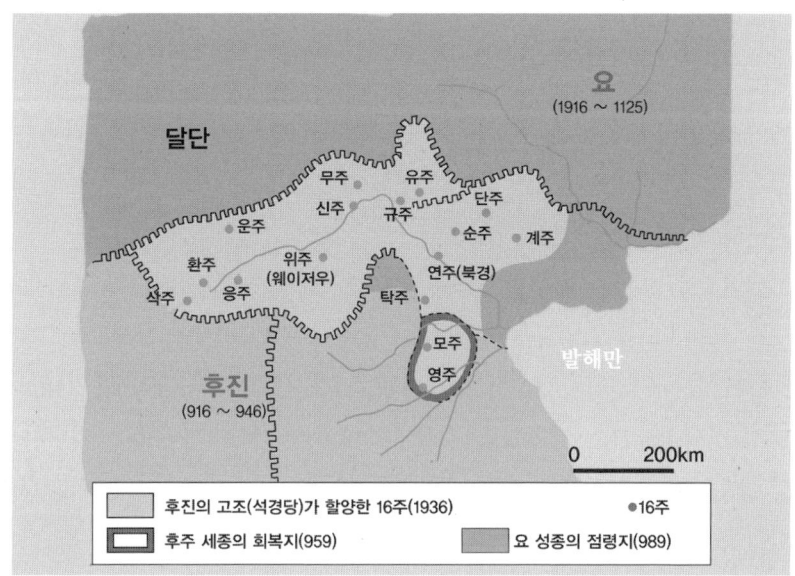

| 연운 16주

으며 적어도 거란과 고려가 가까워지는 것을 방지해야 했다. 그러므로 송은 성종이 17년 재위하는 동안 약 3.5년에 1회씩 책명사를 보내 책봉호를 높여주었던 것이다.

2) 고려의 제도 정비와 대송 외교

송이 거란을 북벌하기 위해 고려가 송의 책봉국으로서 거란의 후방에서 견제세력이 되기를 바랐기 때문에 당연히 고려와 송의 외교관계는 고려가 유리한 입장에서 전개해나갈 수 있었다. 성종은 즉위 초에 내사문하성과 6부를 근간으로 하는 중국식 정치제도를 도입하였고, 992년 12월에는 송에 사신으로 갔던 한언공(韓彦恭)의 건의를 받아들여 중추원을 설치하였다. 고려 관제의 모범이 되었던 3성6부제는 『당육전(唐六典)』이라는 법전에 상세히 규정이 되어 있지만, 처음 고려에서 시행되는 과정에 여러

제 4 장 송과의 외교   139

가지 문제가 일어났을 것이다. 이러한 상황에서 986년 10월에 송의 국자감에 유학하여 992년에 빈공과에 급제 후 관직을 제수받고 귀국한 최한(崔罕) 등이 중국 제도에 대한 깊은 이해를 바탕으로 새로운 제도가 고려에서 정착하는 데 이바지하였을 것이다. 또한 그간에 송에 갔던 고려 사신들의 견문과 경험도 활용되었을 것이다.

다음으로 고려는 송과의 외교를 통해 중국의 종묘 및 사직단과 같은 유교적 의례제도를 도입하였다. 983년 5월 송에 갔던 박사 임노성(任老成)은 『태묘당도(太廟堂圖)』·『사직당도(社稷堂圖)』·『문선왕묘도(文宣王廟圖)』·『태묘당기』·『사직당기』·『제기도』·『칠십이현찬기(七十二賢贊記)』 등을 가져왔다. 임노성은 예제에 밝은 유학자로서 성종의 명을 받고 여러 가지 필요한 문헌들을 요청하여 받아 귀국하였을 것이다. 이 책들은 그림이 있는 '도'류와 그에 대한 설명이 있는 '기'류로 크게 나뉘는데, 전자는 태묘·사직·문선왕묘를 짓는 데 도움이 되었으며, 후자는 그것을 운영하는 데 유용한 역할을 했을 것이다.

마침내 992년 12월에 태묘가 완공되었고, 성종이 종묘제례의 절차를 정하라고 내린 교서에서 "나라의 근본으로는 종묘가 으뜸이다"라고 하였다. 성종은 유교식 제례를 왕실에 적용한 태묘를 통해 태조 이하 역대 국왕을 존숭하고, 그 과정을 통해 주제자(主祭者) 고려국왕은 신료들과 구별되는 지위를 인식하게 하는 태묘의 설치 목적을 잘 이해하고 있었다. 이처럼 고려가 중국의 제도를 온전히 받아들여 운영할 수 있었던 것은 고려의 요청을 들어준 송의 도움이 있었기 때문이다.

그와 더불어 불교가 국교였던 고려가 가장 바라던 대장경을 송에서 받았다. 990년 6월에 송에 간 한언공은 간행된 불경을 요청하였고, 송이 『장경』 및 황제가 지은[御製] 『비장전(祕藏詮)』·『소요영(逍遙詠)』·『연화심륜(蓮華心輪)』 등을 주었다. 사절단이 귀국하자 성종은 기뻐하며 내전에서 그것을 받았으며 오래전부터 송에게 구하였던 것을 획득하였으므로 991년 10월에 한림학사 백사유(白思柔)를 송에 보내 사례하였다.

3) 거란의 침입과 송과의 책봉 관계 중단

고려 성종은 거란을 멀리하고 상대적으로 군사력이 약한 중원왕조와 외교하여 경제적 실리를 얻는다는 태조의 정책을 충실하게 계승하여 소기의 목적을 성취하였다. 그런데 거란의 성종(聖宗)이 즉위하자, 송과 외교를 맺고 거란에 교류하지 않는 고려의 정벌을 명분으로 고려와 거란 사이에 있던 여진을 공략하기 시작하였다. 이때 여진은 압록강을 이용하여 발해만을 건너 산동반도의 등주에 가서 송이 필요로 하는 군마를 무역하여 이익을 얻고 있었고, 그것을 중개했던 나라가 압록강 중류에 있었던 발해유민이 세운 정안국(定安國)이었다. 이에 거란은 정안국을 공격하여 멸망시켰고 991년에 여진이 송과 연결되는 것을 막기 위해 991년에 압록강 하구에 성을 쌓아 주둔하며 여진의 해상 진출을 봉쇄하였다.

거란이 대송 군사전략의 일환으로 고려를 제압하기 위해 점차 남하하여 고려와는 압록강과 청천강을 사이에 두고 근접하게 되었으나 고려는 송과의 외교에 열중할 뿐 거란에 대해서는 관심을 두지 않았다. 따라서 986년 정월에 거란이 궐열(厥烈)을 고려에 보내와 화친을 요청하였는데도 고려는 무시하였고 993년 5월에 서북계의 여진이 거란의 소항덕(蕭恒德, 遜寧은 字 소항력으로 기록해야 옳지만, 이후 학계의 관행에 따라 소손녕으로 적음)이 군사를 동원하여 침략하려 계획한다고 알려 왔는데, 고려는 거짓으로 여기고 방비태세를 갖추지 않았다. 그러다가 8월에 거란이 고려 정벌을 위한 군사를 일으켰다는 소식을 전하고 나서야 각도에 병마제정사(兵馬齊正使)를 보내 대비하기 시작하고, 993년 10월 문하시중 박양유(朴良柔) 등에게 군사를 거느리고 북계에서 방어하게 하였다.

이후 거란의 군사는 거침없이 고려를 침입하였고, 당황한 고려의 조정은 어떻게 대처할지 몰라 즉시 항복하자거나 북계의 땅을 떼어주자는 의견이 있었다. 그런데 거란은 대군을 일으켜 고려를 침략하였으나 고려와의 장기전을 계획하지 않고 송과 고려와의 외교를 단절시키는 데 목적이 있어서, 거란군이 고려의 국경을 넘은 이후 남쪽으로 진격하지 않고 소손녕은 고려에 대해 항복과 협상을 요구하였다. 이미 송에 사행을 한 적 있는 서희(徐熙)는 거란의 속셈과 한계를 잘 알고, 양국의 사이에 있는 여진이 방해하여 고려가 거란에 조공하지 못한다고 변명하며, 즉석에서 송에 대한 사대를 포기하고 거란과의 외교 가능성을 비쳤다. 그 결과 거란에 대한 고려의 사대를 전제로 한 화의가 이루어졌으며, 여진이 차지하고 있던 압록강과 청천강 사이의 전략적 요충지인 강동 6주를 얻는 망외의 성과를 거두었다.

전쟁이 끝난 다음 해 2월에 거란이 약속대로 고려에 압록강 이남 5성을 쌓는데 협조하겠다는 의사를 알려왔고, 고려는 거란의 연호인 통화(統和)를 사용하였다. 4월에 박양유가 거란에 사신으로 가서 거란 정삭의 사용을 알리고 포로 송환을 청하면서 양국간 외교가 본격화되었다. 그래도 고려는 송에 대한 미련을 버리지 못하고 994년 6월에 원욱(元郁)을 송에 보내 구원병을 요청하면서 거란이 국경을 침입하였다고 하소연하였지만, 송은 북쪽 지방이 겨우 평온하여졌으므로 경솔하게 전쟁을 할 수 없다며 고려 사신을 정중하게 대접하여 돌려보냈다. 마침내 996년 3월에 거란이 성종을 개부의동삼사·상서령으로 책봉하면서 거란과 고려의 책봉 관계가 개시되었다.

거란은 고려와 송 관계를 단절시키기 위해 980년대 초부터 10여 년간 고려를 침략할 준비를 진행해나갔는데 성종은 송과의 외교를 통해 얻고 있던 문화적·경제적 이익과 더불어 송의 적극적인 고려 유화정책의 달콤함만 쫓다가, 거란의 침입을 받아 나라가 망할 수도 있는 심각한 상황을 맞이하게 되었다. 성종은 송과의 외교를 통해 중국식 정치제도와 유교 의례를 실시하여 왕권을 안정시키는데 성공했으나, 군사적 강국이었던 거란을 도외시 한 일방적인 친송외교로 국가적 위기를 자초하는 실책을 저질렀던 것이다. 결국 성종은 다섯 차례에 걸쳐 송의 책봉을 받았지만 정작 거란의 책봉을 받은 채 훙거하였고, 그의 죽음은 거란에만 보고되었다.

4. 거란과의 전쟁과 갈등 속에 진행된 송과의 외교

1) 목종의 이중외교 시도

997년 10월에 즉위한 목종은 11월에 합문사(閤門使) 왕동영(王同穎)을 거란에 보내 왕위 계승을 알렸다. 거란은 998년 11월에 목종을 고려국왕으로 책봉하였으며, 1007년 2월에 정사령(政事令)으로 높이고 식읍과 식실봉을 더해주었다. 이에 대해 고려는 정기적인 사신을 보내지 않던 송과의 방식 그대로 사안에 따라 거란에 공물을 바치거나 경사를 축하하는 외교를 펼쳤다.

그러면서도 목종은 송에 대한 외교를 병행하였다. 999년 10월에 이부시랑 주인소(朱仁紹)가 송에 가서 고려 사람들이 중국의 문화[華風]를 사모하고 있으나 거란의 겁박에 제어되고 있으며, 고려가 거란과의 전쟁을 겪고 무력에 의해 화친을 맺었지만 송과의 교류를 희망한다고 하였다. 1003년 8월에는 호부낭중 이선고(李宣古)가 송에 가서 후진이 연주·계주 지방을 떼어서 거란에게 넘겨주었으므로 거란이 현토 지역을 거쳐 자주 고려를 침공하며 요구가 그치지 않으니, 송의 군대가 국경에 주둔하여 거란을 견제하여 줄 것을 요청하였다. 송이 거란과의 국경으로 군사를 출동하여 고려 국경 쪽의 거란 군사를 분산시켜 달라고 한 것이었다. 이처럼 고려는 송과의 외교를 통해 거란의 군사력을 분산시키고자 하였고, 송도 고려가 거란의 배후에서 군사적 역할을 해주기를 기대하고 있었던 만큼 양국은 공조가 절실했지만, 거란이 막강한 군사력으로 둘 사이를 갈라놓고 있었기 때문에 동시 출병은 한 번도 성사되지 못하였다.

한편 1004년에 송은 다시 연운 16주를 회복하고자 북벌을 개시했으나 오히려 거란의 반격을 받아 수도 개봉이 포위되었다. 송은 위기에서 벗어나기 위해 양국이 형제관계가 되고 해마다 비단 등을 거란에 제공하는 것을 조건으로 한 '전연의 맹'을 맺었다. 그런데 이 조약으로 송이 거란에 보내기로 한 세폐는 사실상 조공이나 다를 바 없는 것이어서, 송은 추락한 국가적 위상을 회복하기 위해 고려와 외교를 열고 우군으로 삼을 필요성이 더욱 절실해졌다. 1008년 정월에 송은 고려 사신이 온다는 소식을 듣고 '입현의식(入見儀式)'을 제정하였는데, 이것은 고려의 사신이 오기를 바라고 있었던 송의 간절한 마음을 보여준다.

2) 현종 초 거란 관계의 악화와 대송 외교의 회복

1009년에 강조(康兆)가 정변을 일으켜 목종을 폐위하고 현종을 옹립하자, 거란은 자신이 책봉한 목종을 마음대로 폐위한 강조를 토벌한다는 명분으로 1010년에 고려를 침공하였고, 현종은 나주로 피난하며 하공진(河拱辰)을 거란에 보내 화해를 청하였다. 거란은 배후에 있는 송의 침공을 의식하여 속전속결로 전쟁을 끝내고자 고려 북방의 주요 성들을 건너 뛰고 개경까지 점령했지만, 고려군의 반격을 받아 큰 피해를 입고 퇴각하였다. 고려는 거란과의 외교관계를 정상화하기 위해 노력하였는데, 거란이 고려국왕의 친조를 요구하고, 강동 6주에 대한 소규모 군사적 침략을 계속하자, 거란에 대한 평화적 협상이 어렵다고 판단하고 송에 접근하기 시작하였다. 1014년 8월에 고려는 윤징고(尹徵古)를 송에 보내 거란과 단교하였음을 알리면서, 예전 관계의 회복과 함께 현종에 대해 송 황제가 존호를 내려주고, 송 연호를 사용할 수 있도록 요청하였다. 이에 송은 오랜만에 찾아온 고려를 환영하여, 황제가 등주에 조서를 내려 바닷가 선착장에 관(館)을 설치하여 영접하도록 하였으며, 환국할 때 현종에게 조서 7통 및 의대 등을 하사하여 고려에 대한 친근감을 보여주었다.

이에 거란도 강동 6주 지역을 공격하였고, 1015년 정월에는 압록강에 다리를 만들고, 동서로 성을 쌓아 계절의 제약을 받지 않고 언제나 고려를 침공할 수 있는 여건을 만들었다. 새로운 위협에 직면한 고려는 1015년 4월에 6성을 돌려달라고 요구하러 온 거란의 사신을 억류하고, 11월에

민관시랑(民官侍郞, 호부시랑의 개칭) 곽원(郭元)을 송에 보내 거란이 해마다 침략하고 있음을 알리고, 위급한 상황에 있는 고려를 구해달라고 호소하였다. 송은 고려의 사정이 안타깝다고 하면서도 '거란과 맺은 우호 맹약 때문에 도와 줄 수 없으며, 거란과 화목하게 지내 백성들을 태평하게 하기 바란다'고 응답하였다. 대신 현종의 복식, 경전·사서·역일(曆日, 달력) 등과 함께 의서인 『성혜방(聖惠方)』을 주는 후대를 베풀었고, 곽원이 요청한 『국조등과기(國朝登科記)』 및 황제가 하사한 어시(御詩) 등을 필사해가는 것을 승인해주었다.

고려는 송으로부터 실망스러운 답변을 받고도 1016년부터 송의 대중상부(大中祥符) 연호를 사용하였다. 현종은 즉위한 지 7년이나 되어도 거란의 책봉을 받지 못했는데, 이제 송의 연호를 사용하여 거란에 대해 복종할 의지가 없음을 만천하에 공표하였다. 1017년 7월에 서눌(徐訥)을 송에 보내 방물을 바치고, 송의 수춘군왕(壽春郡王)을 봉건(封建)한 것에 대해 축하하였다. 이때 주목되는 것은 서눌이 거란의 압록강 차단으로 독자적인 송과의 교섭이 불가능해진 여진을 데리고 간 것으로 거란과 일전불사할 각오가 되어 있음을 보여주는 것이었다. 즉, 현종은 거란이 고려가 도저히 들어줄 수 없는 강동 6주의 반환을 요구하는 한 외교의 지속은 불가능하다고 여기고, 그 대안으로써 전쟁을 감수하는 한이 있어도 송과의 외교를 재개하여 경제적·문화적 실리를 획득하는 전략을 선택한 것이다.

3) 거란의 3차 침입과 대송 외교

고려는 거란과의 전쟁이 불가피함을 알고서 1018년 10월에 강감찬(姜邯贊)을 서북면행영도통사(西北面行營都統使)로 임명하여 침략에 대비하는 한편, 같은 달에 사신을 거란에 보내 화의를 청하였지만, 연호는 그대로 송의 천희(天禧)를 시행하였다. 마침내 12월에 거란군 10만이 침입하였는데 다음 해 2월에 고려는 살아간 거란군이 수천 명에 불과할 정도의 완벽한 승리를 귀주에서 거두었다.

고려는 1019년 8월에 신년을 하례하러 최원신(崔元信) 등을 송에 보냈는데, 풍랑을 만나 공물을 많이 잃어버린 채 11월에 송 진종(眞宗)를 만나 나머지 공물을 바치며 불경 1장(藏)을 요청하였다. 진종은 불경을 하사하고 공물의 일부는 돌려주도록 하였으며, 배가 표류하여 일용품이 떨어진 것을 감안하여 의복과 증채(繒綵) 등을 별도로 하사하였다. 송은 거란과의 전쟁에서 이긴 고려가 조공하러 오다가 배가 표류를 겪었다고 하자 극진히 환대하며 요구를 들어주었던 것이다. 고려는 1020년과 1021년에 연이어 송에 사신을 보냈으며, 1022년에 귀국한 한조(韓祚)는 『음양이택서(陰陽二宅書)』와 『건흥력(乾興曆)』 등을 가져왔다. 그동안 송은 여러 차례 거란과 전쟁을 벌였으나 번번히 패하였던데 반해 고려는 거란에게 대승을 거둔 만큼, 거란을 견제하기 위해 고려와 가까이해야 할 이유가 분명해졌으므로 고려는 유리한 조건으로 송과 외교를 하며 공물에 대한 회사품 이외에 원하는 문화적 산품들을 받을 수 있었던 것이다.

4) 고려와 거란의 책봉 관계 회복과 대송 외교의 중단

현종은 거란과의 전쟁에서 승리한 이후 3년 동안 연이어 송에 사신을 보내 실리외교를 추구하였지만, 국경을 접하고 있는 거란과의 관계를 정상화하는 것이 고려에게 더욱 유리하다고 생각하였다. 이에 1020년 4월 재상 유방(庾方) 등의 반대를 물리치고 양진(梁積) 등을 거란에 보내 왕자의 책봉을 알렸고, 최제안(崔齊顔)에게 거란 황제의 생일인 천령절(千齡節)을 하례하도록 하였다. 고려가 사신을 잇달아 보내 화해의 뜻을 내보이자, 고려에 큰 패배를 당한 거란도 강동 6주의 반환이나 현종의 친조와 같이 고려가 들어주지 않을 요구를 계속하기 어려워졌다. 따라서 양측이 조금씩 양보하여 1022년 4월에 거란은 현종을 고려국왕으로 책봉하고, 그에 대한 화답으로 고려는 다시 거란의 연호를 사용하였다. 아울러 거란은 고려가 원할 때마다 자유롭게 사신을 보내는 것이 아니라 매년 정해진 날에 정기적으로 사신을 오게 하여 조공과 하례를 의무로 만들었다.

이후 현종은 새로운 거란과의 책봉 관계에 충실하였다. 그러나 1030년에 원영(元穎) 등 293명을 송에 보내 금기(金器)·향유·인삼·세포(細布)·동기(銅器)·유황·청서피(靑鼠皮) 등을 조공하였다. 현종은 송이 받은 것 이상으로 회사해주는 것을 알고 있었으므로 고려의 방물만이 아니라 유황·청서피와 같은 일본·여진의 물산들을 함께 보내서 외교무역을 한 것이었다. 그리고 1036년 7월에 진봉·겸고주사(進奉·兼告奏使) 김원충(金元冲)이 송에 가다가 옹진(甕津)에 이르러 배가 파손되어 돌아왔다. 이로부터 문종대에 사신 파견이 재개되기까지 양국 외교는 일시적으로 중단되었다.

5) 목종-정종대 대송 관계와 민간무역의 활성화

거란과의 1차 전쟁을 치르고 성종이 거란의 책봉을 받은 이후 송과의 관계가 비공식적이 됨에 따라 고려의 사신 파견이 줄어들었으며, 송 사신이 오는 경우는 아예 없어졌다. 목종·현종 등이 거란과의 책봉하에서 송과의 외교를 통해 중요한 문화적 산품 등을 가져왔지만, 그 만큼 거란의 견제를 받아야하는 것이 현실이었다.

이처럼 송과의 조공 회사 형식의 선진문화 수입이 쉽지 않게 되자 고려는 새로운 방식을 모색하게 되었다. 일찍이 성종은 고려 상인이 국가의 허락을 받지 않고 개인적으로 바다 건너 중국에 가서 무역하는 것은 금지하고 오직 사신이 가는 편에 겸하여 무역할 수 있도록 하였으나 송상이 고려에 오는 것은 금지하지 않았다. 성종 말부터 고려는 거란의 책봉을 받게 되었지만 그 적대국인 송의 해상이 오는 것을 허용하였던 것이다.

더욱이 현종은 고려와 송의 사신 왕래가 크게 줄어 송의 선진문물을 받아들이는 통로가 좁아지는 것을 방지하고자, 외교와 거리가 먼 송상의 왕래를 활성화시켰다. 송상은 고려를 왕래하면서 비단이나 서적과 같은 중국 문물, 서역 또는 동남아 지역의 상인들과 교역한 물산 등을 고려에 가져왔다. 그들은 고려에 와서 국왕을 알현하고 진귀한 것들을 헌상하였으며 일정한 보상을 받은 뒤에 무역 활동을 하였으므로 고려는 민간 교역을 통해 상시적으로 송의 선진문물을 도입할 수 있게 되었다. 그에 따라 고려는 송과의 외교에 집착하지 않고 유연하게 거란과의 책봉 관계를 선택할 수 있었던 것이다.

또한 송상의 왕래로 인해 압록강을 통해 송에 갈 수 없게 된 여진이 고려를 찾게 되었고, 일본을 왕래하는 송상에 의존하여 무역하던 일본의 상인들도 고려에 와서 무역을 하였다. 이들의 목적은 고려와의 사헌(私獻) 무역도 있었지만, 개경과 예성항에 체류하면서 송상과 만나 무역할 수 있는 이점이 있었기 때문이었다. 이처럼 송상·동서여진·흑수말갈·일본·탐라 등 주변 민족과 국가에서 고려를 자주 찾아오자, 정종은 1034년 11월부터 팔관회에서 외국 상인과 사신이 국왕에게 헌상하는 의례를 정례화하였다. 당시 고려는 송은 물론 거란과의 외교도 중단하여 위기의 상태에 있었는데, 팔관회를 통해 고려가 주변 민족으로부터 조공을 받는 동북아시아의 중심국가라는 인상을 백성들에게 심어주는 효과를 거두었다.

5. 문종의 대송통교 시도와 성과

1) 송의 개혁정치와 연려제요책의 재등장

고려와 거란이 국경분쟁 문제로 사신의 교환을 중단하고 있던 1030년대부터 송은 서북 지역에서 새롭게 등장한 서하(西夏, 중국 서북부 오르도스와 감숙성 지역에 있던 티베트 계통의 나라)를 상대로 전쟁을 벌였으나 패하고, 송이 서하에 세폐를 보내는 것으로 화해를 하였다. 이 틈을 타서 1042년에 거란은 송에 세폐의 증액을 요구하여 '전연의 맹'보다 좋은 조건의 맹약을 맺을 수 있었다. 이처럼 외환에 시달리고 평화를 유지하기 위한 재정 비용이 증가하여 민심이 이반되자 송 인종은 범중엄(范仲淹) 등을 기용하여 국정 쇄신을 위한 개혁정치를 실시하였다.

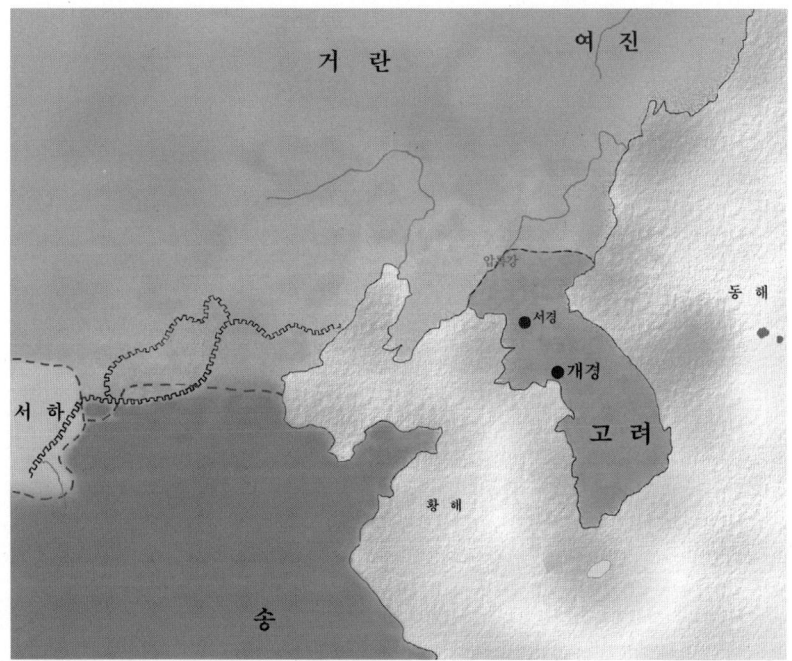

| 11세기 전반 동아시아(거란, 송, 서하, 고려)

이 '경력신정(慶曆新政)'은 부국강병을 꾀하는 것이며 주요한 목표의 하나가 연운 16주의 회복이었으므로 고려가 다시 주목받기 시작했다. 1042년에 권어사중승 가창조(賈昌祚)는 거란과 서하를 제압하기 위해서 고려 등 주변세력을 끌어들여 적의 세력을 분산시켜야 한다고 주장하였다. 1044년에 송대 최고의 대거란 전략가였던 재상 부필(富弼)은 연운 16주가 포함된 하북 지역에 대한 수어책을 올렸는데, 송의 동아시아 정세 인식과 송이 고려와 외교를 하려고 하는 이유를 설명해주고 있다. 부필의 주장을 요약하면 다음과 같다.

> 고려가 지금은 거란에 사대하고 있으나, 속으로는 송에 귀순하려는 마음이 있다. 일찍이 고려 성종 말부터 거란에 사대하면서도 고려가 4차례나 송에 사신을 보내 조공을 하였으며[修貢] 매양 거란보다는 송과 친해지기를 원한다고 하였지만, 조정은 윤납하지 않았다. 비록 사정이 그러해도 고려가 송을 마음속으로 깊이 따르고 있어서[款附] 반드시 사신을 보낼 것이다. 그 때에 고려 사신이 송에 해마다 조공하는 것을 허용하고, 이전보다 두텁게 사여하여 그들을 기분 좋게 해서 되돌려 보낸다면 거란이 송을 침범하였을 때 송이 사신을 보내 고려를 움직이게 할 수 있을 것이다. 특히 거란이 세 번째 고려를 침입하였을 때 20만 명이 죽고, 말 한 마리와 수레바퀴 하나 돌아가지 못했기 때문에 거란이 두려워하여 더 이상 군사행동을 하지 못하고 있다. 그러므로 송이 고려와 외교를 재개한다면 거란은 고려가 후환이 될 것을 우려하여 감히 송을 향해 남쪽으로 많은 군사를 내지 못할 것이니, 이것만으로도 중국에 크게 이익이 될 것이다.

이상에서 제시된 고려와 연합하여 거란을 제압한다는 '연려제요책'은 중국 전통적인 외교 방식의 하나인 이이제이(以夷制夷)에서 비롯된 것이며, 송의 대거란 전략에서 고려가 중요하다는 점을 부필이 새롭게 발견한 것이 아니다. 송이 고려에 대해 여러 차례 책봉을 해주고, 고려가 원하는 문화적 산품을 주었던 까닭도 사실은 그의 주장 속에 다 있는 것이다. 다만 그는 고려가 거란의 감시하에서도 송에 사신을 보내 외교 의사를 밝혔는데 송이 거란을 의식하여 소극적으로 대처한 것이 송과 고려의 외교가 끊긴 원인이었음을 지적한 것이다. 이처럼 송은 거란을 견제하기 위해 고려와의 외교가 필요하고, 고려는 거란에 비해 고려를 우대하고 선진문물을 받을 수 있는 송과의 외교를 원한다는 점에서 양국 관계는 호혜적인 측면이 있었다. 그러나 거란이 양국의 외교를 방해하고 있는 상황에서 양국 외교의 성공은 어느 한 쪽이 일방적으로 접근해간다고 해서 되는 일이 아니었다. 그런 점에서 고려와 송의 외교 재개는 양국의 적극적인 의지와 더불어 거란의 약화가 동반되어야 시도할 수 있는 일이었다.

이러한 상황에서 1046년 송 인종은 고려가 등주를 통해 조공하였음을 지적하고, 고려와 여진이 거란에 복속되었기 때문에 경동(京東) 제도에 방어를 위한 대책을 마련하라고 지시하였다. 송 추밀원은 고려가 오랫동안 조공하지 않았으므로 덕주군사추관(德州軍事推官) 고사열(高師說)을 등주에 보내 지덕주사 유환(劉渙)과 의논하여 고려 상객을 통해 비밀리에 교섭하려 한다고 보고하자 허락하였다. 송에서 고려와 외교를 재개하려는 움직임이 시작된 것이었다.

2) 문종의 대송통교 재개 시도와 거란의 견제

현종의 셋째아들로서 형인 덕종과 정종의 뒤를 이어 문종이 즉위한 때가 송이 고려와의 외교관계를 회복하려는 바로 그 시점이었다. 문종은 즉위 초부터 거란에 사대하면서도 송에 사신을 보내 이익을 얻었던 현종의 외교정책을 재현하려고 하였던 것 같다. 이에 거란은 문종 재위 20년까지 무려 다섯차례 책봉을 하였고, 그 어떤 고려국왕보다 높은 책봉호를 주어서 거란에게만 충성하도록 회유하였다. 따라서 거란은 문종의 대송통교가 기정사실화 된 뒤에는 추가책봉을 해주지 않았다.

또한 1056년에 거란이 고려와의 국경지역인 궁구문(弓口門) 밖에 우정(郵亭)을 설치하고, 송령(松嶺) 동북쪽에 점차 간전을 넓히며, 혹은 암자를 두어 사람과 가축을 증식시키는 등의 방식으로 분쟁을 일으켰다. 거란이 문종에게 책봉호를 더해주는 덕을 베풀면서도, 다른 한편으로 압록강 국경 분쟁을 야기한 것은 모순되어 보이지만, 고려가 송과 가까워지는 것을 막기 위한 강온양면책이었음은 다음의 기록을 통해 엿볼 수 있다.

> 1058년 8월에 문종이 탐라와 영암에서 목재를 베어 큰 배를 만들고 장차 송과 통하려 하였다. 내사문하성이 아뢰기를, "국가가 북조(北朝, 거란)와 우호관계를 맺어 변경에 급한 일이 없고 백성들이 그 삶을 즐기고 있으니, 이로써 나라를 지키는 것이 상책입니다. 옛날 경술년(1010)에 거란이 보낸 죄를 묻는 서한에서 이르기를, '동쪽으로는 여진과 결탁하고 서쪽으로는 송과 왕래하니, 이는 무엇을 모의하기 위함인가'라고 하였습니다. 또한 상서 유삼(柳參)이 사신으로 갔던 날에 동경유수가 남조(南朝, 송)와 사신을 통하는 일에 대하여 물었는데, 의혹을 가지고 있는 것 같았습니다. 만약 이 일이 새어나간다면 반드시 시빗거리가 생길 것입니다. 또한 탐라는 땅이 척박하고 백성이 빈한하여, 오직 해산물을 배에 싣고 팔아 생계를 도모합니다. 지난 해 가을에 목재를 베어 바다를 건너와 절을 새로 창건하면서 피로와 폐단이 이미 많이 쌓였는데, 지금 또다시 거듭 피곤하게 한다면 다른 변고가 생길까 두렵습니다. 하물며 우리나라의 문물과 예악이 흥성한 지 이미 오래되었고 상인들의 배가 연이어 진귀한 보물들을 가지고 날마다 이르니, 중국으로부터 실로 얻을 것이 없습니다. 만약 영구히 거란과 단절하려는 것이 아니라면 송 조정과 사신을 통하는 것은 마땅하지 않습니다"라고 하였다. 문종이 그 말을 따랐다.
> _ 『고려사절요』 권5, 문종 12년 8월.

이 기록에서 내사문하성이 문종의 대송통교 계획을 반대한 시기는 1058년 8월이었지만, 문종이 그것을 추진한 것은 조금 더 오래 전부터의 일이었을 것이다. 내사문하성이 중지하기를 바라는 논거 가운데 하나는 이 일로 인해 거란과의 관계가 악화될 것이라는 점이다. 문종이 즉위 후 어느 시기부터 송에 사신을 보내기 위해 그 준비를 하고 있다는 정보를 들은 거란은 문종에게 여러 차례 책봉호를 더하며 황제의 신뢰를 보여주어 문종이 의리를 저버리는 데 대한 부담을 갖게 하면서도, 압록강 지역에서 국경분쟁을 일으켜 문종의 대송통교 시도를 저지하려고 하였던 것이 분명하다.

문종은 내사문하성이 제기한 국내적인 문제와 거란과의 악화 등을 고려하여 대송통교 재개를 일단 중지하였다. 그럼에도 대송통교를 추진하였던 것은 고려의 예악과 문물을 흥성시키려는 의도가 있었던 까닭이었다. 송상들이 고려가 원하는 최고의 문화적 산품을 가져오는 데 한계가 있었고, 그것들은 성종과 현종대처럼 송과의 외교를 통해 특사로 받아올 수 있었으므로 이중외교의 부활을 꾀하였던 것이다.

3) 문종의 대송통교 재추진

1060년대에 들어 거란과 송에 정치적 변화가 일어났다. 거란은 내부적으로 보수파와 혁신파로 나뉘고 1063년에 황제의 친족들이 반란을 일으켜 황태자가 피살되는 사건 등으로 지배층 내부의 갈등이 심화되면서 주변국에 대한 영향력이 줄어들었다. 반면 송은 서하와의 관계가 안정되고, 부국강병을 추구하는 신종의 개혁정치를 시행하면서 고려와의 관계 회복을 도모하였다.

고려는 대송통교를 추진하다가 거란의 방해와 내부적인 반대로 인해 좌절되고 나서 우선 거란과의 사대외교를 성실하게 수행하여 안심시켰다. 그와 더불어 문종은 대송통교를 재개하다가 최악의 경우 전쟁이 일어날 수도 있다는 것을 깨닫고, 그에 대비하고자 군사 및 국방정책을 관장하는 도병마사를 설치하였으며, 군인의 확보와 군사들의 포상으로 사기를 높여주어 전체적인 국방력을 한 단계 높였다. 이에 대해 1063년 3월에 거란이 고려가 여러 차례 요청하였음에도 거절하였던 『대장경』을 보내준 것은 일종의 회유책이었다.

이러한 상황하에서 고려와 송의 외교 재개를 위한 교섭이 개시되었다. 일설에는 거란에 갔던 송 사신인 장성일(張誠一)이 그곳에 온 고려 사신에게 문종의 통교 의사를 전해 듣고 신종에게 보고하면서 일이 시작되었다고 한다. 중요한 것은 송 신종이 천주(泉州) 해상(海商) 나증(羅拯)에게 고려가 송에 사신을 보낼 뜻이 있는지 여부를 알아보도록 하였고, 그의 지시를 받은 황신(黃愼)이 1068년 7월에 고려에 와서 문종을 알현하고 신종이 고려의 사신을 기다리고 있음을 알렸다는 점이다. 이처럼 송이 먼저 사신을 보내 고려에 외교의 재개를 요구한 것은 보통 오랑캐가 스스로 중국을 찾아와 조공한다는 전통적 중화주의 외교 방식과는 배치되는 것이다. 송이 고려와의 외교를 더 바라고 있었음을 알려준다.

황신으로부터 송 신종의 제안을 들은 문종은 거란과 가까워 친근히 하면 화목한 이웃이 되고 멀리하면 강력한 적이 되었기 때문에 변방의 난리를 막기 위해 국력을 키워왔으며, 그동안 거란의 견제를 받아 송에 사신을 보낼 수 없었다고 하면서 통교의 의사를 전하였다. 마침 송 조정에서도 거란과의 전쟁에 대비하여 고려와 우호를 맺어야 한다는 의견이 대두되었다. 1070년 8월에 고려를 재방문한 황신은 송에서 있었던 저간의 사정과 신종의 뜻을 전달하였으며, 문종은 그가 돌아갈 때 사신을 보내겠다고 하였다.

마침내 1071년 3월 고려는 김제(金悌)를 송에 보내 표문과 예물을 전하였고, 1073년 8월에 태복경 김양감(金良鑑) 등을 사은사로 송에 보내면서 고려는 거란과 가까운 등주로 고려 사행선이 다니는 것은 위험하므로 장강 이남에 있는 명주로 다닐 것을 요청하여 승인을 받았다. 이로써 현종 대 이후 사실상 중단되었던 양국간의 외교가 재개되었다.

4) 대송통교의 재개와 고려의 실리외교

고려는 김제가 가는 편에 송 신종에게 어의·금요대(金腰帶) 등의 복식과 함께 수백 냥에 해당하는 귀금속으로 만든 그릇류, 세궁(細弓)·효자전(哮子箭)·장도 등 의장류를 헌상하였고, 향유 20항아리·잣 2,200근·인삼 1,000천 근 등 막대한 양의 공물을 보냈다. 대량의 공물을 가져가는 것은 그 뒤 김양감이나 1076년 8월에 최사량(崔思諒)이 갔을 때도 마찬가지였다. 고려가 거란에 보내던 것보다 비교할 수 없을 정도로 많은 양을 송에 보낸 것은 신종이 고려 사신이 올 경우에 그 이전보다 후대하겠다는 약속에 따라 가져간 것보다 많이 돌려받기를 기대했기 때문이다. 반면에 송은 거란과 서하에 매년 견 수십만 필과 은 수십만 냥을 세폐로 주는 것과 비교하건대 고려의 조공에 대한 보상적 성격의 회사를 후하게 주는 것은 큰 재정 부담도 아니어서 소기의 목적을 거둘 수 있다면 송에게 큰 이익이 되는 것이었다.

김제가 송에 갔을 때 송은 고려를 중국 서북 지역의 강국인 서하의 사신과 동등하게 대우하였다. 본래 고려는 송의 책봉을 받지 않았으므로 수평적인 외교를 의미하는 국신의 관계였으며, 고려가 바치는 방물도 사실은 조공이 아니라 국신물(國信物)이라고 적어야 맞는 것이었다. 고려의 사신 파견도 조공 명목이 아니라 송 황제가 베푼 은혜에 사례하러 간다는 의미의 사은사 형식이 많았으며, 외교문서에서도 송의 연호 없이 갑자로만 연도를 표기하였다.

이러한 점에서 송에 대한 고려의 외교적 자세는 거란과 비교했을 때 송에게는 매우 굴욕적인 것이었지만, 송은 고려의 사신을 조공하러 온 것처럼 여기고 그에 준하여 공물·조공·진봉 등의 용어를 사용하였다. 게다가 송도 고려와 외교하면서 거란을 의식하지 않을 수 없지만, 고려가 거란에게 받은 외교적 압력은 그보다 훨씬 컸으니, 그 만큼 위험을 감수하고 송과의 외교를 재개한 고려에게 송은 충분한 보상을 해야만 했다.

고려는 과학기술과 문화 수준을 높이는데 송과의 외교를 활용하였다. 김양감이 의사·약사·화사(畵師)·소장(塑匠, 조소 장인) 등 4종의 전문가를 요청하자, 신종이 자원자를 뽑아주었다. 또한 국자감에 명하여 9경·자·사의 책을 구매해 주도록 하였으며, 고려의 사신은 개인적으로 도화를 구매하여 돌아왔다. 이어 최사량은 송에 있는 동안 화공에게 상국사(相國寺)의 벽화를 모사하도록 하였으며, 음악을 배우게 하려고 악기를 연주하는 영관(伶官) 10여 명을 데려갔다. 이처럼 고급 문화를 수용하는 것은 송상을 통한 민간 교역으로 해결되지 않았으므로 반드시 고려의 사절이 송에 갈 필요가 있었던 것이다.

5) 고려·송의 외교 재개에 대한 거란의 견제와 송의 국신사 파견

책봉국인 고려가 1071년 송에 사신을 보내자, 종주국인 거란은 즉시 견제에 나섰다. 거란은 송의 국경을 침범하였고, 1074년에 정융진 북쪽에 탐수암(探守庵)을 설치하여 영토분쟁을 일으켰다. 이어 1075년 7월에 거란은 사신을 보내 압록강 동쪽의 국경을 조정할 것을 요구하였고, 1078년에 고려가 거란에 사신을 보내 압록강 동쪽 땅을 달라고 요청하였으나 거란이 승인해주지 않았다. 그러나 대송통교가 이루어진 뒤 12월에 거란은 문종의 생일사를 보내고 불경 1장까지 보내주어 사실상 고려의 이중외교를 묵인하는 태도를 보이기도 했다. 결국 그 이전에도 있었던 영토분쟁이 있었을 뿐 전쟁은 일어나지 않았으므로 고려가 송과의 외교를 지속해나갈 수 있었다.

한편 송에서는 고려 사절이 오는 것에 대해 고려와의 통교가 거란의 의심을 사서 송에 도움이 되지 않을 것이라는 주장이 있었고, 고려인이 송의 각 지역을 다니며 지도를 구하여 도로·산천 등의 형세를 살피던 중 양주에 이르러 지도를 구하다가 빼앗겼다는 보고가 있었다. 그밖에 고려 사신들이 왕래하는 군현과 그 백성들이 영송에 어려움을 겪고 많은 재정 지출이 있다며 사신의 파견을 중단하도록 해야 한다는 요구도 있었다.

하지만 고려가 송의 외교적 전략에 호응하여 거란의 외교적 위협을 무릅쓰고 세 차례나 사절을 파견해준 것에 비하면 그것들은 작은 사안에 불과하였다. 그러므로 송은 고려의 성의에 보답하기 위해 992년 이후 중단되었던 공식 사절을 고려에 보내기로 하였다. 송은 황제의 명을 받은 사신과 그 명령을 담은 조서를 싣고 고려를 왕래할 대형 배 두 척을 특별히 건조하였고, 그 명칭을 신주(神舟)라고 하였다. 그것을 만든 목적은 많은 수의 사절단과 황제의 하사품을 싣고 가야 하는 현실적인 이유와 더불어 양국의 외교 재개 과정에서 활약했던 황신과 같은 해상 출신이나 문종의 치료를 위해 왔던 서선 등과는 위상이 다른 황제의 공식 사절을 태운다는 상징성이 있었기 때문이다. 또한 최고의 기술로 만든 엄청난 규모의 배는 송 황제의 권위와 송의 국가적 위상을 고려 백성들에게 과시하는 것이기도 했다.

송에서 국신사를 보낸다는 소식이 전해지자 고려는 그들을 영접할 준비를 하였다. 1077년 8월에는 서해를 왕래하는 중국의 사신들을 영송하기 위해 홍주 정해현에 안흥정(安興亭)을 지었다. 그리고 고려는 상서급 관원에게 예성항에 이르는 영송을 맡게 하였고, 송에 간 적이 있었던 김제와 김양감 등에게 개경의 객관인 순천관(順天館)까지 가고 그곳에서 대접하는 일을 맡겼다. 심지어 태자가 순천관에서 송 사신을 안내했고, 거동이 불편한 문종은 정전(正殿)인 회경전(會慶殿)에서 직접 송 황제의 조서를 받았다. 국왕까지 의례에 참여한 송 사신에 대한 환대는 고려가 송과의 외교를 중요하게 여겼음을 보여준다. 1071년 대송통교 이후에 거란의 압력이나 방해가 의외로 크지 않았으므로 고려·송 간의 관계를 한층 더 높이고자 거란에 전해지는 것을 알면서도 극진한 의례를 했던 것이다.

송의 국신사는 문종이 의를 사모하여 송에 조공하기 위해 바다와 강을 건너왔음을 칭찬하며 엄청난 양의 국신물을 고려에 전하였다. 그 내역을 보면, 국왕의 의복 및 장식류와 더불어, 화려하게 꾸민 말이 4필, 금으로 꽃을 새긴 은그릇이 2,000냥, 여러 가지 색의 고급 비단이 수천 필에 이르렀으며, 진귀한 용봉촉(龍鳳燭)과 용봉차(龍鳳茶)를 별도로 주었다. 고려도 오랜만에 고려를 찾아온 송의 국신사 등에게 전례에 따라 안장 달린 말[鞍馬]을 포함하여 금·은·보화와 미곡 등 많은 선물을 주어서 돌아갈 때에 배에 다 싣지 못하여 은으로 바꾸어 갔다고 한다. 이들이 한 달여의 일정을 마치고 귀국하자, 송 신종은 영송에 참여한 자, 직접 왕래한 자, 중도에 죽은 자 등에 대한 대규모 포상을 실시하였다. 이와 같이 문종이 송의 사신을 후하게 답례한 것이나, 송 신종이 자국의 사절에게 큰 상을 내린 것은 이번 일에 대해 고려와 송이 만족하고 있었음을 알려준다.

6) 송 국신사의 고려 방문 이후 양국 관계

국신사가 다녀간 뒤 문종은 사신을 보내 사례하고 자신이 풍비증(風痺症, 중풍에 의한 마비 증세)을 앓고 있음을 말하며 의관과 약재를 요청하였다. 송은 1079년 7월에 의원을 보내 문종을 치료하도록 하고, 송에서도 구하기 어려운 외국산을 포함한 100여 종의 약재를 보내주었다. 이것은 송 신종이 외교 재개의 용단을 내려준 문종에 대해 고마워하고 있을 뿐 아니라 관계가 유지되기를 간절히 바랬기 때문이다. 또한 송은 1078년 고려에 국신사를 보낸 것을 진정한 의미의 국교 재개라고 보고 다음 해 명주에 명하여 교역법을 정하고 고려에 가는 해상에 대한 규제를 완화해주었고, 6월에 송 신종은 고려 입공(入貢) 의식을 개수한 자들에게 은과 비단을 하사하였다.

한편 1080년 3월에 호부상서 유홍이 약재를 보낸 것에 대하여 감사를 표시하고 방물을 바치러 송에 갔다. 그런데, 송 황제·태황태후·황태후 등을 위한 공물을 실은 배가 장강 부근에서 난파하여 물품의 대반을 잃어버리는 사건이 일어났다. 사절단이 도착하자 송 신종은 문종에게 보내는 글에서 고려가 친선을 위해 송을 찾는 충성스러움이 중요하다며 정사 유홍의 죄를 묻지 말도록 부탁하였다. 그리고 수령하지 못했지만, 문서에 적힌 방물의 품목을 받은 것으로 하여 고려에 회사품을 주었고, 향후 고려가 가져오는 공물을 가치를 따져서 주는 방식이 아니라 무조건 절강의 비단[浙絹] 1만 필을 주도록 원칙을 정하였다. 송은 그 전의 방식이 중국의 체면을 손상하는 것이라고 하였는데, 이러한 결정의 배경에는 고려 사절단이 큰 이익을 얻기 위해 너무 많은 방물을 가져오다가 배가 난파되었을 뿐 아니라 그러한 방식의 무역이 송의 재정에 부담을 준다고 생각했기 때문이다.

그러나 이 조치가 시행된 뒤에는 고려가 많은 공물을 가져가지 않아도 일정한 양의 회사품을 받을 수 있어서 손해보는 것이 아니었다. 어쨌든 이 사건은 고려가 송에 사절을 보내면서 적지 않은 경제적 실리를 얻고 있었으며, 그것은 대송통교의 중요한 목적의 하나가 성공적으로 달성되었음을 확인해주고 있다.

7) 문종의 외교에 대한 평가

문종이 승하하고 장자인 순종이 즉위하자, 바로 책봉국인 거란에 사신을 보내 그 사실을 알렸다. 이에 거란은 1084년 4월에 사신을 보내 문종을 제사하였는데, 그 제문에서 문종이 거란의 반대를 뿌리치고 송에 사신을 보낸 것에 대해서는 일언반구 언급하지 않고 문종이 '충성과 정성을 가슴에 품어 힘써 실행하고, 직분을 다하여 공물을 바치는 의례가 해마다 이르렀다'고 칭송하였다. 그에 반해 송에 사신을 보내지 않았지만, 고려를 왕래하는 해상들에 의해 문종의 서거가 송에 전해지자, 송 신종은 명주 정해현의 사찰에 승려 37인을 모아 도량을 지내고, 수륙대회를 열어 문종의 명복을 빌어주었다. 이처럼 대송통교를 재개한 문종 사후에 거란과 송의 황제로부터 정중한 조위를 받은 것은 거란과의 책봉 관계를 충실히 하면서도 송에 사신을 보내 경제적인 이익을 얻으려 했던 문종의 이중외교 정책이 성공했음을 상징적으로 보여준다.

거란과 송의 대립관계를 적절히 이용하여 실리를 얻는데 그치지 않고 외교적으로 양국이 모두 고려와의 관계를 더 가깝게 유지하려고 노력하였기 때문에 문종대 동아시아에서 고려의 위상은 크게 높아졌다. 이와 같은 외교적 성공에 대해 당대의 관인인 박인량은 문종을 애도하는 글에서 "고려에 대한 황제의 편지가 친절하고 정녕(丁寧)하였으며, 사신의 왕래가 끊어지지 않았다. 성명(聲名)이 빛나고 문물이 번화하였다. 융성한 것이 상국에 견줄 만하여 소중화라 일컬었다"라고 하였다. 또한 원 간섭기 이제현은 문종 찬에서 "송은 매양 포상의 명을 내렸고, 거란은 해마다 왕의 생신을 경축하는 예를 표시하였다. 동으로는 왜가 바다를 건너 보배를 바쳤고, 북으로는 맥(貊)이 관문을 두드리고 살아갈 터전을 받았다"라고 하였다(『高麗史節要』 권5, 문종 37년 8월, 이제현 찬). 문종은 내치 뿐 아니라 외교에서도 성공한 국왕이었으며, 그 혜택을 고려의 백성들이 받았다는 것에 대해 당대인과 후대인 모두 동의하고 있다.

6. 송과의 외교를 지속하기 위한 선종·숙종의 노력

1) 문종 사후 송의 조문외교

1083년 7월에 순종이 즉위하였으나 100일이 못되어 순종이 승하하고 그의 아우 선종이 즉위하였다. 이에 거란은 선종이 송과의 외교를 중단하고 거란과의 사대에 충실할 것을 기대하면서, 사신을 보내 순종에 대한 제문을 지어주고 고려국왕이 잇달아 죽은 것에 대해 의문을 품지 않는 은덕을 베풀었다.

반면 문종의 부음이 송에 전해지자, 송은 거란의 위협을 극복하고 대송 통교를 실행하여 송의 뜻에 부응해준 문종에 대한 조의를 보여주기 위해 제전사(祭奠使) 양경략(楊景略)과 조위사 전협(錢勰)을 임명하였다. 신종은 사절들에게 너무 명분을 따지며 격식에 구애받지 말고 고려의 제안대로 들어주라고 하였다. 이는 사신을 보내는 목적이 겉으로는 문종을 조문하고 선종을 위로하는 것이지만 실상은 송 신종의 커다란 은혜를 베풀어 외교를 유지하는 것에 있었기 때문이다.

1084년 8월 고려에 도착한 송 사절 일행은 고려의 왕실이 불교에 독실한 점을 고려하여 제전사가 승도를 모아서 문종과 순종을 위해 혼전(魂殿)에서 도량을 열고, 다시 제사를 지내주었으며, 그 다음에 조위사가 선종을 조문하였다. 이에 선종은 세 차례나 송 사신들에게 잔치를 베풀어주었고 그들이 돌아가는 편에 사례의 뜻을 담은 글을 보냈다.

이상에서 문종의 사후에 거란과 송의 사신이 와서 선왕을 조문하는 과정을 보건대, 적지 않은 차이가 있었다. 고려는 책봉국인 거란에 신속하게 전왕의 죽음을 알렸고 거란은 관례대로 사신을 보내 고려국왕을 조문하고 부의를 보냈던 데 반해 송은 소문을 듣고 자발적으로 사신을 파견하였다. 사정은 달라도 거란과 송이 경쟁하듯이 고려에 조문 사절을 보냈던 이유는 전왕의 제사보다는 선종을 위로하며 고려와의 외교를 공고히 하려는 데 있었다.

일찍이 선종은 부왕인 문종에게 "기왕에 중국과 통한 이상 마땅히 예의로써 옛날 풍습을 개혁하여야 합니다"라고 건의할 정도로 친송적이었다. 그러나 정작 국왕이 된 선종은 이중외교를 유지할 것인지를 고민하다가 일단 거란에 대한 사대에 충실하기로 결정하고, 송에 사은사를 보내지 않았다. 선종이 왕자일 때 송의 문물을 흠모하였어도, 막상 국왕이 되어서 책봉국 거란의 위협을 물리치고 송에 사절을 보내는 결정을 하기 쉽지 않았던 것 같다. 게다가 선종은 거란의 책봉을 받지 못하고 있었으므로 거란의 동태를 살펴야 할 처지이기도 했다.

2) 의천의 입송구법(入宋求法)과 송과의 외교 지속

선종이 즉위한 지 세 번째 해인 1085년 3월에 송의 밀주(密州)에서 신종이 죽고 철종이 즉위하였음을 알려왔다. 그동안 신종이 고려에게 베푼 은덕과 문종의 사후에 제전사와 조위사를 보내준 의리를 고려하건대 송에 사신을 보내야 했으나 선종은 거란과의 관계 악화를 우려하여 실행하지 못하고 있었다.

이러한 상황에서 같은 해 4월에 문종의 넷째 아들이자 선종의 아우인 의천이 몰래 문도 2명과 함께 정주(貞州)에서 송상 임영(林寧)의 배를 타고 송에 가는 사건이 발생하였다. 그는 문종대부터 송의 고승과 서신 및 물품 교환을 하며 교류하다가, 직접 송의 고승을 만나 불법을 배우고 불교 전적을 구할 것을 계획하고, 문종에게 송에 들어가 유학할 것을 청하였다. 하지만 거란과의 관계를 고려한 문종이 들어주지 않았으며, 선종이 즉위한 뒤에 의천은 같은 요청을 하였지만 허락받지 못했다.

의천이 왔다는 보고를 받은 송 철종은 수공전(垂拱殿)으로 불러 정중하게 예우하였고, 의천이 송의 각 지방을 돌아다니며 구법하기를 청하자 주객원외랑(主客員外郞) 양걸(楊傑)을 관반으로 삼아 돕도록 하였다. 의천은 왕명을 받고 간 사신이 아니었으나, 송은 의천의 지위를 감안하여 극진하게 대우했기 때문에 대외적으로는 송에 간 고려 사신처럼 되어 버렸다.

그에 앞서 의천이 송에 간 것을 알게 된 선종은 의천이 자신의 뜻을 따르지 않고 불법적인 행위를 했음에도 어쩔 수 없이 예빈승 정근(鄭僅)을 송에 보내 그의 안부를 물었다. 이어 8월에 선종은 송에 사절을 보내기로 결정하였으며, 호부상서 김상기(金上琦)가 신종의 서거에 대해 조문하고, 공부상서 임개(林槩)가 철종의 등극을 하례하는 임무를 맡았다. 이때 고려의 사절단은 송 철종에게『대장경』1장 및『화엄경』1부와 더불어,『형법서』·『태평어람(太平御覽)』·『개보통례(開寶通禮)』·『문원영화(文苑英華)』등을 구입해 가겠다고 요청하였고, 철종은『문원영화』만을 허락하였다.『문원영화』는 남조의 양(梁)에서부터 당에 이르기까지 약 2,200여 명의 작가가 지은 시문 1만 9,102편을 모아 만든 총 1,000권에 이르는 거질의 전적으로 오랫동안 고려가 가져가고 싶어 했던 것이다. 아울러 송은 고려국왕에게 말 3필·금대 2개·견 1만 필·은기 5,300냥을 하사하였는데, 1080년에 고려 사절단이 탄 배가 난파된 것을 계기로 공물 가치를 헤아리지 않고 일정하게 절견 1만 필을 주기로 한 원칙을 스스로 파기하고 은기 5,300냥 등을 더 주었다. 송은 '후왕박래(厚往薄來, 후하게 보내주고 박하게 가져온다.)'의 원칙에 따라 고려국왕과 사절을 잘 대우하여 양국간의 외교가 유지되기를 바라고 있었기 때문이다.

선종은 사절단 편에 의천을 되돌려 보내줄 것을 요청했고, 관반사와 함께 송의 각지를 다니며 불법을 배우던 의천은 1086년 6월에 고려의 사절단과 함께 귀환하였다. 그는 송에서 구한 불경[釋典]과 경서 1,000권을 헌상하고, 흥왕사에 교장도감(敎藏都監)을 설치하였다. 이때를 전후하여 의천이 거란·송·일본에서 구한 4,000권의 서적은『신편제종교장총록』을 만드는 데 바탕이 되었다.

3) 거란의 각장 설치와 고려의 송 전적 구득

거란은 1085년 11월에 선종을 고려국왕으로 책봉해주었으나, 문종에 비해 관직과 식읍 등이 낮았다. 이어 1088년 2월에 거란이 압록강 국경에 교역장인 각장(権場)을 설치할 것을 의논하자고 하였는데, 국경분쟁의 당사자인 고려가 그곳에서의 교역에 응할 리 없었다. 따라서 선종의 책봉호를 낮춘 것이나 국경에 각장을 두겠다고 한 것은 다분히 고려가 송과 교류하는 것을 막으려는 거란의 방책이었다.

뒤에 고려의 외교적 노력으로 각장 문제가 해결되자, 1090년 7월에 호부상서 이자의(李資義) 등을 송에 보내 사은하고 공문을 전달하도록 하였다. 그들은 1085년에 고려의 요청으로 허락을 받았던 『문원영화』와 특사한 은 5,000냥을 받아 귀국하였다. 송이 은 5,000냥을 더 준 것은 5년만에 송을 찾아온 것을 격려하고 이 일을 계기로 우호관계를 강화하려는 뜻을 담고 있었다.

이때 사절이 가져간 국서의 문제로 인해 재상인 이자위(李子威)가 1092년 8월에 좌천되는 사건이 일어났다. 본래 송과 거란은 각자의 연호를 사용하였고, 그 가운데 고려는 책봉국인 거란의 연호를 공식적으로 사용하고 있었으나, 고려가 송에 보내는 국서에는 송의 체면을 생각해서 연호 없이 갑자(甲子)만으로 연도를 표기하였다. 그런데 1090년 송에 가는 국서를 지은 담당자가 실수로 거란의 연호를 써넣었고, 그것을 감독하는 이자위도 찾아내지 못한 채 송에 전달되자 송이 항의의 표시로 수령하지 않았던 것이다. 송의 국서에 갑자 연호를 사용하는 것은 문종이 대송통교를 재개하면서 만들어낸 방식인데, 송은 고려와의 외교를 유지하기 위해 이러한 수모를 기꺼이 감수하고 있었던 것이다.

1093년 7월에 병부상서 황종각(黃宗慤)이 송에 가서 송이 요구한 『황제침경(黃帝鍼經)』을 바치면서 역대사·『책부원구(册府元龜)』·『태학학칙(太學勅式)』·『정위곡보(鄭衛曲譜)』 등과 금박 100관의 구매를 청하였다. 송의 예부상서 소식은 고려의 조공이 터럭만큼도 이익은 없고 다섯 가지 손해만 있으므로 요청을 들어주어서는 안 된다고 건의하였다. 이에 송 철종은 금박만을 매매하여 가도록 하였지만, 사절단은 끝내 역사서인 『책부원구』도 구입하여 귀국했다.

또한 1093년 8월에 고려는 국왕의 생신·정월 초하루[元正]·동지가 되면 백관이 하례할 때 입직한 재상 1인만이 반열을 지어 참석할 뿐이었는데, 이후 송 조정의 의식과 같이 재상과 백관이 모두 참석하게 하였다. 새로운 의례는 송의 제도를 참고한 것으로, 고려가 송과의 외교를 하고 있었기에 가능한 것이었다.

선종대에 송의 정국이 바뀌어 고려와의 외교에 소극적인 구법당이 정권을 잡고, 소식 등이 고려에 대한 혜택을 주지 말 것을 주장했으나 송 철종이 일부라도 수용해준 것은 고려와의 외교가 유지되는 것이 송의 국익에 유리했고 거란 및 서하와의 맹약으로 땅에 떨어진 황제의 권위를 회복하는 데도 크게 도움이 되었기 때문이다. 고려는 그러한 사정을 잘 이용하였다. 선종은 거란의 견제로 인해 송에 세 번밖에 사절을 보낼 수 없었으나 그때마다 중요 전적의 하사 또는 구매를 희망하여 전부는 아니어도 오래전부터 원했던 문헌을 얻는 성과를 거두었다. 그리고 송이 고려에게 은기 5,300냥 또는 은 5,000냥을 특별히 준 것은 고려가 쉽지 않은 선택을 해준 것에 대한 추가적인 보상이었다.

4) 숙종의 대송 외교와 송의 국신사 파견

1094년 5월에 헌종이 즉위하였고, 거란은 불과 7개월 만에 이례적으로 헌종을 책봉해주었으며, 헌종은 그로부터 1년이 채 지나지 않아 이자의의 난을 제압하고 권력을 잡은 숙부 계림공 희에게 양위하였다. 이에 거란은 헌종의 생일사를 보내주면서도 숙종을 책봉하는 사절은 보내지 않다가 1097년 전왕의 서거를 알린 뒤에 비로소 숙종을 책봉해주었다.

숙종은 거란의 견제를 받아 즉위한 지 3년 만에 어렵게 책명을 받게 된 것을 기뻐하고, 의례와 행사에 참여한 관리와 거란 사신을 접대한 자들을 포상하고 백성들을 사면하였으며, 비로소 1098년 7월에 윤관(尹瓘)을 송에 보내 왕위 계승을 알렸다. 5년 만에 고려 사신이 온다는 소식이 전해지자, 송은 고려에 대한 우대 조항이 많은 원풍령(元豊令)에 따라 사절을 대접하도록 하였다. 윤관은 귀국하여 송 철종의 칙서를 전하였는데, 숙종이 헌종의 양위를 받아 늦게 송에 사신을 보낸 경위를 잘 알았으며, 숙종에게 장차 중국을 돕는 영원한 동방의 나라가 되라고 하였다.

이때 윤관은 『태평어람』을 요청하였고, 송은 『태평어람』과 『신의보구방』을 교열한 후 다음 사신 편에 주기로 약속하였다. 고려는 문종대 이후 의사와 약재를 요청하며 의술 수준을 높이려고 해서 『신의보구방』은 매우 필요한 책이었다. 『태평어람』은 55부분으로 나뉘고, 1,690종의 책에서 인용한 총 1,000권 분량의 당대 최고의 백과서로서 이 책이 나온 이후 고려가 여러 차례 요청했던 것이다. 송은 고려 사신을 더 오게 하려고 희망하는 전적을 다음에 오면 주겠다고 하였는데, 송의 대고려 외교정책이 적극적으로 방향 전환 했음을 보여준다.

하지만 거란은 송과 고려가 가까워지는 것을 그냥 보고만 있지 않았다. 1099년 4월에 거란은 고려에 대장경을 보내주었고, 1104년에는 숙종의 책봉호를 더해주었으며, 1100년 10월과 1104년 4월에 걸쳐 고려왕태자를 삼한국공으로 책봉해주었다. 거란이 귀중한 대장경을 다시 보내준 것이나 숙종이 적장자에게 왕위를 계승시키려는 의도에 호응해 왕태자를 책봉해준 것은 숙종을 회유하려는 의도를 담고 있었다. 반면 고려는 1101년 3월에 거란 황제의 부음을 전해받자, 다음 달에 사신을 보내 조위하고 장례식에 참석하여 책봉국의 의무를 성실하게 수행하였다.

이와 같이 고려의 대송 외교는 거란을 의식하며 진행될 수밖에 없었고, 언제나 거란에 다음가는 부차적인 것이었다. 1100년 5월에 송 명주가 철종의 부음을 고려에 전하자, 숙종은 철종을 위하여 대안사(大安寺)에서 명복을 빌고자 하였으나, 간관의 반대로 중지한 것도 그 때문이다. 그러나 같은 해 6월에 상서 임의(任懿)에게 전황제를 조문하도록 하고, 7월에 상서 왕하(王嘏)에게는 송 휘종의 즉위를 축하하게 하였으며, 임의와 왕하는 각각 『신의보구방』과 『태평어람』을 받아왔다. 이것은 이전 윤관의 사행에서 송이 주겠다고 한 약속을 지킨 것으로, 송이 사절단 별로 한 건씩 은혜를 베푼 것은 신 황제 치세에 고려가 더 많은 사행을 하라는 격려의 의미를 담고 있다.

이후 송이 1102년 고려에 가는 해상들의 출발지인 명주와 항주에 시박사(市舶司)를 재설치한 것은 고려에 대한 우호의 표시였다. 송은 고려와의 군사적 연합을 위해 고려 내정을 정탐할 뿐 아니라 고려에 은덕을 베풀어 송과의 통교가 여러 모로 유용함을 과시하고자 25년만에 국신사를 보내기로 하였다. 그리하여 호부시랑 유규(劉逵) 등이 1103년 6월에 고려에 도착하였으며, 숙종은 정전인 회경전에서 송의 조서를 받았다. 이때 국신물로 고려국왕을 위한 복식·그릇·의장과 안장 얹은 말 등을 가져왔고, 고려의 요청에 따라 의관 4인이 와서 흥성궁(興盛宮)에 머물며 의생들을 가르쳤다. 이들과 함께 고려에 왔던 왕운(王運)과 손목(孫穆)은 귀국하여 각각 『계림지』와 『계림유사(鷄林類事)』를 편찬하여 황제에게 바쳤다. 이 책들에는 장차 고려와 함께 거란을 공격할 때에 필요한 정보를 사전에 알아두고자 하는 의도에서 언어·풍습 등 고려에 관한 다양한 내용을 기록하였다.

이상에서 순종에서 숙종에 이르는 시기 고려와 송의 외교를 살펴보았는데, 선종과 숙종이 문종이 닦아놓은 이중외교를 유지하려고 노력하였음이 확인된다. 다만, 거란이 영토분쟁을 일으킨다든지 책봉을 늦춘다는 등의 방식으로 정상적인 외교를 방해하였으므로 고려가 원한다고 해서 마음대로 송에 갈 수 없었다. 그래서 1083년부터 1105년의 약 22년간 고려의 사행은 9차례에 지나지 않았고, 그것도 신종의 부음과 철종의 즉위에 따라 파견된 것을 제외하고 사은 또는 진봉만을 위해 송에 간 것은 다섯 차례 밖에 되지 않는다. 이처럼 대송 외교를 지속해나가는 것이 어려운 일이었음에도 선종과 순종은 거란의 견제를 잘 극복해가며 송에 사절을 보냈고 대장경이나 『문원영화』·『태평어람』과 같은 귀중한 전적을 요구하여 받아내는 외교적 수완을 발휘하였다.

7. 거란·금 교체기의 고려와 송의 외교

1) 거란의 약화와 송의 대고려 외교 강화

1105년 10월에 예종이 즉위하자 중서사인 김연(金緣, 仁存으로 개명)을 거란에 보내 신왕의 즉위를 알렸다. 거란은 숙종 때와 같이 3년 이상을 끌다가 1108년 2월에 예종을 책봉해주었는데 거란이 점차 쇠약해져가고 있었으므로 예전과 같은 압력은 되지 못하였다. 예종은 책봉사가 오기도 전에 호부시랑 왕유(王維)를 송에 보냈고, 7월에 형부상서 김상우(金商祐)를 송에 보내 방물을 바쳤다. 이때 '방물을 바쳤다'고 한 것은 고려가 사은사와 같은 구차한 명분 대신 당당하게 송과 외교를 하겠다는 뜻을 보여주는 것이다.

마찬가지로 거란의 약화를 감지한 송은 고려와의 외교를 강화하기로 하고, 1110년 6월 국신사 병부상서 왕양(王襄) 등을 고려에 보냈다. 예종은 송 사신이 머물 순천관에 가서 접대 준비하는 것을 점검할 만큼 큰 관심을 보였고, 관반사로 참지정사 이위(李瑋) 등을 임명하였다. 예종이 송 사신의 영접 준비를 확인하고 재신에게 관반사를 맡긴 것은 고려가 송의 국신사 파견을 중대한 일로 여겼기 때문이다.

송 역시 병부상서라는 고위 관직을 정사(正使)로 임명한 것은 사행의 중요성을 감안한 것이었다. 그들은 고려에 와서 송 휘종의 밀지를 전달하면서 송과 거란의 친선관계를 생각하여 북조(北朝, 거란)의 책봉을 받은 고려 국왕을 송이 책봉하지 않지만 그동안 고려국왕에게 임시라는 의미의 '권(權)'을 붙여 사용하던 것을 없애준다고 하였다. '권고려국왕'이라고 칭하던 문종·숙종 등과 달리 예종을 '고려국왕'이라고 특별히 우대한 만큼, 송에 대해 더욱 충성을 다하라는 의미였다.

1111년 7월에 재상인 추밀원부사 김연 등이 송에 갔는데, 송은 다음에 오는 사신이 천신(天神)에게 제사지내는 행사(禮祀)를 참관하도록 하였다.

이 무렵에 예종의 도교 진흥책에 따라 고려의 관인이 송에 가서 도교를 배웠고 송이 도사를 보내주었으며, 도교 사원인 복원궁(福源宮)을 건립하였다. 고려가 의례와 도교 등을 받아들여 사회를 변화시키는데 송과의 외교를 활용하였던 것이다.

2) 송의 의례 규정과 고려의 국제적 위상

송 휘종의 즉위 후 대외정책에서 차지하는 고려의 위상이 높아진 점을 반영하여 고려 사신을 접대하는 규정도 바뀌었다. 1108년에 고려 사신이 왔을 때부터 이전보다 높은 한림학사를 관반으로 삼았으며, 변화된 내용이 고려 사신 단의 출입 규제, 접대 규모 등을 정한 고려입공법(高麗入貢法)에 포함되었을 것이다. 1111년에는 고려가 전략적으로 중요한 만큼 1077년 송 신종이 만든 희령(熙寧)의 예에 따라 사신을 우대하도록 하였다. 1112년에는 심지어 예모전(睿謨殿) 안에서 고려 사신을 위한 연회까지 베풀어주었으며, 고려 사신단을 국신사로 승격시킨 뒤에는 영접의례를 객성에서 담당하게 하였다. 따라서 1113년 완성된 『정화오례의(政和五禮儀)』에 송 황제가 인견하는 외국 사신은 서하·고려·교지(交趾)·해외번객·제만(諸蠻) 등의 순서로 기록되었다. 1115년 2월에 고려의 사신이 온다는 소식이 전해지자, 그들의 대우를 거란과 같게 하여 추밀원에서 영접의례를 맡도록 하였다. 1118년 12월에 송 추밀원이 「고려칙령격식례(高麗勅令格式例)」를 완성하여 휘종에게 바쳤는데, 고려와의 외교관계의 개선 및 진전을 앞두고 제도를 정비한 것이었다.

송이 정화 연간(1111~1117)에 고려 사신을 영송하는 의례를 점차 높여서, 거란과 같게 해준 것은 쇠약해진 거란에 대한 대우가 예전만 못해진 점도 있지만, 그만큼 송의 숙원인 연운 16주 회복을 위한 고려의 역할이 커져갔기 때문이다. 그리고 송에 간 고려 사신의 위상이 높아졌다는 것은 고려가 송으로부터 더 많은 실리를 얻을 기회가 마련되었음을 뜻한다.

3) 금과 고려의 형제관계 성립과 송의 고려에 대한 시혜적 문물 사여

이 무렵 동아시아 정세에 중대한 변화가 일어났다. 1115년 정월에 생여진의 완안아골타(完顔阿骨打)가 황제를 칭하고 국호를 금(金)이라고 하였다. 1116년 4월에 금의 공격을 받아 거란이 위태로운 형세가 되자, 고려는 거란의 연호 사용을 중지하고 갑자만으로 연도를 표기하도록 하였다. 1117년 3월에는 거란과의 국경분쟁으로 고려의 근심거리였던 내원성(來遠城)과 포주(抱州)를 금의 도움과 묵인하에 고려가 차지하는 성과를 거두었다. 이러한 분위기 속에서 금이 고려를 아우로 칭하는 형제관계를 요구하였고, 고려가 받아들였다. 그러나 양국의 관계는 어느 정도 수평적인 것이었으므로 무책봉 상태의 고려는 중립적인 위치에 있었다고 할 수 있다.

1110년대부터 거란에 대한 여진의 공세가 강화되면서 송은 북벌을 재개할 때가 왔다고 판단하여 고려의 군사적 도움을 받기 위해 더욱 중요한 것들을 주기 시작하였고, 고려는 그 기회를 놓치지 않았다. 1114년 6월에 송에서 돌아온 안직숭(安稷崇)이 대성악과 그것을 연주하는데 필요한 비파 등의 악기와 탁자 · 퇴자(槌子, 타악기용 망치) · 곡보 등을 받아 돌아왔고, 뒤에 변두(籩豆) · 보궤(簠簋)와 같은 제기들도 가져왔다. 이때 송 휘종은 예종에게 '외방을 차지하고 있으면서 의를 사모하여 내조하고, 사신을 보내어 새로운 음악 듣기를 원하였기 때문에 성심을 가상하게 여겨 하사품을 내리기로 하였다'고 하였다. 고려는 신악을 받아들인 뒤 10월에 예종이 태묘에 협제(祫祭)를 올릴 때에 송의 대성악을 써서 국왕의 권위를 높였다.

1115년 7월에 이부상서 왕자지(王字之) 등이 송에 사신으로 가는 편에 진사 김단(金端) · 권적(權適) 등 5인을 태학(太學)에 입학시켰다. 이 일은 숙종 때 송 황제에게 요청하여 허락받았던 것으로, 1117년 2월에 휘종은 이들을 직접 시험하고 다음 달에 권적 등 4인에게 상사급제를 주어 귀국하도록 하였다. 황제가 고려의 유학생을 시험하고 급제를 주는 은혜를 베푼 것은 송 휘종이 고려와의 관계를 돈독하게 하기 위해 얼마나 애쓰고 있었는지를 보여준다.

1116년에 고려가 거란의 연호 사용을 중지하자, 송은 고려를 책봉국으로 만들고자 배전의 호의를 베풀었다. 예종이 새로운 절을 짓고, 송에 가는 사신 편에 뛰어난 필적의 편액을 구하자, 송 휘종이 손수 불전의 편액으로 '능인지전(能仁之殿)'이라는 글씨를 써주고, 16나한의 소상(塑像)도 보내주었다. 이어 고려가 일찍이 약재와 진맥, 종창(瘡瘇) 등의 전문의사 서너 명정도를 뽑아 보내주어 의학에 관심을 두고 치료법을 널리 교습하게 해달라고 청한 것에 대해 1118년 7월에 국의(國醫) 2명을 포함한 4명의 의관을 보내주었다. 게다가 일찍이 왕자지가 송에 갔을 때에 황제가 금함(金函)에 부처의 치아와 두골을 담아서 하사한 것을 받아 귀국하였고, 1120년 5월에 부처의 사리[佛骨]를 대궐로 옮겨 모시기도 하였다. 고려가 불교국가였으므로 국왕을 비롯한 모든 백성들이 송 황제에 대해 고마워하였을 것이다.

송은 거란이 쇠퇴하는 것을 보고 고려가 새롭게 성장하는 신흥국인 금과는 여진 때부터 우호적인 관계였고, 이전에 거란을 물리친 강국이라고 인정하여 고려를 우군으로 삼아 거란을 공격하려고 했으므로 고려의 사신들이 와서 요구하는 것을 대부분 들어주려고 하였다. 완성된 지 얼마 되지 않은 최고의 문화적 산물인 대성악을 주고, 고려에서 신성시되는 불사리를 가져가도록 허락한 것도 그 때문이었다. 예종도 동아시아 국제정세의 변화를 예의주시하면서 송의 친고려 정책을 교묘하게 이용하여 송의 귀중한 최고급 문물을 들여와 국가 운영 체제를 정비하고 왕권을 강화하였던 것이다.

4) 고려를 책봉국으로 삼기 위한 송의 조문 외교

예종의 사후에 왕위 계승자를 둘러싸고 논란이 있었으나, 권세가인 이자겸이 자신의 외손을 옹립하여 인종이 즉위하였다. 당시 고려는 중국의 어떤 국가와도 책봉 관계를 맺고 있지 않아서 신왕의 즉위를 알리지 않았다. 이에 송은 고려와의 외교를 정식 책봉 관계로 바꿀 시기가 되었다고 판단하여 국신사의 파견을 결정하였는데, 마침 송상을 통해 예종의 죽음을 알게 된 송은 사행의 목적을 예종을 제전하고 인종을 조위하는 것으로 바꾸었다.

1123년 6월 고려에 온 송의 노윤적(路允迪)과 부묵경(傅墨卿) 등은 제전과 조위의 임무를 수행한 뒤 인종을 알현하고, 송이 선왕인 예종을 정식 국왕으로서 예우를 한 바 있으며, 지금은 거란의 운명마저 거의 다하였으니 송의 조정에 책봉을 요청할 것을 권유하였다. 인종은 송의 각별한 은총과 예우를 받은 것은 사실이지만, 아직 아비의 상을 다 마치지도 않았는데 송에 책명을 요청하는 것은 예의상 맞지 않는다며 완곡하게 거절하였다. 상례를 마친 후에 생각해보겠다는 것은 금의 세력이 하루가 다르게 커가는 상황에서 중국의 정세를 관망한 후 결정하기 위한 변명이었으며, 현명한 대처였다. 송 사절은 원하는 대답을 얻지 못한 채 돌아갔지만, 사절단원의 하나였던 서긍(徐兢)은 거란을 공략할 때 대비하고자 고려에 대한 다양하고 상세한 정보를 글과 그림으로 담은 『고려도경』을 지어 휘종에게 바쳤다. 한편, 고려는 송이 고려의 태도에 실망하여 외교를 중단할 것을 우려하여 1123년 7월에 송의 사절이 귀국한 3일 후에 추밀원부사 이자덕(李資德) 등을 송에 보내 선왕을 조문해준 것에 대해 사례하면서 송의 책봉을 받으라는 황제의 권유를 거부한 것에 대해 해명하였다.

이 시기에 송 조정에서 고려 사신단에 대한 부정적인 의견도 있었다. 1125년 중서사인 손부(孫傅)와 급사중 허한(許翰) 등은 고려 사신단의 입공으로 인해 지나가는 주현을 요란하게 하고 경비가 많이 든다고 하였는데, 휘종은 이미 신종·철종 연간에 소식이 주장한 것과 같다며 모두 좌천시켰다. 1126년에 송 흠종(欽宗)의 즉위를 축하하는 고려의 사신이 명주에 도착하자, 송의 어사 호순척(胡舜陟)이 "고려가 50년 동안이나 국가를 피폐하게 하였고, 과거에 거란을 섬겼던 고려는 금을 섬길 것입니다"고 하며 송의 허실을 정탐하여 금에 보고하는 것을 막기 위해 수도까지 왕래하는 것을 중지하도록 건의하였다. 결국 고려의 사절단은 예물만 송 황제에게 보내고 명주의 객관에서 귀국할 수밖에 없었다. 고려와의 외교를 반대하는 여론이 비등한 것은 고려가 거란 대신에 금과 형제관계를 맺고, 송에 대한 책봉 요청을 거절하는 등 송에 협조적이지 않았던 까닭이었다.

8. 동아시아의 정세 변화와 송과 고려의 외교전

1) 1126년 송의 군사적 지원 요청

송은 군사적 협조에 소극적인 고려를 대신하여 1118년 금에 사신을 보내 거란을 협공하기로 하였다. 그 후 우여곡절 끝에 송은 연운 16주를 되찾고 거란을 멸망시키는데 성공하였지만, 그 과정에서 금과 맺었던 약속을 준수하지 않음에 따라 금은 맹약을 파기하고 송에 대한 '남벌(南伐)'을 시작하였다. 금의 공격으로 수도 개봉이 함락될 지경에 이르자 송은 고려에 도움을 요청하였다. 1126년 7월에 송은 합문지후 후장(侯章) 등을 보내 위기에 처한 정세를 설명하고, 고려가 대대로 송 황제의 은혜를 받았으니, 그에 대한 보답으로 송이 금을 공격할 때 고려도 함께 군사행동을 해줄 것을 요구하였다. 당시 고려는 이자겸의 난이 수습된 지 얼마 되지 않은 상태였는데, 인종은 역대 송 황제가 베푼 은의에 감사한다고 하면서도 송의 다급한 사정은 전혀 아랑곳하지 않고, 고려의 국익을 위해 금·송의 전쟁에 간여하지 않겠다는 의지를 밝혔다. 이것은 명분보다 현실을 택한 현명한 외교적 판단이었다.

사신이 간 뒤 2개월여가 지난 1126년 9월에 추밀원부사 김부식(金富軾) 등이 송 흠종의 등극을 축하하러 갔는데, 송의 원군 요청을 거부한 것으로 송과의 외교를 단절당하지 않기 위한 목적도 있었다. 이들은 금의 공격을 받아 개봉이 포위되었으므로 황제를 보지 못하고 돌아왔다.

2) 북송의 멸망과 남송의 가도 요청

금의 군사가 개봉을 함락한 뒤 1127년 3월에 휘종·흠종 등을 사로잡아 가는 이른 바 '정강의 변'이 일어났고 송이 멸망하였다. 송의 잔존 세력들은 강왕(康王) 조구(趙構)를 남경(南京)에서 옹립하고 송(이하 특별히 북송과 구별할 경우가 아니라면 공식 국호인 송으로 적음)을 재건하였다. 이 나라는 국경선이 크게 남하하고, 수도를 남쪽으로 옮겼으므로 이전과 구별하여 남송이라고 한다.

사실상 망명정부에 가까웠던 남송은 위기에서 벗어나기 위해 고려에 구원을 요청해야 한다는 의견이 대두되었다. 절서로안무사 섭몽득(葉夢得)은 송상을 고려에 보내 금의 정세를 탐지하자고 하였다. 절동로마보군도총관(浙東路馬步軍都總管) 양응성(楊應誠)은 고려에서 여진까지의 길이 가까우므로 고려에 가서 우호를 맺고 금에 잡혀간 삼성(三聖, 두 황제와 황태후)을 영접하여 오겠다는 제안을 하였으며, 동경유수 종택(宗澤)도 금을 협공하려면 고려에 사신을 파견해야 한다고 주장하였다. 고려와 교류가 많은 절강 지역의 지방관들이 고려와의 협조를 구하는 데 대해 적극적이었으나, 적여문(翟汝文)은 송의 군사가 바다를 건너 고려를 경유하여 금으로 갈 것을 요구할 경우에, 고려가 거절할 명분으로 금이 고려를 경유하여 오월을 가려고 할 것이라며 양응성의 계획을 비판하였다.

결국 1128년 6월에 고려에 온 송 국신사 양응성은 두 황제를 구하러 가는 송의 군사가 고려의 바닷길을 경유하여 금의 국경까지 이동할 수 있도록 도와줄 것을 요청하였다. 그는 그동안 송 황제가 고려를 은혜롭게 대우하였으니 고려는 그에 대한 보답으로 어려움을 당한 두 황제의 구원을 도와야 한다고 주장하였다.

인종은 서한을 보내 송 신종부터 휘종에게 받은 은혜를 잊지 않고 만분의 일이라도 갚을 마음이 있지만, 이미 강성해진 금에 대해 거란에 준하는 사대 의례를 약속하였다고 하였다. 이러한 상황에서 송의 사신 일행이 길을 빌려 금에 간다는 소식을 들으면 금이 반드시 고려를 향해 군사를 일으킬 것이며, 금이 송에 사신을 보낸다는 명분으로 고려의 해도를 이용할 것을 요구하면 거절하기 어려울 뿐 아니라 금이 해로의 편리함을 아는 경우 수군으로 송의 회남(淮南)·양절(兩浙)의 연해 지역을 노릴 수 있어서, 거절하는 것이 송에게도 유리하다며 설득하였다. 이어 고려는 송 사신이 귀국하는 편에, 이제 겨우 이자겸의 반란을 진정시키고 금과 강화를 맺은 상황이어서 송이 요청한 일을 수행할 수 없으며, 송이 이 점을 헤아려 관용을 베풀면 앞으로 극진하게 섬기겠다는 표문을 보냈다.

이와 같은 호소에도 양응성이 길을 빌려줄 것을 끈질기게 요구하자, 인종은 일찍이 송이 고려 사절에게 여진을 데리고 함께 오라고 했을 때, 여진에게 송의 번성함을 보여서는 안 된다며 반대했는데도 송은 몰래 그들을 불러들여 후대하여 보냈고, 결국 여진에게 송의 허실을 알려주어 도성이 공격당하는 지경에 이르렀음을 지적하였다. 그리고 가도의 요구를 고려가 들어줄 경우 반대로 금이 고려를 경유해 송을 공격할 수 있으며, 그렇게 되면 금군이 북쪽으로 육전을 하면서, 남쪽으로 고려를 거쳐 수전을 전개하여 송이 더 위험해질 것이라고 하였다. 고려는 금이 휘종과 흠종이 잡혀있는데 지금의 상황으로는 송이 국토를 모두 바친다 해도 구하기는 힘들며, 장차 군사를 훈련시켜 금과 싸우는 수 밖에 없다고 충고하였다.

이에 양응성은 도와줄 생각 없이 핑계만 대는 고려에 불만을 토로하고 고려의 표문을 받지 않고, 의례에 따라 베푸는 연회와 의복 및 예물도 모두 거절하고 돌아갔다. 그가 송에 가서 황제를 알현하여 사정을 보고하자, 송 고종은 인종이 은혜를 저버렸다고 노하였다. 송의 우복야 황잠선(黃潛善)은 큰 전함에 정예병 수만 명을 싣고 가 곧바로 고려를 공격하자고 하였으나 주승비(朱勝非)는 그럴 경우 배후의 금이 송을 쳐서 더 곤란한 처지가 될 것이라며 반대하였다.

3) 가도 거부 후 고려 사신의 송 파견

양응성이 돌아간 직후에 고려는 예부시랑 윤언이(尹彦頤)를 파견하여 송의 '가도' 요구 거절에 대한 해명을 하였다. 그 내용에서 오랫동안 중국에 충성하고 은혜를 입은 고려는 두 황제가 금에 잡혀간 것에 대해 비통해하고 있지만, 정작 송에 사신을 보내 안부를 묻고 의병을 일으켜 돕지도 못하였음을 사과하였다. 그런데, 만약 고려가 망한다면 '순망치한'의 고사와 같이 송의 동쪽 바다가 금과 접하게 될 것이므로 고려가 사직을 보전하는 것이 송에게 더 좋은 일이라고 주장하였으며, 정국이 안정된 후에 조공을 계속하게 해달라고 요청하였다. 그러나 송 고종은 자신의 요구에 호응하지 않는 고려를 박대하여, 국난을 이유로 사절을 만나주지 않고, 전문(殿門) 밖에서 지위가 낮은 압반사가 대접한 뒤 귀국하도록 하였다.

윤언이가 가져온 송 고종의 조서에는 효우의 뜻으로 두 황제를 구하려 하였고, 고려가 도와줄 것으로 바랐으나 거절한 것을 개탄하였다. 하지만 고려의 간곡한 마음을 알겠고, 송을 도와주었을 때 일어날 일들을 염려하는 것도 당연하다고 하며, 고려국왕의 공손하고 부지런함을 알았으니 번병의 수호하는 도리를 잊지 말라고 하였다. 고려는 송의 가도 요청을 거절한 것 때문에 송이 고려와의 외교를 단절할 것을 우려하여 사신을 보내 구구절절하게 용서를 구하고 있다. 이와 같은 고려의 대처를 통해 대송통교가 고려의 국익에 이바지했음을 알 수 있다.

4) 송의 군사 및 가도 요청 사건을 둘러싼 고려와 송의 외교적 자세

송은 금의 공격을 받아 도성이 함락될 위기에 처하자 군사적 협력을 요구하기 위해 1126년에 사신을 고려에 보냈고, 금에 잡혀가 있는 두 황제를 구하기 위한 가도를 요청하러 1128년에 사신을 보냈다. 오랫동안 지속되었던 양국의 외교 목적이 이 시기 치열하게 벌어졌던 양국의 논변에서 잘 드러나고 있다.

송은 도성이 함락되고 황제가 사로잡혀가는 건국 이후 최대의 국난을 당해 고려에 도움을 요청하였고, 문종대 고려와 송의 외교가 재개된 이후 신종부터 휘종에 이르기까지 역대 황제들이 고려에 엄청난 후대를 하였으므로 고려가 응해야 한다고 주장하였다. 송은 언젠가 고려가 송이 베푼 은혜를 고마워하며 자신들을 위해 군사·외교적 협조를 해주리라고 기대하여, 고려가 보내준 것 이상으로 회사품을 주고, 백과전서나 대성악과 같은 최고 문화적 산물까지 아낌없이 더해주었던 것이다.

반면 고려의 입장에서는 송을 도와줄 경우 나라가 위태로워질 것이 분명하지만, 문종대부터 대송통교를 하며 얻었던 경제적·문화적 이익을 외면할 수도 없었다. 고려는 송의 은의와 예우를 고마워하면서도 위기에 처한 송을 돕지 못하는 것에 대해 유감이라는 점을 전제로 송의 요청을 거절할 명분을 찾았다. 고려는 먼저 1126년 일어난 이자겸의 반란이 진압된 지 오래되지 않아 국내 정세가 불안하며, 고려의 군사력이 금과 맞설 정도가 되지 못하다고 하였다. 또한 고려가 송을 돕게 되면 금이 고려를 공격해오거나 고려에게 송에 갈 것을 요구했을 때 거부할 명분이 없음을 강조하였다. 더욱이 고려가 항복하여 금의 영토가 되면, 금이 수군을 태우고 곧바로 서해를 통해 송의 수도와 가까운 강절·회남 지역을 공격하게 되어 송에게 불리하게 된다는 점을 지적하였다. 한반도에 있는 고려가 송과 금의 완충 역할을 하고 있다고 하며, 고려가 망해서 송이 겪게 되는 어려움을 '순망치한'에 비유하며 송을 설득하였다.

금과 송에 대한 이중외교를 계속하려는 고려는 송이 외교를 단절하지 않도록 하기 위해 내란을 겪었고 군사력이 약하다는 국내적인 사정과 더불어 고려가 망하지 않고 한반도에 있는 것이 송에 유리하다는 지정학적인 논리를 들었다. 특히 금이 수군으로 강절 지역을 공격하지 못해 남송 정권이 위기에서 벗어났다는 점에서 후자의 주장은 정확한 것이었다. 따라서 송 고종은 고려의 거절을 아쉬워하면서도 앞으로 충성을 다하라는 회신을 보낼 수밖에 없었다.

5) 남송과의 새로운 외교관계를 위한 모색

1128년 12월에 금은 사신을 보내 송 휘종과 흠종이 금에 대한 은혜를 배신하고 신의를 잃었기 때문에 결국 금에 토벌당하고 포로가 되었다고 하며, '나라의 멸망은 반드시 자신의 잘못에서 기인하는 것이므로[國必自伐] 고려국왕은 나의 말을 잘 따르도록 하라'고 고려를 위협하였다. 이어 고려가 송에 가까워지려는 것을 방지하기 위해 금이 거란을 공격하는 과정에서 고려에게 양보했던 보주에 대한 권리를 주장하고 고려의 영토에 들어간 금의 백성들을 문제 삼았다.

이러한 상황에서도 고려는 송과의 외교관계를 유지하려고 노력하였다. 1130년 4월에 송은 사신을 보내 고려가 뱃길로 사신을 보내 공물을 바치려는 정성은 탄복할 만하지만, 전쟁 중에 황제가 임시 거처에 머물고 있어서 고려 사신을 제대로 대우하지 못하므로 변방이 조용할 때를 기다려 달라고 하였다. 고려는 그가 귀국할 때 송이 금의 침략에 두 황제를 잃은 위기를 딛고 고종이 즉위하여 미래를 기약하는 경사가 있었는데, 금의 위협 때문에 바다를 건너 근왕(勤王)하지 못하고, 제때에 공물을 바치는 일도 다하지 못하였다고 반성하였다. 송의 중흥을 기원하는 고려의 본심은 송이 국력을 회복하여 금과 양립하는 형세를 이루어야 고려가 송과의 외교관계를 통해 문화적·경제적 실리를 얻을 수 있었기 때문이다. 고려는 중국에 하나의 왕조가 있는 것보다는 두 개 이상이 병립했을 때 외교적으로 유리하다는 것을 역사적 경험을 통해 알고 있었으므로 금의 황제에게 사대를 충실히 할 것을 약속하면서도 한편으로는 송 황제에게 중흥하기를 비는 상호 모순되는 외교적 자세를 취하였다.

이후 1130년 9월에 사신을 송에 보내 입공을 요청하였지만, 나라가 평안해질 때까지 기다리라는 답변을 받았다. 그리고 송은 해상들이 고려와 같은 외국의 사신을 태우고 오면 도형 3년에 처하고 재물을 몰수하게 하였으며, 고려 관반사의 관직을 중서사인으로 낮추고 국신사의 명칭도 폐하는 등 고려 사신에 대한 영접의례를 격하시켰다. 1131년 11월에 고려 사신단이 온다고 하자 송의 중서사인 정구(程俱)는 재정 절감을 위해 접반사 등을 없앨 것을 건의하였다. 이러한 일련의 조치는 송이 고려 사절의 방문을 꺼려하고 있으며, 과도한 영접을 하지 않으려는 의도를 담고 있는 것으로 고려와의 외교에 소극적으로 바뀐 송 조정의 분위기를 보여주는 것이다.

6) 고려의 송에 대한 외교관계 회복 요청

1131년 4월에 송이 금을 대파하고 양절(兩浙)에서부터 하북에 이르는 지역이 겨우 평안해지자 송 고종이 월주(越州)에 머물게 되었고, 건염(建炎) 5년을 소흥(紹興) 원년으로 고쳤음을 알려왔다. 인종은 재상들에게 고려가 송과 우호관계를 맺어 입은 혜택이 지극히 많은데도 송의 구원병은 물론 가도 요청마저 거절한 것을 송이 어떻게 생각하는지를 물었고, 최홍재는 그래도 한 명의 사신이라도 보내 이유를 설명하는 것이 좋겠다고 건의하였다.

그에 따라 1132년 2월에 예부원외랑 최유청(崔惟淸) 등을 송에 보내 저간의 사정을 해명하고, 다시 송에 귀부하는 정성을 밝히고자 한다고 하였다. 그들은 공물을 바치는 고려의 공손함을 가상하게 여기고, 송을 찾아오는 정성은 본받을 만하나 내년에 조금 더 평안해질 때 오라는 송 고종의 조서를 받아 돌아왔다. 송의 입장에서는 고려가 은의를 저버리고 송의 요청을 들어주지 않았어도, 금의 배후에 있는 고려가 지정학적으로 중요한 위치에 있기 때문에 고려와의 단교를 생각하지 않고 있었던 것이다.

그런데 이때 고려가 보낸 공물은 금 100냥·은 1,000냥·능라 200필·인삼 500근이었으며, 정사 최유청이 개인적으로 바친 것이 그것의 3분의 1 정도가 되었다. 고려는 송 조정의 고려에 대한 반감을 누그러뜨리기 위해 유례없이 많은 공물을 마련하여 보낸 것이며, 또 다른 목적은 회사의 이익을 바라는 것이었다. 송 고종은 후전에 나아가 고려 사신을 불러들여 접견하고서 최유청·심기 등에게 금대 2개를 하사하였다고 한다.

이후 1133년에 송은 고려 사신에 대한 인접사를 폐지하였고, 1134년에 송 고종이 고려에 사신을 보내려 하자 권이부시랑 요강(廖剛)이 반대하였다. 인접사의 폐지는 고려 사신의 영송 수준을 낮춘다는 것을 의미한다. 고려와의 외교를 지속할 필요성이 줄어들어서 고려 사신 파견에 반대하는 의견과 조치가 나오는 것이었다. 대송통교를 유지하려는 고려에게 외교적 상황은 점점 더 불리해져가고 있었다.

7) 송의 고려에 대한 군사 원조 제안

1135년 2월 묘청의 난이 일어나자 송의 오돈례(吳敦禮)는 연해제치사(沿海制置使) 곽중순(郭仲荀)의 지시를 받고 고려의 형편을 살피러 1135년 6월에 고려에 왔고, 서경 반란을 평정하기 어렵다면 10만의 군사를 보내 원조하겠다는 제의를 고려에 전하였다. 송은 묘청의 반란을 계기로 군사를 보내 고려 군사와 함께 평정을 도운 후 금의 배후를 공격하려고 계획하였다. 고려는 반란이 진정이 되는 중일 뿐 아니라 송이 군사를 내어 바다를 건너오는 일이 어려운 일이라며 정중하게 사절하였다.

그리고 1136년 9월에 김치규(金稚規) 등이 송의 명주에 가서 첩을 전달하였다. 그 내용은 오돈례와 함께 왔던 송상 진서(陳舒)가 가져온 공문서에 송·서하·고려가 힘을 합쳐 금을 도모하자고 했다. 이에 송의 두터운 은총을 입은 고려는 제후의 도리를 지키고자 했으나 금과 국경을 맞대고 있어 부득이 화친한 것이며, 금과 전쟁이 일어나 고려가 망하면 금이 송의 연안과 인접하게 되어 송에게 불리해진다는 것을 다시 한번 강조하였다. 송은 고려에 보낸 첩문에서 고려를 끌어들여 금을 정벌하려는 계획은 오돈례의 개인적인 견해이지 송 조정이 지시한 것이 아니라고 하며 분쟁의 소지를 차단하기 위한 해명을 하였다.

9. 송과의 사신 외교 중단

1) 금의 고려국왕 책봉과 대송 관계

　1141년 11월에 송이 금과 화의를 맺어 회수(淮水) 중류를 경계로 정하고, 은 25만·견 25만 필을 세공으로 바치는 맹약이 체결되었다. 이로써 금이 송의 개봉을 공격하면서 시작된 양국간의 전쟁이 일단락되고, 오랜만에 동아시아에 평화가 찾아왔다. 서하는 물론 송 황제까지 책봉하여 명실상부 동아시아의 패자가 된 금은 1142년 5월에 인종을 고려국왕으로 책봉하였고, 고려는 같은 해 7월에 금 황통 연호를 쓰기 시작하면서 예종 말부터 25년간 지속된 무책봉 상태가 종료되었다. 그와 더불어 고려가 송에 사신을 보내는 이중외교도 중지되었다. 동시에 송의 입장에서도 금과 화해를 하고 북벌을 포기하면서 고려의 전략적 가치가 크게 줄어들었으므로 고려와의 외교에 소극적이었다.

　그런 가운데 1148년 10월에 송과 관련된 반역사건이 일어났다. 일찍이 이심(李深)과 지지용(智之用)이 송인 장철(張喆)과 함께 공모하여, 송의 태사(太師) 진회(秦檜)에게 금을 정벌한다는 명분을 내세워 고려에게 길을 빌려 군사가 들어오면 내응하려 한 것이었다. 금과의 화해를 주도한 진회에게 금을 정벌한다는 명분으로 고려의 길을 빌리고 송의 군사를 끌어들이겠다는 계획은 애당초 실현 불가능한 것이었으며, 송상 임대유(林大有)의 고발로 발각되어 주모자들이 처벌되었다.

　1162년 3월에 송상 서덕영(徐德榮)이 명주에 가서 고려가 사신을 보내고 싶다는 의사를 전하자, 송의 전중시어사 오불(吳芾)은 고려가 금과 국경을 접하고 있으며, 지금 송이 금과 전쟁하고 있는데, 고려 사신이 오면 예측하지 못한 변고가 생길 수 있다고 하였다. 1163년 7월에 서덕영이 송의 국신을 고려에 전하였고, 그들이 다음 해 돌아가는 편에 고려는 내전숭반 조동희(趙冬曦) 등을 보내 유기와 동기(銅器) 등을 바쳤으며, 이들이 공식적으로 송에 가는 마지막 사절이었다.

한편 『송사』에는 경원(慶元) 연간(1195~1200)에 조칙을 내려 상인들이 동전을 가지고 고려에 들어가는 것을 금지시켰으며, 고려와의 관계를 단절하였다고 하였다. 그 이유는 고려의 사신이 왕래하면 명주·월주가 그들의 대접으로 시달리고, 조정에서는 객관에서 맞이하며 연회를 베풀고 그들에게 사여하는 비용이 너무 많이 들어갔기 때문이라고 하였다. 고려와 송의 사절 왕래가 중단된 것은 1160년대인데 경원 연간이라고 한 것은 정확한 기록이 아니다. 고려는 여러 차례 사신을 보내 외교를 하려는 뜻이 있었으나, 송의 입장에서 고려의 전략적인 가치가 거의 없어졌고, 고려가 존망의 순간에 송을 돕지 않은 실망감도 더해져서, 송이 고려의 외교 요청에 호응하지 않아 단절되기에 이른 것이다.

그 뒤 고려와 송 사이에는 국가 차원의 공식적인 외교 사절의 왕래가 없어졌다. 양국의 표류민 또는 포로의 송환과 같은 민사적인 일에 대해 사안이 있을 때마다 고려의 예빈성과 송의 명주 사이에 첩을 주고 받으며 해결하였고, 그것을 가능하게 해준 것이 서덕영과 같은 고려를 왕래하던 송상이었다.

2) 몽골의 등장과 고려·송의 관계

1224년에 금이 몽골의 공격을 받아 멸망할 상황에 이르자 고려는 금의 연호를 버리고 갑자 기년을 사용하기 시작하면서 고려와 송의 역법이 같아졌다. 1225년에는 최우가 문물의 제도를 중국(송)을 따르게 할 뿐 아니라, 대성(臺省)·정조(政曹)에 송의 내투자를 기용할 것을 건의하였다. 고려는 약 100년간의 금에 대한 사대관계에서 벗어나서 송의 문물과 인물을 적극적으로 받아들이고자 한 것이다. 그것이 가능했던 이유는 고려와 송의 외교가 단절된 이후에도 송상의 왕래가 지속되면서 송의 책력을 비롯한 선진문물을 전하였고, 고려가 송의 지식인들을 우대한다는 것을 알고서 송상의 배를 타고 내투가 이어졌던 까닭이다.

13세기 초 몽골이 건국하여 금을 멸망시킨 후, 이제 중국은 몽골과 송이 양립하는 형국이 되었다. 몽골의 공격을 받은 송은 멸망의 위기에 처하였지만, 고려의 덕분에 송이 비교적 오랜 기간 버틸 수 있었다. 몽골은 1231년부터 여러 차례 고려를 침공하여 국토와 백성을 유린하였음에도, 완전한 항복을 받지 못하고 침략과 퇴각을 반복하였다. 이것은 몽골군이 장강을 중심으로 대치하고 있던 송을 총공격하지 못하는 원인의 하나가 되었다.

실제로 1256년에 송의 연해제치대사·판경원부(沿海制置大使·判慶元府) 오잠(吳蠶)이 바다를 방어하는 글에서, 고려가 몽골의 바다를 통한 남송의 공격에 향도가 되거나 중국을 엿보는 일을 하지 않을 것이라고 하였다. 아울러 고려에는 송상이 정기적으로 왕래하고 있고, 고려에 투화하여 벼슬하는 자도 있으니, 고려의 사정을 잘 아는 자를 보내 정세를 파악할 것 등을 건의하기도 하였다.

1259년에 고려 태자와 몽골의 쿠빌라이 간에 극적인 강화가 이루어진 이후인 1260년대에 몽골이 고려에 대해 송과 내통하고 있다고 의심한 것도 양국의 연합이 몽골에 위협이 될 것임을 알았기 때문이다. 고려가 강화에서 개경으로 천도한 뒤, 삼별초의 반란이 일어나 강화·진도·제주로 이어진 항전을 1273년에 여몽연합군이 완전히 진압하고 서남해가 몽골의 영향하에 있게 된 뒤에 비로소 남송을 멸망시킬 수 있었다. 이러한 점에서 1128년에 고려가 송의 가도 요청을 거절하면서 금의 공격을 받아 고려가 없어지면 금의 수군이 서해를 통해 바로 송을 공격할 수 있는 것을 비유하여 '순망치한'이라고 표현한 것은 단순한 수사가 아니었음이 분명하다.

10. 고려의 실리외교와 평화 추구

이상에서 고려와 송의 외교를 일괄해 보았다. 대체로 고려가 송과의 외교를 통해 경제적·문화적 실리를 얻은 것은 분명하다. 송은 거란과 금의 배후에 있던 고려가 군사적·외교적으로 협력을 해주기를 기대하며 고려를 후대하였기 때문이다. 그러나 성종은 거란이 송과 고려의 외교관계를 단절하고자 고려를 침략할 계획을 차근차근 실천해 나가고 있었는데도 그것을 무시하고, 송으로부터의 외교적 이익을 얻는 데 전념하다가 마침내 거란의 침입을 받아 나라가 망할 지경에 이르기도 하였다.

이러한 역사적 경험으로 인해 고려 외교는 경제·문화적으로 뛰어난 송이 아니라 국경을 접하고 있는 군사적 강국인 거란이나 금을 우선시 하게 되었다. 고려에게 조공을 바치던 여진족이 정치적으로 성장하여 금을 건국하고 고려에게 형제관계와 사대관계를 요구하였을 때 명분을 따지지 않고 요구를 들어준 것이나, 금의 공격을 받은 송이 사신을 보내 집요하게 고려의 군사적 협조를 요구했을 때 단호하게 거절한 것도 동일한 외교적 맥락으로 이해된다.

고려는 금과의 외교관계가 악화될 경우 국가의 존망이 걸린 금과의 전쟁을 치러야 하지만, 송과 단교하면 선진문물의 도입에 영향이 있을 뿐이며 그나마 송상들과의 무역을 통해 피해를 최소화할 수 있었던 것이다. 게다가 책봉국인 거란과의 외교에 충실하면서 송에 사절을 보내 고려가 원하던 중국의 중요한 문화적 산품을 얻어냈던 대거란·송 이중외교의 성공을 참고한다면, 송·금의 정세가 급격하게 변화하지 않는 한 고려의 전통적인 방식을 재현할 수 있다고 믿었던 것인데, 금과 송의 세력 균형추가 무너지면서 고려에게 그러한 기회는 오지 않았다.

고려와 송과의 관계를 재조명해 보건대, 단지 송과 거란·금의 대립관계라는 고려에 유리한 국제환경으로 인해 고려의 위상이 높아지고 경제·문화적으로 이익을 얻었던 것과 더불어, 고려의 국왕들이 거란의 견제와 회유를 극복하면서 송과의 외교를 실행한 것에 주목해야 한다. 그런 점에서 고려가 처한 외교적 상황을 적절히 인식하고 명분보다는 현실을 중시하면서 평화를 지키고 국익을 실현하고자 했던 현종·문종·인종 등 역대 국왕과 지배층의 외교적 자세와 노력을 높이 평가해야 한다.

참고문헌

1. 저서

白南雲, 1937, 『朝鮮封建社會經濟史(上)』, 改造社.
金庠基, 1948, 『東方文化交流史論攷』, 乙酉文化社.
金庠基, 1961, 『新編 高麗時代史』, 東國文化社; 1985, 서울大出版部(재간행).
李丙燾, 1961, 『韓國史』(中世編), 震檀學會, 乙酉文化社.
全海宗, 1970, 『韓中關係史研究』, 一潮閣.
高麗大 民族文化研究所 編, 1972, 『韓國文化史大系 Ⅶ(增補·索引編)』.
金庠基, 1974, 『東方史論叢』, 서울大出版部.
全海宗, 1979, 『韓國과 中國―東洋史 論集―』, 知識産業社.
朴龍雲, 1985, 1987, 『高麗時代史(上, 下)』, 一志社.
張東翼, 2000, 『宋代麗史資料集錄』, 서울대출판부.
盧啓鉉, 1994, 『高麗外交史』, 甲寅出版社.
沈載錫, 2002, 『高麗國王 冊封 硏究』, 혜안.
金渭顯, 2004, 『高麗時代대 對外關係史 硏究』, 景仁文化社.
이정신, 2004, 『고려시대의 정치변동과 대외정책』, 景仁文化社.
申採植, 2008, 『宋代對外關係史硏究』, 한국학술정보(주).
장동익, 2009, 『高麗時代 對外關係史 綜合年表』, 동북아역사재단.
李鎭漢, 2011, 『高麗時代 宋商往來 硏究』, 景仁文化社.
許仁旭, 2012, 『高麗·契丹의 압록강 지역 영토분쟁 연구』, 高麗大 韓國史學
　　　科 博士學位論文.
이진한, 2014, 『고려시대 무역과 바다』, 경인문화사.
장동익, 2015, 『고려사 연구의 기초』, 경인문화사.
鄭東勳, 2016, 『高麗時代 外交文書 硏究』, 서울대 국사학과 박사학위논문.
이미지, 2018, 『태평한 변방―고려의 대거란 외교와 그 소산』, 경인문화사.

森克己, 1975,『日宋貿易の研究』, 國書刊行會.
森克己, 1975,『續日宋貿易の研究』, 國書刊行會.
日野開三郎, 1984,『日野開三郎 東洋史學論集(9)—北東アジア國際交流史の研究(上)―』, 三一書房.
楊渭生, 1997,『宋麗關係史研究』, 杭州大學出版社.
Peter Yun, 1998,『Rethinking the Tribute System : Korean States and Northeast Asian Interstate Relations』, 600-1600, Ph.D. diss., UCLA.
姜吉仲, 2004,『高麗與宋金外交經貿關係史論』, 文津出版.
魏志江, 2006,『中韓關係史研究』, 中山大學出版社.
豊島悠果, 2017,『高麗王朝の儀禮と中國』, 汲古書院.

2. 논문

姜大良, 1948, 「高麗初期의 對契丹關係」, 『史海』 1.
李龍範, 1974, 「10~12세기 國際情勢」, 『한국사』 4, 국사편찬위원회.
全海宗, 1974 「對宋外交의 性格」, 『한국사』 4, 국사편찬위원회.
全海宗, 1977, 「高麗와 宋의 關係」, 『東洋學』 7.
金渭顯, 1978, 「麗宋關係와 그 航路考」, 『關大論文集』 6; 1985, 『遼金史硏究』, 裕豊出版社.
黃寬重, 1986, 「高麗與金·宋的關係」, 『아시아문화』 창간호, 한림대.
全海宗, 1989, 「高麗와 宋과의 交流」, 『國史館論叢』 8.
姜吉仲, 1990, 「南宋과 高麗의 政治外交와 貿易關係에 대한 考察」, 『慶熙史學』 16·17합.
羅鐘宇, 1995, 「5대 및 송과의 관계」, 『한국사』 15, 국사편찬위원회.
朴龍雲, 1995, 1996, 「高麗·宋 交聘의 목적과 使節에 대한 考察」, 『韓國學報』 81, 82; 2002, 『高麗 社會의 여러 歷史像』, 신서원.
朴漢男, 1995, 「10~12세기 동아시아 정세」, 『한국사』 15, 국사편찬위원회.
鄭修芽, 1995, 「高麗中期 對宋外交의 再開와 그 意義—北宋 改革政治의 수용을 중심으로―」, 『國史館論叢』 61.
黃時鑒, 1997, 「宋-高麗-蒙古關係史에 관한 일고찰—「收刺麗國送還人」에

대하여―」,『東方學志』95.
閔賢九, 1998,「高麗前期의 對外關係와 國防政策: 文宗代를 中心으로」,『亞
　　　細亞研究』99.
박종기, 1998,「11세기 고려의 대외관계와 정국운영론의 추이」,『역사와 현실』30.
盧明鎬, 1999,「高麗時代 多元的 天下觀과 海東天子」,『韓國史研究』105.
김성규, 2000,「高麗 前期의 麗宋關係―宋朝 賓禮를 중심으로 본 高麗의 國
　　　際地位 試論―」,『國史館論叢』92.
안병우, 2002,「고려와 송의 상호인식과 교섭; 11세기 후반~12세기 전반」,『역사
　　　와 현실』43.
李錫炫, 2005,「宋 高麗의 外交交涉과 認識, 對應―北宋末 南宋初를 중심으
　　　로―」,『中國史研究』39.
Peter Yun, 2005,「몽골 이전 동아시아의 다원적 국제관계」,『만주연구』3.
채웅석, 2006,「11세기 후반~12세기 전반 동북아시아 국제정세와 고려」,『전쟁과
　　　동북아의 국제질서』(역사학회 엮음), 일조각.
백승호, 2008,「高麗와 宋의 朝貢-回賜貿易」,『海洋文化研究』1.
김순자, 2012,「고려중기 국제질서의 변화와 고려-여진 전쟁」,『한국중세사연구』32.
黃純艷, 2012,「南宋과 金의 朝貢體系 속의 高麗」,『震檀學報』114.
김갑동, 2013,「동아시아 정치변동과 고려의 대외 정책」,『한국해양사 Ⅲ(고려시
　　　대)』(한국해양재단 편).
김보광, 2016,「12세기 초 송의 책봉 제의와 고려의 대응」,『東國史學』60.
한정수, 2017,「10~12세기 초 국제 질서와 고려의 연호 기년」,『한국중세사연구』49.
이승민, 2017,「고려 국상에 대한 거란·금·송의 조문사행 양상과 다층적 국제관
　　　계」,『한국중세사연구』48.

丸龜金作, 1960, 1961,「高麗と宋との通交問題(一), (二)」,『朝鮮學報』17, 18.
奧村周司,「高麗の外交姿勢と國家意識」,『歷史學研究』別冊, 1982.

제5장
금과의 외교

한정수

1. 여진의 부모 나라[父母之邦], 고려
2. 전사(前史)로서의 여진 인식과 금과의 외교관계 성립
3. 보주 회복 협정과 여진족 쇄환 문제
4. 명종 옹립에 따른 외교 갈등과 한 외교관의 활약
5. 대금 외교 전개 상의 특징
6. 자주와 사대 속 실리외교

1. 여진의 부모 나라[父母之邦], 고려

1126년(인종 4) 3월 신묘일(25), 고려의 역사에서 손에 꼽을 결정이 이루어졌다. 금에 대하여 사대(事大)할 것인가의 가부(可否)에 대한 논의가 백관회의의 논제로 올랐다. 백관회의에 참석한 이들 대부분이 반대했지만 이자겸과 척준경은 요와 북송을 멸한 금에 대해 '이소사대(以小事大)'하는 것이 선왕의 도라는 명분을 들어 찬성을 주도하였다. 최종적으로는 을미일(29)에 태묘에서의 가부 점[筮]으로 결정되기에 이르렀다.

"저들 여진이 스스로 존호(尊號)를 칭하면서 남으로 송나라를 침략하고 북으로 요나라를 멸하여 이미 많은 이들을 백성으로 삼았고 개척한 영토 또한 넓습니다. 돌아보건대 우리나라와 저들은 국경을 맞대고 있습니다. 사신을 보내어 강화할 것인지, 혹은 양병(養兵)하면서 변란에 대비할 것인지 대서(大筮)의 결과를 살피고자 하오니 신령께서는 이를 결정해 주소서."
_ 『고려사』 권15, 인종 4년 3월 을미.

금과의 사대외교 성립에 있어 결정적이었던 이 장면에는 단지 요에 대한 사대가 금에 대한 사대로 바뀌었다는 의미만 있는 것이 아니었다. 그동안 고려가 가졌던 여진에 대한 인식을 바꾸어야 했다. 고려는 본래 여진에 대해 인면수심이라 보았고 교화의 대상으로조차 보지 않으려 하였다. 기미주체제를 운영하면서도 번(蕃)의 하나로 보았을 뿐 고려의 내지로 인정하지 않았다. 더구나 숙종 및 예종 초 이루어진 여진 정벌의 성과조차도 이를 계기로 뒤엎어야만 했다. 따라서 고려 내에서는 사대 결정에 따른 저항이 여러 형태로 표출될 수 있는 여지가 있었던 것이다. 실제로 이 내용은 묘청 등이 1135년 금국 정벌론을 꺼낸 데서 상징적으로 드러나기도 하였다.

1126년 금에 대한 사대가 결정되었지만 양국의 관계는 조심스럽게 전개되었다. 예컨대 사대 결정 이후에도 고려국왕에 대한 책봉은 곧바로 이루어지지 않았고, 고려에서 금에 보내는 표전문은 내용과 형식에 있어 입장 차이가 있었으며, 금이 정한 연호 사용 역시도 마찬가지였다. 더구나 가장 첨예한 이해 대립으로서는 보주 즉 의주 문제가 있었다. 여기에 여진이 고려를 부모의 나라로 섬기던 때 고려에 귀부한 여진족에 대한 환부 문제는 금에서 가장 관심을 기울인 사안이었다.

고려와 금의 외교는 금의 강성함에 놀란 고려의 형세론적 사대 결정, 고려의 보주 영토 확인, 금의 고려에 대한 상대적 우호 입장 등으로 거란과의 때처럼 전쟁을 거치지 않고 쉽사리 맺어진 면이 있다. 하지만 양국 간의 역사적 갈등과 화해, 충돌, 이해관계의 상충이 있었던 만큼 이에 대한 해결이 전제되어야 했다.

2. 전사(前史)로서의 여진 인식과 금과의 외교관계 성립

1) 고려=종(宗), 여진=번(藩) 체제의 성립

　금과의 정식 사대관계 결정은 손쉽게 이루어졌지만 양국 관계의 정상화는 그렇지 않았다. 여기에는 분명한 이유가 있었다. 여진에 대한 인식의 시작은 태조대부터 확인된다. 태조는 여진을 북번(北蕃)이라 일컬으면서 이들을 금수에 가깝다 보았다. 북번인은 인면수심(人面獸心)이어서 배를 채우고 이익만을 추구하는 자들이므로 성 밖에 객관을 운영하여 응대하라 규정한 것이다.

　그러나 후대에 이들이 점차 부족을 이루고 고려에 대한 귀부를 원하자 이들의 수용을 결정하였는데, 이는 변경 안정과 영토 확장, 호구 증가라는 여러 가지 면에서 장점이 있어서였다. 이어서는 이들의 부락단위 거주지 등을 귀순주(歸順州) 즉 기미주(羈縻州)로 구분하였다. 행정 명칭과 함께 우두머리에게는 성명을 내리고 장군직과 작위를 주는 한편 지방행정이 이루어짐을 상징하는 주기(朱記)를 주었다.

　1073년(문종 27) 2월 동여진인들이 요청한 군현 편성 요청 및 그에 따른 조처 내용을 정리하면 다음과 같다.

〈표 1〉 문종 27년 2월 을미일 동여진 기미주인들의 군현 편성 요청과 그에 따른 조치

군현명	변경 전	변경 후
歸順州	都領大常 古刀化	孫保塞 懷化大將軍
	副都領 古舍	文格民 大常
益昌州	都領歸德將軍 高舍	張誓忠 懷化大將軍
	都領 黔夫	康績 大常
氈城州	都領奉國將軍 耶好	邊最 奉國大將軍
	歸德將軍 吳沙弗	魏蕃 懷化將軍
恭州	都領奉國將軍 多老	劉咸賓 奉國大將軍
	番長 巴訶弗	盧守 大常
恩服州	都領元甫 阿忽	揚東茂 授歸德將軍
	都領 那居首	張帶垣 大常
溫州	都領 三彬	韓方鎭 大常
	(都領) 阿老大	高從化 大常
誠州	都領 尼多	趙長衛 大常

기미주의 명칭이나 이들 우두머리 등이 받은 지위와 이름을 보면 공통점이 있다. 먼저 군현 명에 귀부와 충성, 은혜 등의 의미로 귀(歸)·순(順)·익(益)·창(昌)·은(恩)·복(服)·공(恭)·온(溫)·성(誠) 등이 쓰였다. 다음으로 우두머리인 도령들은 봉국(奉國)·귀덕(歸德)·회화(懷化) 등의 지위를 받았으며, 성과 이름에는 손보새(孫保塞)처럼 고려의 변방을 진수하겠다는 것과 교화를 따르겠다는 의미 등이 반영되었다.

이처럼 동북변 15주 외번인의 귀부가 이루어진 후 같은 해 9월에는 동여진 대란(大蘭) 등 11개 촌도 와서 고려의 군현이 되고자 하였다. 이에 문종은 11개 촌을 각기 빈(濱)·리(利)·복(福)·항(恒)·서(舒)·습(濕)·민(閩)·대(戴)·경(敬)·부(付)·완(宛) 등 11개 주로 삼고 각각 주기(朱記)를 내려주어 귀순주(歸順州)에 예속케 하였다. 고려를 종주국으로 하는 동번과 서번 등 체제의 성립이었다.

2) 여진 정벌과 9성 개척

기미주 체제는 12세기 초두로 들어가면서 흔들렸다. 북만주 송화강 지류에서 완안부(完顔部)가 세력을 형성하고 추장 우구나이(烏古, 活羅)의 아들 영가(盈歌)가 주변 여진을 정벌하기 시작해서였다. 영가의 조카 우야소(烏雅束)는 장성(長城)의 한 축인 정평(定平) 부근 여진부락까지도 복속시키려 하였고, 이는 고려와의 충돌을 의미하였다. 이를 진압하기 위해 시도된 것이 1104년(숙종 9) 윤관과 임간에 의해 이루어진 1차 정벌이었다. 그러나 결과는 고려군의 정벌 실패였고 이는 완안부의 영향력 강화에 따른 장성 부근 여진부락의 예속을 뜻하였다. 당연하게도 이는 고려에 큰 부담으로 떠올랐다.

윤관이 패배한 직후 숙종은 천지신명에게 '만약 도움을 내려 적지를 소탕하게 해준다면 그 땅에 불우(佛宇)를 지어 바치겠다'고 빌었다. 그만큼 숙원으로 삼았음을 알 수 있는데, 숙종과 윤관 등은 정벌 실패 요인을 살폈고 그 해결책을 모색하였다. 실패 요인 중에는 오랫동안 국경에서의 대규모 군사 활동이 없어 군기가 흐트러져 정예화되지 않았다는 점, 지형파악 노력과 대응에 적절한 군제 개편이 없었다는 점 등이 떠올랐다. 윤관은 실패 원인을 '적은 기병이고 우리는 보병'이었기 때문이라 지적하고, 별무반(別武班) 편성을 건의하였다. 이에 별무반에 신기군(神騎軍)·신보군(神步軍)·도탕군(跳蕩軍)·경궁군(梗弓軍)·정노군(精弩軍)·발화군(發火軍)·항마군(降魔軍) 등을 소속시키고 훈련을 진행하였다.

마침내 1107년(예종 2)에 2차 정벌을 벌였는데, 윤관을 원수로, 오연총을 부원수로 하여 17만 병력을 동원하였다. 이듬해에 의주(宜州)·통태진(通泰鎭)·평융진(平戎鎭) 및 함주(咸州)·영주(英州)·웅주(雄州)·길주(吉州)·복주(福州)·공험진(公嶮鎭) 등 북계(北界)에 9성을 쌓기에 이르렀다.

3) 9성의 환부와 '부모지방(父母之邦)'

그러나 고려는 곧 큰 문제에 봉착하였다. 수비의 어려움, 개척지의 광활함, 왕래자들의 피해와 노략질, 기근과 역병 창궐 등에 시달렸다. 더구나 여진은 간헐적인 공격과 함께 간절히 9성 환부를 요구하였다. 결국 고려 조정은 9성을 되돌려주길 결정하였다. 당시 여진 동번 사자 요불(褭弗)과 사현(史顯) 등이 예종에게 반환을 간청하면서 여진의 뿌리가 고려에 있다 하였다. 나아가 고려에 대한 영원한 충성 맹서를 약속하였다.

> "옛날 우리 태사(太師)인 영가(盈歌)가 일찍이, '우리 조종은 대방(大邦, 고려)으로부터 나와 자손에 이르기까지 귀부하는 것이 의리에 맞는 일'이라고 말한 바 있습니다. 현재 태사를 맡고 있는 우야소(烏雅束)도 역시 고려를 부모의 나라로 삼고 있습니다. … 만약 9성을 되돌려주어 안정된 생업을 누릴 수 있게 해주신다면, 하늘에 맹세코 자손대대로 조공을 정성껏 바칠 것이며, 감히 기와 조각 하나라도 귀국의 영토에 던지지 않겠나이다."
> _『고려사』 권13, 예종 4년 6월 경자.

앞서 9성 수비와 운영의 어려움이 있는 데다가 여진 측에서의 9성 환부에 대한 요구 및 고려에 대한 충성 맹서 등이 있자 예종은 1109년에 신료들을 선정전에 소집하여 9성 반환 가부를 물었다. 여진이 강성해지는 가운데서 숙종의 숙원 사업이었지만 고려 군민의 희생 등이 뒤따르는 9성의 관할이 현실적으로 어려움을 인정한 것이었다. 그리고 선정전 남문에서 요불 등을 불러 반환 결정을 알렸다.

여진은 고려에 대해 감읍하여 절을 올렸지만 당시 변경에 있던 행영병마별감(行營兵馬別監) 승선 최홍정(崔弘正)과 병마사(兵馬使) 이부상서(吏部尙書) 문관(文冠)은 여진으로부터 확약을 받고자 하였다. 이들은 여진 추장 거위이(居慰伊) 등에게 하늘에 맹서를 다시 올리도록 하였고, 거위이 등은 함주

(咸州) 성문 밖에 제단을 차려놓고는 이를 행하였다.

"지금 이후 자손대대로(九父之世) 악한 마음을 먹지 않고 해마다 조공을 바칠 것이니 만약 이 맹세를 어기면 번토(藩土)는 멸망할 것입니다."
_『고려사』 권13, 예종 4년 7월 신유.

이는 여진이 악심을 품지 않으며 매년 조공을 바칠 것을 하늘에 맹서한 것이었다. 최홍정과 문관의 이 조치는 고려가 여진에게 비록 9성 환부를 하지만 고려와 여진의 관계는 앞으로도 종주국과 번의 관계에 있다는 확인이었다.

4) 금의 성립과 고려의 국신관계(國信關係)

그로부터 5년이 지난 1114년 10월 요나라에서는 고려에 사신을 보내, 급박한 자신들의 국내 정세를 알려왔다. 생여진 완안부 아구타가 반란을 일으켰기에 그에 대한 정벌이 필요하며, 고려도 이들에 대한 방비에 만전을 기하라고 한 것이다. 그 직후인 1115년 정월의 기록을 보면, 이미 아구타는 막강한 군세를 바탕으로 스스로 황제를 칭하고 하늘을 뜻하는 '민(旻)'으로 이름을 고쳤으며, 국호를 '금(金)'이라 하였다. 강성해지는 여진을 정벌하기 위해 요나라에서는 고려에 지원군 파병을 요청하였지만 고려는 논의만 무성했을 뿐 결론을 내리지 않고 있었다.

그러던 차에 1116년 4월 금주(金主) 아구타는 사신 아지(阿只)를 보내 고려와의 관계를 모색하였다. 아마도 금의 흥성함과 거란의 패망 과정을 알리고자 하였던 듯하다. 같은 달 고려는 마침내 요의 정삭(正朔)을 행하지 않기로 결정하고 공사 모든 문서에서 요의 천경(天慶) 연호를 삭제한 뒤 갑자(甲子) 기년(紀年)을 사용하기 시작하였다.

고려가 금에 대해 우려하면서도 거란을 돕지 않고 금을 가까이하기 시작한 데에는 크게 보면, 금의 강성함과 함께 거란이 점령하고 있던 내원성과 포주(抱州)의 회복을 노린 것이었다. 이것이 1117년 3월의 일이었다. 이로써 고려는 포주를 의주방어사(義州防禦使)로 고치고 압록강을 국경으로 삼아 관방 설치를 꾀하였다. 백관은 영토 회복을 하례하는 표문을 올렸다.

그렇지만 같은 달 금주 아구타는 고려에 사신을 보내 고려와 금의 관계를 새로 정하고자 하였다. 당시 그는 좋은 말 한 필과 함께 서신에서 다음과 같이 언급하였다.

> "형인 대여진(大女眞) 금국 황제는 아우인 고려국왕에게 편지를 보내오. 우리는 선조 때부터 한 모퉁이에 있으면서 거란을 대국으로, 고려를 부모의 나라로 삼아 근신하며 섬겨왔소. 그런데도 거란이 무도하게 우리의 강역을 유린하고 우리의 백성을 노예로 삼았으며, 아무 명분도 없이 자주 군사를 일켜 왔소. 우리는 부득이 그들에 대항했고 하늘의 보살핌으로 그들을 섬멸시킬 수 있었소. 왕은 우리와의 화친을 허락하고 형제의 관계를 맺어 대대로 끝없는 우호관계를 이루기를 바라오."
> _ 『고려사』 권14, 예종 12년 3월 계축.

그렇지만 대여진금국황제가 아우인 고려국왕에게 보내는 상하관계의 이 문서를 이승휴가 쓴 『제왕운기』와 비교하면 사뭇 다르다. 즉 『제왕운기』에서는 형제관계를 맺은 두 나라와 관련한 기사를 쓰면서 세주로 다음과 같이 표현하고 있음이 확인된다.

> "일찍이 식목집사가 되어 도감의 문서를 열람하였는데, 우연히 금국의 조서 2통을 얻었다. 그 서(序)에 이르길, '대금국황제가 고려황제(高麗皇帝)에게 글을 부친다. 운운'이라 하였으니 이것이 형제관계를 맺은 증거이다."
> _ 『제왕운기』 권上.

비록 고려를 부모의 나라로 여겨 섬겨왔지만 하늘의 도움으로 강성해져 거란을 멸하게 되었으므로 고려와 이제는 화친과 함께 형제관계를 맺자고 제의한 것이다. 형제관계를 맺자면서『고려사』에 쓰였듯이 황제와 국왕의 관계로 설정하였다면 그것은 군신상하관계로서 고려는 이를 수용하기 어려웠을 것이다. 따라서 이는 양국 관계 초기의 경우『제왕운기』의 기록을 신뢰할 필요가 있다.

그렇지만 이때 고려는 금과의 관계에 대해 명확히 설정하지 않았다. 당시 대신들은 금의 사신을 참수하자 할 정도였다. 단지 김부의(金富儀)가 한나라가 흉노에 대해, 당나라가 돌궐에 대해 서로 칭신하고 공주를 시집보내 화친하였음을 예로 들어 권도(權道)로써 사대하는 것이 가능하다 상소하였다. 하지만 재신들이 비웃으며 반대하자 예종은 금에 대해서도 김부의의 상소에 대해서도 답하지 않았다.

때문에 금의 제의에 대해 고려는 다만 신뢰를 주고받는 관계인 국신관계(國信關係)로 보고자 했던 듯하다. 그러나 반대로 금은 1119년 2월 요동 일대 정벌을 알리면서 '고려국왕에게'라 칭하였다. 같은 해 8월 고려가 금에 보낸 글에 '하물며 금의 근원이 우리 땅에서 시작되었음에랴'라는 구절이 있자 이를 평계로 금은 고려의 서장(書狀)을 받기를 거절하였다. 이는 금이 형제 화친 관계를 넘어 군신관계로 고려를 격하시켰음을 보여주는 것이었다. 1125년 5월에 있던 금 사행을 보면 이를 확인할 수 있다. 즉, 사재소경 진숙 등을 보냈는데 금에서는 국서가 표문이 아니라는 것[非表], 또 신하를 칭하지 않았다 하여 받지 않았던 것이다.

5) 칭신사대의 결정과 보주(保州) 획득

이 같은 상황 속에서 1126년 3월 인종은 나라에 많은 일이 있었다 하여 시행해야 할 과거도 중지하고 백관을 불러 모아 금에 대한 사대 관련 가부 회의를 열기에 이르렀다. 요와 송을 멸한 금에 대해 형세가 부득이

하니 사대해야 한다는 이자겸과 척준경의 주장으로 중지가 모아졌고, 결국 사대가 결정되었다. 이후 4월에는 정응문과 이후를 금에 보내 신하를 칭하고 표를 올림으로써[稱臣上表] 양국 간의 사대관계가 정식으로 이루어졌다.

칭신사대할 경우에는 여러 가지가 갖춰져야 했다. 책봉, 정삭 반포, 표전문서 양식, 정기 조공 등이 이에 해당하였다. 특이하게도 고려의 금에 대한 사대 결정 이후 위의 요소 등은 일시적으로 이루어지지 않았다. 일차적으로 금은 고려에 선유사(宣諭使)를 보내 사신 왕래는 요나라 때와의 전례를 따를 것이며, 다음으로는 고려에 들어와 있는 여진인들을 돌려보낼 것을 알려왔다. 그리고 이것이 이루어지면 보주를 사여한다 하였다.

고려는 금 측의 이 같은 선유를 바탕으로 양국 관계의 시작을 꾀하였지만 남송과의 관계, 고려 내 여진인 환부 문제 등이 있어 그 시기는 늦춰졌다. 여기에 선유사를 보내준 데 대한 사의를 표하기 위해 보냈던 사신 김자류의 수행원이 금나라 사람과 시비가 생겨 상처를 입히는 사건이 발생하여 양국 관계에 차질이 생겼다. 더구나 고려는 여진에 대해 여전히 북번일 뿐이며, 정벌의 대상이라는 이해를 갖고 있었다. 이러한 가운데 송과의 연합을 통해, 혹은 군사력 증강을 통해 금국을 정벌해야 한다는 주장이 지속되었다. 서경세력으로 지칭되는 묘청 등의 정치적 주장인 서경천도와 금국 정벌, 칭제건원 등이 이에 해당하였고, 결국 고려 내부의 정치적 혼란으로 이어져 양국 관계의 정상화는 늦춰질 수밖에 없었다.

물론 고려 측에서는 금에 대해 정기 사행으로 1127년 9월부터 천청절(天淸節) 등 황제의 절일 축하를 시작했고, 1129년 11월부터는 신년 하례 사신을 보냈다. 같은 달에는 다시금 사신 노령거를 보내 군신의 의리를 다하고 제후의 직책에 충실할 것, 이를 어기면 죽음을 맞겠다는 맹서문을 보내 양국 관계의 위상을 다시금 확인하였다.

고려와 금의 본격적인 외교의 시작은 정삭 반포와 책봉이 이루어지는 때였다. 관련 내용을 보면, 금은 1141년 정월 황통(皇統) 연호로의 개원을 알려왔고, 고려는 이듬해인 1142년 7월 황통 연호를 처음 시행하면서 유사(有司)로 하여금 태묘와 12릉에 고하게 하였다. 고려국왕에 대한 책봉은 1142년 5월에 이루어졌는데, 요 때 남교에서 받던 관례와는 달리 선경전(宣慶殿)에서 행해졌다. 이때 금에서는 구류관과 구장복을 보내고 고려국왕으로 책봉한 후 개부의동삼사 상주국으로 지위를 올렸다.

금은 고려에 대해 건국 전에는 부모의 나라로 섬겼지만 국력이 강성해지고 칭제건원과 금 국호를 정하면서 양국 관계를 바꾸고자 하였다. 고려는 내원성과 포주를 회복하고 이에 대한 금의 이해가 있자 형제 화친 관계를 맺는데 완전히는 아니더라도 형제관계를 수용한 면이 있었다. 이후 요의 멸망이 있고 정강의 변으로 북송의 쇠망이 다다르자 금은 고려에 군신 사대관계를 요구했고 고려는 마침내 형세론에 따라 금에 대한 사대를 결정하였다. 황제의 생일 축하인 하절(賀節)과 금의 황통 연호 수용, 인종에 대한 고려국왕 책봉이 잇따라 이루어지면서 비로소 양국 외교는 정상화될 수 있었다. 여기에는 복잡한 국제정세 변화도 있었지만 고려의 영토회복 노력, 여진에 대한 고려의 인식과 금국 정벌론 등이 복합되었었기에 고려·금의 외교는 안정을 찾는데 어려움이 있을 수밖에 없었다.

3. 보주 회복 협정과 여진족 쇄환 문제

1) 옛 땅 보주의 회복

고려는 사대관계에 있었던 거란의 여진 정벌을 위한 군사지원 요청에도 불구하고 적극 나서지 않았다. 그 배경에는 금의 강성함도 있었지만 고려가 거란에 빼앗긴 보주 지역의 회복을 꾀하고자 한 것이 실질적 이유였다. 고려의 보주 회복은 뜻하지 않았던 국제정세의 변화 즉 금의 등장으로 그 오랜 숙원이 이루어질 수 있었다.

그 계기는 1115년 9월 금 태조가 가고살갈(加古撒喝)에게 보주 공격을 명하면서였다. 당시 금 태조는 거란의 황룡부(黃龍府)를 점령하고 거란의 공격에 대비하는 상태에서 직접 보주 공격과 적극 지원에 나설 수 없었다. 때문에 가고살갈에게 "만일 보주를 함락하지 못한다면 다만 변경만이라도 지킬 것"을 명할 따름이었다. 그러던 중 가고살갈은 11월에 압록강 서쪽 개주(開州)를 점령하여 압록강 동안에 위치한 보주를 고립시키는 데 성공하였다. 여기에 금 태조는 11월 거란군을 격파하면서 가고살갈에게 갑사 1천여 명을 지원하였다. 보주는 거란 동경과의 연락로가 끊긴 데다가 1116년 정월, 거란 동경에서 일어난 고영창(高永昌)의 반란으로 퇴로조차도 찾기 어렵게 되었다. 금의 보주 점령은 현실화되고 있었다.

이 무렵 고려는 거란 경내로 사신과 사람을 보내 압록강 보주로부터 동경에 이르기까지 지역의 상황 변화를 정탐하고 있었다. 그리고 1116년 3월 금의 공격을 받고 있는 내원(來遠)·파주(把州) 두 성에 쌀 1천 석을 지원하려 했다. 다만 이때는 내원통군이 거절하고 받지 않았으며, 8월에 이르러 두 성이 거의 함락될 지경이 되자 통군 야율녕은 도주하려 하였다. 바로 이 3월과 8월 사이 고려는 두 성이 속한 보주를 놓고 거란 통군과도 금 태조와도 협상을 꾀하였다. 먼저 내원통군에게 예종은 추밀원지주사 한교여를 보내 초유(招諭)하였고, 비슷한 시기에 금에 사신을 보내 "포주(抱州)

는 우리 고려의 구지(舊地)이니 돌려받기 원한다"라 하였던 것이다. 금 태조는 이에 대해 사신에게 '직접 취할 것'을 언급하였다.

당시 통군 야율녕은 이러한 위기 국면에서 사안의 중요성에도 불구하고 모호한 태도를 취하였다. 함락 직전이라는 급박한 상황에 이르러서야 야율녕은 고려의 영덕성(寧德城)에 첩을 보내 관할지역 인계를 언급하였다.

> "여진이 반란을 일으킨 데다 동경(東京)의 발해(渤海)인들까지 연이어 배반하는 바람에 도로가 막혔으며, 통군부(統軍部) 내의 곡식을 채 수확하지 못해 쌀값이 급등하여 백성들이 곤궁한 형편에 처하게 되었습니다. 우리가 고려국의 인근에 위치한 관계로 진작 식량을 차용하는 일을 추진했으나 시행되지 못했기 때문에 우리 관내 백성들이 양식을 얻기 위해 후방지역으로 달아나 버렸으니 이는 나중 우리가 돌아와서 서로 좋게 해결할 일입니다. 이제 고을 백성들과 관할지역을 인계하고 가니 이를 인수한 뒤에는 우리 황제의 조칙에 따라 시행하기 바랍니다."
> _『고려사』 권14, 예종 12년 3월 신묘.

거란으로서는 금의 공격으로 함락이 가까워졌다는 위기감, 그러면서도 동경에서의 반란 등으로 인한 도로 두절, 통군부 내 식량부족 사태, 고려에서의 식량 차용 실패 등이 종합되면서 결국 내원성과 포주성을 고려에 교부할 수밖에 없었다. 이 같은 상황은 공교롭게도 금 태조가 고려로 하여금 스스로 취할 것을 언급한 것과 완전히 일치하지는 않더라도 결과적으로는 내원성과 포주성을 취하게 되었음을 의미하였다. 하지만 실제로는 두 성 모두가 고려에 귀속된 것이 아니었다. 내원성은 금에 귀속되었고, 포주성만이 고려에 접수되었던 것이다. 사료에 보이듯이 고려는 포주를 의주방어사로 고치고 압록강을 경계로 관방을 설치하는 데 성공할 수 있었다.

이에 대해 조정의 백관은 예종에게 두 성을 되찾은 것에 대한 하표를 올렸다. 그 내용은 요나라의 침탈로 빼앗겼던 압록강 유역 구허(舊墟)를 요와 금 간의 전쟁 중 거란 통군의 결정으로 이를 되찾게 된 것은 하늘의 계시[天啓]에 해당한다 표현할 정도였다. 100년간 해결되지 못했던 영토의 회복이 이루어진 데 대한 축하였다.

2) 고려의 보주 점령에 대한 금의 인정 배경

그렇지만 이 같은 고려 조정 내의 분위기와는 달리 금 측에서는 다른 입장을 갖고 있었다. 그 내용은 보주 지역의 완전한 귀속이 큰 난항에 부딪칠 수 있음을 예고하는 것이었다. 즉, 금 측에서는 고려가 사신으로서 여진인 포마(蒲馬)를 보내 보주를 청하자 "보주가 고려의 변경에 가까워 직접 취하라 하였는데 지금 도리어 우리 군대를 수고롭게 하여 적을 깨뜨리고 성을 함락했다. 포마는 단지 이에 대해 입으로만 말할 뿐이니 표로 청하길 기다려 별도로 의논하겠다"라 한 것이다. 고려 스스로의 힘으로 취했다기보다는 금의 공략에 의한 것이었으므로 본래 약속한 취지와 다르다는 주장이었다.

그렇다고 하더라도 고려가 이미 점령한 보주에 대해 금이 무효를 선언할 수는 없었다. 거란에 대한 전면공격을 앞두고 있는 시점인 데다가 고려와의 충돌을 피하고자 하는 면도 있기 때문이었다. 사실 고려는 그동안 숙종 9년 및 예종 2년 여진 정벌 및 충돌을 겪으면서 여진의 군사력과 그 전술 등에 대해 잘 알고 있었고, 금으로서는 그만큼 고려의 군사력을 무시할 수 없었다. 동시에 고려가 요와 군사동맹을 맺을 위험성, 요를 치기 위해 금이 송과 맹약을 맺는 데 대한 고려의 적극적인 위험성 개진 등이 있었기 때문이었다. 이러한 문제 등을 해결하는 데 있어 금은 고려의 보주 점령을 잠정 인정함으로써 보다 큰 실리를 얻는 데 성공하였다. 실제로 금은 송과 1118년 해상지맹(海上之盟)을 체결하고 거란 협공을 시작하였다.

금은 고려에 대해 강압적인 면을 드러내면서도 신중한 입장을 가졌고, 자극하지 않으려 하였다. 예컨대 1117년 고려를 '부모지방(父母之邦)'이라 일컫고 형제관계로서 형을 칭하였지만 1119년 고려에 보낸 국서에서는 "고려국왕에게 조유(詔諭)하노라"라 하면서 "짐(朕)이 군대를 일으켜 요를 치는데"라 표현하였다. 그러면서도 같은 해 12월 고려가 장성(長城)을 증축한 것이나 1124년 5월 고려의 국경에 들어와 해구와 해동청을 잡던 금의 갈라로(曷懶路)의 여진인을 죽이고 무기를 빼앗는 등의 일이 있었어도 태조와 태종이 모두 군사적 마찰을 피할 것을 언급한 것은 이를 말해준다.

그렇지만 1125년 요나라 천조제가 금군에게 생포되고 금군이 송의 동경 개봉부를 공략하는 데 성공한데다가(1126), 송의 휘종과 흠종 두 황제까지도 인질로 삼게 되자(1127, 정강의 변) 금은 명실상부하게 대국이 되었다. 이러한 상황 속에서 고려 역시도 1126년 4월 금에 대한 칭신상표를 행하기에 이르렀다. 금 태종은 이 같은 자신감을 바탕으로 선유사 고백숙과 오지충을 보내 1126년 9월 고려에 대해 적극적으로 영토문제와 고려에 입국해 있는 여진인 문제를 연동시켜 해결을 요구하였다.

> "고려가 사신을 보내는 격식은 옛날 요나라 당시의 전례를 따를 것이며, 보주로(保州路)와 변방의 우리 백성 가운데 현재 고려에 들어가 있는 자는 모두 돌려보내도록 설득하라. 고려가 우리의 말을 모두 수용하면 보주(保州, 지금의 평안북도 의주군)의 땅을 선물로 주도록 하라."
> _ 『고려사』 권15, 인종 4년 9월.

이를 보면 보주 영토 획정에 대한 전제로 보주로 및 변방 여진인으로서 고려에 있는 자를 모두 돌려보낼 것을 요구하였음이 확인된다. 이로써 고려와 금 간의 당면 현안으로 보주 영토 획정, 금의 백성 쇄환, 그리고 칭신사대 문제가 얽히게 된 것이다.

이에 대해 고려는 같은 해 12월 계유(12)에 사선유사(謝宣諭使) 김자류를 통해 '보주를 수복하지 않겠다는 데 대해 사례하는 표[謝不收復保州表]'를 보내 해명하였다. 내용은 예종대에 보주가 본래 고려 땅이므로 고려가 취하는 것이 맞다는 것을 다시 확인하는 한편, 금에 여진인을 돌려보내는 일은 이미 그들이 오랜 세월이 지나 거의 죽었음을 밝힌 것이었다. 그런데 이듬해 3월 귀국한 김자류 편에 보낸 회조(回詔)는 고려가 보낸 답변에 대해 반박하는 내용이 들어 있었다. 여기서 가장 중요한 것은 충성을 맹세하는 서표(誓表)를 올리라는 요구였다. 보주에 대한 고려 영토의 확인이나 여진인 쇄환의 문제는 부차적인 것으로 여겨진 면이 있었다. 다만 이때 사신으로 갔던 김자류의 수행원이 금나라 사람과 싸워 상처를 입혀 이 수행원을 잡아 장형을 내렸고, 금은 김자류에 대한 처벌도 요구하여 양국 간의 외교문제로 비화되었다. 때문에 고려에서는 이를 막고자 김자류를 면직시켰다.

3) 금의 서표(誓表) 및 여진인 쇄환 요구

1128년 12월 금에서는 금주관내관찰사(錦州管內觀察使) 사고덕(司古德)과 위위소경(衛尉少卿) 한방(韓昉)을 사신으로 보내와 송 휘종 조길(趙佶)을 혼덕공(昏德公)으로 흠종 조환(趙桓)을 중혼후(重昏侯)로 강등하였음을 알리는 한편 신의를 지켜 명분을 바르게 해야 함을 고려에 주지시키고자 했다. 그리고 사고덕 등은 인종에게 금 태종의 어록을 올려 양국 간 당면 현안의 조속한 해결을 요구하였다. 고려로서는 송 휘종과 흠종 건에 대한 내용을 파악하게 된 터이라 금의 요구를 들어줄 수밖에 없는 처지였다.

금의 요구는 다음과 같았다. 첫째 보주 할양은 고려가 금을 사대할 것으로 기대하였던 것이고 그에 따라 맹서의 글인 서표를 올릴 것이라 믿고 있다는 것, 둘째 고려 영내로 들어간 여진인에 대해 죽었다고만 하지 말고 조사하여 쇄환할 것, 셋째 금에서는 보주 주변의 땅까지 사여한 것이 아니며 또 경계를 획정하지도 않았으므로 창주와 삭주 일대 금인의 경작을 막지 말 것, 넷째 사은사 김자류 일행의 금인 구타 사건 관련 배상금을 지불할 것 등이었다. 그러면서도 마지막 부분에서 이 모든 것은 서표를 올림으로써 해결될 수 있다고 언급하였다. 이 네 가지 조항에 대해 인종은 조목조목 대응하면서도 금의 최종 요구가 고려의 서표에 있음을 알고 이를 행하겠다 하였다.

그리고 마침내 이듬해인 1129년 11월 고려는 서표를 올렸다. 가장 핵심적인 내용은 군신의 의리로써 마땅히 삼가 맹서하며 대대로 번병의 직을 수행함에 밝은 해처럼 충신(忠信)을 다하겠다는 것이었다. 혹 달라지거나 변한다면 신이 죽음을 내릴 것도 맹세하였다. 그러나 이 같은 언급에도 금측에서는 1130년 3월 고려에 대한 일말의 의구심을 지우지 않고, 고려에 들어간 금인에 대해 조사하여 표문을 올리라 요구하였다. 고려로서는 이 같은 지속적인 요구에 대해 결국 재차 서표를 작성하여 충성을 맹세하여야 했다. 물론 그 내용은 1129년 11월 서표보다도 사대의 뜻을 강하게 표현해야 했다. 태양을 향하는 해바라기와 같은 충성심(葵藿之志)을 가지며 바다로 흘러가는 강물처럼 조회함에 쉼이 없을 것을 약속하였고, 황천후토가 이 말을 살펴볼 것이라 한 것이다.

거듭된 고려의 서표가 있자 금에서도 이를 받아들였다. 금은 서표와 고려의 태도에 대해 하늘을 두려워하는 도리에 합당하고, 상국을 섬기는 의례에 맞는 것이라 언급하였다. 긍정적인 반응이었다. 그리고 금 황실 내에서도 호구에 대한 쇄환이 실제로도 고려에서 올린 문서에서처럼 어려움을 인정하였다. 종실 완안욱은 금에서 지속적으로 호구문제를 고려에 요구하는 것의 문제점에 대해 상서하였다. 즉, 수색하는 호구는 실은 전에 배반하여 도망한 이들의 후예에 불과하며 그들은 죽거나 고려에 동화되어 떨어지지 않을 것임을 지적하였다. 따라서 징색하기보다는 일시동인(一

視同仁)의 대의를 펼침이 고려의 복속을 이끌어낼 수 있는 것임을 설파하였다.

완안욱의 상서는 시의적절한 것이었다. 금은 거란의 멸망을 이끌어내고 송과의 전쟁에서 대승을 거두면서 두 황제를 생포하여 강대국으로 자리하였지만 남송이 세워지고 고려가 비밀리에 그들과 교류하고 있다는 점을 감안할 필요가 있었다. 몇 차례 고려·송 간의 사신 왕래가 이를 보여준다.

이 같은 상황이 급진전되어 고려와 송, 나아가 서하까지 연결되는 대금(對金) 군사동맹이 전개될 경우 금으로서는 큰 위험에 빠질 수 있었다. 따라서 금의 입장으로서도 고려를 지속적으로 자극하지 않는 선상에서 고려의 영토를 인정하고 인구 쇄환 문제에 있어서는 한 발자국 물러나는 결정을 내리기에 이르렀던 것이다. 결국 보주 문제와 인구 쇄환 문제에는 이처럼 복잡한 여·금의 관계, 여·금·송의 관계 등이 얽혀 있었으나, 고려는 이를 가장 합리적으로 해결하는 결과를 이루어 냈고 금의 입장에서도 군사충돌을 피하면서도 '부모지방'이었던 고려로부터의 충성 서표를 받아내 군신관계의 명분을 세웠다.

4. 명종 옹립에 따른 외교 갈등과 한 외교관의 활약

1) 무신정변의 발발과 명종의 즉위

 인종은 꿈에 들깨[荏子] 5승(升)과 해바라기[黃葵] 3승(升)을 얻는 꿈을 꾸었고, 이에 대해 척준경이 임씨 성을 가진 후비를 맞을 것과 5명의 왕자를 낳게 될 것, 세 아들이 왕위에 오를 것이라고 해몽한 바 있었다. 실제로 공예태후 임씨를 맞이하였고 그 사이에서 5남 4녀를 두었으며, 아들 가운데 의종, 명종, 신종이 왕위에 올랐다. 의종의 탄생과 관련한 이 같은 도참에 해당하는 꿈은 의종이 동생들과 갈등을 겪는 한 요소여서 동생들을 멀리하는 계기가 되었다.

 이에 의종은 도참을 믿으면서 동생들을 멀리하였고, 왕위 유지에 불안해 하였다. 이러한 문제 인식과 관련해 두 가지 사건이 주목된다. 1162년(의종 16) 9월 신축일에 궁녀가 왕의 총애를 받기 위해 닭 그림을 왕의 침상에 넣어두었다가 발각되자 이를 주부동정(注簿同正) 김의보(金義輔)가 내시(內侍) 윤지원(尹至元)과 함께 저주하기 위해 한 것이라 무고하여 이들이 각기 참형과 무인도 유배형을 받은 화계(畵鷄) 사건이 벌어졌다. 1167년(의종 21) 정월 계축일에는 연등회로 봉은사에 갔다 밤중에 돌아오던 중 김돈중의 말이 기병의 화살 통을 들이받아 화살이 어가 옆에 떨어지자 이를 역모로 간주하여 관련자들을 색출하여 처벌한 소위 유시(流矢) 사건 또한 있었다. 이러한 두 사건으로 인해 당시 많은 관원들이 피해를 입고 민심은 흉흉해졌다.

 반면에 1170년(의종 24) 8월 무오일 수주(水州) 농민이 금구(金龜)를 진상하자 좌우의 신하들은 만세를 부르며 "하늘이 금구를 내린 것은 성덕에 감응해서입니다"라고 하면서 하례하는 일이 있었다. 이는 당시 민심과는 동떨어진 상황 인식의 면을 상징적으로 나타내고 있었다. 직후 일어난 8월 무신정변의 발생은 무신들의 불만과 민심 이반이 극에 이르렀음을 상징적으로 보여주었다. 민간에는 불길한 동요가 퍼지고 있었다. 내용은 "보현찰(普賢刹)이 어디인가? 이 글자의 획수만큼 베어 죽이리라[何處是普賢刹 隨此畫同刀殺]"라는 것이었다.

1170년(의종 24) 8월 정축일, 보현원에 행차하려던 의종은 오문(五門) 앞에서 술자리를 마련하였고, 분위기가 무르익자 무신들을 위로할 겸 그들로 하여금 오병수박희(五兵手搏戲)를 행하게 하였다. 이를 마친 뒤 저녁 무렵 의종은 보현원에 들어가고자 하였다. 의종을 태운 어가가 문에 들어서자 갑자기 오른쪽 어깨를 드러내고 복두(幞頭)를 벗은 군사들이 밀어닥쳤다. 이를 주도한 이들은 이고(李高)와 이의방(李義方)이었다. 이들은 복두를 한 문관들을 모조리 죽이고자 했다.

보현원 사건의 시작이었다. 무신정권이 이로 인해 성립되었기에 달리 이를 무신정변이라고도 한다. 혹은 경인년(庚寅年)에 일어났고, 1173년 계사년에 김보당의 난이 있었기에 고려에서는 이를 합쳐 '경계의 난[庚癸之亂]'이라 칭하였다. 이후 보현원 사건을 주도한 무신들은 의종 폐위 그리고 명종 즉위를 주도하였다. 결국 의종에서 명종으로 이어진 왕위는 자연스런 승계일 수가 없었다. 표면적으로는 수많은 문관의 죽음으로 이루어진 것이었으며, 의종의 실정과 사치, 유락, 왕권 경쟁에 대한 경계심, 무신에 대한 차별 대우, 민심의 이반 등이 복합된 것이었다.

2) 의종 폐위와 명종 즉위에 대한 금의 입장

사실 의종은 인종의 장남이자 태자로서 즉위하였고, 1148년 5월 경오일에 개부의동삼사(開府儀同三司)·상주국(上柱國)·고려국왕(高麗國王)으로 책봉을 받았었다. 의종은 금으로부터 정통왕으로 인정받은 것이었다. 그렇기 때문에 금에서는 매년 하생신사(賀生辰使)를 보내오기도 하였다.

당장 의종 폐위 이후 고려 조정은 명종의 즉위에 따른 후속조치를 취하여야 했다. 1170년 10월 경술에 정중부와 이의방 등은 공부낭중(工部郎中)

유응규(庾應圭, 1131~1175)로 하여금 금에 두 개의 표문을 올리도록 하였다. 의종의 표문에는 자신이 병환이 있고 맏아들 왕홍이 총명하지 못한 데다 허물이 많음을 기술하고는 왕위에 유고가 있을 경우 우선적으로 형제에게 계승하라는 인종의 뜻을 받들어 동생 왕호에게 선양하게 되었음을 알리는 것이었다. 명종의 표문에는 의종 표문 내용과 비슷하게 병으로 선위하게 된 형의 뒤를 이어 갑작스레 즉위하게 되었다 하였다. 그런데 공교롭게도 매해 11월에 보내는 하생신사가 국경에 이르렀을 때 고려왕실에서의 양위로 인해 이들의 입국이 거절되는 일이 있었다.

유응규의 귀국은 이듬해인 1171년 5월 기축일에 이루어졌다. 그가 받아온 금 세종의 회조는 전왕의 양위를 윤허하지 않는다는 것으로 양위에 미심쩍은 것이 있어 사신을 보내 이에 대한 조사를 하겠다는 것이었다. 그리고 7월 계미일에 순문사(詢問使)로 완안정(完顏靖) 등이 왔다. 순문사는 전왕 의종에게 양위 관련 사실 여부를 확인코자 하는 황제의 조서를 전달하였다. 명종은 8월 갑진일에 귀국하고자 하는 순문사에게 왕은 전왕이 다른 곳에 가서 조섭을 하고 있어 조서를 받으러 올 수 없다 하고, 전왕의 표문을 작성하여 보냈다. 1172년 2월 기유에 금에서는 양위와 즉위를 허락한다는 유음(俞音) 칙서를 보내왔으며, 5월 임오일에는 대관전에서 책봉을 받아 명종은 대외적으로도 국왕으로서의 위상을 갖게 되었다.

3) 명종 즉위와 책봉을 끌어낸 유응규의 활약

앞의 내용만을 본다면 의종과 명종 간 선위 문제는 큰 탈 없이 금 측으로부터 인정받은 것이 된다. 하지만 실제 그 과정을 들여다보면 양국 관계에 공부낭중 유응규의 활약이 뒷받침된 것이었음이 확인된다.

유응규는 의종 때 강직함의 대명사인 유필의 다섯 아들 중 장남이었다. 유응규 역시도 강직과 청렴을 위주로 벼슬살이를 하였는데, 그 부인조차도 향리가 산후조리를 할 수 있도록 몰래 바친 꿩을 "남편이 평생 남의 선물을 받은 일이 없는데 내가 배를 불리자고 남편의 깨끗한 덕행에 누를 끼치리오?"라 할 정도였다. 이 같은 명망을 알고 있던 명종은 유응규를 불러 공부낭중으로 임명하여 선위 및 즉위 사실을 알리는 사신으로 파견하였다. 정상적인 선양이 아니기에 유응규의 사행길은 위태로웠다. 금에서는 의종과 명종의 표문을 받든 그를 파사로(婆娑路)에 머물게 하고 자초지종을 살피겠다면서 더 이상 들어오지 못하게 하였다.

전왕이 오랜 병환으로 혼미해져 할 수 없이 양위하였음을 유응규가 강변하자 금 세종은 국가 대사를 왜 먼저 금에 청해 알리지 않았는가를 확인하고자 하였다. 유응규가 수도인 연경(燕京)에 도착하자 황제는 군신의 의리와 형제의 순서가 있는데 왕위를 찬탈하고서도 상국을 속이려 하므로 직접 정벌에 나서겠다고 위협하였다. 사신 유응규는 전왕 의종의 병환과 양위, 선왕인 인종의 유언이 있었음을 들어 동생의 즉위가 이루어진 것으로서 기망(欺罔)이 아니므로 끓는 가마솥에 던져지거나 도끼에 죽는다[就湯鑊鈇鉞之誅]하더라도 굴할 수 없다 하였다.

유응규의 반응에 황제는 의심을 거두지 않으면서도 재상들과 다시 논의하기에 이르렀다. 이 문제에 대한 금 조정의 논의는 크게 두 부류로 나뉘었다. 첫째는 금의 승상(丞相) 양필(良弼)이 주장한 고려에 대한 불신론(不信論)이었다. 양필은 그 근거로 ① 의종이 손자를 본 기쁨을 표문을 올려 알린 일, ② 즉위한 명종이 전에도 반란을 일으켰다가 감금된 바 있었던 일, ③ 의종이 사신을 보내지 않고 명종이 사신을 보낸 것, ④ 금 측에서 하생신사를 보냈는데 의종이 조서를 받을 수 없다고 명종이 말한 것 등을 내세웠다. 두 번째는 고려의 사민(士民)에 대하여 순문(詢問)해 결정하자는 사민순문론(士民詢問論)이었다. 이러한 논의를 접하면서 황제는 사신을 보내 직접 의종에게 상세히 물어보겠다는 입장을 정하였고 양위 불허 회조를 주었다.

유응규는 두 개의 표문을 올렸으므로 그에 따라 전왕에 대한 회조만이 아닌 신왕에 대한 것까지 내려야 함을 주장하고는 사신으로서 왕명을 거행하지 못한 데 따른 책임을 다하겠다 하였다. 그리고는 사신으로서의 의관을 갖추고 궐정에서 음식을 거절하면서 명을 기다렸다. 3일이 지나자 사신 접대를 맡았던 금 측 관반(館伴)은 이 사실을 황제에게 알렸다. 황제가 나서서 식사를 권하였지만 먹지 않았다. 수종한 자가 밤에 물과 죽을 몰래 갖다 주자 어찌 이런 간사한 짓을 하느냐 꾸짖었다. 5일째가 되자 유응규의 모습은 마른 나무처럼 야위었고 숨을 쉴 수 없을 정도가 되었다. 이에 황제는 어찌 이러한 신하가 있는가라 찬탄하며 대신을 보내 장차 양위를 윤허할 것임을 언급하며 음식을 먹을 것을 권하였다.

그럼에도 유응규는 회조를 받지 않았으므로 먹을 수 없다 거절하고는 회조를 받아야 먹겠다 하였다. 7일째가 되자 황제는 결국 그의 절의를 보고는 마침내 죄를 물어야 한다는 논의를 그치고 양위를 윤허하겠다는 회조를 내렸다. 그리고는 유응규에게 어찬과 폐백을 하사하면서 후하게 위로하여 보냈다. 그 후 고려에 오는 금의 사신들은 반드시 유응규의 안부를 물어 그에 대한 존중을 나타냈다.

그는 목숨을 건 사행길에서 금 조정과 황제에 대해 7일간 불식(不食)을 통해 두 가지 목적을 모두 달성하였다. 먼저 외교관으로서 나라와 국익을 위해 죽음을 무릅 쓴 7일 불식을 마다하지 않은 것은 고려에 충신이 있음을 보여줌으로써 금이 고려를 경시하지 못하게 하는 힘이 되었다. 다음으로는 이를 통해 명종 즉위 윤허를 얻어내고 금의 책봉을 끌어냈다는 점이 있으며, 결과적으로 강조(康兆, ?~1010)가 목종을 폐위하고 현종을 옹립한 데 따른 거란 성종의 제2차 고려 침공과 같은 피해를 미연에 방지했다는 국익의 보호라는 점이 있었다. 때문에 후일 무신들은 유응규에게 "경인년 사태 때 공이 고주(告奏)하지 않았더라면 우리들은 젓갈[葅醢]로 담궈졌을 것이다"라 하였던 것이다.

이로써 의종 폐위와 명종 즉위는 의종의 선위에 따른 명종의 즉위로 바뀌어졌다. 금 측에서는 처음에는 왕위 교체를 놓고 사후 고주를 한 데 대해 '천토(天討)'를 언급하였다. 하지만 형식적인 순문(詢問) 혹은 선문(宣問)의 과정을 밟았을 뿐 명종의 즉위를 인정하였다. 이는 피책봉국 내의 국가대사라 할 왕위 교체 문제에 대해 간섭하지 않겠다는 것을 뜻하는 것이었고, 상국을 섬기는 의례를 다한다면 이를 유지하겠다는 것에 다름 아니었다. 물론 유응규의 7일 불식이 큰 역할을 한 것이었지만 이러한 조치는 양국 관계에 있어서 선례로 남게 되었다.

4) 고려국왕 교체에 대한 금의 내정불간섭 입장

금 측의 고려국왕 교체 관련 내정불간섭 입장은 이후 무신정권 하에서 국왕의 폐위와 새로운 국왕 옹립을 추인하는 방식으로 나타났다. 고려와 금이 조공·책봉을 통하여 양국 관계의 지속과 함께 왕실의 정통성을 인정받았지만 금 측은 고려의 왕위 교체 문제에 대해서는 적극 개입할 수 없었다. 그것은 앞서 언급한 바대로 정벌을 전제로 하기 때문이었다. 따라서 은연중 내정불간섭의 입장을 취하였고, 그 같은 금 측의 한계를 인식한 무신정권은 왕위 교체시 전왕의 표문과 신왕의 표문을 준비하여 금측에 고주하였다. 의종~명종, 명종~신종의 사례가 여기에 해당한다.

금(金)의 사신이 와서 명종이 왕위를 내어준 데 대해 문책한 사례는 다음과 같았다. 사신이 황제의 분부라 하여 전왕 즉 명종에게 조서를 전하여야 한다 강변하자 이에 대해 조영인(趙永仁)이 기지를 발휘하여 전왕이 병치료를 위해 대략 30일가량 걸리는 남쪽 지방에 있으므로 직접 전하고자 한다면 몇 달을 머물러야 할 것이라 대답한 바 있었다. 이에 금 사신은 그렇다면 직접 전달할 필요가 없을 것 같다 하며 신종에게 조서를 전달하였다. 조영인의 기지로 모면한 사례이기는 하지만 금에서 순문사나 선문사를 보내더라도 적극적으로 손위(遜位)를 조사하고자 하는 의지가 뚜렷하지 않았으므로 결국은 왕위 교체에 대한 승인과 책봉으로 이어졌음을 알 수 있는 것이다.

　희종~강종의 경우는 아예 신왕의 표문만으로 양위와 즉위 사유를 밝혔다. 물론 이때도 전왕이 병환으로 인하여 군국을 다스리거나 사대를 다하기 어려워 왕위를 잇게 되었음을 알렸다. 그리고 관행적으로 금에서는 이러한 고주사가 가져온 표문에 대해 회조를 내리고 책봉을 행하였다.

5. 대금 외교 전개 상의 특징

1) 금에서의 고려 사신의 지위와 사신 왕래 상의 특징

고려·금 간의 사신 왕래에는 몇 가지 특징이 있다. 고려-거란 간의 사신 왕래를 보면 1020~1125년까지 고려는 요에 142회, 요는 고려에 180회의 사신을 파견함으로써 양국 관계가 이어졌다. 고려·금 간에는 이와 양상이 다르다. 1126년에서 1213년까지 고려가 금에 339회, 금은 고려에 137회의 사신을 파견하였다. 고려·금 간에는 고려가 월등히 많이 사신을 보냈던 것이다.

양국은 모두 사신의 자질 등에 관심을 기울였다. 예컨대 고려의 경우 1131년 9월 동경지례사 서장관 최봉심(崔逢深)에 대해 무거인(武擧人)인 데다 나라에서 자신에게 장사 천 명만 준다면 금주(金主)를 잡아 바칠 것이다라 한 사실이 있자 간원들은 그의 서장관 임명을 반대한 바 있었다. 때로 의기로 비춰질 수 있으나 외교관으로서 광망한 자는 곤란하다는 것이었다. 이후 서장관의 경우 명종 12년 6월의 기록을 보면, 국학(國學)·관한(館翰)의 유관으로서 재주와 명망이 있는 자를 보내게 하자는 조치가 이루어졌다. 물론 이후 무인들이 참여한 것을 보면 반드시 지켜진 것은 아니었다.

그렇지만 고려의 사신으로 예의와 절의를 지킨 사례가 보인다. 앞서 논한 유응규의 경우가 여기에 해당하며, 1209년(희종 5) 정월 기록에서도 확인된다. 금주가 죽자 봉위사 사홍기와 제전사 이순중이 금에 가서 제사를 지내려 제기를 청하였는데, 금의 유사에서 허락하지 않으므로 이를 나무라고 제기를 받아 정결하게 제물을 갖추자 금인들이 그 지극한 정성을 칭찬하였던 것이다.

금에서 가장 많이 고려에 보낸 사신은 고려국왕의 생신을 축하하는 하생신사였다. 인종~희종대까지 70여 회 가까이 확인된다. 인종대의 경우에는 정월에 20회, 의종대에는 11월에 20회, 명종대에는 정월 21회, 12월 1회, 신종대에는 11월 3회 및 12월 1회, 희종대에는 11월 2회 및 5월 1회 등이다. 이들은 각기 고려국왕의 실제 생일과는 차이가 있었다. 정확한 고려국왕의 생일을 보면, 인종의 경룡절(慶龍節)은 10월 4일이고, 의종의 하청절(河淸節)은 4월 11일, 명종의 건흥절(乾興節)은 10월 17일, 신종의 함성절(咸成節)은 7월 11일, 희종의 수성절(壽成節)은 5월 8일이었다. 강종의 광천절(光天節)은 4월 5일이었다.

명분이 생신을 축하하는 사절이라 하면 의당 그 날에 맞춰서 와야 했다. 그런데 금에서는 왜 고려국왕 하생신사에 정월 및 11월을 중심으로 보냈을까? 이는 다음 내용과 관련이 있다.

고려에서는 금에 하생신사를 보내준 데 대해 감사를 표하였다. 이때 보내진 사절단이 사하생신사(謝賀生辰使)였다. 인종~명종대까지 사하생신사는 11월에 출발하였다. 신종대에는 세 차례 7월에 보내졌고, 희종 4년간에는 8월 세 차례와 6월 및 10월 각 한 차례 이루어졌다. 이를 보면 11월 사하생신사 파견이 다른 시기 파견보다 압도적이었다. 더불어 11월에 정례적으로 금으로 가는 사신으로는 사하생신사 외에 새해를 축하하는 하정사(賀正使)와 방물로 진상품을 올리는 진방물사(進方物使)가 있었다. 이렇게 본다면 출발하는 때를 비슷하게 할 경우 대규모 사절단으로 꾸려지게 된다. 예를 들면 1157년(의종 11) 11월 금에 보내는 사신으로는 사하생신(謝賀生辰)·사횡사(謝橫賜)·하정(賀正)·진방물(進方物)·하용흥절(賀龍興節)이 있었다. 이처럼 11월 사하생신사 파견에 있어서도 특수한 배경이 있었을 것임을 알 수 있다.

금이 11월과 정월을 기해 하생신사를 보낸 것이나 고려가 사하생신사를 11월을 중심으로 보낸 것은 여러 가지 측면에서 그 이유를 찾아볼 수 있다. 첫째는 11월이나 정월의 경우 고려에서는 중동팔관회와 상원연등회가 열리는 때로 국내외 상인의 참석과 중외 관료의 하표와 함께 봉물이 진헌되었다는 점이 주목된다. 둘째로 여진은 이미 금 건국 이전에 동번과 서번으로서 혹은 동북번 추장으로서 참여하여 고려의 팔관회나 연등회가 갖는 성대함에 대해 익히 알고 있었다. 이러한 경험이 반영된 측면도 있어, 이 시기를 통한 하생신사 파견이 관행적인 면을 유지하면서도 금 사신단 역시도 교역의 이익을 도모할 수 있었을 것이라 여겨진다.

한편 고려 사하생신사가 하정사 및 진방물사 등과 함께 11월을 중심으로 보내진 데에도 진헌에 따른 회사(回賜)를 통한 물품 사여, 사행 시 행하는 물품 교역 등이 갖고 있는 장점이 반영되었다. 특히 이러한 면은 고려의 금 사신 파견이 유독 많았던 것과 연결된다. 금 사행에 따른 이익이 어떠했는가에 대해서는 다음의 사례로 짐작할 수 있다.

> 구례에 재상이 사명을 받들고 금나라에 갈 경우 그 겸종(傔從)의 수에는 정해진 수가 있었다. 그런데 장사로 이익을 보려는 자는 사신에게 은 몇 근을 뇌물로 준 후 따라가곤 했다. 내시낭중(內侍郎中) 최정(崔貞)이 생일회사사(生日回謝使)로 임명되자, 송유인이 노비 한 명을 데리고 가 달라고 부탁했는데, 이미 뇌물을 바친 자만으로도 숫자가 찼기 때문에 최정도 더 이상 넣어줄 수가 없었다. 그러나 그 노비가 주인의 권세를 믿고 그냥 따라갔다가 금나라의 검열로 송환되었으며 최정도 귀국한 후 그 일로 면직되었다.
>
> _『고려사』 권128, 열전41, 반역2, 정중부 부 송유인

사행과 관련한 폐단이 계속되자 결국 1183년(명종 13) 8월에는 양부 재추가 관련 규정을 세울 필요성을 제기하였다.

> 매년 사명을 띠고 금나라에 가는 자들이 물품 교역으로 이익을 보기 위해 토물을 많이 가지고 가므로 물품을 운반해야 하는 폐단이 생겨 역리들이 괴롭게 여기니 사사로이 가지고 다니는 물품 궤짝[夾帶私橫] 액수를 정하고 이를 위반할 경우 관직

을 삭탈하여야 합니다.

_『고려사』 권20, 세가20, 명종 13년 8월.

이 같은 논의에 따라 규정이 만들어졌음에도 같은 해 윤11월 금에 가게 된 사신들은 명종에게 구례대로 행할 것을 청하여 허락을 받아냈다. 또한 고려 사신들은 금의 조정에 사적으로 예물을 올려 많은 물품을 받기도 하였다. 이것이 늘어나자 1165년 금 세종은 고려의 사진(私進)은 전례(典禮)에 상응하는 것이 아니라 하여 금지시켰다. 그러나 사신 이공승이나 최정 관련 겸종 사례 등을 볼 때 사진이 없어졌다 볼 수 없다.

2) 고려·금 간 횡선사(橫宣使)와 사횡선사(謝橫宣使) 왕래

한편 고려·금 간 사신 왕래 중 금에서 보낸 3년 주기의 횡선사와 그에 따른 고려 측의 사횡선사 파견도 주목된다. 금에서는 고려에 20차례를 보냈고 고려에서는 19회 사횡선사를 보냈다. 횡선사가 가지고 오는 물목은 주로 양(羊)이었다. 1169년 7월 금에서는 횡선사로 하여금 무려 2천여 마리의 양을 보내온 바 있었다. 다소간의 차이는 있더라도 이 같은 규모를 유지하였으리라 여겨진다. 사신 도착 시기를 보면 금에서 보낸 횡선사의 경우 6월에 16회, 7월에 3회, 11월에 1회가 있었다. 고려에서 금에 보낸 사횡선사의 경우는 11월 7회, 윤11월 2회, 12월 4회, 7월 4회, 8월 및 9월 각 1회 등이 있었다. 이를 고려하면 양국 간 오간 횡선사·사횡선사가 6월과 11월에 집중되었음을 알 수 있다.

먼저 금에서 6월 중순을 중심으로 보낸 데에는 인종 23년 처음 6월에 보내졌기 때문에 그것이 관행이 되었다 여겨지는 면이 있다. 참고로 거란의 경우에는 6월 중심이 아니었다. 11월과 12월에 많기는 하지만 다른 시기도 그에 못지않았다. 따라서 거란과 금의 경우 서로 이해하는 바가 다른 면이 있었다. 역시 6월 파견 관련 내면에는 고려와 여진 간의 특수한 관계가 반영되었을 것으로 여겨진다.

고려에서 6월은 중요한 의미가 있는 시기였고, 금 건국 이전 여진은 고려의 동번과 서번으로서 고려에 입조하면서 이에 대해 알고 있었다. 먼저 태조가 5월 29일에 훙서한 이래 고려의 국왕들은 6월 2일을 기준으로 태조 진전이 있는 봉은사에 행차하여 행향을 올리고 있었다. 다음으로 고려에서 6월 15일은 중요한 의미가 있었다. 이날이 태조가 즉위한 날에 해당한다는 것이다. 고려에서는 이를 기념하면서 덕종 원년 6월 갑인(15) 이래 세가 기록에서 6월 15일 국왕 보살계(菩薩戒)가 행해진 것을 찾을 수 있다. 세 번째로는 조운과 관련하여 5월까지 경창(京倉)에 조세와 공물이 운송되었다는 점이다. 이는 거란 횡선사가 왔을 때 답례품으로 멥쌀이나 찹쌀을 보낸 사례를 통해 양(羊) 등을 고려가 받고 대신 미곡을 보내는 회사(回賜)와 연결된 것을 읽을 수 있다.

한편 사횡선사의 경우도 3년 주기 횡선사가 왔을 때에 상응하여 3년마다 금에 보내졌다. 이때 고려가 사횡선사를 11월 혹은 12월을 중심으로 보낸 데에는 사하생신사와 마찬가지의 경우였다 여겨진다.

금에서 온 횡선사 중에는 선행을 행하여 그에 대해 특별히 기록을 남긴 경우도 있었다. 명종 16년 6월 횡선사 대리경 이반의 사례인데, 입경하면서부터 머무른 객관에 비단 휘장이나 이부자리를 걷게 하였고, 도살을 금지하면서 먹고 남은 음식은 종자(從者)로 하여금 주머니에 넣어두도록 하였다가 굶주리는 이들에게 모두 나누어 주었다.

3) 책봉의례의 변화와 양상

고려가 칭신사대를 결정한 후 1142년 5월 경술일에 이르러 금은 인종에 대한 책봉을 거행하였다. 수교 후 16년 만에야 책봉이 이루어진 데에는 금 희종 황제의 행보와 관련이 있었다. 금은 1140년 5월 기묘(6)에 서하 인종에 대해 하국왕(夏國王)으로 책봉하여 서쪽의 안정을 꾀하였고, 나아가

1141년 정월에는 군신이 희종 황제에게 존호(尊號)를 올렸으며 연호를 천권(天眷)에서 황통(皇統)으로 고쳐 이를 고려에 알려왔다. 이어 같은 해 11월에 송으로부터 칭신을 확약받고 회수(淮水)를 경계로 하며 세폐를 바친다는 소흥화의(紹興和議)를 체결하였다. 1142년 4월에는 송이 금에 대해 신하라 칭하게 되었음을 중외에 알렸다. 5월 경술일에 고려 인종에 대한 책봉 의례를 선경전에서 행하기에 이르렀다.

1126년 9월 금에서는 고려의 외교사행은 거란과의 구례에 따른다는 입장을 표하였다. 그러나 실제로는 이와 다른 면이 많았다. 이 가운데 거란의 고려국왕 및 왕태자에 대한 책봉을 보자. 거란은 996년(성종 15) 3월 고려 성종에 대한 책봉을 행할 때 개경의 서교(西郊)에 이르러 단을 쌓고 책명을 전하는 방식을 택하였다. 이후 1049년(문종 3)에 이르러서는 남교(南郊)에 단을 쌓고 책문을 전하는 형식으로 바뀌었다. 이 같은 문종 3년 이래의 책봉 방식을 금에서는 구례(舊例)이자 고사(故事)로 파악하고 있었다. 즉, 인종 20년 5월 "고사에서 책명을 받을 때는 반드시 남교에서 이루어졌으나 이제 완안종례 등이 조정의 지휘를 받아 비로소 왕궁에서 조서를 반포하였다"라 한 대목에서 이를 알 수 있다.

여기서 언급한 왕궁의 구체적인 전각은 선경전(宣慶殿)이었다. 금은 거란이 행한 남교에서의 축단전책(築壇傳册)의 구례를 따르지 않고 선경전에서 책봉의례를 행한 것이다. 1206년(희종 2)의 기록이기는 하지만 희종에 대한 책명을 거행하고자 금나라에서 책봉사가 왔는데, 이때 책봉 장소와 책봉 후 연회를 베푸는 장소를 의논하는 내용이 보인다. 즉, 당시 금 사신은 "선경전(宣慶殿)에서는 책명을 받고 대관전(大觀殿)에서는 잔치를 베풀며, 승평문(昇平門) 바깥에서는 망조배(望詔拜)를 행하는 것이 좋겠습니다"라 하였다. 이는 기본적으로 인종대 금의 책봉이 이루어진 이래 선경전에서의 책봉, 대관전에서의 금 사신에 대한 연향, 승평문 바깥에서의 망조배 형태로 이루어졌음을 보여준다. 그렇지만 선경전이 소실되었던 기간에는 대관전에서 책봉조서 전달이 이루어졌다.

금은 고려국왕에 대한 책봉을 행하면서 많은 물품과 인원을 보내어 황제의 권위를 유지하고자 하였다. 1199년(신종 2) 4월의 책봉사 관련 사신단을 보면, 거란 때의 책봉사절 133명보다 많은 총인원 261명에 달하였다. 이때에는 봉책사로 대리경 완안유, 병부시랑 조탁이 왔고, 상절 18명, 산상절(散上節) 14명, 중절(中節) 27명, 하절(下節) 100명, 수레 21량, 말 14필, 강담부(綱擔夫) 100명이 왔다. 1212년(강종 1) 강종 책봉 때는 높이 19척짜리 대형 상로(象輅)를 보내와 이를 들이기 위해 광화문(廣化門)의 문지방 아래 땅을 파고 상로의 삼륜(三輪)을 떼어내야 할 정도였다.

이 같은 책봉이 이루어지는 가운데 금은 각 왕에 대해 1회 책봉을 하였으며, 이에 비하여 거란은 평균 2회 이상을 행하였다. 또 거란이 태자 책봉을 하였는데, 문종 및 숙종의 태자를 고려국공으로 책봉한 것이 이에 해당하지만 금에서는 태자 책봉을 행하지 않아 차이가 있었다.

4) 금과의 특수 관계와 동문원(同文院) 설치

고려·금 간에는 직접적인 무력 충돌은 없었다. 하지만 양국 간 외교에서 가장 중요한 현안은 서표 문제였다. 고려는 금에 대한 사대를 결정하기 전인 1119년 8월에 교빙문서를 보낼 때 금의 근원에 대한 언급을 한 바 있었다. 금에 교빙의 의미로 보낸 서장(書狀)에 '하물며 근원이 우리 땅에서 시작되었음에랴'라는 구절을 넣었던 것이다. 이로 인해 금주가 이를 받지 않고 거절하는 사태가 있었다. 여기에는 이러한 구절과 함께 표문의 형식을 갖추지 않은 면도 있었을 것이다.

그렇더라도 고려에서 계속하여 '하물며 근원이 우리 땅에서 시작되었음에랴'라는 논조로 혹은 그러한 인식하에서 글을 지어 보내는 것은 금의 입장에서 본다면 용납하기 어려운 것이었다. 때문에 금에서 고려에 더더욱이 서표를 요구한 측면이 있었다 여겨진다. 당시 보유부사(報諭副使) 한방(韓昉) 등은 금으로 돌아와 고려가 곧 서서(誓書)를 보낼 것이라고 보고하였다. 금 태조의 서장자(庶長子)로 국론홀발극렬(國論忽勃克烈)의 지위에 있던 종간(宗幹)은 "경이 아니면 이 일을 누가 능히 해결하였겠는가[非卿誰能辨此]"하며 대단히 기뻐했을 정도로 고려의 서표는 그들에게 매우 중요한 의미를 띠고 있었다.

더구나 앞서 언급했듯이 고려에서 금에 보내는 사신단의 종류와 횟수가 늘어나면서 외교적 실수나 실례가 없는 외교 문서의 작성이 요구되었다. 그동안의 경우 외교문서 등은 예부나 예빈성(禮賓省) 혹은 고원(誥院) 및 직한림원(直翰林院) 등에서 진행해 왔었다. 그렇지만 그동안의 송이나 거란에 보내는 표문이나 사신 접대와는 달리해야만 했다. 그만큼 고려와 금의 관계는 '금의 근원 및 부모지방'인 고려 중심에서 '칭신사대'해야 하는 금 중심 관계로 바뀌어 금의 이해에 맞출 필요가 있었기 때문이었다.

이러한 고려·금의 관계에서 주목되는 관서가 등장한다. 동문원(同文院)이다. 고려는 금에 대한 사대를 결정하면서 많은 사신을 보내야 했으며, 고려에 오는 금의 사신 접대 등과 관련해서도 많은 노력을 기울여야 했다. 때문에 고려는 금과 관련한 표문 및 서장(書狀), 사신 접대와 관련해 기존의 예부나 예빈성이 아닌 동문원이라는 기구를 확대 운영하기에 이르렀다. 예빈성은 인종 때에 예빈시(禮賓寺)로 격이 낮춰졌고 그 업무의 상당 부분을 동문원이 맡게 된 정황이 있다. 설치 시기는 명확치 않으나 송이나 거란과 관련해서는 동문원과 관련한 언급이 없다. 최초로 동문원 관련 기사가 나오는 때는 1170년 윤5월 기사에서인데 의종은 왕손이 태어나자 이를 금에 알리는 첩문을 동문원에 명해 짓게 하고 금에 전하게 한 바 있다. 즉 동문원은 적어도 의종 24년 전부터 있었던 기구가 되는 것이다. 1076년(문종 30) 권무관록을 보면 동문원녹사(同文院錄事)에 대한 규정이 있었음을 참조할 필요가 있다.

고려가 동문원을 두어 운영한 데에는 금과의 외교관계가 본격적으로 성립된 인종 4년 이후를 주목할 필요가 있게 된다. 특히 1129년 11월 서표 작성은 왕조 차원에서 정리된 것이었다. 결국 이러한 상황이 일어난 것은 고려와 금은 양국 간의 관계에 대한 이해가 달랐던 데에 있었다. 즉 고려는 송과 요의 수준에서의 사대, 금은 그 이상을 상징하는 서표를 바치는 관계로 설정하였던 것이다. 때문에 서표를 작성하는 과정에서 고려는 기존의 예빈성이 아닌 송에서 운영하였던 동문관을 염두에 두면서 동문원을 두기에 이르렀다. 동문원은 이후 금에 대한 사명(使命) 관련 표문 등 외교문서 작성, 사신 접대를 맡게 되었다.

여기에 내포된 의미는 표면적으로는 동문원으로 대금 관계 직무를 맡도록 한다는 것이었다. 그렇지만 내면적으로는 송이 고려에 대한 사명을 동문관에서 맡도록 한 면을 고려할 필요가 있다. 즉 대국의 논리라 할 수 있는데, 고려는 금에 대한 사명을 동문관과 같은 의미를 갖는 동문원이 맡도록 하여 서긍이 고려에 대해 정리한 문명 차원의 '동문' 의식과 달리하고자 한 것이었다. 즉 일종의 문화적 우월의식의 면을 드러낸 것이었다.

6. 자주와 사대 속 실리외교

고려와 금의 외교는 기본적으로는 책봉·칭신의 관계 속에서 전개되었다. 1129년 인종의 금에 대한 서표 문제가 마무리된 이후 양국 외교는 큰 변동이 없이 전개되었다. 단지 고려의 왕위 교체 문제에 대한 순문(詢問)이 있기는 하였지만 대체로 고려에서 결정한 바를 추인하고 납공의 이행을 지킬 것을 요구하는 데 그쳤다. 물론 여기에는 불식(不食)을 통해 의종·명종 왕위 교체를 정당화하는 데 공을 세운 유응규의 사례가 큰 역할을 하였다.

고려와 금의 외교는 1213년(고종 즉위) 9월 금의 선종 즉위와 '정우(貞祐)'로의 개원을 알리는 사신이 오고 같은 해 윤9월 고려에서 강종에 대한 고애사를 보낸 이후 사신 왕래는 단절되었다. 이후 몽골에 대한 협공 제의, 군사 및 군량 원조를 요청하는 문서가 왔지만 고려는 이를 받아들이지 않았다. 금은 결국 송과 연합한 몽골에 의해 1234년 채주(蔡州) 공격을 받으면서 말제(末帝) 소종(昭宗)을 끝으로 10대 120년 만에 막을 내렸다.

고려는 금에서 오는 사절이라 하더라도 또 사절이 요구하는 것이라 하더라도 고려가 정한 규정을 지키고자 하였다. 그것은 고려와 금의 관계가 형세에 따른 사대관계인 것이지 왕조의 자주적 위상을 낮춘 것은 아니라는 면을 보여준다. 이를테면 실리외교로서 보주를 회복하고 왕위 교체를 승인받고 다양한 많은 사신을 보내 교역의 이익을 확보하였다. 금수로 인식했던 여진에 대한 쉽지 않은 칭신사대 결정 후 고려는 이처럼 국익을 최우선으로 실리를 확보하고자 한 것이다. 따라서 금에 대한 사대에 따른 고려의 외교는 형세상 이소사대의 논리에 따른 것이어서 형식적, 의례적 면이 강한 한편으로 책봉 관계에 따른 왕위 교체 요인에 대한 최소한의 확인이라는 정치적 관여, 영토의 확인, 교역을 통한 사회경제적 실리의 확보에 두어졌던 것임을 알 수 있다.

참고문헌

1. 저서

김위현, 2004, 『고려시대 대외관계사연구』, 경인문화사.
노명호, 2009, 『고려국가와 집단의식』, 서울대학교출판문화원.
나영남, 2017, 『요·금시대 이민족 지배와 발해인』, 신서원.
朴玉杰, 1996, 『高麗時代의 歸化人 硏究』, 國學資料院.
박윤미, 2017, 『高麗前期 外交儀禮 硏究』, 숙명여자대학교 박사학위논문.
박한남, 1993, 『高麗前期 對金外交政策 硏究』, 성균관대학교 박사학원논문.
심재석, 2002, 『高麗國王冊封硏究』, 혜안.
이미지, 2018, 『태평양 변방 고려의 對거란 외교와 그 소산』, 경인문화사.
이승민, 2018, 『고려시대 國喪 儀禮와 弔問 使行 硏究』, 가톨릭대학교 박사학위논문.
이정신, 2004, 『고려시대의 정치변동과 대외정책』, 경인문화사.
정동훈, 2016, 『高麗時代 外交文書 硏究』, 서울대학교 박사학위논문.

2. 논문

김보광, 2016, 「12세기 초 송의 책봉 제의와 고려의 대응」, 『東國史學』 60.
김선아, 2018, 「고려의 보주 확보와 그 의미」, 『軍史』 106.
김성규, 2013, 「宋·遼·金 및 高麗 帝王 生日考」, 『歷史敎育』 126.
김순자, 2012, 「12세기 고려와 여진·금의 영토 분쟁과 대응」, 『역사와현실』 83.
_____, 2012, 「고려중기 국제질서의 변화와 고려-여진 전쟁」, 『한국중세사연구』 32.
나영남, 2017, 「고려와 동·서여진의 관계」, 『歷史學硏究』 67.
박윤미, 2011, 「12세기 전반기의 국제정세와 고려-금 관계 정립」, 『사학연구』 104.
_____, 2017, 「고려의 保州 수복과 고려·금 간 외교교섭」, 『한국중세사연구』 51.
_____, 2012, 「金에 파견된 高麗使臣의 사행로와 사행여정」, 『한국중세사연구』 33.
朴漢男, 1995, 「10~12세기 동아시아 정세」, 『한국사』 15, 국사편찬위원회.

_____, 1995,「高麗 前期 橫宣史 小考」,『阜村申延澈敎授停年退任紀念史學論叢』신서원.

_____, 2002,「거란 및 금과의 통교」,『신편한국사』15, 국사편찬위원회.

서금석, 2017,「고려 인종대 '年號' 제정을 둘러싼 갈등」,『韓國史學報』68.

송용덕, 2012,「고려의 一字名 羈縻州 편제와 尹瓘 축성」,『한국중세사연구』32.

신안식, 2017,「고려전기의 북방 영통의식과 이민족 인식」,『軍史』105.

_____, 2004,「高麗前期의 北方政策과 城郭體制」,『歷史敎育』89.

_____, 2005,「高麗前期의 兩界制와 邊境」,『한국중세사연구』18.

심재석, 2002,『高麗國王 冊封 硏究』혜안.

윤영인, 2007,「10~13세기 동북아시아 多元的 國際秩序에서의 冊封과 盟約」,『동양사학연구』101.

이석현, 2005,「高麗와 遼金의 外交關係-朝貢冊封關係를 중심으로」,『한중 외교관계와 조공책봉』고구려연구재단.

이승민, 2017,「고려 國喪에 대한 거란 금송의 弔問使行 양상과 다층적 국제관계」,『한국중세사연구』48, 경인문화사.

이정훈, 2015,「고려시대 금과의 대외관계와 同文院」,『사학연구』119.

장동익, 2015,「高麗時代에 이루어졌던 對外政策의 諸類型」,『한국중세사연구』42.

조복현, 2010,「12세기 초기 고려-금 관계의 전개와 상호 인식」,『중국학보』61.

채웅석, 2006,「11세기 후반~12세기 전반 동북아시아 국제정세와 고려」,『전쟁과 동북아의 국제질서』, 일조각.

崔圭成, 1995,「거란 및 여진과의 전쟁」,『한국사』15, 국사편찬위원회.

추명엽, 2002,「고려전기 '번(蕃)' 인식과 '동·서번'의 형성」,『역사와 현실』43.

한정수, 2008,「고려-금 간 사절 왕래에 나타난 주기성과 의미」,『사학연구』91.

_____, 2017,「고려전기 異邦人·歸化人의 입국과 해동천하」,『한국중세사연구』50.

_____, 2017,「10~12세기 초 국제 질서와 고려의 年號紀年」,『한국중세사연구』49.

제6장
몽골과의 항쟁과 외교

윤용혁

1. 개요와 시기 구분
2. 1219년 몽골과의 '형제 맹약'
3. 몽골과의 항전과 외교
4. 두 개의 정부에 의한 대일 외교

1. 개요와 시기 구분

　이 장에서는 1218년 몽골과의 첫 접촉으로부터 1281년 여몽연합군의 제2차 일본 정벌에 이르는 64년 간의 고려·몽골 외교관계의 추이를 정리한다. 이 기간의 외교적 상황은 몽골 침입에 의한 여몽전쟁, 한국 역사에서 가장 길고 비참한 전쟁의 시대가 그 배경이 된다. 1231년부터 1259년까지 고려의 몽골과의 전쟁은 미증유의 세계 전쟁사의 일부라는 점 이외에 전쟁의 치열함이 특징으로 꼽힌다. 동시에 이 전쟁은 국내의 정치적 변화를 초래하는 주요 변수이기도 하였다는 점에서 다양한 특징을 갖는다.

　이 장에서는 세 가지 주제를 중심으로 내용을 정리한다. 첫째는 고려와 몽골의 첫 번째 관계가 설정된 1219년 이른바 양국의 '형제 맹약' 문제, 둘째는 1231년 이후 40년 간 지속된 전쟁과 전쟁 중의 외교적 갈등, 그리고 세 번째는 1270년 삼별초 봉기 이후 여몽연합군의 일본 정벌전에 이르는 기간의 외교적 상황의 추이를 파악하는 것이다. 제1단계는 고려와 몽골이 서로 간의 충돌을 피하며 상호 관계의 설정을 암중모색하던 시기이며, 제2단계는 절대 절명 운명을 건 전쟁의 치열한 소용돌이 속에서의 평행선 외교, 그리고 제3단계는 고려정부가 몽골에 복속한 단계에서 치르게 되는 또 하나의 특별한 외교전의 역사이다. 간략히 정리하면 제1단계 양국 관계는 '형제' 관계, 제2단계는 적대관계, 그리고 제3단계는 '부마' 관계의 정착기에 해당한다.

2. 1219년 몽골과의 '형제 맹약'

1) '형제 맹약'의 성립 과정

한국이 근대국가 몽골과 국교를 수립하는 것은 1995년의 일이다. 몽골인민공화국은 1921년 아시아 최초의 공산국가로서 근대 역사를 시작한다. 70년 후 탈소(脫蘇) 개방화의 바람 속에서 1990년 러시아 영향 하의 공산주의 정권이 붕괴하고 민주주의 몽골국이 성립하면서, 1995년 한국과도 국교관계를 갖게 된 것이다. 그러나 역사를 살펴보면 몽골과 우리의 직접적 외교관계의 성립은 800년 전인 1219년으로 거슬러 올라간다. 1219년 고려에 진입한 몽골군은 고려와 '형제 맹약'이라는 관계를 수립하였고 이것은 이후 여몽관계의 출발점으로 특별한 의미가 부여되었던 것이다.

몽골군이 처음 고려와 공식적 관계를 갖게 되는 것은 칭기즈칸(재위 1206~1227) 시대인 1218, 9년(고종 5, 6)이다. 1216년 8월 이후 금산(金山) 등이 이끈 거란족의 고려 침입이 그 계기를 만들었다. 금에 대한 작전을 전개하던 몽골군이 거란을 추격하여 고려에 따라 들어왔고 고려와 연합작전을 성공시킨 후, 이때 양국이 '형제 맹약'이라는 특별한 외교적 관계를 약정하였던 것이다. 이것은 향후 반전(反轉)을 거듭하는 다사다난한 여몽관계의 출발점이 되었다. 당시의 형제 맹약은 정복·피정복의 개념이 아닌 횡적관계로서 성립된 것이었다.

금의 약화를 틈타 '대요수국(大遼收國)'이라는 나라를 세운 거란인들은 처음 금의 공격을 받아 고려로 밀려들어왔다. 이후 1217년(고종 4)에는 고려군의 연이은 저지에도 불구하고 원주, 춘천을 거쳐 제천에까지 이르렀다가 김취려에 의하여 격파되었다. 일단 국경 밖으로 쫓겨갔던 거란족들은 다음 해 1218년 다시 고려에 침입하였고, 이때 동진에서 작전을 수행하던 몽골군이 동진군을 이끌고 거란을 몰아내준다는 명분으로 고려에 입경한 것이다. 몽골군은 동북 국경지역의 화주, 맹주, 순주, 덕주를 공파하고 거란적을 추격하여 12월 평양의 동북쪽에 위치한 강동성(평남 강동군)에 이른다. 1만의 몽골군에 동진의 군 2만이 합세한 규모였다. 이들이 고려군과 연합작전을 벌여 거란군을 제압하였는데, 이것이 이른바 '강동성 전투'이다. 이를 계기로 이듬해 1219년(고종 6) 1월, 현장의 고려·몽골 양측 군사 지휘부는 '형제 맹약'이라는 형식의 외교관계를 맺는다.

1219년 강동성 전투 이후 이루어진 여몽 간의 화의 체결은 몽골군의 적극적 요구에 의하여 실현되었다. 몽골 원수 카진[哈眞]·자라[札刺] 등은 강동성 전투 직전 고려 원수부에 보낸 편지에서, 적을 격파한 다음에는 고려와 형제 맹약을 맺도록 하라는 몽제의 명이 있었음을 통보하고 있다. 이것은 몽골이 거란족 진압 이후 고려와 처음부터 관계를 체결한다는 계획을 가지고 있었음을 암시한다. 몽골 측의 고려에 대한 적극적 맹약 체결 요구는 거란적에 대한 공동작전을 계기로 고려를 그 영향력 하에 묶어두려는 전략적 필요에 의한 것이었다. 금에 대한 공략을 앞두고 금과 전통적 관계를 유지하고 있는 배후의 고려를 장악하는 것은 전략적으로 매우 필요한 것이었기 때문이다. 이에 대하여 수동적 입장이기는 하였지만, 고려로서도 몽골의 요구를 거절할 뚜렷한 이유는 없었다. 몽골의 압박이 현실화한 시점에서 고려는 단절되었던 금과의 외교관계를 복원하여 이에 대응하고자 하였으나 이미 금은 이러한 동력을 상실한 상태여서 다른 선택의 여지가 없었던 것이다.

요컨대 강동성 전투를 계기로 여몽 간에 이루어진 '형제 맹약'은 강력한 군사력을 과시한 몽골에 대하여 불필요한 마찰을 원하지 않았던 고려의 입장, 그리고 금의 공략을 위하여 배후 안전판을 구축하려는 몽골의 전략적 의도에 의하여 성립되었던 것이라 할 수 있다.

2) '형제 맹약'의 내용과 추이

'형제 맹약'의 조건은 몽골에 대한 정기적 세공(歲貢) 납부라는 경제적 부담이 협정의 중요한 조건이었다. 어떤 이는 당시에 이미 고려국왕의 몽골 입조가 전제된 것처럼 추정하기도 하지만 이것은 지나친 추측이다. 또 1218년 카진 등 몽골군의 고려 입경을 사실상의 '침입'으로 간주, 이를 '몽골의 제1차 침입'으로 보는 견해도 있지만, 이러한 견해를 받아들이기는 어렵다. 그것이 1231년부터의 고려 침입과 성격이 크게 다르기 때문이다.

강동성 이후 몽골과의 화의를 고려가 흔쾌한 마음으로 받아들인 것은 아니다. "그들은 겉으로는 사람의 얼굴을 하고 있지만, 속으로는 짐승의 마음을 가지고 있어서 사람들이 모두 가까이 하기를 꺼렸다"(「崔義 묘지명」)고 하여 함께하기 거북한 상대라는 것이 몽골에 대한 일반적 인식이었기 때문이다. 이러한 인식 때문에, 화의를 맺는 데 있어서는 현장 지휘관의 판단과 역할이 크게 작용하였다. 조충(1171~1220)과 김취려(1172~1234)는 몽골과의 초기 단계 외교가 성립하는 데 있어서 중요한 역할을 담당한 인물이다. 몽골에 대한 불신감이 지배적인 상황에서 정부는 이들과의 친교에 대하여 기본적으로 비판적이었기 때문이다. 형제 맹약 체결에 대한 정부로부터의 회답을 받지 못한 상태에서 몽골군의 재촉에 조충 등이 그에 응한 것이다. 그러나 몽골과의 화의 체결이 고려정부 혹은 무인집정자의 입장과 반드시 다른 것이었다고 보기는 어렵다. 정부와 무인정권은 수동적이기는 하지만 현지 사령관의 판단을 수용하였다는 점 때문이다.

강동성 전투 이후의 맹약 체결에 따라 그해 1219년 9월 이후 1225년(고종 12)까지 몽골은 매년 고려에서 공물을 거두어 갔다. 1221년의 경우는 한 해 동안 7월 이후 도합 6회에 걸쳐 사신이 고려에 들어오기도 하였다. 이들에 의한 세공 부담으로 고려는 적지 않은 부담을 느낀 것으로 보인다. 이때 세공사 저고여(著古與)가 요구한 물품은 수달피 1만 령, 비단(細紬)

3천 필, 먹(용단묵) 1천 정, 종이[紙] 10만 장을 비롯하여 다량의 각종 물품들이었다. 과도한 공물 징구 때문에 "매양 명을 내려 한없이 요구하니 이를 어떻게 감당하겠습니까"라고, 고려는 사신이 가져간 편지에서 그렇게 불만을 토로하고 있다. 심지어 몽골은 고려에서 생산도 되지 않은 물건과, 젊은 여성 혹은 각종 기술자까지도 요구하였다.

햇수로 7년을 지속한 이러한 관계는 그나마 1225년(고종 12) 세공사로 고려에 들어온 저고여가 피살되는 사건으로 인하여 파탄에 직면하고 말았다. 저고여는 고려에서 공물을 거두어 돌아갈 때 압록강을 건너가던 중도에 피살되었다. 사건의 경위 파악을 위하여 현지에 파견된 몽골 측 사신조차 화살 세례를 받고 쫓겨나고 말았다. 고려는 이 사건이 근처 도적들의 소행, 혹은 고려군으로 위장한 동진군에 의한 것이라 주장하였지만, 몽골은 이를 전적으로 고려 측 책임으로 단정하고 있었다.

저고여의 피살 사건으로 여몽 간의 '맹약' 관계는 일단 파탄되고, 그로부터 6년이 지난 1231년 몽골군은 압록강을 건너 고려에 쳐들어왔다. 고려에 대한 본격 침입을 개시한 몽골군의 명분은 6년 전 저고여 피살 사건에 대한 '책임' 추궁이었다.

3) '형제 맹약'의 외교사적 의미

1219년의 '형제 맹약'은 몽골의 요구에 의하여 고려가 이를 수동적으로 받아들인 결과였다. 몽골에 대한 부족한 정보와 불신감이 지배하던 상황에서 이러한 몽골의 요구를 수용한 데는 조충, 김취려 등 현지 지휘관의 판단이 크게 작용한 것이었다. 당시 김취려는 "나라의 이해가 바로 오늘에 달려 있으니, 만약 저들의 뜻을 어겼다가 뉘우친들 어찌 미칠 것인가"라고 하여 화약의 체결이 최선이라는 확고한 의지를 보여주었다. 이들은 현지에서 몽골군과 연합작전을 하면서 몽골군에 대한 정확한 지식을 가지고 있었고, 그에 기반하여 화약의 체결에 적극 응한 것이었다.

결과적으로 이러한 친몽정책에 의하여 고려는 한동안 몽골과의 갈등을 모면하였으며, 다른 한편 원 간섭기에 몽골의 무리한 요구를 완화시키는 데도 크게 도움이 되었다. 1231년 이후 고려는 40년 세월의 긴 항전 끝에 몽골(원)에 복속하였는데, 이른바 '원 간섭기'라는 정치적 상황으로 전환되자 1219년의 '맹약'은 이것이 여원관계의 출발이었다는 점에서 새삼 주목되었다. 특히 그것이 칭기즈칸의 지침에 의하여, 그리고 우호적 분위기에서 약조된 것이었음이 강조되었다. 「김취려전」에서는 카진[哈眞], 쟈라[札剌]가 고려의 조충, 김취려 등과 형 동생을 서로 삼고 주석(酒席)을 같이하면서 "양국이 영원히 형제가 되어 만대에 이르기까지 오늘의 맹약을 잊지 말자"고 하였다는 다짐이 장황하게 설명되고 있다.

'형제 맹약'이라는 외교적 관계 성립은 중국 중심의 위계를 설정하는 외교관계에 있어서는 위계의 차가 가장 적은 것이라고 할 수 있다. 그럼에도 불구하고 몽골에 대한 고려의 세공 납부의 의무가 부과되었고 사신의 파견도 몽골에서 파견하는 세공사가 중심이었다. 이러한 점에서 '형제'와는 거리가 먼, 역시 차별적 외교관계의 한 방식이었다고 할 수 있다. 그럼에도 불구하고 이에 의하여 양국의 평화적 관계가 일정 부분 담보되었다는 점, 그리고 고려가 원에 복속하였던 14세기 정세 하에서 고려의 국익을 확보하는 데 있어서 중요한 발판이 되었다는 점에서 외교사적 의미는 적지 않다.

원 간섭기의 고려는 원과의 끊임없는 외교적 갈등에 시달렸는데, 이 문제를 해결하는 데 있어서 1219년의 여몽 간의 이른바 '형제 맹약'을 확인하는 것은 전략상 매우 긴요하게 되었다. 즉 원의 무리한 압박을 방어하는데 있어서, 몽골의 본격적 침략 이전 단계에 맺어진 '형제 맹약'의 정신을 확인하는 것은 그 중요한 논리적 근거가 되었다는 것이다. 세월이 지나 원 간섭기 상황에서 '형제 맹약'의 외교적 유효성을 명확히 인식한 인물은 이제현(李齊賢, 1287~1367)이었다.

이제현은 유청신, 오잠 등에 의하여 고려의 독립성을 부정하는 '입성론(立省論)'이 비등할 때 이를 저지하기 위한 논리로서 1219년 여몽 간의 형제 맹약을 들고 나왔다. "때마침 큰 눈이 내려 군량을 수송할 수 없게 되자 우리 충헌왕(고종)이 조충과 김취려를 시켜 식량과 무기를 보급하고 전투에 참여함으로써 미친 듯이 날뛰던 적을 대나무를 쪼개듯 무찔렀습니다. 이에 두 원수는 조충 등과 형제의 의를 맺고 영원토록 잊지 않을 것을 맹서하였던 것입니다." 고려와 원은 매우 이른 시기부터 우호관계를 체결한 특별한 관계의 나라라는 것이다. 그리고 1260년, 즉위 이전의 원종(태자전)이 몽골에 입조하였다가 즉위 이전의 쿠빌라이를 찾아 인사한 것, 이후의 일본 정벌, 카단(哈丹) 침입시 원군과의 공동작전을 펼친 것을 언급하면서 일부에서 제기하는 입성론(立省論)이 세조(쿠빌라이)가 천명한 기준과 근본적으로 어긋난다고 공박한 것이다.

1219년 형제 맹약은 원 간섭기에 원의 고려에 대한 지나친 압력을 견제하는 역사적 전거(典據)로서 매우 중요하게 활용되었다. '형제 맹약' 체결의 당사자인 조충, 김취려의 '업적'이 원 간섭기에 높게 평가를 받은 데에는 이 같은 고려의 외교적 환경 변화에 따른 '반전'이라 할 수 있다. 동시에 조충, 김취려의 정책 판단은 몽골에 대한 충분한 지식과 정보에 의하여 가능한 것이었다는 점에서, 정확하고 충분한 정보가 적절한 정책 판단의 기초가 된다는 교훈을 얻을 수 있다.

〈참고자료〉

몽골 장수가 "공의 나이는 몇 살입니까"라고 물은 후 형이라 부르기로 하고, 동쪽에 앉게 하였다. 몽고가 우리 공을 공경하는 것이 이와 같다는 소식을 우리 원수가 듣고 모든 군대를 동원하여 (성에) 이르니 적들이 두려워하며 나와서 항복하였다. 몽고는 기뻐하여 우리 군사와 더불어 형제가 되기로 (약속하고) 돌아가게 되니 공이 이에 조양(朝陽)까지 가서 송별하였다.(「김취려 묘지명」)

3. 몽골과의 항전과 외교

1) 고려의 대몽 항전, 천도와 입보

1231년 몽골의 고려 침입 명분은 1225년의 사신 살해 사건이었다. 그러나 이것은 겉으로 내세운 명분일 뿐, 침입의 근본 원인은 몽골이 진행해온 동아시아 여러 지역에 대한 정복전쟁의 일환이었다. 이러한 점에서 몽골의 침입은 고려로서 피할 수 없는 일이었다. 전쟁을 포함한 각종 정치적 행위는 표면적 이유와 내면적 이유가 일치하지 않는 경우가 허다하다. 이웃 나라를 침입하는 전쟁을 일으키는 경우에도 반드시 그럴듯한 명분을 내세워 나름의 정당성을 앞세우는 것이다.

전쟁은 피할 수 없는 것이었지만, 그러나 일어날 몽골 침입이라는 사태에 대하여 당시 무인정권이 얼마나 적절히 대비하였는지에 대해서는 책임을 물을 수 있는 일이다. 이 무렵 대륙에서는 금이 쇠퇴하여 있었고, 고려는 오랜만에 주변국으로부터의 대외관계의 압박에서 벗어나 있던 참이었다. 이러한 점에서 당시 고려는 외교적 시스템이 예민하게 작동하고 있지 않던 시기였다. 그만큼 주변국가의 사정과 상황 변화에 대하여 무뎌져 있었다. 1231년 최초 침입의 몽골군이 압록강을 건너 공격해왔을 때, 침략군의 정체가 '몽골군'이라는 사실을 파악하는 데도 시간이 걸릴 정도였다.

몽골의 침입에 대하여 고려는 일단 강력하게 맞서 저항하였다. 처음 전투는 국경지방, 평안도 지역에서 주로 전개되었다. 고려의 군사적 대비가 본래 국경 가까운 지역에 집중되어 있었기 때문이다. 지금의 평안도 혹은 함경도 남부와 강원도의 해안지대에 대해서 고려는 처음부터 이를 군사구역으로 설정하여 특별 관리를 하고 있었다. 북계(서북면)와 동계(동북면)가 그것이다. 북으로부터의 침입에 즉각 대응할 수 있는 조직을 갖추고 병력을 집중 배치하였으며, 산성을 겹겹이 설치하는 군사적 방어선을 구축하고 있었던 것이다.

몽골군의 침입에 의하여 전투는 치열하게 전개되었지만, 한 가지 분명해진 것이 있었다. 일반적 방어전의 개념으로 몽골군의 군사적 압박을 저지하는 것은 고려로서 역부족이라는 사실이다. 이듬해 1232년 단행된 강화도에의 천도는 이 같은 정세 판단에 기반한 무인정권 최우의 전격적 결단에 의하여 이루어진 것이었다.

몽골과의 전란기, 이 시기의 대몽 전략과 외교의 결정권은 전적으로 최씨 무인정권에게 주어져 있었다는 것이 이 시기의 특징이다. 전쟁 초기 몽골에 대한 대처 방안은 당시의 집정자 최우에 의하여 좌우되었다. 그리고 그가 설정한 전략과 대응 방식은 30년에 걸치는 전쟁 과정에서 거의 일관되었다. 서울을 옮기고 섬과 산성으로 피란하여 군사적으로 맞서면서, 다른 한편으로 사신을 보내 몽골과의 외교적 타협을 모색하는 방식이었다. 최우에게 집중된 대외관계상의 결정권에 대해서는 아무도 이를 논란하지 못하였다. 심지어 국왕조차 그의 결정을 순순히 추종하는 것이 이때의 상황이었다.

몽골 전쟁기의 정책 결정이 최씨정권에 의하여 독단되었다는 점을 잘 보여주는 사건이 1232년의 강화 천도이다. 1232년 1월 몽골군이 철수하자 2월에 공식적으로 천도 문제가 논의된 이후 6월에 천도 결정, 그리고 그로부터 20일 만에 개경에서 강화도로의 천도는 진행되었다. 때마침 개경에서 강화로 옮기는 날은 "장맛비가 열흘이나 계속되어 진흙길이 발목까지 빠져" 말할 수 없는 혼란이 가중되었다. 절대 다수가 천도를 긍정적으로 생각하지 않고 있는 상황에서, 상상하기 어려운 정도의 전광석화 같은 추진이었다. 그것이 가능했던 것은 최씨정권의 독재적 권력 때문이었다. 최씨정권이 아니었다면 강화 천도는 결코 가능하지 않았던 일이었다. 여러 가지의 변수가 남아 있었다는 점에서 당시 무인정권이 몽골 침입에 굴복하지 않은 것은 가능한 정책적 결정이었다. 그러나 이것이 독단적으로 결정되고 추진되었다는 점이 그 한계점이기도 하였다. 말하자면 이때 몽골과의 외교적 교섭은 전적으로 무인정권에 의한 것이었다는 점이 특징이고 동시에 한계였다고 할 수 있다.

몽골에 대한 고려의 가장 중요한 전략은 섬과 산성으로의 입보에 의한 대응이었다. 서울을 섬으로 옮긴 강화 천도는 이 같은 해도 입보 전략의 큰 틀을 보여준 것이었다. 강화도는 개경에 가깝고, 육지와 매우 근접하면서도 조석간만의 차와 조류 등으로 물에 취약한 몽골군의 약점에 대응할 수 있는 섬이다. 여기에 강화도를 중심으로 연안 해로에 대한 장악력을 그대로 유지하면서 조세를 뒷받침할 지방에 대한 지배가 가능하였다. 강화도의 고려정부가 거의 40년을 섬에서 버티면서 몽골에 대한 항전을 지속할 수 있었던 것은 강화도를 중심으로 고려의 조운제도가 여전히 작동할 수 있었기 때문이라 할 수 있다. 당시 고려는 이 조운에 힘입어 세곡은 물론 청자를 비롯한 각종의 수공업품, 그리고 심지어 반찬류의 음식에 이르기까지 지방으로부터 지속적인 공급을 받고 있었다.

고려정부의 예기치 않은 천도에 대하여 몽골군은 고려의 여러 섬에 대하여 공격하고, 혹은 강화도를 계획적으로 위협하기도 하였다. 그럼에도 불구하고 고려의 입보책에 대응하는 몽골군의 공격은 결코 성공적이지 못하였다.

1231년부터 1259년까지의 몽골의 고려 침입은 흔히 6차에 걸친 과정으로 정리되고 있지만, 내용적으로는 대소 11회에 걸친 것이었다. 전쟁의 장기화에 의하여 그 피해가 심각했던 것은 물론 말할 필요도 없다. 직접적인 전투 이외에도 몽골군의 방화와 약탈로 인한 피해가 적지 않았으며, 살상 이외에 포로로 잡혀간 사람도 적지 않았기 때문이다. 1254년(고종 41) 한 해 동안에는 "포로된 자가 20만 6,800명, 살육된 자는 셀 수 없고 몽병이 지나는 곳마다 잿더미가 되었다"고 하였다. 기록에 적혀 있는 피해 사례는 극히 한정된 단편에 불과한 것이었다.

1231년 평북 철산, 1253년 강원도의 철원과 춘천에서는, 피란 중이던 성이 함락되면서 성 안의 모든 사람들이 도륙당하는 처참한 일이 벌어지기도 하였다. 몽골로 인한 피해는 사람들의 죽음만이 아니었다. 황룡사 9층탑이며, 고려대장경과 같은 자랑스러운 문화유산이 이때 크게 피해를 입었다. 이 같은 어려운 상황에서도 전쟁은 오래 지속되었다. 여몽전쟁의 전개 과정에서 가장 인상적인 것은 농민, 향소부곡민, 노비 등 피지배층 집단의 적극적인 항몽전에의 참여이다. 몽골이 정복한 여러 지역 가운데, 고려처럼 오랜 저항을 지속한 곳은 대륙 어디에도 없었다.

2) 최씨정권의 외교적 대응

1231년 이후 고려 무인정권의 몽골에 대한 저항은 견고하였지만, 군사적 대결보다는 외교적 방식으로 문제를 해결하고자 했던 것이 무인정권의 일관된 입장이었다. 천도 이후 고려정부는 공식적으로 중앙군을 대규모로 투입하는 군사적 대결을 결코 시도하지 않았다. 대신 몽골군의 철군을 간곡하게 요구하는 사신 파견을 지속하였다. 이 때문에 실제 고려 본토에서의 항전은 현지 단위로 방어전을 치르는 형태로 이루어졌다. '화전양면(和戰兩面)'의 전략이라 할 수 있지만, 어떤 점에서는 매우 기이한 전쟁이었다.

처음 고려는 몽골의 압박에 대하여 금 등의 주변국과의 협조와 연대를 모색하였다. 그러나 금은 이미 쇠퇴하여 사태에 적절히 대응할 수 있는 동력이 상실되어 있었고, 그러한 상황에서 새로 대두한 거란족의 나라는 아직 국가적 체제 확립이 미흡한 단계였다. 주변국과의 연대와 공동 대응이 가능하지 않은 여건이었던 셈이다. 더욱이 쇠약한 금조(金朝)마저 1234년 몽골군의 침입으로 멸망한 상황에서 고려는 몽골을 직접 독력(獨力)으로 대응하지 않으면 안 되었다.

몽골의 첫 침입에 대하여 몽골군이 철군하는 화의가 타결된 것은 침략

이듬해(1232) 정월의 일이었다. 화의 타결에는 고종을 대신하여 왕족 회안공(淮安公)이 파견되었으며, 이때 몽골은 고려 국경지방인 북계의 40여 성에 다루가치를 설치하고 철수하였다. 고려 국경지방에 대한 다루가치 설치는 고려의 방어 체제를 무력화하는 조치였다. 그러나 그해 6월 고려는 서울을 돌연 강화도로 옮겼다. 섬을 거점으로 하는 새로운 형태의 대응이었던 것이다. 이것은 당연 몽골에 대한 고려의 저항으로 받아들여졌고 이후 몽골의 고려 침입은 되풀이되었다.

전란이 장기 국면으로 넘어간 와중에서 고려의 사신이 몽골에 다시 파견된 것은 1238년(고종 25) 12월의 일이다. 1235년부터 계속된 몽골 3차 침입의 장기화 때문이었는데, 이에 응하여 몽골군은 이듬해(1239) 4월 고려에서 철수하였다. 1238년부터 1245년(고종 32)까지 고려는 도합 12회 몽골에 사신을 파견하였다. 이에 대해 몽골에서는 고려에 7회의 파견이 기록되어 있다. 그 가운데 특히 1239, 1240년(고종 26, 27)의 양년에 활발한 사신의 교환이 있었다. 2년 동안 고려는 5회, 몽골은 4회, 규모도 1239년의 경우 몽골 137명, 고려 148명이라는 대규모 사신단이 교환되었다. 1239년에는 왕족 신안공 전(佺), 1241년에는 영녕공 준(綧)이 파견되었는데 특히 영녕공은 '고려왕자'로 칭하여 '도루가(독로화)'로 파견하였다. 전란기의 대결 국면이 장기화하는 가운데, 고려는 몽골에 대하여 군사행동의 중지를, 몽골은 교착상태에 빠진 군사적 압박을 외교적으로 해결하려는 의욕을 보이는 시기였던 셈이다. 그러나 1241년 이후 여몽 간의 사신 교환은 구체적 성과가 가시화되지 않은 채 관성적으로 이어진다. 여하튼 이 같은 외교적 노력에 의하여 고려는 이 시기 한 동안 몽골의 침입을 모면하였다.

전란기 여몽 간의 외교 가운데 한 특징은 침략군 현지 원수부에 대한 고려정부의 적극적 외교 공세이다. 몽골군에게 음식을 후하게 보내 군사행동의 강도를 약화시키려 하거나, 몽골의 장군에게 비싼 선물을 보내고 외교문서를 보내 사태의 절충과 타결을 시도하는 것들이 그것이다. 강재

광의 조사에 의하면 음식을 대접하는 호궤 9회, 방물과 세공은 합하여 23회, 그리고 몽골에 대한 서신의 전달은 도합 18회가 기록에서 확인된다는 것이다.

몽골에 대하여 고려 측의 요구와 희망을 글로 전달하는 것은 외교 업무상 매우 중요하였다. 특히 몽골의 요구를 근본적으로 수용할 수 없었던 무인정권으로서는 몽골이 납득할 수 있을 외교 문서 작성에 매우 공을 들였다. 이규보, 최자, 김구로 이어지는 굴지의 외교문서 작성 전문가가 이 때문에 크게 부각되었다. 다른 한편 몽골의 요구에 최소한의 성의와 반응을 보이는 것도 불가피한 일이었다. 이 때문에 전란의 장기화와 함께 그에 부응하려는 고려 측의 고민도 깊어진 것이 사실이다.

국왕의 입조라는 몽골의 요구를 대신하는 것이 왕족의 파견과 태자 친조의 약속이었다. 이에 의하여 1239년에는 왕족 신안공 전(佺), 1241년에는 영녕공 준(綧)이 파견되었는데 특히 영녕공은 '고려왕자'로 위장하여 '도루가(독로화)'로 파견하였다. 1253년에는 왕자인 안경공 창이 입조하였다. 태자의 친조는 고려의 약속에도 불구하고 1259년까지 실현되지 않았다.

여몽 간의 활발한 외교적 접촉에도 불구하고 그것이 전란의 종식으로 이어지지 않은 것은 양국간 근본적인 입장의 차이가 해소되지 않았기 때문이다. 몽골의 요구는 고려의 완전한 복속이었고, 고려가 실제로 복속 했다는 증거를 구체적으로 요구하는 것이었다. 국왕의 친조, 강도로부터의 출륙, 민호의 파악 보고 등이 그것이다. 그러나 고려는 이를 전통적인 중국왕조와의 '사대관계' 유지의 방식으로 해결하고자 하였다. 조공 등에 의한 상징적 복속의 선에서 조정하고자 하였던 것이다. 그 간극은 쉽게 메우기 어려운 것이었다. 이 때문에 사신의 왕래에도 불구하고 전쟁은 이어졌다.

〈표 1〉 여몽전쟁기 고려 몽골 간 사신 교류

연도	고려→몽고	몽고→고려	비고
고종 18 (1231)	3	4	1차 전쟁
19 (1232)	1		2차 전쟁
21 (1234)	1		
25 (1238)	1		3차 전쟁
26 (1239)	2	2	
27 (1240)	3	2	
28 (1241)	1	2	
29 (1242)	1	2	
30 (1243)	3	1	
31 (1244)	1	1	
32 (1245)	2		
34 (1247)	1		4차 전쟁
35 (1248)	2		
36 (1249)	2		
37 (1250)	3	2	
38 (1251)	2	1	
39 (1252)	1	1	
40 (1253)	4	5	5차 전쟁
41 (1254)	5	2	
42 (1255)	2		
43 (1256)	2	2	6차 전쟁
44 (1257)	7	2	

* 신안식의 표를 참고하여 재작성함

4차 침입(1247) 이후에도 여몽 간 사신의 교환은 여전히 이루어지지만, 고려의 사신 파견에 무게가 두어져 있다. 1248년(고종 35)부터 1252년까지 5년간 고려가 10회의 사신을 파견한 데 대하여 몽골의 사신 파견은 4회에 불과하다. 몽골 측에서 고려의 외교적 노력에 기대를 걸지 않았기 때문이다. 몽골의 더욱 강한 군사적 압박을 예고하는 것이었지만 이후의 치열한 전란 속에서도 사신의 왕래는 지속되었다.

대몽항쟁기 고려의 대외정책에 있어서 한 가지 유의되는 것은 남송과의 관계이다. 이 시기에 정치적 혹은 군사적으로 고려가 남송과 연계하여 몽골에 대항하려 했던 시도는 거의 확인되지 않는다. 그럼에도 불구하고 남송과의 통교를 중시하였고, 실제 남송의 상단(商團)이 전란이 지속되는 특수 상황에도 불구하고 여전히 고려를 내왕하고 있었다. 말기의 무인정권이 남송과의 정치적 관계를 탐색하는 시도가 있었던 점도 확인된다. 그러나 몽골 압박 하의 동아시아에 있어서 남송은 왕조의 존속에도 불구하고 몽골에 대항할 수 있는 자기 동력을 확보하고 있지 못하였다. 이 때문에 새로운 국면을 돌파할 수 있는 실체로서의 의미를 가지지 못하였다. 몽골의 지배력은 점차 피할 수 없는 국제정세의 현실이 되어 갔던 것이다.

　고려는 원래 외세에 대하여 적극적으로 저항하는 자주적 전통을 가지고 있다. 그럼에도 불구하고 특히 몽골 침입에 대하여 고려가 과도할 정도의 경직된 외교적 입장을 견지한 데에는 무인정권이 갖는 특수성이 있다. 고려에 대한 몽골 영향력의 확대가 곧 무인정권의 권력 기반을 무너뜨리는 것이었기 때문이다. 요컨대 무인정권의 강력한 항전과 경직된 외교전략은 무인정권이 갖는 한계와 직결되어 있다. 외세에 대한 항전을 긍정적으로 평가하더라도, 보다 유연한 대몽 외교전략이 이 시기에 가능하지 않았던 것은 무인정권의 책임이라 할 수 있을 것이다.

3) '친조외교(親朝外交)'의 전개

　몽골 침입이 시작된 지 거의 30년이 지난 1259년(고종 46)은 고려 몽골관계에 있어서 매우 극적인 상황 전개가 있었던 전환점이었다. 몽골의 요구를 받아들여 우선 1259년 고려의 태자가 처음으로 몽골에 입조하였는데 이는 사실상 국왕의 친조를 대신하는 것이었다. 이에 의하여 30년간 이어진 전쟁이 멈추고 외교 중심의 여몽관계가 조성되는 첫걸음이 되었다. '친조'의 의미를 김구는 "우리 왕께서 일찍 백성을 살리기 위하여, 몸소 사막 땅에 굽혀가며 만리 걸음 하셨네"라고 표현하였다. 이후 몽골(원)과의 외교관계의 진전에 따라 국왕의 친조가 중요한 외교적 방식이 되었다는 점에서 사신의 파견 혹은 왕래에 의한 외교 방식과는 다른 형태의 외교가 이루어진 것이다. 이에 의하여 1259년 이후 고려왕의 친조는 몽골(원)과의 외교적 현안을 처리하는 데 있어서 가장 중요한 수단으로 정착하였다. 원종은 재위 기간(1259~1274) 중 두 차례 친조하였고, 다음 충렬왕 대(1274~1308)에는 왕이 11차례 원에 입조하였던 점이 이를 잘 말해준다.

1259년 고려 태자(뒤의 원종)의 입조 과정에서는 쿠빌라이와의 만남이 이루어졌다. 이듬해 1260년 고려에서는 원종이, 몽골에서는 북경을 거점으로 한 쿠빌라이가 각각 즉위함으로써 여몽관계는 근본적 변화가 이어졌다. 이를 계기로 하여 고려와 몽골은 군사적 방식 대신, 외교적 방식에 의한 문제 해결이 본격적으로 모색되었다. 그러나 또 하나의 관문 개경으로의 환도가 실현되는 데에는 다시 10여 년의 세월을 필요로 하였다. 국내의 정책 결정이 여전히 무인정권에 의하여 좌우되었기 때문이다.

고려와 몽골 간의 합의가 타결되고 이듬해 태자의 입조가 이루어진 것은 1258년 최씨정권의 붕괴라는 정치적 변화에 의하여 가능하였다. 그러나 정변 이후 김준이 집권자로 부각되면서 무인정권은 연장되었으며, 몽골과의 항전은 여전히 포기되지 않고 있었다. 1264년(원종 5) 8월 몽골의 요구에 의하여 원종이 입조하게 되었다. 고려국왕으로서는 최초의 몽골 입조이다. 이에 의하여 몽골은 고려의 복속을 분명히 하는 한편 고려 내정에서의 국왕의 입지를 뒷받침해주려는 의도였다. 조정 내부에서는 김준을 비롯하여 국왕 친조에 대한 반대가 심하였지만 현실적으로 몽골의 요구를 거부할 수는 없었다. 원종은 김준을 교정별감(敎定別監)에 임명하였다. 이는 김준을 과거 최씨정권의 집정자와 동일한 위상으로 인정하는 것으로서, 몽골에 입조하는 원종이 내민 일종의 타협책이었다. 그러나 무인정권과 왕권의 정면 대결은 불가피하였다. 고려국왕의 배후에는 이제 몽골이 버티고 있었다.

　원종의 두 번째 입조는 1269년(원종 10)의 일이었다. 개경 환도가 진척이 없는 것에 대하여 쿠빌라이는 새로운 대몽관계를 저해하는 장본인으로 김준을 지목하여 1268년 몽골 제소(帝所)로 소환하는 조서를 내렸다. 이에 절박한 위기감을 느낀 김준은 수도를 강화도에서 더 먼 곳으로 옮기는 이른바 '해도재천(海島再遷)'을 추진하며 경우에 따라서는 국왕의 폐위도 불사한다는 방침이었다. 1268년(원종 9) 12월 원종은 임연을 시켜 김준을 궁중으로 유인하여 살해하는 데 성공하였다. 정권을 장악한 임연은 도리어 원종을 폐위시켰다. 그러나 이미 구축된 쿠빌라이 몽골 제실과의 연계 때문에 임연의 의도는 성공하지 못하였다. 몽골의 책임 추궁이 뒤따랐기 때문이다.

　몽골의 간섭으로 임연은 원종을 다시 복위시킬 수밖에 없었다. 무인정권의 권력이 몽골에 뒷받침된 왕권에 의하여 제압당한 셈이다. 1269년 복위한 원종은 몽골에 두 번째로 입조하였고, 이때 세자의 청혼, 몽골군의 파견 등을 요청하게 된다. 이듬해 1270년 귀국한 원종은 강화도로 들어가지 않고 개경에 자리를 잡았다. 이에 의하여 개경에의 환도를 공식화 하고, 마지막 무인집정자 임유무를 제거함으로써 왕정을 회복하였다.

　원종대 두 차례 이루어진 '친조외교'는 몽골의 요구와 고려국왕권의 상호 이해가 합치함으로써 이루어졌다. 이에 의하여 몽골은 고려의 복속이라는 오랜 숙원을 달성하고, 고려국왕은 무인정권으로부터의 왕정 회복이라는 숙원을 1백년 만에 달성할 수 있었다. 그러나 무인정권으로부터의 '왕정 회복'이 몽골의 정치적 후원에 의하여 가능했던 것이기 때문에 이후 고려는 몽골의 정치적 간여를 피할 수 없었다.

　원 지배 하의 고려는 국경지방 영토의 일부를 몽골의 직접적 관리를 받았다. 왕실의 칭호, 혹은 관제 등에 있어서도 몽골과 대등한 모든 요소는 배제되었다. 사대관계로서의 고려의 지위를 명백히 한 것이다. '폐하'는

'전하'로 '태자'는 '세자'로 명칭을 달리하고, 왕호는 '종'을 칭하지 못하고 제후의 레벨이라 할 '왕'을 칭하는 것으로 바뀌었다. 몽골제국과 유사한 3성6부의 관제도 바뀐다. 몽골의 언어와 풍습이 고려에 유행하였으며, 이에 의하여 고려의 국체가 크게 동요한 것은 어쩔 수 없는 결과였다. 그럼에도 불구하고 고려는 왕조의 정통성만은 그대로 인정받았는데, 이는 몽골이 지배한 유라시아에서 매우 독특한 사례가 되고 있다. 다른 한편 이 시기 고려는 세계제국 몽골의 일원이 됨으로써, 세계화의 틀에 직접 접하는 독특한 역사적 경험을 갖게 되었다.

〈참고자료〉

이날 최우가 왕에게 속히 전에서 내려 서쪽으로 향하여 강화도로 향할 것을 아뢰니 왕은 망설이며 결정하지 못하였다. 우가 녹전차(祿転車) 1백여 량을 빼앗아 가재를 강화로 옮기니 서울이 흉흉하였다. 유사에 명하여 날짜를 정해 5부 백성을 보내게 하고, 성 안에 방을 붙여 이르기를, "미적미적하여 출발 기일에 미치지 못하는 자는 군법으로 논하리라" 하고, 또 사자를 여러 도로 보내 백성을 섬이나 산성으로 옮겼다. (중략) 왕이 개경을 출발하여 승천부에 머무르고 다음 날 강화도의 객관에 입어하였다. 이때 장맛비가 열흘이나 계속되어 진흙길이 발목까지 빠지고 인마가 쓰러져 죽었다. 벼슬아치나 좋은 집안 부녀들이 맨발로 업고 이고 하는 자까지 있었다. 환과고독으로 갈 바를 잃고 호곡하는 자가 이루 헤아릴 수 없었다.

_『고려사절요』 16, 고종 19년 6월, 7월.

4. 두 개의 정부에 의한 대일 외교

1) 삼별초의 외교전략

　1270년 강화도의 삼별초는 개경으로 환도한 원종에 반기를 들고 봉기하였다. 몽골에 복속한 개경의 원종 정부를 전면 부정하고, 새로 조직한 그들의 정부야말로 고려의 정통정부라고 주장하였다. 1270년 6월 이들은 강화도로부터 진도로 이동, 용장성을 구심점으로 독자적인 세력을 구축하면서 개경 정부와의 대결을 기도하였다. 삼별초는 구 후백제 지역과 남부 해안지역의 연안 해양 세력권 구축을 통하여 개경 정부와의 대결을 추구하고자 하였다. 왕족 승화후 온을 새 왕으로 옹립하고, 관부를 설치하고, 그리고 용장성에는 궁궐을 조성하였다. 전주, 나주 등 후백제 지역 확보에는 실패하였지만 진도 부근 완도에는 송징이 주둔하고, 남해도에는 유존혁이 주둔하여 서남해안 일대의 제해권을 장악하면서 개경에 맞서는 반몽의 새로운 정부를 수립하였던 것이다. 그러나 개경의 고려가 합세한 몽골의 침략 세력을 방어하는 데는 크게 역부족이었다. 이러한 압력에 대응하는 구체적 방편으로 모색된 것이 삼별초의 일본과의 연합전선 구축 시도이다.

　진도 정부가 일본에 사신을 파견, 대몽 항전에 있어 공동의 보조를 취하며 가능한 협조를 타진하게 된 것은 봉기 이듬해인 1271년의 일이었다. 진도에서 보낸 편지는 진도 정부가 몽골군에 의해 무너진 한참 뒤인 9월 초에야 가마쿠라[鎌倉] 막부를 거쳐 교토[京都]의 조정에 전달되었다. 이미 진도의 삼별초가 무너진 뒤의 일인 것이다. 따라서 이 서신을 가져온 사신이 진도에서 출발한 것은 진도가 공함된 5월 15일 직전이었을 것으로 추정된다. 일본과의 연합전선 구축이라는 시도가 너무 늦었다는 이야기이다.

　진도 정부가 일본에 보낸 편지 내용에 대해서는 『길속기(吉續記)』의 기록에 몽골이 일본을 치게 될 것을 진도 정부가 예고한 것, 그리고 지금 몽골에 대항하고 있는 진도 정부에 대하여 식량과 병력으로 협조해 줄 것을 구체적으로 요청하는 내용이 있다. 한편 동경대학 사료편찬소의 보관문서인「고려첩장불심조조(高麗牒狀不審條條)」는 이때 진도 정부가 보낸 편지의 내용에 대하여 보다 구체적인 지식을 전하고 있다. 이 문서는 진도의 삼별초가 보낸 편지 그 자체는 아니지만, 편지의 주요 내용을 요약하고 있어 삼별초의 일본에 대한 희망과 당시 진도 정부의 내부 사정에 대하여 귀중한 정보를 얻을 수 있다는 점에서 매우 중요한 자료이다.

진도 삼별초 정부가 보낸 편지에는 무엇보다 몽골에 대한 적대 의식과 반몽 의지가 명백히 나타나 있다. 가령 제1조에서 몽골을 '위취(韋毳, 짐승의 가죽)'라는 말로, 3조에서 몽골풍속(문화)을 '피발좌임(被髮左衽, 오랑캐의 습속)'이라는 문자로 지칭한 것 등은 공식적 외교문서로서는 매우 강력한 반몽적 표현들이다. 삼별초 정부는 진도 정부야말로 정통의 '고려' 정부임을 표방하였다. 이 때문에 이 문서의 제목은 '고려의 첩장(高麗牒狀)'으로 기재되어 있다.

문서에서는 진도 정부와 일본과의 공동적 운명 내지 진도 정부의 일본에 대한 배려가 강조되고 있다는 점도 유의된다. 이러한 내용은 몽골 침략의 위기적 상황을 일본과 공동으로 타개해 나갈 것을 소망하는 삼별초 정부의 기대가 표현된 것이라 하겠다. '정황(情況)을 직접 보기 위하여 사절의 파견을 일본에 요청한 것'도 진도 정부가 일본과의 반몽 항전을 위한 공동전선을 강력히 희망하였던 것을 말해준다.

고려첩장 문서를 통해서 볼 때 진도의 삼별초는 일본과의 공동운명을 강조함으로써 일본의 구체적 지원 가능성을 타진한 것이라 하겠다. 삼별초로서는 일본과의 연대에 의하여 군량, 병력 등의 실질적인 문제를 타개하고자 하는 목적이 있었다. 식량의 결핍, 병력 면에서의 상대적인 열세 등의 문제에 직면한 삼별초로서는 일본과의 연대야말로 상황을 타개할 수 있는 현실적 대책이었던 것이다.

진도 삼별초 정부의 반몽 연대 제의에 대한 일본 측의 반응은 구체적으로 확인되지 않는다. 그러나 일본은 고려 국내 정세의 최근의 변동에 대해서는 거의 사전 지식이 없었고, 따라서 진도에서 보낸 편지의 내용조차 파악하지 못하였던 것을 보면 이에 대한 본론적 논의는 아예 이루어지지 못한 것으로 보인다. 더욱이 삼별초 진도 정부의 붕괴로 이 같은 제안은 하나의 해프닝으로 그치고 말았던 것이다.

진도 정부 붕괴 이후 삼별초의 잔여 세력은 제주도로 거점을 옮겨 다시 집결하였다. 그리고 김통정의 지휘 하에 이후에도 3년 동안, 1274년까지 반몽, 반개경 정부의 항전을 지속하였다. 특히 고려의 물류 시스템인 조운제를 여전히 위협하였기 때문에 삼별초의 존재는 개경 정부에게 대단히 고통스러운 것이었다.

삼별초의 '반몽 봉기'라는 상황의 변화에도 불구하고 몽골은 일본에 대한 외교적 작업을 그치지 않았다. 삼별초의 봉기, 그리고 고려정부의 개경으로의 환도 이듬해인 1271년 정월 원 비서감 조양필(趙良弼)이 고려에 입국하였다. 이들은 진도가 함락되고 난 이후인 9월 일본에 건너갔다. 몽골의 일본에 대한 5차 견사에 해당하는데, 이때는 아예 고려 사신을 대동하지도 않았다. 몽골의 고려에 대한 불신을 말해주는 것이다. 조양필은 다자이후[太宰府]에서 교토[京都]에의 직접 사행을 요구하였으나 역시 허락을 받지 못하였다. 몽골의 직접적 협상 노력에도 불구하고 일본의 반응은 여전히 냉담하였던 것이다. 일본에서 돌아와 귀국하지 않고 고려에 머물고 있던 조양필은 이듬해 1272년 다시 일본에 들어갔다. 그는 규슈 체류 끝에 1273년(원종 14) 5월 본국으로 귀국하였다. 몽골의 군사적 조치는 점차 눈 앞에 박두하고 있었다.

2) 일본 정벌을 위한 외교적 탐색

몽골에 대한 고려의 복속으로 양국의 외교적 지향은 일본을 향하게 되었다. 고려 다음 단계의 군사행동의 목표점이 일본이었기 때문이다. 고려시대 일본과의 관계는 고대와 같이 활발한 교류가 이루어지고 있지 않았다. 외교란 근본적으로 서로 간의 필요에 의하여 이루어지는 관계인데, 중세의 한일관계는 서로 간의 기대와 필요가 현저히 약화되어 있었기 때문이다. 그런데 몽골제국의 정복전이 일본을 향하게 됨에 따라 고려에게는 이러한 몽골의 필요를 수행하는 향도로서의 역할이 주어지게 된다. 그리고 그것은 군사적 움직임에 앞서 외교적 방식에 의하여 전개되었다.

일본을 복속시키기 위한 몽골 측의 사신 파견이 처음 시도된 것은 개경 환도 이전인 1266년(원종 7)의 일이다. 11월, 몽골의 병부시랑 흑적(黑的), 예부시랑 은홍(殷弘)은 쿠빌라이의 조서 2통을 휴대하고 먼저 고려에 입경하였다. 1통의 조서는 고려 원종에게, 그리고 다른 한 통은 일본국왕에게 내리는 것이었다. 강화도의 고려정부는 추밀원부사 송군비와 시어사 김찬에게 몽골 사신을 안내하여 일본에 가도록 하였다. 그러나 이들 사신 일행은 거제도 송변포(松邊浦, 지금의 다대포)에까지 이르렀다가 바람과 파도가 험하다는 핑계로 일본 사행을 포기하고 이듬해 1267년 봄 돌아오고 말았다.

일본에 대한 몽골의 사신 파견에 대하여 크게 긴장한 것은 고려 조정이었다. 일본에 대한 사신 파견이 향후 군사적 압박으로 이어지고, 고려가 과도한 부담을 감당해야 할 사태가 예상되었기 때문이다. 문하시중 이장용은 일본에 가는 몽골 사신에게 사신(私信)까지 보내, 일본을 포기하는 것이 상책일 것이라는 의견을 전달하기까지 한다. 몽골 사신의 일본 사행을 막아 일본 정벌에의 의도를 미리 저지하려는 의도였다. 이들 사신 일행은 거제도에서 바다를 바라보며 파도가 험하다거나 쓰시마에 도착하면 불의의 변을 당할지 모른다는 등의 핑계를 대고 결국 귀환하고 말았던 것이다. 새로운 전쟁에 휘말릴 것을 염려한 고려는 몽골에 의하여 주어진 일본에 대한 중계 역할을 어떻게든 모면하려 고심하였다. 심지어 고려정부는 일본을 외교적으로 압박하는 역할을 피하기 위하여 과거 교역 일본인들이 머물던 김해의 객관을 파괴하여 그 흔적을 지우기까지 하였다. 고려가 일본과는 왕래가 없었음을 강조하여 중계 역할을 피하고 싶은 목적 때문이었다.

그러나 이러한 고려의 기대와는 달리 쿠빌라이는 일본에 대하여 각별한 집착을 보였다. 그리하여 일본에 대한 사신 파견은 1266년(1차)부터 개시되어, 1267년(2차), 1268년(3차), 1269년(4차), 1271년(5차), 1272년(6차), 1273년(7차) 등 거의 해마다 이루어졌다. 일본 복속에 대한 쿠빌라이의 강렬한 의지를 보여주는 것이다. 쿠빌라이는 다른 어느 나라보다 일본과 인접해 있는 고려에게 이 문제를 책임지고 해결할 것을 기대하였다.

1267년(원종 8) 8월 고려에서는 반부(潘阜)에게 몽골 국서와 고려 원종의 서신을 휴대하여 일본에 다녀오도록 하였다. 몽골이 보낸 최초의 사신이 일본에 당도한 셈이다. 이에 의하여 일본조정은 처음으로 대륙의 정세를 새롭게 재편하고 있는 몽골의 존재에 대한 정보를 공식적으로 접하게 된다. 고려 사신 반부는 쓰시마를 거쳐 다자이후[大宰府]에 이르러 휴대한 조서를 제출하고 그 답신을 기다렸다. 고려와 몽골의 국서는 가마쿠라[鎌倉]에 전달되고 다시 교토[京都]로 보내졌으나, 이에 대해 일본조정은 논란 끝에 답신을 하지 않는 것이 상책이라는 결론을 짓고 말았다. 특히 몽골과 일본의 관계를 '군신'관계로 설정하는 듯한 몽골 국서의 문구 내지 문서 작성 형식은 일본조정의 반발을 가져왔다.

1268년(원종 9) 12월, 고려는 신사전, 반부 등을 몽골 사신 흑적, 은홍과 함께 다시 일본에 파견하였다. 세 번째 견사에 해당하는 이 사신단의 규모는 70여 명에 이르렀다. 그러나 이들은 아예 하카타[博多, 후쿠오카]에 이르지도 못하고 쓰시마에서 중도에 돌아오고 말았다. 쓰시마에서 야기된 주민들과의 마찰 때문이었다.

몽골의 사자는 왜인 포로를 대동하고 고려를 거쳐서 다시 일본으로 들어갔다. 고려에서는 김유성 등이 이들을 안내하였다. 포로 송환이라는 모양을 갖춘 것인데, 이것이 몽골의 일본에 대한 네 번째 사신 파견이다. 이들은 1269년(원종 10) 9월 쓰시마에 도착했다. 다자이후[大宰府]에서는 이들을 쓰시마에 그대로 머물게 하면서 이들이 휴대한 원 중서성의 편지만을 막부를 거쳐 교토로 전달하였다. 막부와 조정의 반응은 예상대로 부정적이었다. 일본은 발송하지는 않았으나 몽골의 통교 요구를 거절하는 답장까지 작성하였다. 일본은 몽골의 외교적 요구에 대하여 아무런 태도 변화를 전혀 보여주지 않았던 것이다.

이상 1266년부터 1269년, 삼별초 봉기 이전까지 4차에 걸친 몽골의 일본에 대한 사신 파견에 의하여 몽골이 얻은 외교적 성과는 아무 것도 없었다. 쿠빌라이는 그 책임의 상당 부분이 고려의 소극적 태도 때문이라고 생각하였다. 사실 고려는 몽골의 일본 원정이 실현될 경우 고려가 안게 될 무거운 부담을 크게 걱정하고 있었다. 역할을 피할 수는 없지만, 무언가 상황을 지연하면서 새로운 변수가 나타나기를 기대하는 것이었다.

고려가 항전에서 복속으로 넘어가는 전환기의 상황에서 외교적으로 중요한 역할을 한 인물은 이장용(李藏用)이다. 그는 원종의 일본 친조가 불가피한 것임을 예견하고 이 같은 현실을 받아들여야 한다고 생각했다. 그러나 원 간섭기에 있어서 몽골의 과도한 정치 개입을 경계하여 고려의 최소한 독립성과 자존을 지키기 위하여 노력하였다.

3) 정치에 종속된 외교

고려를 앞세운 여몽연합군의 일본 침입은 삼별초 진압 직후인 1274년과, 남송을 멸망시키고 난 후의 1281년, 도합 2회에 걸쳐 이루어졌다. 그 가운데 일본 본토에 상륙하여 치열한 전투를 벌인 것은 1274년의 1차 침입이었으며, 규슈 제1의 도시 후쿠오카 시내가 그 전투의 현장이었다. 일본 원정 추진에 있어서 군선 및 병량 조달의 부담은 전적으로 고려에게 지워졌다. 일본 원정을 위하여 대량의 군선이 제작되었던 곳은 전북 부안의 변산과 전남 장흥의 천관산 해변이었다. 고려로서는 원하지 않은, 어떻게 해서든지 피하고 싶었던 전쟁에의 동원이었다.

고려 출정의 연합군은 1, 2차 공히 9백 척의 선단을 구성하였다. 1274년 10월 3일 마산항을 출발한 연합군은 10월 5일 쓰시마를 치고, 10월 19일에는 하카타만[博多灣]에 육박한다. 전투는 매우 치열하였고, 후쿠오카 일대에서 연합군에 압도된 일본군은 다자이후[大宰府]의 미즈키[水城]로 퇴각하였다. 10월 20일, 날이 어두워지자 연합군은 해안의 전함으로 철수하였고 더 이상 일본군을 몰아붙이지 않은 채 귀환하였다.

이 무렵 몽골은 남송에 대한 공격을 더욱 강화하고 있었다. 1275년에는 건강(남경), 그리고 1276년 정월에는 드디어 수도 임안(臨安, 항주)을 점령하기에 이르렀다. 사실상의 남송 멸망이었다. 몽골의 재침은 피하기 어려웠다. 1275년 정월 김방경을 통해 올린 표문에서 고려는 궁핍한 농민의 실정, 전함과 병량을 낼 수 없는 재정의 어려움을 절절히 호소함으로써 일본 원정의 포기를 종용하였다. 그러나 이 같은 고려의 요구는 받아들여지지 않았다. 몽골은 예부시랑 두세충(杜世忠) 등을 고려 통역을 붙여 다시 일본에 파견하였다. 그런데 이번의 사신은 가마쿠라[鎌倉]에 이르러 참수되는 변을 당하였다. 일본의 강력 반발이었다. 심지어 막부는 고려에의 출정을 선언하기도 하고, 하카타 해안 몽골군의 상륙 예상 지점에는 장장 20km에 달하는 방어용 석축(원구방루)을 구축하였다. 일본 원정의 재시도는 기정사실이었다.

남송 정벌전의 전개로 다소 늦추어진 제2차 원정군이 합포를 출발한 것은 1281년 5월이었다. 1차 때와 달라진 것은 일본 원정에 임하는 고려의 태도였다. 일본에 대한 제2차 침입에서 고려는 적극적인 입장으로 선회한 것이다. 어차피 피할 수 없는 것이라면 이것을 원과의 정치적 외교적 문제 해결을 위한 카드로 활용하자는 것이었다. 당시 충렬왕의 정치적 위상은 불안정하였다. 특히 홍다구 등 친원파의 영향력 행사는 왕권의 안정성을 위협하는 것이었다. 이 같은 여건에서 몽골의 군사적 요구를 적극 수용함으로써 권력의 내부적 안정을 달성한다는 방침이었다. 1278년, 1280년 충렬왕이 원에 입조하였다. 충렬왕은 일본 재침에 대한 고려의 적극적 역할을 담보로 고려 내부의 정치적 주도권을 인정받고자 하였다. 결국 이 시기에 있어서 외교란 내부의 정치적 구도와 너무 깊게 연계되어 있어서 국내 정치와의 구분이 모호해진 경향이 있다.

제2차 원정군의 편성은 합포(마산)에서 출정한 종래의 동로군과 명주(영파)에서 출정한 남송군의 양 갈래였다. 구 남송군의 병력 규모는 10만, 군선의 수도 3천 5백 척에 이르렀다. 다만 구남송의 이른바 '10만' 병력 대부분은 전투력과 무관한 집단이었다. 즉 남송의 항군을 일본에 방출하여 정착케 할 목적이었으며, 이 점에서 생각할 때 여몽연합군이 투입된 두 차례의 원정은 그 목적에 있어서 차이가 있었음을 알 수 있다. 1274년 1차 원정의 경우는 일본 열도를 제압함으로써 대 남송전 등에서 유리한 지반을 확보하고자 한 것이 우선적 목표였다고 한다면, 제2차 원정은 남송전 이후 중국 정복 지역에 대한 정치적 안정 도모가 원정의 중요한 추진 배경이 되었던 것이라 할 수 있기 때문이다.

1281년 6월 말, 여몽연합군은 히라도[平戶] 섬에 이른 범문호의 강남군과 비로소 합류하였다. 7월 다카시마 섬이 점령되고 연합군의 하카타만에 대한 대공세가 예상되고 있었다. 그런데 연합군이 다카시마를 점령한 직후인 7월 30일(양력 8월 23일) 밤부터 대폭풍이 연안을 휩쓸었다. 이에 의하여 다카시마 일대에 정박 중이던 여몽군의 함선은 회복 불능의 파멸적 타격을 입었다. 그리고 몽골의 일본 원정에의 시도도 그로 말미암아 물거품이 되고 말았다. 이후에도 한동안 몽골은 일본 정복에의 야욕을 버리지 않았지만, 그러한 희망은 실현되지 못하고 말았다. 2차에 걸친 일본 침입으로 고려와 일본, 고려와 원은 외교적 관계가 단절되었다. 그리고 대략 반세기 후부터 이번에는 고려 및 대륙에 대한 왜구의 침입으로 이어진다.

　몽골의 일본 침입은 고려를 앞세운 몽골의 군사적 행동이었다. 이미 자주성을 상실한 고려에 있어서 나라와 백성을 지키려는 자주적 외교는 크게 시련을 맞은 것이다. 원의 정치적 간섭에 의하여 이미 외교는 정치에 종속된 변수에 불과하였던 셈이다.

〈참고자료〉 고려로부터의 첩장 [國書] 가운데 잘 알 수 없는 것들(고려첩장불심조조)

1. 전번 첩장(1268년도 국서)은 몽골의 덕을 칭송하는 것이었는데, 이번 첩장(1271년도 국서)은 몽골을 '오랑캐'라 하고 천박하다 하였는데, 무슨 말인지.
2. 전번 첩장은 몽골의 연호를 사용하였는데, 이번 첩장은 몽골 연호를 사용하지 않은 점
3. 전번의 첩장은, 몽골의 덕에 귀부하여 군신(임금과 신하)으로서의 예를 다하라 하였다. 그런데 이번 첩장에서는 강화도에 천도한 지 거의 40년인데, 오랑캐(몽골) 풍속을 성현께서 미워하는 바라, 이 때문에 또 진도로 천도했다는 것.
4. 이번 첩장에서는 "몽골의 요구를 따르지 않은 것이 전쟁이 일어나게 된 이유이고, 몽골의 부림 당하는 바가 되었다"고 하였는데, 앞뒤가 안 맞지 않는가.
5. 바람으로 표류한 사람들을 호송하였다는 것.
6. 김해부(金海府)에 주둔하는 군사 약 20명을 일본에 송환하였다는 것.
7. 우리나라가 삼한(三韓)을 통합하였다는 것.
8. 사직의 안녕은 하늘의 때를 기다린다는 것.
9. (고려가) 오랑캐의 군사(몽골병) 수만을 청하였다는 것.
10. 이러한 국서를 드리게 됨을 용서하소서라고 한 것.
11. 예물을 바친다는 것.
12. 귀국(貴國)에서 사신을 파견하여 알아보실 것.

(동경대 사료편찬소 보관 문서)

한국은 대륙과 연접되고 해양으로는 일본 열도와 근접되어 있다. 이 때문에 동아시아 국제정세의 변화 혹은 문화의 교류가 한국의 역사 전개에 직접적인 영향을 미쳐온 것이 사실이다. 한국의 이 같은 지리적 역사적 특성상 대륙과 해양 등 주변 정세에 주목하면서 대외관계의 다양한 전개를 주도하거나 조절하는 역할을 충분히 감당하는 것이 매우 중요한 국가적 번영의 요건이라 할 수 있다.

이 글은 몽골과의 접촉이 시작된 1218년부터 여몽군의 1차 일본 정벌이 치러지는 1274년까지 56년, 대략 반 세기 동안 고려의 외교 상황을 정리한 것이다. 이 기간은 여몽 간 외교관계의 성립으로부터 몽골과의 항전 끝에 원 간섭기로 전환하기까지의 기간에 해당한다. 역사적으로 긴 시간이라고 볼 수는 없지만 세계사에서 '몽골'이 등장한 이후 고려가 겪게 되는 상황의 변화가 잘 드러나는 기간이다.

몽골과의 관계 속에서 13세기 전·후반 56년의 상황은 다음과 같이 대략 3기로 구분하여 생각해 볼 수 있다.

제1기(1218~1230) : 몽골과의 '형제 맹약'이라는 현실적 외교관계 선택
제2기(1231~1258) : 몽골과의 항전 기조 속에 외교적 방식에 의한 문제 해결 추구
제3기(1259~1274) : 국왕 친조에 의한 외교의 전개

1219년 몽골과의 '형제 맹약'은 몽골의 필요에 대하여 고려가 수동적으로 대응하는 형태로 맺어진 것이고, 외교관계의 내용도 세공의 징구를 기반으로 한 것이어서 매우 단조로운 수준의 외교관계의 상황을 보여준다. 1231년 몽골의 침입이 개시되고 이듬해 고려정부가 강화도로 천도하면서 고려·몽골은 타협하기 어려운 대결적 국면이 초래되었다. 군사적 압박이 지속되는 가운데 평화적 문제 해결을 희망한 고려정부는 몽골에 지속적

으로 사신을 파견하여 사태를 완화시키고자 하였다.

고려는 항전의 전개와 함께 몽골의 요구를 부분적으로 수용하고자 하였고 그 과정에서 왕족 혹은 왕자의 몽골 입조가 이루어진다. 무인정권 말기의 제3기는 국왕 친조에 의한 외교가 이루어진다. 국왕의 친조는 한국의 역사상 유례가 없는 것이어서 '원 간섭기'라는 특별한 시대적 상황을 반영하고 있다. 한편 제3기의 기간은 상반하는 지향의 삼별초 진도 정부 수립에 의하여 두 개의 정부, 상반하는 대일 외교가 추구되는 기간이기도 하였다.(1270~1273)

13세기 몽골제국의 침입, 그리고 고려의 장기 항전은 우리 역사에 여러 가지 교훈적 요소를 남겼다. 민중과 소통이 단절된 권위적 정부가 갖는 한계성을 보인 것이 그 하나이다. 이 때문에 무인정권의 대외 항전이 갖는 긍정적 의미에도 불구하고 그 한계점이 분명하게 드러났다. 전쟁은 반드시 병력이나 화력만으로 판세가 결정되는 것은 아니어서, 그 중심에 있는 내부적 요소, 정신적 요소의 중요성을 무시할 수 없다. 대외관계에 있어서도 외교적 유연성이 요구된다. 이 점에서 몽골에 대한 고려의 항전은 치열한 장기 항전에도 불구하고 경직된 항전 일변도 정책의 한계점을 가지고 있다. 외교적 노력을 구사한 것은 사실이지만, 본질보다는 현상 타개와 임기응변에 초점이 맞추어진 것이었다.

고려시대는 거란, 송, 금 등 여러 나라와의 다원적 관계 속에서 그 외교적 위치를 확보해왔다. 그러나 몽골제국의 발흥 이후 고려는 대략 일대일(一對一)의 단순한 외교 루트만을 갖게 된다. 동북 대륙의 금이 조기에 멸망하고, 남송은 1270년대까지 존속하였지만 대륙 정세에 적극적 영향력을 갖지 못했기 때문이다. 몽골(원) 이후 대륙의 왕조는 명, 청으로 이어져 6백년 간 경색된 사대외교의 틀을 벗어나기 어려웠다. 그러한 계기를 만든 것이 몽골(원)의 존재였던 것이다.

21세기의 한반도는 자본주의와 사회주의라는 상이한 체제를 구축하고 남북으로 대결하고 있다. 한편 중국, 러시아, 일본의 세계적 초강대국이 한반도와 직접 영토를 접하고 있으며, 여기에 미국이 전쟁의 억지를 위하여 한반도에 주둔함으로써 한반도는 세계적인 분쟁 위험지역의 하나로 부각 되어 있다. 이러한 점에서 한국은 주변 여러 나라와의 협력 관계를 강화하면서 평화와 안정을 보전하기 위한 능동적이고 주도적인 외교 노력이 각별히 요구된다. 13세기의 외교사는 이 점에서 일정한 참고가 된다.

참고문헌

1. 저서

강재광, 2011, 『몽고 침입에 대한 최씨정권의 외교적 대응』, 경인문화사.
고병익, 1970, 『동아교섭사의 연구』, 서울대출판부.
국방부 군사편찬연구소, 2006, 『고려시대 군사전략』.
국방부 전사편찬위원회, 1988, 『대몽항쟁사』.
국립제주박물관, 2017, 『삼별초와 동아시아』.
김상기, 1948, 『동방문화교류사 논고』, 을유문화사.
동북아역사재단 편, 2009, 『몽골의 고려·일본 침공과 한일관계』, 경인문화사.
동북아역사재단, 2011, 『13~14세기 고려- 몽골관계 탐구』.
윤용혁, 1991, 『고려 대몽항쟁사 연구』, 일지사.
_____, 2000, 『고려 삼별초의 대몽항쟁』, 일지사.
_____, 2014, 『삼별초 무인정권·몽골, 그리고 바다로의 역사』, 혜안.
임용한, 2008, 『전란의 시대』(전쟁과 역사 3), 혜안.

2. 논문

강성원, 1995, 「원종대의 권력구조와 정국의 변화」, 『역사와 현실』 17.
신안식, 1993, 「고려 최씨무인정권의 대몽강화교섭에 대한 일고찰」, 『국사관논총』 45.
이개석, 2010, 「여몽 형제 맹약과 초기 여몽관계의 성격」, 『대구사학』 101.
이익주, 1996, 「고려 대몽 강화론의 연구」, 『역사학보』 151.
이미지, 2009, 「1231·1232년 대몽표문을 통해본 고려의 몽고에 대한 외교적 대응」, 『한국사학보』 36.
정동훈, 2017, 「고려 원종·충렬왕대의 친조 외교」, 『한국사연구』 177.

제 7 장
몽골(원)과의 외교

이익주

1. 원종대 고려와 몽골의 강화
2. 충렬왕대 '세조구제'의 성립과 그 의미
3. 공민왕 반원운동 이후의 고려·원 관계

1. 원종대 고려와 몽골의 강화

1) 고려·몽골 강화의 성립

1231년(고종 18) 몽골의 침략으로 시작된 전쟁은 28년 만인 1259년(고종 45)에 종식되었다. 한 해 전인 1258년 3월에 문신 유경과 무신 김준 등이 정변을 일으켜 최씨정권을 붕괴시킴으로써 조정에서 강화론이 득세한 결과였다. 그해 12월에는 장군 박희실 등을 몽골에 보내 전쟁의 책임을 최씨정권에 돌리고, 몽골군이 먼저 철수하면 강화도에서 나와 항복하겠다는 뜻을 전했다. 박희실 등은 이듬해 귀국하는 길에 몽골군 지휘관 쟈릴타이[車羅大]를 만나 태자의 입조를 강화의 조건으로 제시했고, 그 자리에서 입조 시기가 4월로 정해졌다. 그에 따라 4월 21일 고려 태자가 항복의 뜻이 담긴 표문을 가지고 몽골에 입조함으로써 오랜 전쟁이 끝나고 강화가 성립되었다. 전쟁 말기에 몽골이 강화 조건으로 국왕의 친조를 요구했지만 고려의 주장에 따라 태자의 입조로 완화된 것이었다.

몽골에 간 태자는 동경(東京)과 연경(燕京), 경조(京兆), 동관(潼關)을 거쳐 몽골 황제 몽케 칸[憲宗]이 남송과 전투를 벌이고 있던 사천의 조어산으로 향했다. 그 사이 6월 30일에 국왕 고종이 세상을 떠났고, 태자는 경조부에서 이 소식을 들었지만 귀국하지 않고 3일 동안 상복을 입은 뒤 가던 길을 재촉했다. 그런데 7월 9일 몽케 칸이 사망했으므로 태자는 육반산에서 그 소식을 듣고 갈 곳을 정하지 못한 채 머물게 되었다. 당시 몽골에서는 몽케 칸의 두 동생인 쿠빌라이와 아릭부게가 후계 자리를 놓고 대립했는데, 태자는 쿠빌라이를 찾아갔다. 그것이 정세 판단에 의한 것이었는지, 아니면 우연한 일이었는지 분명치 않지만, 향후 고려의 운명을 결정지은 중대한 선택이었음에 틀림없다.

고려 태자를 만난 쿠빌라이는 "고려는 만 리나 되는 나라[萬里之國]이다. 당 태종이 친히 정벌했으나 굴복시키지 못했는데 지금 그 나라의 세자가 스스로 나에게 귀부했으니 이는 하늘의 뜻이다"라고 하며 크게 기뻐했다는 기록이 『고려사』에 전한다. 아릭부게와의 전투를 목전에 두고 있던 쿠빌라이로서는 그때까지 30년 가까이 항전을 벌여 왔던 고려의 태자가 자신에게 찾아온 사실을 '하늘의 뜻'으로 선전하고 싶었을 것이다. 고려에서도 그러한 의미를 알고 있었던 것으로 보이는데, 『고려사』에서는 당시 상황을 "세조황제가 남정(南征)에서 회군하여 장차 대통을 계승하려 할 때 그의 아우가 삭방에서 변란을 선동하니 제후들이 근심하고 의심하였다. 길이 매우 험했으나 우리 충경왕(원종)이 세자로서 신하들을 거느리고 양초(梁楚)의 들에서 배영하니 천하가 먼 곳에서까지 즐겨 복종하는 것을 보고 천명이 (세조에게) 돌아가고 있는 것을 알게 되었다"라고 기록하였다.

고려 태자와 쿠빌라이의 만남은 향후 고려와 몽골의 관계를 결정짓는 중요한 계기가 되었다. 쿠빌라이가 아릭부게와의 싸움에서 승리함으로써 고려가 승자의 편에 서게 되었다는 점 이외에도 당시 쿠빌라이 진영에서 일어나고 있었던 변화 때문이었다. 쿠빌라이는 역대 몽골 칸 가운데 중국의 한문화(漢文化)를 수용하는 데 가장 적극적이었다. 중서성·추밀원·어사대 등 중국왕조의 관부를 설치하고 중통(中統)·지원(至元) 등 중국식 연호를 채용했으며, 1271년에는 국호를 대원(大元)이라고 하였다. 그러한 정책들은 한문화에 동화된다는 의미의 '한화(漢化)'는 아니고, 단지 '한법(漢法)을 사용하여 한지(漢地)를 다스린다[以漢法治漢地]'는 원칙에 따른 것이었다. 이러한 변화는 쿠빌라이가 카안으로 즉위한 뒤에 본격적으로 나타났지만 그 이전부터 준비되었다고 할 수 있으며, 고려 태자를 대하는 태도에서 이미 그러한 조짐이 나타나고 있었다. 고려 태자를 만났을 때 쿠빌라이 진영에서는 다음과 같은 논의가 있었던 것으로 알려져 있다.

강회선무사 조양필이 황제(皇弟, 쿠빌라이)에게 말하기를 "고려가 비록 작은 나라이나 산과 바다에 의지하여 국가가 20여 년 동안 용병했는데도 아직 신부(臣附)시키지 못했습니다. 작년에 태자 전(倎)이 내조하였으나 마침 황제가 서정(西征) 중이었으므로 머문 지 2년이 되었는데 대접하는 설비가 소홀하여 그 마음을 위안하지 못하였으니 일단 돌아가면 다시 오지 않을 것입니다. 마땅히 관곡(館穀)을 후하게 하여 번왕의 예로 접대해야 할 것입니다. 이제 듣건대 그 아비가 죽었다 하니 전을 왕으로 세워 환국시키면 반드시 은혜를 감사히 여기고 덕을 받들어 신직(臣職) 닦기를 원할 것이니, 이는 일졸(一卒)을 수고롭게 하지 않고도 일국(一國)을 얻는 것입니다"라고 하였다. 섬서선무사 염희헌도 또한 이 같이 말하니 황제가 그렇게 여겼다.
_『고려사』 권25, 세가25, 원종 원년(1260) 3월.

조양필과 염희헌의 건의가 받아들여져 태자는 쿠빌라이로부터 고려국왕의 지위를 인정받고 귀국하여 왕위에 올랐다. 위의 기록에는 '(태자) 전을 왕으로 세운다[立倎爲王]'고만 되어 있어 책봉이 행해졌는지는 분명치 않으나, 태자가 즉위한 뒤 몽골에서 보내온 조서에는 '책봉하여 왕으로 삼았다[冊爲王]'는 구절이 있어 고려국왕으로 책봉했음을 알 수 있다. 그렇다면 이것은 매우 중요한 의미를 갖는데, 강화 이후 고려가 몽골과 책봉·조공 관계를 맺게 될 것임을 예고하는 것이기 때문이다.

원종이 몽골에서 돌아와 즉위한 뒤인 1260년(원종 1) 8월에는 몽골에서 연호를 제정했음을 알리는 조서를 보내왔다. 그 조서의 내용은 다음과 같다.

한무제(漢武帝) 이후 나라를 세우거나 물려받은 군주들은 즉위한 초에 연호를 반드시 개정했으니, 이는 온 천하와 아득한 후대까지 나라의 근본을 바르게 하는 뜻을 보이려는 것이다. 우리나라는 성군들이 대를 이어 대업을 크게 열었으나 예와 문물에 관한 일은 돌볼 틈이 없었다. 내가 대업을 이어받아 옛날의 어진 정치를 회복하고자 하는 뜻으로 이미 금년 5월 19일에 중통(中統) 원년으로 연호를 정하였다. 사신이 돌아가면 마땅히 이를 선포하여 나의 뜻을 알게 하라.
_『고려사』 권25, 세가25, 원종 원년(1260) 8월 임자

한자 연호를 제정하는 것은 분명 중국식 전통이었고, 책봉을 받는 나라에서 그 연호를 사용하도록 하는 것 또한 중국식 책봉·조공 관계의 전통이었다. 국왕 책봉에 뒤이어 연호 제정을 알리고 그 사용을 요구하는 위의 조서가 왔을 때 고려에서는 몽골과의 관계가 그 이전에 송, 거란, 금과 맺었던 책봉·조공 관계와 다르지 않다는 확신을 가졌을 것이다. 그리고 이러한 상황은 전쟁 초기부터 책봉·조공 관계를 맺는 것을 목표로 하여 몽골과 싸웠던 고려의 목표가 태자의 외교를 통해 달성된 것으로 인식되었을 것이다.

한편, 강화 직후부터 고려와 몽골 사이에는 구체적인 강화 조건을 둘러싼 논의가 진행되었다. 이와 관련해서는 1260년 6월 몽골에서 보내온 다음 조서의 내용이 참고가 된다.

> 경이 표를 올려 요청한 여섯 가지 일은 모두 허락한다. 의관(衣冠)은 본국의 풍속에 따를 것이며, 상하가 모두 고치지 말라. 사신은 (몽골) 조정에서만 보낼 것이며, 나머지는 통행하지 못하도록 금지할 것이다. 개경으로 돌아오는 시기는 힘을 헤아려 결정하라. 둔수하는 군대를 압록강 (이북)으로 철수하는 일은 가을을 기한으로 할 것이다. 원래 설치한 다루가치 일행은 모두 돌아오도록 명하였다. 스스로 원하여 우리에게 의탁한 자 10여 명에 대해서는 마땅히 조사해야 할 것이나, 앞으로 이처럼 머물려는 자가 있으면 결코 허락하지 않겠다.
> _『원고려기사』, 세조 중통 원년(1260) 6월.

고려는 ① 본국의 풍속을 따르도록 할 것 ② 사신은 몽골 조정에서만 보낼 것 ③ 개경 환도를 재촉하지 말 것 ④ 몽골군을 고려에서 철수시킬 것 ⑤ 다루가치를 소환할 것 ⑥ 전쟁 중 몽고에 항복한 고려인들을 돌려보낼 것 등 여섯 가지를 요구했고, 쿠빌라이가 이것을 모두 수용했던 것이다. 이로써 고려는 개경 환도의 시간적 여유를 확보하고 몽골 군대와 다루가치를 철수시키는 등의 성과를 거두었다. 이 가운데 특히 중요한 것이 본국 풍속의 유지를 약속받은 것이었다. 이 '불개토풍(不改土風)'의 원칙은 매우 포괄적인 의미로 해석되어 정치·경제·사회·문화 등 각 부문에 적용되면서 고려왕조의 존속을 보장받는 중요한 근거가 되었다.

'불개토풍'의 약속이 풍속의 문제에 국한된 것이 아니라 고려왕조의 존속을 보장하는 것이었음은 이로부터 약 75년이 지난 뒤에 이곡이 다음과 같이 말한 데서 확인할 수 있다.

> 옛날 우리 세조황제께서 천하를 다스릴 적에는 인심을 얻기에 힘써 특히 먼 지방의 특수한 풍속은 그 풍습에 따라 순치하도록 하였다. 그런 까닭에 천하의 모든 백성들이 기뻐하여 중역(重譯)하여 조회하여도 오히려 남보다 늦을까 걱정하였으니, 요·순의 정치도 이에 더할 수 없었다. 고려는 본래 해외에서 따로 나라를 만들고 중국에 성인이 있지 않으면 더불어 상통하지 않았으니, 당태종의 위덕으로도 두 번이나 군사를 일으켰으나 성공하지 못하고 돌아갔다. 국가(원)가 일어나자 제일 먼저 신복하여 왕실에 현저한 공훈을 세우니 세조황제께서는 공주를 시집보냈고, 조서를 내려 장려하기를 '의관과 전례는 조상의 풍속을 떨어뜨리지 말라.'고 하셨다. 그런고로 풍속이 지금까지 변하지 않았으니, 오늘날 천하에 임금과 신하가 있고, 백성과 사직이 있는 곳은 우리 삼한뿐이다.
> _『고려사절요』 권25, 충숙왕 후4년(1335) 윤12월.

여기서 이곡은 고려의 풍속이 변하지 않았음을 지적하면서, 그것을 임금과 신하, 백성과 사직의 존재, 즉 국가의 존속과 결부시켜 이해하였다. 그리고 그 근거가 된 것이 바로 강화 초기이던 1260년 세조 쿠빌라이의 '불개토풍' 약속이었다. 따라서 고려는 오랜 전쟁 끝에 강화를 통해 몽골로부터 국가의 유지를 보장받는 성과를 거두었다고 할 수 있다.

2) 몽골의 친조 및 '6사' 요구와 고려의 대응

친조(親朝)란 국왕이 직접 조회하는 것을 말한다. 이것은 책봉·조공 관계에서 책봉을 받은 제후의 의무로서 규정된 것이지만, 실제로는 사신을 보내 조회하는 것으로 대신하였다. 한편, 몽골은 점령한 지역의 군주가 자신들에게 직접 오는 것을 완전한 복속으로 간주하여 매우 중시하였다. 이처럼 국왕의 친조는 고려와 몽골에서 서로 다르게 해석될 소지가 있었는데, 1219년 형제 맹약 직후 몽골에서 줄곧 요구해왔지만 고려에서 완강하게 거부하여 1259년 전쟁이 끝날 때까지 실행되지 않고 있었다.

'6사(六事)'는 몽골이 점령지역에 요구한 여섯 가지 의무 사항을 말한다. 이것은 지역에 따라 조금씩 차이가 있었는데, 고려에 요구한 것은 인질을 보낼 것[納質], 몽골에 이르는 교통로에 역(驛)을 설치할 것[設驛], 군사를 내어 도울 것[助軍], 식량을 수송해 올 것[輸糧], 호구조사 결과를 보고할 것[供戶數籍], 다루가치를 설치할 것[置達魯花赤] 등이었다. 베트남[安南]에는 역의 설치 대신 국왕 친조가 포함되었는데, 고려에는 친조를 '6사'와 별도로 요구하였다.

친조와 '6사' 요구는 모두 몽골의 전통에 따른 것이었다. 강화 이후 고려에서는 몽골과 오랜 전쟁 끝에 책봉·조공 관계를 맺었다고 생각했지만, 몽골의 입장에서는 책봉·조공 관계가 여전히 낯설었고, 정복지역에 대한 자신들의 전통적인 지배 방식을 완전히 포기한 것도 아니었다. 그 때문에 고려와 몽골 사이에는 강화 이후 당분간 갈등이 계속되었다. 먼저, 1262년(원종 3) 몽골에서 다음과 같은 조서를 보내왔다.

> 무릇 멀리 있는 새로 귀부한 나라들에 대하여는 우리 조상 대대로 정한 규칙이 있으니, 반드시 인질을 바치는 것[納質], 민호를 조사하여 호적을 만드는 것[籍民], 우역(郵驛)을 설치하는 것[編置郵], 군대를 내는 것[出師旅], 식량을 운송하여 군비를 보조하는 것[轉輸糧餉 補助軍儲] 등이다. 지금 인질을 바친 것을 제외하고 나머지는

모두 이행하지 않고 있으니 경이 스스로 알아서 처리하되 반드시 숙의한 뒤에 실천하도록 하라.

_『고려사』 권25, 세가25, 원종 3년(1262) 10월.

이 조서에서 몽골이 요구한 다섯 가지는 모두 '6사'에 해당하는 것들이었다. 이밖에 다루가치 설치가 '6사'에 포함되는데, 불과 3년 전 고려의 요청으로 다루가치를 철수시킨 일이 있기 때문에 이때 나머지 다섯 가지만 요구했던 것으로 추정된다. 전쟁 중에도 몽골은 인질과 조군(助軍), 호구조사 등을 요구하여 실현시킨 적이 있었지만, 이처럼 일괄적으로 요구한 것은 이때가 처음이었다.

조서에서 언급한 것처럼 '6사'는 몽골이 '조상 대대로 정한 규칙'으로, 중국왕조의 책봉·조공과 본질적으로 다른 것이었다. 특히 세금 징수를 위한 호구조사와 다루가치 설치는 몽골의 직접 통치를 가능하게 하는 요소들로서 책봉·조공 관계 하에서는 수용하기 어려운 조건들이었다. 더욱이 불과 3년 전에 태자가 몽골에서 쿠빌라이로부터 고려국왕의 책봉을 받고 돌아왔고, 앞으로 몽골과의 관계가 책봉·조공 관계로 전개될 것이라고 믿고 있던 상황에서 몽골의 이 요구는 매우 뜻밖이었을 것이다. 그래서인지 고려는 이 요구에 대해 아무런 응답을 하지 않았고, 이듬해 3월 몽골에서 다시 재촉해오자 4월에야 사신을 보내 역은 이미 설치했고, 나머지는 뒤로 미뤄줄 것을 요청하였다. 여기서 이미 설치했다는 역이란 몽골과 무관하게 고려가 본래부터 가지고 있던 역참을 가리킨다. 결국 고려는 몽골의 요구를 전혀 이행하지 않았던 셈인데, 그럼에도 불구하고 몽골은 이 요청을 수용함으로써 '6사' 문제를 신중하게 다루는 모습을 보였다.

'6사' 문제가 미봉된 상태에서 1264년(원종 5) 5월에 몽골에서 국왕의 친조를 요구해왔다. 친조 요구는 1219년 형제 맹약 직후부터 계속된 것이지만, 이번에는 그 명분이 달랐다. 고려에 보내온 조서에서 '조근(朝覲)'은 제후가 지켜야 할 규범'이라고 함으로써 종전처럼 복속의 표시가 아니라 제후의 도리로서 친조를 요구했던 것이다. 물론 이것이 몽골의 정책 변화를 보여주는 것이라고 단언하기는 어렵지만, 적어도 고려에서 친조 요구를 받아들이면서 책봉·조공 관계 아래서 제후의 의무로서 정당화할 수 있는 구실이 되기에 충분했을 것이다.

고려에서는 논의 끝에 결국 몽골의 친조 요구를 수용하기로 결정했다. 당시 이장용은 "왕이 조근하면 화친이 이루어질 것이고, 그렇지 않으면 틈이 생길 것이다"라고 하여 화친을 유지하기 위해 친조가 불가피함을 역설했고, 원종이 다수의 반대를 무릅쓰고 이 의견을 받아들여 친조를 실행하였다. 여기에는 원종이 태자 시절 몽골에 가서 쿠빌라이를 만나 고려국왕의 책봉을 받고 돌아왔던 경험이 크게 작용했을 것이다. 또 강화 이후 원종은 몽골의 지원을 받으며 국내에서 왕권을 강화하고 무신정권과 대립하고 있었으므로 친조가 자신에게 유리하다는 정치적 계산도 함께 했을 것으로 보인다. 이로써 우리 역사상 처음으로 국왕의 친조가 실현되었고, 이후 원종과 몽골의 관계는 더욱 긴밀해졌다.

친조가 실현된 뒤로 당분간 몽골은 '6사' 문제를 거론하지 않았다. 하지만 1268년(원종 9)이 되자 몽골의 태도가 갑자기 강경해졌다. 그해 2월 몽골 황제가 고려 사신에게 '6사'가 이행되지 않고 있음을 질책했는데, 이때는 다루가치 설치도 포함되었다. 그리고 다음 달에 조서를 보내와 납질(納質), 조군(助軍), 수량(輸糧), 설역(設驛)과 호구조사, 다루가치 설치 등 '6사'를 명시하고, 납질과 설역은 이미 시행되었으니 나머지 네 가지를 이행할 것을 재촉했다. 그와 더불어 출륙 환도가 지연되고 있는 것을 비난하면서 그 책임을 물어 김준을 소환했는데, 이는 김준 정권을 압박하면서 '6사'를 실행하도록 하려는 것이었다.

몽골의 요구에 대하여 고려는 우선 출륙 환도를 약속하고, '6사'를 일괄적으로 수용하거나 거부하기보다 개별적으로 협상을 벌여 나갔다. 즉, 납질과 설역은 이미 실행했고, 조군과 수량은 곧 시행할 것이며, 호구조사와 다루가치 설치는 앞으로 여유가 생기면 실행하겠다는 식이었다. 여기 보이는 고려의 태도는 '6사' 가운데 책봉·조공 관계를 심각하게 훼손할 수 있는 호구조사와 다루가치 설치를 끝내 회피하는 데 초점이 맞추어졌다. 호구조사를 실시하여 그 결과를 몽골에 보고하게 된다면 몽골의 공물 요구에 시달리게 되거나 더 나아가 고려 재정의 자립성이 훼손될 우려가 있었고, 다루가치가 설치되면 고려의 내정에 심각한 간섭을 받게 될 것이었기 때문이다. 그렇게 된다면 책봉·조공 관계의 전제가 되는 고려의 국가적 존립이 위협받게 될 것이었다.

한편, 몽골의 압박은 고려에서 국왕 원종과 무신정권의 충돌을 촉발시켰다. 당시 권력을 장악하고 있던 김준이 몽골 사신을 죽이고 재항전을 벌이려 하자 원종이 이를 막았다. 그 결과 몽골과 협상을 벌이게 되었지만 이번에는 무신정권 내부에서 불만이 폭발하여 1269년(원종 10)에 임연이 김준을 제거하고 권력을 잡은 뒤 원종마저 폐위하는 일이 벌어졌다. 몽골에 대한 재항전을 염두에 둔 행동이었다. 하지만 몽골에서 원종 복위를 강력하게 요구하면서 군대를 파견했고, 임연은 그 압박을 견디지 못하고 원종을 복위시키고 말았다. 원종은 복위한 직후인 1269년 12월 몽골에 다시 친조하여 임연 제거와 출륙 환도를 조건으로 군대를 요청했고, 이듬해 몽골군을 이끌고 귀국하여 강화도의 무신정권을 무너뜨린 다음 개경으로 환도하였다.

몽골에 의한 원종 복위와 무신정권의 붕괴는 고려에서 몽골의 영향력이 크게 강화되는 계기가 되었다. 그에 따라 '6사'를 둘러싼 협상도 새로운 국면으로 접어들어 '6사'가 차례로 이행되기에 이르렀다. 우선 원종이 몽골에서 귀국할 때 다루가치가 동행했다가 무신정권이 붕괴된 뒤에도 돌아가지 않음으로써 자연스럽게 다루가치가 설치된 결과가 되었다. 다루가치는 1270년 톡토르[脫朶兒]가 원종을 따라와 부임한 후 1272년(원종

13)에 이익(李益), 1274년(충렬왕 즉위)에 흑적(黑的)이 파견되어왔는데, 이들은 고려의 노비법 개정을 시도하는가 하면 고려 사람의 무기 소지를 금지하고, 몽골 제도에 따라 순마소를 설치하고 야간 통행을 금지하는 등 내정에 간섭하여 그 설치를 꺼렸던 고려의 우려가 한낱 기우가 아니었음을 보여주었다.

개경 환도가 이루어진 직후인 1271년(원종 12)에는 세자 등 20명을 몽골에 보냄으로써 '납질'이 이행되었으며, '조군'과 '수량'은 1270년(원종 11)에 몽골에서 남송과 일본 침략에 필요한 병마와 군함·식량을 준비할 것을 요구해온 뒤 일본 침략이 실현됨에 따라 실제로 이행되었다. 한편, '설역'은 이전부터 이미 이행된 것으로 간주되었으므로 1270년 원종 복위 이후 '6사' 가운데 호구조사를 제외한 나머지 다섯 가지가 실행된 셈이었다. 호구조사는 실시되지 않았는데, 그 불이행이 양국 간에 합의된 것이 아니라 고려에서 일방적으로 천연시키는 데 불과했으므로 추가 논의가 필요한 상태로 남게 되었다.

요컨대, 고려와 몽골은 1259년 강화 이후 각각 책봉·조공 관계와 '6사'를 통해 양국 관계를 정착시켜 나가고자 했고, 이를 둘러싼 협상 과정에서 1269년 몽골의 지원에 의한 원종 복위와 1270년 무신정권 붕괴를 기점으로 '6사'가 실행되기에 이르렀다. '6사'의 이행은 책봉·조공 관계를 목표로 했던 고려의 외교정책이 실패했음을 의미하며, 앞으로 고려의 국가적 존립마저 위태로운 상황이었다고 할 수 있다. 이러한 상황은 1278년 충렬왕이 친조하여 '6사' 가운데 호구조사와 다루가치 설치 등 두 가지 문제를 재논의하고 몽골에서 이를 철회할 때까지 계속되었다.

3) 왕실 혼인과 '부마·고려국왕'의 출현

1269년(원종 10) 몽골의 도움으로 복위한 원종이 몽골에 친조했고, 그곳에서 1270년 2월 군대를 요청하는 것과 동시에 혼인을 요청하였다. 즉, 원종은 몽골 중서성에 글을 올려 자신을 복위시켜준 데 대해 사의를 표한 다음, 고려 태자와 몽골 공주의 결혼을 제의했다. 태자 왕심(뒤의 충렬왕)은 임연이 원종을 폐위하기 전인 1269년 4월 몽골에 입조했다가 귀국하는 길에 폐위 소식을 듣고 몽골로 되돌아갔고, 그곳에서 원종 복위를 위해 백방으로 노력하던 중이었다. 원종은 태자와 쿠빌라이의 딸을 혼인시키고 고려왕실에 대한 몽골의 지원을 기대하였던 것이다.

그런데 왕실 혼인의 제안 시기와 주체에 대하여 달리 설명한 기록이 있으므로 검토할 필요가 있다. 원종이 복위되기 전인 1269년 11월 고려에 온 몽골 사신 흑적(黑的)이 "지금 왕태자께서 이미 황제의 딸과 혼인을 허락받았습니다. 우리는 황제의 신하이고 국왕(원종)은 황제의 부마대왕(駙馬大王)의 부친이니, 어찌 감히 국왕과 대등한 예로 대면하겠습니까?"라고 했다는 기록이 그것이다. 이 기록에 따르면 원종이 청혼하기 전에 이미 태자의 혼인이 결정되었던 셈인데, 이에 바탕을 두고 태자가 몽골로 되돌아가 원종 복위를 위해 노력하면서 직접 자신의 결혼을 요청했다는 설명으로 이어졌다. 당시 몽골어 통역관으로 태자를 시종했던 정인경의 묘지명에서 이 같은 사실이 확인된다. 그 기록에 따르면 "지원 6년(1269)에 지금 임금(충렬왕)이 몸소 원에 조회하러 갔을 때 공(정인경)이 섭교위로서 호종하였다. 그해 7월 (고려로) 돌아오다가 파사부에 이르러 임연이 임금을 폐립하려 한다는 소식을 듣게 되었다. (중략) 공이 굳게 대의를 들어 임금의 수레를 받들고 원의 궁궐로 돌아와 먼저 황제에게 나가 원종을 복위시키고, 공주를 고려에 시집보내며, 군사를 파견하여 역적을 토벌할 것 등 몇 조목의 일을 아뢰었는데, 하나같이 모두 허락을 받았으니 이는 만세에 남을 공적이다"라고 하였다. 여기에는 몽골 공주를 고려에 시집보내는 일

등을 요청하여 허락받은 일이 정인경의 공로라고 되어 있지만, 그것이 하급 무신이 할 수 있는 일이 아니었음은 물론이고, 따라서 태자의 명으로 이루어진 것으로 해석된다.

하지만 이러한 기록이 있음에도 불구하고 태자가 청혼을 했다는 사실은 믿기 어려운 점이 있다. 왕실 혼인은 고려와 몽골 양측 모두에게 매우 중대한 일이었을 것인데, 그것을 고려 태자가 독단적으로 판단하고 추진했을 리가 없기 때문이다. 태자가 청혼한 것이 사실이라면 몽골에 처음 갔을 때 정식으로 했을 일이지, 국왕 폐위라는 변고를 당해 계획에 없이 몽골로 되돌아간 상황에서, 그리고 아마도 국왕 원종과 통신이 끊긴 상태에서 갑자기 추진하지는 않았을 것이다. 이러한 이유에서 고려의 청혼 시점은 원종이 친조했을 때인 1270년 2월 4일로 보고, 태자의 청혼 자료는 오류이거나(흑적의 발언), 사후에 과장된 것으로(정인경 묘지명) 보는 것이 일반적이다.

원종이 청혼과 동시에 몽골 군대를 요청했을 때 몽골에서는 군대 요청은 즉시 수용하여 몽골군을 고려에 파견했지만, 청혼에 대해서는 유보적인 태도를 보였다. 쿠빌라이는 고려의 청혼에 대해 "달단(達旦)의 법에 중매를 통해 합족(合族)하는 것은 진실로 친교를 맺는 것이니 어찌 허락하지 않겠는가? 그러나 지금은 다른 일로 와서 청하는 것이 너무 서두르는 것 같으니 환국하여 백성을 보살핀 뒤 따로 사신을 보내와 요청하면 허락할 것이다. 짐의 친자식은 이미 모두 결혼하였으니 형제들과 모여 의논해서 허락할 것이다"라고 하였다.

쿠빌라이의 답변은 고려의 청혼을 원칙적으로 수락한 것으로 이해된다. 다만, 원종이 다른 일, 즉 무신정권과 대결하기 위해 군대를 요청하면서 부수적으로 청혼한 것을 문제 삼고 '뒤에 따로 사신을 보내와 요청'하도록 한 것이다. 그런데 쿠빌라이의 말 중에 '환국하여 백성을 보살핀 뒤'라는 대목이 눈길을 끈다. 이는 원종이 고려의 무신정권을 무너뜨리고 왕권을 회복하는 것을 조건으로 청혼을 받아들이겠다는 뜻으로 풀이된다. 또 친자식이 모두 출가했다는 말은 뒤에 태자와 결혼하는 쿠투루칼리미쉬[忽都魯揭里迷失] 공주의 존재로 말미암아 거짓으로 드러나는데, 여기에는 고려의 정세 변화에 따라 혼인 상대를 변경하고자 하는 쿠빌라이의 의도가 담겨 있다고 할 것이다.

　몽골에서 돌아온 원종은 1270년 5월 강화도의 무신정권을 무너뜨리고 곧 개경 환도를 실행했으며, 1271년 1월 몽골에 사신을 보내 정식으로 청혼하였다. 그 표문에 따르면, "제가 얼마 전 친조했을 때 극진한 대우를 받았으며, 장차 세자를 황실의 공주와 혼인시키기를 바랐는데 폐하께서 기꺼이 허락하셨으므로 저의 소원이 이루어졌습니다. 그때 폐하께서 '귀국하여 육지로 나온 뒤에 다시 요청하라'고 하셨습니다. 폐하의 간곡한 말씀을 듣고 저의 기쁜 마음을 어찌 말로 다 표현할 수 있겠습니까? 이미 본국으로 돌아와 옛 수도로 돌아왔으므로 세자를 다시 폐하께 나아가게 하여 사유를 보고해야 하지만, 그때는 새 거처를 마련할 겨를이 없었고 또 폐하께서 너무 서둔다고 하실까 염려한 나머지 미처 아뢰지 못하고 미루어 두었습니다. 엎드려 바라건대 소원한 나라를 화합하고 친밀하게 하셔서 폐하의 품 안에서 길이 영광을 누리게 하소서"라고 하였다. 1년 전 쿠빌라이의 약속을 상기시키면서 개경으로 환도했으니 혼인을 성사시키자는 요구였다.

　하지만 양국 간의 혼인은 곧바로 진행되지 않았다. 고려의 청혼을 허락하는 몽골의 응답이 온 것은 약 10개월이 지난 1271년 10월이었다. 그리고 그로부터 다시 1년이 더 지난 1273년 1월에야 고려에서 몽골의 허락에 사례하는 사신을 파견했고, 정작 혼인이 성사된 것은 또 다시 1년여가 지난 1274년(원종 15) 5월이었다. 이렇게 혼사가 더디게 진행된 데에는 삼별초의 봉기가 영향을 미쳤을 것으로 추정된다. 고려에서 개경 환도 후 사신을 보내 청혼했을 때는 삼별초가 진도를 근거로 한창 저항하고 있었고,

1271년 5월 진도를 함락시킨 다음인 10월에야 몽골에서 혼인을 허락했다고 볼 수 있다. 그 뒤 삼별초가 제주도로 옮겨 저항을 계속하자 1273년 5월에 이를 평정한 뒤 이듬해에 혼인을 성사시켰던 것으로, 몽골에서 고려의 왕권이 온전하게 회복될 때까지 기다렸다고 할 수 있다. 한편, 고려로서는 혼인의 대상이 중요한 문제였을 것이다. 쿠빌라이가 처음에 친자식이 모두 이미 출가했다고 했기 때문인데, 결국 쿠빌라이의 친딸인 쿠투루칼리미쉬 공주가 태자의 결혼 상대로 정해진 것은 고려의 외교가 성공한 결과하고 할 수 있다.

몽골 공주와 결혼한 고려 태자는 곧 몽골 부마의 지위를 갖게 되었으며, 이 지위는 고려국왕의 위상을 높이는 데 일조했다. 우선, 고려국왕과 몽골 관리의 관계에서 효력을 발휘했는데, 혼인이 이루어진 다음 달에 원종이 승하하고 태자가 왕위에 올랐을 때 책봉 조서를 가지고 온 몽골 사신들과의 연회 자리에서 다음과 같은 일이 있었다.

> 조서를 가지고 온 사신은 왕이 부마였기 때문에 왕을 남면(南面)하게 하고 자신은 동향으로 앉고 다루가치는 서향으로 앉게 하였다. 왕이 술을 따라주니 사신이 절하고 받고 술을 마신 뒤에 다시 절하였다. 다루가치가 서서 술을 마시고 절하지 않자 사신이 말하기를, "왕은 천자의 부마이시다. 네가 어찌 감히 이 같이 하는가? 우리가 돌아가서 보고하면 너의 죄가 없겠는가?"라고 하였다. 다루가치가 대답하기를, "공주가 (이 자리에) 계시지 않고, 또 이것은 선왕(先王) 때부터의 예입니다"라고 하였다.
> _『고려사』권28, 세가28, 충렬왕 즉위년(1274) 8월 기사.

부마로서 왕위에 오른 충렬왕은 몽골 사신을 만나는 자리에서 남면을 하는 등 부마로서 예우를 받았다. 그리고 그것은 다루가치가 말한 대로 선왕, 즉 원종 때와는 다른 것이었다. 부마가 되기 전에는 고려국왕이 몽골 관리들과 동서로 대면했는데, 이제 국왕은 남면하고 몽골 관리들은 그 앞에서 동향 또는 서향을 하게 됨으로써 상하관계를 드러내게 되었던 것이다. 이러한 사실은 1281년(충렬왕 7)에 충렬왕이 몽골군 지휘관 힌두(忻都)와 홍차구(洪茶丘)를 접견하는 자리에서 "국왕은 남쪽을 향해 앉고 힌두 등은 동쪽을 향해 앉았다. 사대한 이래 국왕과 사신은 동서로 마주보고 상대했는데, 이제 힌두와 홍차구가 감히 대등한 예를 행하지 못하니 국인(國人)들이 크게 기뻐하였다"(『고려사』 세가, 충렬왕 7년 3월 병진)라고 한 데서 다시 한번 확인된다.

왕실 혼인은 무인정권에 의해 국왕이 폐위될 정도로 위기에 처한 상황에서 몽골의 힘을 끌어들여 왕권을 회복하려는 정치적 필요에서 추진된 것이었다. 혼사가 진행되는 과정에서 몽골군이 고려에 파견되었고, 무신정권이 붕괴되고 왕정이 완전히 회복되었으며, 뒤이은 삼별초의 반란도 진압함으로써 왕권의 회복이라는 당초의 목표는 충실히 달성된 셈이었다. 그뿐 아니라 충렬왕이 몽골의 부마로서 몽골과의 외교에서 유리한 지위를 차지하게 된 것도 큰 수확이었다. 충렬왕은 부마의 지위를 활용하여 몽골 관리들에 대해 의전상의 우위를 확보했을 뿐 아니라 고려의 국가적 이익에 관계되는 일들을 직접 몽골 황실에 요청하여 관철시켰다. 1278년(충렬왕 4) 충렬왕이 친조하여 직접 쿠빌라이를 만나 고려에 주둔하고 있던 몽골 군대와 다루가치를 소환하도록 하고 '6사' 문제를 매듭지은 것은 그 대표적인 사례이다.

충렬왕은 몽골과의 외교에서 부마의 지위를 활용하면서 자신의 책봉호를 '부마국왕(駙馬國王)'으로 해줄 것을 몽골에 요청하기에 이르렀다. 1281년(충렬왕 7) 3월 몽골에서는 충렬왕을 부마국왕으로 책봉했는데, 이는 충렬왕이 기존의 책봉호인 고려국왕에 '부마' 두 글자를 더해주기를 요청해서 이루어진 일이었다. 그리고 1282년 10월에는 부마국왕의 금인(金印)을 보내왔다. 여기서 유의할 점은 부마국왕의 출현이 충렬왕을 부마로 위치지으려는 몽골의 필요에 따른 것이 아니라, 몽골과의 외교에서 부마의 지위를 활용하고자 했던 충렬왕의 요청에 따른 것이었다는 사실이다. 고려 국왕과 부마를 겸한 충렬왕의 지위를 고려의 국왕으로 볼 것인지, 몽골의 부마로 볼 것인지에 대해서는 당시에도 논란이 있었다. 다음 사료가 그것이다.

> 왕이 조사(詔使)가 온다는 소식을 듣고 서문 밖에 나가 영접하였다. 왕이 공주에게 장가든 이후 비록 조사라 할지라도 성에서 나가 영접한 적이 없었다. 역관 김태(金台)가 원에 가자 중서성 관리가 그에게 말하기를, "부마왕(駙馬王)이 조사를 영접하지 않는 것은 선례가 없다고 할 수 없지만 왕은 외국의 군주이므로 조사가 이르렀을 때 영접하지 않으면 안 된다"라고 하였다. 이때부터 조사를 영접하기 시작하였다.
> _『고려사절요』권19, 충렬왕 원년(1275) 5월.

몽골 사신을 영접하는 문제를 둘러싸고 충렬왕이 '외국의 군주[外國之主]'인지 부마인지가 문제되었던 것인데, 몽골 중서성의 판단은 '외국의 군주'로서 고려국왕의 지위가 부마의 지위에 우선한다는 것이었고, 그 때문에 충렬왕이 서문 밖에 나가 사신을 영접하게 되었던 것이다. 따라서 충렬왕의 지위를 부마로 규정하고, 고려를 부마에게 분봉된 영지(領地)로서 몽골의 투하령(投下領)이라고 하는 것은 사실과 다른 주장이다. 또 당시 고려를 몽골(원)의 부마국(駙馬國)이라고 하는 것도 그 의미가 여러 가지로 해석될 수 있음을 유념할 필요가 있다.

고려와 몽골의 왕실 혼인은 충렬왕과 쿠투루켈리미쉬 공주의 결혼에 그치지 않고 대대로 계속되었다. 즉, 원 간섭기의 국왕 7명 가운데 결혼 연령에 이르지 못하고 일찍 사망한 충목왕과 충정왕을 제외한 나머지 5명과 충선왕의 조카로 심왕(瀋王)을 계승한 왕고(王暠) 등 6명이 몽골 황실의 부마가 되었다. 원종이 처음 청혼할 때 이러한 결과를 예상했는지는 분명치 않으나, 쿠빌라이가 고려의 청혼을 받아들일 때는 고려왕실을 몽골 황실의 통혼권에 포함시키는 것을 염두에 두었을 가능성이 크다. 1295년(충렬왕 21)에 고려에서 두 번째 왕실 혼인을 요청했을 때 몽골에서 혼인 자격을 새삼 문제 삼지 않은 것이 이를 반증한다. 다만 몽골 황제의 친딸과 혼인한 것은 충렬왕이 유일하고, 이후로는 친왕들의 딸과 혼인하게 되었는데, 그렇다고 해서 부마의 지위를 인정받지 못한 것은 아니었다.

2. 충렬왕대 '세조구제'의 성립과 그 의미

1) 충렬왕의 친조 외교와 '세조구제'의 성립

원종에 이어 즉위한 충렬왕은 34년 동안 재위하는 동안 11회나 친조를 했을 정도로 원과의 외교에서 친조의 기회를 적극 활용했다. 종전에는 고려를 굴복시키기 위한 수단으로 몽골이 강요했던 친조가 이제는 고려 국왕이 정치적 목적을 달성하기 위한 외교의 수단으로 그 의미가 달라졌던 것이다. 그 가운데 충렬왕의 첫 번째 친조이자, 고려·원 관계에서 가장 중요한 의미를 갖는 것이 1278년(충렬왕 4) 4월의 친조였다. 당시 고려에는 1270년 원종이 몽골군을 앞세워 무신정권을 붕괴시킨 뒤 다루가치가 파견되는 등 호구조사를 제외한 '6사'가 모두 실행되고 있었다. 또한 1274년 제1차 일본 침략에 이어 계속해서 일본 공격을 위한 준비를 위해 힌두[忻都]·홍차구(洪茶丘) 등이 지휘하는 몽골군이 고려에 주둔하고 있었다. 이러한 상황에서 즉위한 충렬왕은 부마의 지위를 앞세워 원 세력을 견제하는 한편 고려의 부담을 줄이기 위해 노력했는데, 그 과정에서 홍차구 등과 대립하게 되었다.

충렬왕과 홍차구의 대립은 1277년(충렬왕 3) 12월 김방경(金方慶) 무고 사건으로 표출되었다. 이 사건은 고려의 수상이자 대표적인 무신이던 김방경이 국왕과 다루가치를 죽이고 강화도로 다시 들어가 항전을 벌이려 한다는 고발에서 시작되었다. 충렬왕은 이것을 무고로 판단하고 종결하려 했으나 홍차구가 직접 원 황제에게 사람을 보내 무고가 아니었음을 주장함으로써 사태가 확산되었다. 당시 쿠빌라이 카안이 홍차구를 소환하고 충렬왕에게 친조를 명함으로써 결국 이 문제는 원에서 판가름나게 되었다. 하지만 쿠빌라이의 이러한 조치는 이미 홍차구의 주장에 대한 불신에서 비롯된 것인 만큼 충렬왕의 친조에서는 김방경 무고 사건보다 충렬왕 즉위 후의 외교적 현안이 폭넓게 다루어졌다.

충렬왕은 원에서 쿠빌라이 카안을 직접 만나 요구사항을 전달하였다. 『고려사』에는 당시 두 사람의 대화가 기록되어 있는데, 중요한 부분을 옮기면 다음과 같다.

> (충렬왕이) 또 아뢰기를, "폐하께서 공주를 저에게 시집보내시어 성은으로 돌보아주시니 우리나라 백성들은 이제 의지하여 살게 되었다는 희망을 갖게 되었습니다. 그러나 홍차구가 있어서 신이 나랏일을 하는 데 어려움이 있습니다. 홍차구 같은 자는 다만 군사에 관한 일만 처리하는 게 마땅한데도 나랏일까지 제멋대로 처리하고자 합니다. … 상국에서 반드시 우리나라에 군대를 주둔시키려고 하시면 차라리 달단(韃靼)이든 한족 군대[漢兒軍]든 병력의 많고 적음을 논하지 말고 보내주시고, 홍차구 군대와 같은 것은 소환하여 주시기를 바랍니다"라고 하였다. 원 황제가 말하기를, "이것은 쉬운 일이다"라고 하고 … "홍차구를 속히 소환하라"라고 하였다.
> _『고려사』 권28, 세가28, 충렬왕 4년(1278) 7월 갑신.

이렇게 해서 충렬왕은 홍차구를 축출하는 데 성공하고 친조의 일차 목표이던 김방경 무고 사건을 손쉽게 해결하였다. 홍차구 축출은 고려·몽골 전쟁 당시 몽골에 항복하고 고려 침략을 향도한 부원세력을 고려에서 몰아내는 데 성공했음을 의미하였다. 충렬왕의 외교 활동은 거기서 그치지 않았는데, 그 성과는 다음 기록에서 확인할 수 있다.

> (쿠빌라이 카안이) 왕에게 유시하기를, "… 짐은 이미 김방경의 억울함을 알고 석방했다. 또 힌두·홍차구의 군대와 종전군(種田軍)·합포진수군(合浦鎭戍軍)을 모두 돌아오게 했다"라고 하였다. … 왕이 말하기를, "원컨대 황제께서 신임하는 몽골인 한 사람을 다루가치로 임명해 주십시오"라고 하자 황제가 말하기를, "어찌 꼭 다루가치이겠는가? 그대가 좋을 대로 하라"라고 하였다. 왕이 말하기를, "우리나라도

상국의 법대로 호구조사를 할 수 있기를 청합니다"라고 하고, 또 합포진수군(合浦鎭戍軍)을 머물게 하여 왜구에 대비해줄 것을 요청하였다. 황제가 말하기를, "어찌 (진수군을) 반드시 머물러둘 필요가 있겠는가? 그렇게 한다면 그대의 백성들에게 피해가 없겠는가? 그대는 스스로 그대 나라 사람들을 써서 진수하도록 하라. 왜구는 두려워할 것이 못된다. 호구조사 같은 것도 스스로 하도록 하라"라고 하였다.
_ 『고려사』 권28, 세가28, 충렬왕 4년(1278) 7월 무술.

이에 따르면 이때 홍차구뿐 아니라 힌두가 이끄는 몽골군도 고려에서 철수하게 되었음을 알 수 있다. 또한 다루가치와 호구조사는 위 기록에는 고려에서 스스로 하게 한 것으로 표현되어 있지만 실제로는 고려에 설치되었던 다루가치가 폐지되고, 호구조사의 결과를 원에 보고하는 것이 면제되었다. 이 두 가지는 오랫동안 양국 사이에 쟁점이 되었던 '6사'의 핵심 내용으로, 이때 원은 '6사'를 통해 고려를 지배하려는 정책을 철회했던 것이다. 그렇다면 이후 양국 사이에는 책봉·조공 관계의 형식만이 남게 되었던 셈인데, 이것은 강화 이후 줄곧 '6사'를 거부하고 책봉·조공 관계의 수립을 목표로 했던 고려의 외교가 성공을 거둔 것으로 평가할 수 있는 대목이다.

1278년 충렬왕의 친조 이후 원은 고려에 군대를 상주시키거나 다루가치를 파견하지 않았으며, 호구조사를 다시 요구하지도 않았다. 홍차구는 원으로 소환되었고, 그 뒤로는 고려의 정치에 간여하지 못했다. 또한 이 친조를 계기로 홍차구뿐 아니라 전쟁 중 몽골에 항복해서 그 앞잡이가 되었던 이른바 부원세력이 고려에 돌아와 활동하는 것도 근절되었다. 이제 고려에는 충렬왕과 경쟁할 수 있는 정치세력은 사라졌으며, 충렬왕은 원의 책봉을 받은 국왕으로서 고려에 대한 통치권을 보장받은 셈이었다.

다만, 고려국왕의 통치권이 원의 책봉과 후원에 의해 유지되었던 만큼 원의 간섭에 대해서는 취약할 수밖에 없었다. 원은 수시로 사신을 파견하여 고려의 내정에 간섭했고, 심지어는 고려국왕을 퇴위시키고 새로운 국왕을 책봉하기도 하였다. 그 때문에 1298년(충렬왕 24)에 충렬왕이 퇴위하고 충선왕이 즉위했고, 같은 해에 다시 충선왕이 퇴위하고 충렬왕이 복위하는 일이 벌어졌다. 이렇게 부자 사이에 왕위가 오가는 현상은 뒷날 충숙왕과 충혜왕 부자 사이에서 다시 한번 반복되었다. 하지만 당시 고려에서는 그것을 책봉권의 실질적인 행사로 간주하여 책봉·조공 관계에서 벗어난 것으로는 인식하지 않았던 것으로 보인다. 또 한 가지 주목할 점은, 원의 책봉에 의해 고려왕위가 교체되었음에도 불구하고 왕위에 오를 자격이 없는 사람이 책봉되는 일은 없었다는 점이다. 이처럼 고려의 왕위 계승 질서가 보장된 것은 원의 실질적인 책봉권에도 한계가 있었음을 의미한다.

1278년 충렬왕의 친조 당시 쿠빌라이 카안과 충렬왕 사이에 합의된 내용들은 이후 고려·원 관계의 원칙으로 자리를 잡았다. 그 이후에 추가된 것은 1287년(충렬왕 13) 정동행성(征東行省)의 설치 정도였다. 정동행성은 본래 일본 침략을 위해 설치한 기구였지만, 이때는 그와 무관하게 지방 제도로서 설치되었다. 정동행성은 여러 가지 점에서 원의 다른 행성들과 달랐는데, 행성의 하부 조직이 갖추어지지 않았고, 평장정사 이하 고위직이 공석인 채 낭중 이하의 하위직만 충원되었다. 또한 고려국왕이 승상을 겸하고 낭중 이하 행성 관리에 대한 보거권(保擧權)을 행사했는데, 거의 대부분 고려 관리 가운데서 행성 관리를 임명하였다. 따라서 정동행성은 실질적인 지방 통치기구가 아니었으며, 원제국 안에서 고려의 위상을 규정하고, 고려·원 간의 외교 문서를 중계하는 정도의 기능을 하는 형식적인 기관이었다.

정동행성의 설치에 따라 충렬왕은 부마·고려국왕의 지위에 정동행성 승상을 더하게 되었고, 이후 이 세 지위가 고려국왕의 책봉호로 굳어졌다. 그 가운데 가장 중요한 것은 원에서 볼 때 '외국'으로서 독립된 국가를 통치하는 고려국왕의 지위였고, 고려의 위상 역시 원으로부터 책봉을 받은 고려국왕이 통치하는 독립된 국가임에 변함이 없었다. 고려국왕 및 고려의 이러한 지위를 보장한 쿠빌라이 카안의 정책은 뒷날 '세조(쿠빌라이 카안)의 옛 제도'라는 뜻에서 '세조구제(世祖舊制)'라고 불리게 되었으며, '세조구제'는 이후 고려·원 관계에서 고려가 국가적 독립성을 지키는 데 크게 기여하였다.

2) 고려·원 간의 영토 분쟁

고려·몽골의 전쟁 기간을 비롯하여 원 간섭기에는 고려 영토의 일부가 몽골(원)에게 강탈되었으며, 그 때문에 영토 반환을 둘러싼 교섭이 치열하게 전개되었다. 전쟁 중이던 1258년(고종 45) 쌍성총관부(雙城摠管府)가 설치된 것을 시작으로 1269년(원종 10) 동녕부(東寧府), 1273년(원종 14) 탐라총관부(耽羅總管府)가 차례로 설치되어 고려 영토의 일부가 몽골(원)에 편입되었다. 고려는 그 반환을 끊임없이 요구하여 일부를 반환받는 데 성공했지만, 영토를 완전히 회복한 것은 1356년(공민왕 5) 반원운동에 성공한 뒤의 일이었다. 한편, 전쟁 중은 물론이고 그 뒤에도 고려 사람들이 요동이나 쌍성 지방으로 흘러들어가는 일이 빈발하였다. 따라서 고려로서는 영토 반환뿐 아니라 유민 쇄환(刷還)도 커다란 과제였다.

쌍성총관부는 몽골과 전쟁 중이던 1258년 12월에 설치되었다. 그 설치에 대해서는 다음과 같은 기록이 있다.

> 용진현 사람 조휘(趙暉)와 정주 사람 탁청(卓靑) 등이 삭방도의 등주·문주 등 여러 성 사람들과 공모하고 몽골군을 이끌고 와서 (동북면병마사) 신집평과 등주부사 박인기, 화주부사 김선보 및 경별초(京別抄)들을 죽이고 고성을 공격하여 집을 태우고 인민을 죽이고 약탈하였으며 마침내 화주 이북의 땅을 들어 몽골에 항복하였다. 그러자 몽골이 화주에 쌍성총관부를 설치하고 조휘를 총관(摠管), 탁청을 천호(千戶)

로 삼았다.

_ 『고려사절요』 권17, 고종 45년(1258) 12월.

쌍성총관부 설치의 빌미가 된 것은 동북면에서 일어난 고려 사람들의 반란이었다. 또 몽골이 항복한 지역을 직접 몽골 영토로 편입시킨 것은 1231년 전쟁이 시작된 이래 처음 있는 일이었다. 이후 쌍성총관부는 원의 요양행성의 관할 아래 있으면서 고려와 대립했으며, 조휘와 탁청, 그리고 그들보다 먼저 이 지역으로 도피해 있던 이안사(이성계의 4대조)의 후손들이 관직을 세습하면서 반고려 세력으로 성장했다.

1259년에 강화가 성립되자 이듬해부터 고려는 전쟁 중 투항한 사람들을 돌려보낼 것을 몽골에 요구하였다. 이에 대해 몽골은 그때까지 스스로 원하여 몽골에 투항한 사람들은 고려로 돌려보내지 않겠다고 하여 사실상 거부하는 동시에 앞으로 그런 일이 없도록 하겠다고 약속하였다. 이로부터 고려와 몽골 사이에서는 1259년이 영토와 유민의 귀속을 분간하는 기준이 되었고, 따라서 그 이전에 설치 된 쌍성총관부는 1356년 공민왕이 무력으로 탈환할 때까지 원의 영토로 남게 되었다.

동녕부는 1269년(원종 10) 서북면병마사영(西北面兵馬使營)의 기관(記官) 최탄(崔坦)·한신(韓愼) 등이 반란을 일으킨 것이 계기가 되어 이듬해 2월에 설치되었으며, 관할지역은 서북면의 자비령 이북이었다. 1269년 6월에 임연이 원종을 폐위하고 안경공 창을 옹립하는 사건이 일어나자 10월에 최탄 등이 임연 제거를 명분으로 반란을 일으켜 주변 여러 성의 관리들을 죽인 다음 몽골에 항복하였다. 이때는 이미 몽골이 개입하여 원종 폐위의 전말을 보고하도록 했고, 원종의 복위 가능성이 예상되고 있었다. 따라서 이들이 반란을 일으킬 명분은 사실상 없었다고 할 수 있는데, 그럼에도 불구하고 이들은 인근 주현까지 공격하여 세력을 확장하고 몽골에 항복하는 등 공공연히 반고려 행위를 계속하였다.

또한 1269년 무렵은 고려와 몽골 사이에 강화가 성립한 지 10년이 지난 뒤였고, 그동안 고려국왕과 몽골 사이에 강화 협상이 끊임없이 진행되고 있었으므로 몽골이 이들의 항복을 받아들일 명분도 없었다. 그러나 당시 몽골에서는 고려에 대한 강경책이 갑자기 제기되었는데, 임연이 원종을 폐위한 것에서 몽골에 대한 재항전의 가능성을 탐지하고 그에 대해 강경하게 대응하고자 한 것이었다. 몽골 조정에서 고려를 공격하는 일이 논의되었으며, 그 자리에서는 고려를 무력으로 굴복시키는 것이 쉽지 않다는 주장과 함께 고려를 분열시키자는 주장이 다음과 같이 제기되었다.

> 추밀원의 신하들이 고려를 정벌하는 일을 논의하였다. … 전 추밀원경력 마희기(馬希驥)가 말하기를, "오늘날의 고려는 곧 옛날의 신라·백제·고구려를 병합하여 통일한 나라이다. 대체로 번진이란 권력이 양분되면 제압하기 쉽고 제후는 강성해지면 신하로 두기 어려우니 저들의 주와 성에 군사와 백성이 많고 적음을 조사하여 이간시켜 양분시키고, 나라를 나누어 다스리게 하되 권력과 세력이 엇비슷하게 하여 자기들끼리 서로 견제하게 하고 천천히 좋은 꾀를 의논하면 쉽게 처리할 수 있을 것이다"라고 하였다.
>
> _ 『원사』 권208, 열전95, 고려, 세조 지원 6년(1269) 11월.

마희기의 주장은 곧 최탄·한신 등의 항복을 받아들여 고려를 양분시키자는 것으로, 이것이 받아들여져 1271년 2월 서경을 중심으로 동녕부가 설치되었다. 반란의 명분이었던 원종 폐위 문제는 몽골의 개입으로 이미 해결되어 1269년 11월에 원종이 복위했고, 복위한 원종이 이들의 항복을 받아들이지 말 것은 누차 요구했음에도 불구하고 몽골은 원종을 지원하여 고려의 무신정권을 붕괴시키는 동시에 고려 영토를 탈취했던 것이다.

탐라총관부는 1273년(원종 14) 6월 몽골이 제주에서 삼별초의 반란을 진압한 뒤에 설치하였다. 그에 따라 고려는 1259년 강화 이후에도 동녕부와 탐라총관부가 관할하는 영토는 몽골에 빼앗기게 되었는데, 이는 강화 당시 몽골이 한 약속을 스스로 위반한 것이었다. 따라서 고려는 이 점을 들어 적극적으로 영토 반환을 위한 노력을 기울였다. 그 결과 1290년(충렬왕 16)에 동녕부가 요동으로 옮겨지고 그 영토가 고려에 반환되었다. 또 1294년(충렬왕 20)에는 탐라를 고려에 돌려주겠다는 약속을 받아냈고, 그에 따라 1301년(충렬왕 27)에 탐라총관부가 폐지되고 고려에 반환되었다. 결국 동녕부는 19년, 탐라총관부는 약 30년 동안 존속한 셈이었다. 탐라총관부가 지배하던 제주도에는 왜구 방비를 위해 탐라만호부가 설치되었으며, 1302년에는 행정구역으로서 제주목이 설치되고 목사가 파견되어 고려 영토로 회복되었다. 하지만 그 뒤에도 제주에는 원에 말을 공급하기 위한 목마장이 설치되고, 원에서 목호(牧胡)가 파견되는 등 원의 간섭이 강하게 미쳐왔다. 제주의 원 세력은 1374년(공민왕 23) 최영이 이끄는 고려군이 섬을 점령함으로써 비로소 소멸하였다.

영토와 더불어 중요한 것이 주민의 귀속 문제였다. 영토 상실은 그 지역에 살고 있던 사람들을 함께 잃는다는 데 심각성이 있었다. 게다가 원 간섭기에는 생활이 곤궁해진 사람들이 본거지를 떠나 유망(流亡)하는 일이 빈번하게 벌어졌고, 그 가운데 상당수가 국경을 넘어 쌍성총관부나 동녕부, 심지어는 요양·심양 등 원 영토로 흘러들어갔다. 고려에서는 이 지역에 들어간 고려인을 돌려받기 위해 노력했는데, 이를 쇄환(刷還)이라고 하였다. 몽골 영토로 흘러들어간 사람들을 쇄환하는 근거는 강화 초기에 몽골이 약속했던, '기미년(1259, 고종 46) 이후 잡혀온 사람은 돌려보낼 것을 허락한다'는 것이었다. 그에 따라 쌍성총관부와 동녕부에 대해서는 비정기적으로나마 유민들을 쇄환하는 작업이 지속적으로 이루어졌다.

하지만 유민 문제는 고려와 쌍성총관부, 동녕부 사이에 첨예한 갈등을 일으켰다. 서로가 인구를 늘이기 위해 노력했기 때문이다. 특히 고려와 동녕부 사이에는 유민 쇄환뿐 아니라 경계 문제를 가지고도 충돌이 벌어졌다. 다음은 1278년(충렬왕 4)에 충렬왕이 친조하여 동녕부의 행위에 대해 항의한 내용이다.

> 서해도의 곡주·수안 두 성이 지난해에 타차르[搭察兒] 대왕에게 투항하자 대왕이 기리다이[吉里歹]를 파견하여 민호를 점검했습니다. 이어서 중서성의 공문[旨]을 받았는데 거기에는 "몽골 제왕(諸王)의 투하령은 일방적으로 민호를 받아들일 수 없다. 하물며 고려에 부속된 영토에서 (투하령)민호로 받아들이는 것이 합당하지 않다"라고 되어 있습니다. 지금 최탄 등이 본국에서 파견한 관원을 쫓아버리고 제멋대로 관리하고 있는데, 최탄 등이 일방적으로 하는 허황된 말만 듣는 것은 옳지 않습니다. 서해도의 은율현은 일찍이 투항한 적이 없는데도 최탄 등이 거짓으로 투항했다고 하여 17호를 두고 싸웠는데, 이미 중서성의 공문을 받아서 본국에 소속시켰습니다. 금년 3월에 다시 예전처럼 싸움을 벌여서 17호 안에 다른 사람들을 거주하도록 하고는 가만히 차지하여 관리하니 이 무슨 어긋난 짓입니까?
> _『고려사』권28, 세가28, 충렬왕 4년(1278) 7월 임진.

이에 따르면 동녕부는 주변의 수안과 곡주가 몽골에 항복했다는 이유로 이 지역을 차지하려 했고, 또 은율의 민호 17호에 대한 지배권을 주장하는 등 영토와 인구를 둘러싸고 고려와 마찰을 빚었다. 이에 고려에서는 원에 항의하여 1278년 10월에 수안과 곡주, 은율을 모두 돌려받는 데 성공하였다.

동녕부와 탐라총관부가 폐지된 뒤로는 주로 쌍성총관부와 유민 문제를 둘러싼 갈등이 일어났다. 다음 자료는 쌍성총관부 지역으로 유망해 들어간 고려인을 쇄환하기 위해 원의 중서성과 쌍성총관부를 관할하는 요양행성, 그리고 고려를 대신한 정동행성 등 3성의 관리들이 모여 회의하는 장면을 보여준다.

쌍성은 땅이 매우 비옥하고 풍요로우므로, 동남쪽 민들로 항산이 없는 자들이 많이 들어갔다. 본국에서 (원의) 중서성에 아뢰어서 성지(聖旨)를 받든 관리가 오고, 요양행성에서도 또한 관리를 임명하여 보내 오니, 왕이 정동행성 낭중 이수산을 파견하여 가서 회의하고 신구(新舊)를 분간하여 민을 호적에 싣도록 하였다. 이를 일컬어 삼성조감호계(三省照勘戶計)라고 했다.

_ 『고려사절요』 권26, 공민왕 4년(1355) 12월.

유민 추쇄로 고려와 쌍성총관부 사이에 갈등이 벌어지자 원의 중서성에서 직접 관리를 파견해 중재했다는 것이다. 그리하여 원의 중서성과 정동행성, 요양행성의 관리가 한 자리에 모여 유민을 분간하는 것을 '삼성조감호계'라고 불렀다는 것인데, 이는 쌍성총관부로 들어간 고려 유민을 추쇄하는 일이 쉽지 않았음을 보여준다. 이 갈등은 1356년(공민왕 5) 고려에서 반원운동을 일으켜 쌍성총관부를 무력으로 탈환함으로써 비로소 종식되었다.

한편, 고려 사람들이 가장 많이 이주해 간 지역은 요동이었다. 전쟁 중 몽골에 항복하거나 포로로 잡혀간 사람들은 대부분 요양과 심양 사이에 거주했고, 이들에 대한 통치권을 둘러싸고 홍복원, 홍차구 부자의 자손들과 고려왕실이 원 간섭기 내내 대립하였다. 충선왕이 원에서 심양왕(또는 심왕)에 책봉되면서 이 지역의 고려인에 대한 통치권을 인정받았지만, 홍복원의 후손인 홍군상, 홍중희 등이 요양행성의 고위관리가 되어 여전히 충선왕과 대립하였다. 하지만 요동에 거주하는 고려인들은 이주 시기가 1259년 강화 이전이었으므로 고려에서 추쇄하는 일이 불가능했다.

고려가 요동지역을 적극적으로 공략하기 시작한 것은 원이 명에게 수도를 빼앗기고 북쪽으로 쫓겨난 직후인 1370년(공민왕 19)부터였다. 이 해와 다음 해에 이성계가 요동을 세 차례 공격했는데, 그때마다 그곳의 부원세력을 색출한다는 명분을 내세웠지만 사실은 그 지역에 살고 있던 고려인들을 데려오기 위한 것이었다. 제1차 공격에서 1만 호 이상이 고려에 돌아왔고, 계속된 공격으로 동녕부 지역의 민호가 거의 고려로 돌아왔다. 그러나 요동지역의 고려인들을 추쇄하는 문제는 향후 명의 흥기와 더불어 고려와 명 사이의 외교적인 문제로 남게 되었다.

3) '세조구제'를 앞세운 고려의 외교

1278년(충렬왕 4) 충렬왕의 친조를 계기로 성립한 '세조구제'는 쿠빌라이 카안 사후에도 효력을 발휘하였다. 고려·원 관계가 지속되면서 원에서는 고려에 대한 간섭을 강화하거나 심지어는 고려를 없애고 원의 영토에 편입시키려는 시도가 있었지만, 그때마다 고려는 '세조구제'를 앞세워 반대하였다. 마침 원에서도 세조의 유훈이 오랫동안 존중되었으므로 고려의 노력이 성과를 거둘 수 있었다.

고려에서 '세조구제'를 앞세워 현상의 변화를 막은 첫 번째 사례는 1299년(충렬왕 25) 정동행성 평장정사 고르기스[闊里吉思]의 노비법 개정을 저지한 것이었다. 한 해 전인 1298년에 충렬왕과 충선왕 부자가 왕위를 다투었고, 결국 충렬왕이 복위했지만 원의 지지를 얻는 데 실패함으로써 정치적 위상이 크게 약화되었다. 그때 원은 충렬왕을 복위시키면서도 정동행성을 강화하여 왕권을 제약하고자 했는데, 그 방법으로 정동행성의 고위직인 평장장사를 임명하여 파견하였다. 1299년에 파견된 고르기스는 고려의 관리 수가 너무 많고 수취가 과중하며 형벌이 일정치 않다는 점을 지적하면서 고려의 내정에 개입했고, 더 나아가 고려의 노비법을 고치려 하였다. 이에 충렬왕이 친조하여 원 황제 테무르 카안(성종)을 만나 반대 의사를 전했는데, 그 핵심은 정동행성에 고위 관리를 파견한 것과, 그가 고려의 내정에 간섭하는 것이 '세조구제'에 어긋난다는 점이었다. 그리고 이러한 논리가 주효하여 원에서는 고르기스를 소환하고 정동행성의 고위직 파견을 중단하였다.

'세조구제'를 활용한 두 번째 성공 사례는 1302년(충렬왕 28) 원의 요양행성에서 정동행성을 통합하려는 시도를 막은 것이었다. 그때 요양행성에서는 정동행성을 합쳐 하나의 행성으로 만들고 그 치소(治所)를 요양행성의 치소인 동경(東京)에 둘 것을 원에 제안했다. 요양행성이 정동행성을 통합함으로써 사실상 고려를 장악하려는 의도였다. 이에 충렬왕은 정동행성을 따로 두는 것이 선대 황제의 계획, 즉 '세조구제'에 부합하는 것이란 점을 들어 반대했고, 그것으로 원을 설득하는 데 성공하였다.

충렬·충선왕을 거쳐 충숙왕 때에는 고려왕조의 존망을 다투는 커다란 위기를 맞이하였다. 1320년 원에서 일어난 정쟁의 여파로 상왕 충선왕이 토번(티벳)으로 유배되고 충숙왕은 국왕인(國王印)을 빼앗긴 채 원에 억류되었다. 이러한 상황에서 충선왕의 조카인 심왕(瀋王) 왕고를 고려국왕에 옹립하려는 운동이 일어났으나, 원에서 거부함으로써 실패로 끝났다. 그러자 심왕을 옹립하려던 사람들 가운데 일부가 1323년에 고려를 원의 행성으로 만들자는, 이른바 입성책동(立省策動)을 벌이기 시작했다. 당시 원에서 시데발라 카안(영종)이 입성을 긍정적으로 검토함에 따라 새로 세울 행성의 이름이 삼한행성(三韓行省)이라고 지어질 만큼 진척되었다.

입성책동이 성공한다면 고려왕조가 폐절(廢絶)되는 것이었던 만큼, 고려에서는 그것을 막기 위해 총력을 기울였다. 당시 고려의 반대 논리는 이제현이 원의 중서성에 올린 다음 글에 잘 나타나 있다.

삼가 생각하건대, 우리나라는 시조 왕씨가 개국한 이래로 무릇 400여 년에 이르렀습니다. 성스러운 조정에 신하로 복종하여 대대로 직공(職貢)을 닦은 것 또한 100여 년에 이릅니다. 백성에게 덕을 베푼 것이 깊지 않다고 할 수 없으며 조정에 공을 세운 것이 두텁지 않다고 할 수 없습니다. … 공주를 시집보내어 대대로 사위와 장인의 우호를 돈독하게 닦았으며, 옛 풍속을 고치지 않고 종묘와 사직을 보호할 수 있도록 하였으니 이는 세조황제의 조지(詔旨)에 의한 것이었습니다. 지금

듣건대 조정에서 우리나라에 행성을 세워 여러 지방과 같게 만들 생각을 한다는데, 만약 그렇게 한다면 우리나라의 공로는 논하지 않더라도 세조의 조지는 어찌할 것입니까. 몇 해 전 11월에 새롭게 내리신 조서의 조목을 읽어보니, "간사한 것과 올바른 것을 구분하여 나라를 평안하게 다스리고, 이로써 중통과 지원(至元)의 정치를 회복할 것이다"라고 하셨습니다. 성상께서 이러한 덕음(德音)을 발표하신 것은 진실로 천하와 사해의 복인데, 유독 우리나라의 일에 있어서만 세조의 조지를 본받지 않는 것이 옳겠습니까.
_『고려사절요』 권24, 충숙왕 10년(1323) 정월.

이에 따르면 고려가 종묘와 사직을 보전하는 것, 즉 국가를 유지한 것은 세조황제의 조지, 즉 '세조구제'에 따른 것이므로 입성이 '세조구제'에 어긋나는 것이란 점을 부각시키고 있다. 그리고 이어서 당시 원에서 시데발라 카안이 조서를 내려 중통·지원의 정치, 즉 세조대 정치의 회복을 천명한 사실을 들어 유독 고려에 대해 '세조구제'를 준수하지 않는 문제점을 지적하였다.

고려왕조를 행성으로 만드는 것이 '세조구제'에 어긋난다는 주장은 원에서도 제기되었다. 이 입성책동에 대하여 원의 관리였던 왕관(王觀)은 다음과 같은 글을 올렸다.

삼가 듣건대 조정에서 정동행성을 세워 내지와 동등하게 만들려고 하신다고 하니, 논의하는 자들이 제대로 살피지 않아 헛된 명분만 숭상하고 실제 폐해를 받는 데 이르게 될까 걱정이 됩니다. 왜냐하면 고려는 의로움을 사모하고 교화를 기대하여 성스러운 조정에 귀순한 지 100여 년이 되었으며, 대대로 서로 계승하면서 신하로서의 절개를 잃지 않았습니다. 세조 황제께서 그 충성과 정성을 가상히 여겨 황제의 딸을 처로 삼게 하시고 지위를 친왕(親王)과 같게 하셨으니 은총의 융성함은 무엇과도 비할 수 없었습니다. 본국에 있어서 예악과 형정(刑政)이 본래 풍속을 따를 수 있게 들어주시고 조정의 법도를 들어 구속하거나 제한하지 않았습니다. 따라서 우리나라의 동방에 일이 생기면 그 나라에서 병사를 내어 행역(行役)을 보좌하지 않음이 없었기에 요수(遼水)에서부터 동쪽 해안까지 1만 리가 그에 힘입어 진정되었습니다. 나라의 동쪽 울타리가 되어 대대로 현저한 공로를 드러내고 누차 공주에게 장가들어 마침내 고사(故事)를 이루었으니, 이것이 고려의 충성과 근실함이며 조종의 남겨진 가르침이었습니다. 이제 하루아침에 터무니없는 말을 채택하여 옛 제도를 훼손한다면 세조황제의 성스러운 방책이나 신묘한 계략과 같지 않은 바가 생기게 될 것 같아 염려됩니다. 이것이 불가한 첫 번째 이유입니다.

_『고려사절요』 권24, 충숙왕 10년(1323) 정월.

왕관은 모두 여섯 가지 이유를 들어 입성에 반대했는데, 그 첫 번째가 바로 세조황제의 성스러운 방책 즉 '세조구제'에 어긋난다는 점이었다. 이러한 반대가 효과를 거두어 원에서는 결국 입성을 포기했고, 고려로서는 '세조구제'를 앞세워 입성을 저지하고 고려왕조의 존속을 보장받는 데 성공하였다. 입성책동은 이후에도 몇 차례 계속되었지만, 끝내 실현되지 않았다. 나머지 사례들은 사료가 남아 있지 않아 자세한 정황을 알 수 없지만, 역시 고려에서는 '세조구제'를 들어 반대하고, 원에서도 그것을 거부할 수 있는 뚜렷한 명분을 만들지 못했기 때문일 것이다. 그만큼 충렬왕 때 완성된 '세조구제'는 이후 오랫동안 정세 변화 속에서도 고려왕조의 존속을 보장하는 수단이 되었다고 할 수 있다.

3. 공민왕 반원운동 이후의 고려·원 관계

1) 공민왕의 반원운동

　고려·원 간에 합의된 '세조구제'는 고려왕조의 존속을 보장하는 동시에 원의 후원을 배경으로 고려국왕과 대립하는 부원세력(附元勢力)의 존재를 용인하지 않았다. 하지만 원에서 테무르 카안(성종) 사후 정치적 혼란이 계속되고, 그에 따라 고려·원 관계가 불안정해지면서 '세조구제'의 준수도 점차 어려워졌다. 충숙·충혜왕 때 빈발한 입성책동은 대부분 부원세력에 의한 것이었다. 고려는 '세조구제'를 앞세워 입성을 막는 데 성공했지만, 부원세력이 등장하는 것은 피할 수 없었다. 게다가 원에서 토곤 테무르 카안(순제) 때 고려인 기황후가 출현하면서 그 일족이 고려에서 권력을 장악하고, 그들을 중심으로 부원세력이 더욱 강화되었다.

　충목왕대(1345~1348)에 정치도감이 개혁 활동을 전개하며 부원세력을 처벌하자 기황후가 직접 개입하여 그 활동을 저지하는 일이 벌어졌다. 충목왕이 어린 나이에 죽자 원에서 충정왕을 고려국왕에 책봉했고, 불과 3년 만에 충정왕을 퇴위시키고 공민왕을 책봉하였다. 이 과정에서 원의 정치적 영향력이 강하게 미쳐왔고, 특히 기황후 등 부원세력의 권력이 강화되었다. 이러한 상황에서 즉위한 공민왕은 권세가들의 토지 탈점과 '압량위천(壓良爲賤)'으로 인한 노비 문제를 해결하는 동시에 대원 관계에서 '세조구제'를 회복하고자 하였다. 공민왕이 즉위한 직후 몽골 풍속인 변발과 호복을 금지한 것은 고려의 토풍을 되살림으로써 '세조구제'를 회복하겠다는 의지의 표현이었다.

　하지만 원에서 기황후가 건재한 한 부원세력과의 대결은 공민왕에게 매우 힘겨운 일이었다. 특히 기황후의 오빠 기철(奇轍)은 국내의 부원세력을 대표하면서 공민왕과도 대립하였다. 이러한 때에 몽골족의 원이 쇠퇴하는 국제정세의 변화가 일어났다. 당시 원에서는 자연재해가 거듭되는 가운데 몽골족의 지배에 반대하는 한족 농민들의 봉기가 전국에서 일어나고 있었다. 공민왕은 즉위하기 전 원에서 생활하면서 이 사실을 알고 있었겠지만, 1354년(공민왕 3) 무렵 원의 쇠퇴를 더욱 확신하게 되는 사건이 일어났다. 그해에 원이 고우성(高郵城)의 한족 농민군인 장사성을 공격하기 위해 고려에 군대를 요구했고, 그에 따라 고려군 2천 명을 원에 파견했는데, 고우성 전투에서 원군은 지휘 계통의 붕괴로 말미암아 제대로 싸우지도 못하고 궤멸되고 말았다. 이러한 사정이 고우성에서 돌아온 고려군을 통해 공민왕에게 보고되었고, 원의 실상을 확인한 공민왕은 대원 정책의 목표를 '세조구제'의 회복에서 전면적인 반원(反元)으로 수정했다.

1356년(공민왕 5) 5월 18일에 공민왕은 전격적으로 반원운동을 일으켰다. 이날 기철·노책(盧頙)·권겸(權謙) 등 부원세력의 핵심 인물들을 죽이고, 정동행성 이문소를 혁파했으며, 군대를 두 갈래로 출동시켜 압록강 서쪽을 방비하고 쌍성총관부를 공격하였다. 이어 6월 26일에는 원의 지정(至正) 연호 사용을 중단함으로써 원과의 관계 단절까지도 각오하고 있음을 내비쳤다. 또한 관제를 개편하여 충렬왕 때 원의 간섭으로 격하되기 이전의 관제를 회복하였다. 원은 80만 군사로 고려를 공격하겠다고 위협해왔지만 실제로는 그럴만한 능력이 없었고, 고려 역시 전쟁을 원치 않았으므로 양국은 곧 외교적 해법을 모색하였다.

원에서는 고려 군대가 압록강을 넘어 자신의 영토를 공격한 사실만을 문제삼았을 뿐, 기황후 일족의 제거와 이문소 폐지, 쌍성총관부 점령, 지정 연호 중지 등에 대해서는 언급하지 않았다. 고려가 원의 영토를 공격한 데 대해서만 책임을 진다면 나머지 반원운동에 대해서는 문제삼지 않겠다는 뜻이었다. 이에 고려에서는 원 영토를 공격한 책임을 물어 지휘관 인당(印璫)을 처형하고, 기철 등이 모반을 일으켰으므로 급히 처리하느라 미처 보고하지 못했음을 사과하였다. 그러자 원은 고려의 사과를 받아들여 용서한다는 뜻을 전해왔는데, 여기서 고려의 '사과'와 원의 '용서'는 외교적 수사일 뿐, 실제로는 고려의 일방적인 반원운동을 원이 인정한 것이었다.

사태가 진정된 뒤 10월에 고려에서는 이인복을 원에 파견하여 원과의 관계에서 발생하고 있는 각종 폐해를 나열하고 그와 관련한 고려의 요구사항을 전달하였다. 그것은 곧 고려가 반원운동을 통해 이루고자 했던 목표였다. 그 내용은 다음과 같다.

우선, 정동행성의 문제점을 지적하면서 속사(屬司)인 이문소 등을 없애고 좌우사만을 남길 것이며, 좌우사 관리의 임명도 국왕이 정동행성 승상으로서 보거하도록 할 것을 요구하였다. 승상의 보거권은 본래 정동행성을 설치할 때부터 보장되었던 것이지만 이후 부원세력이 대두하면서 지켜지지 않았던 것이다. 이를 본래대로 되돌리도록 요구한 것은 '세조구제'의 회복을 목표로 한 것이지만, 이문소 등은 세조 때 이미 설치되었으므로 그 폐지는 '세조구제'에서 한 걸음 더 나아간 것이었다.

또 원이 고려에 설치한 군대인 만호부를 모두 폐지할 것과, 원의 여러 관청에서 제각각 고려에 사신을 보내와 물자를 수탈하는 것을 금지할 것, 그리고 쌍성과 삼살(三撒) 지역을 고려 영토로 인정해줄 것을 요구하였다. 이 가운데 만호부 폐지와 사신 근절은 원의 간섭이 종식된다면 마땅히 사라질 구폐였고, 영토문제는 반원운동으로 회복한 쌍성총관부 지역의 영유권을 인정받고자 한 것이었다. 하지만 쌍성총관부는 쿠빌라이 카안 이전에 이미 몽골 영토가 되어 있었으므로 그 수복은 '세조구제'의 회복으로 그치지 않았다. 게다가 이때 고려는 쌍성총관부 설치 이전의 영토뿐 아니라 그보다 더 북쪽 지역까지 영토를 확장했하였다.

고려의 반원운동은 '세조구제'의 회복보다 훨씬 더 진전된 목표를 지향하는 것이었다. 게다가 고려의 요구가 관철되는 과정에도 특별한 의미가 있었다. 즉, 고려의 요구가 이미 실행된 상태에서 원에 일방적으로 통고되었던 것이다. 10월 고려의 통고 이후 양국 간에 별다른 논의가 추가로 진행되지 않은 채 고려와 원의 국교가 재개되었는데, 이는 고려의 요구를 원에서 모두 수용한 것으로 해석된다. 이로써 고려의 반원운동이 성공을 거두었고, 1259년 이후 거의 100년 동안 계속된 원의 간섭에서 벗어나게 되었다.

다만, 반원운동 이후에도 고려는 원과의 교류를 완전히 단절하지는 않았다. 고려에서는 하정사와 하성절사, 그리고 황후와 황태자 천추절의 진하사 등 의례적인 사행을 파견했고, 지정 연호를 사용하는 등 책봉·조공 관계의 형식을 그대로 유지했다. 이 때문에 고려의 반원운동 이후에도 양국 관계가 연속된 것처럼 보이기도 하지만, 같은 행위라 하더라도 양국 간의 역학관계가 크게 달라진 뒤이므로 그것이 갖는 의미는 같지 않았다. 요컨대, 원의 간섭을 배제하고 책봉·조공 관계의 형식을 유지하는 것이 반원운동을 통해 고려가 목표로 했던 관계라고 할 수 있다.

2) 반원운동 이후의 고려·원 관계

고려와 원의 책봉·조공 관계는 1369년(공민왕 18) 고려가 사대의 대상을 명으로 바꿀 때까지 계속되었다. 1356년 반원운동 이후 1359년(공민왕 8) 홍건적의 침략으로 고려의 대원 정책이 또 한 번 크게 바뀌기 전까지 고려에서는 원과 책봉·조공 관계의 의례만을 유지하고자 하였다. 한편, 원은 고려의 반원운동을 막지 못했을 뿐 아니라 이후 고려의 일방적인 절차 변경에 대해서도 문제를 제기하지 못했다. 반원운동 이후에는 원에서 사신을 파견해오는 일조차 중단되었다.

하지만 1359년(공민왕 8) 11월 말부터 시작된 홍건적의 침략은 반원운동 이후 고려가 주도하던 고려·원 관계를 반전시키는 계기가 되었다. 홍건적은 당시 원에서 일어난 한족 농민군으로 원의 대도를 공격하다가 실패하고 오히려 원군에 쫓겨 고려로 밀려들어왔다. 고려는 약 3개월 만에 홍건적을 물리치는 데 성공했지만 서경이 함락되는 등 어려움을 겪었고, 그 직후부터 원의 도움을 이끌어내기 위해 노력하였다. 1360년(공민왕 9) 3월에 고려는 원에 사신을 보내 홍건적 격퇴 사실을 알렸고, 9월에는 정동행성을 다시 설치하여 관계 개선의 의지를 보였다.

고려의 노력에 대하여 원은 1361년(공민왕 10) 9월 사신을 보내와 화답하였다. 하지만 같은 해 10월 하순부터 시작된 홍건적의 제2차 침략으로 양국 간의 왕래는 다시 두절되었다. 이때 고려는 홍건적에게 개경을 빼앗기고 국왕이 안동까지 피난하는 위기를 맞았다. 그 때문에 원과 관계 개선의 필요성을 더욱 절감하게 되었는데, 개경을 수복한 직후에 반원운동 이전의 관제를 복구함으로써 반원운동의 성과를 스스로 부정하기에 이르렀다. 한편, 원은 홍건적 침입 이후 조성된 유리한 국면을 이용하여 고려와의 관계를 전면 재조정하려 하였다. 1362년(공민왕 11)에 공민왕을 폐위하고 덕흥군을 고려국왕에 책봉한 것이 그것이다. 이는 공민왕의 반원운동에 대한 보복과 더불어 고려국왕에 대한 책봉권을 행사함으로써 양국 관계를 반원운동 이전으로 되돌리고자 한 것이었다. 하지만 고려가 강력하게 반발함으로써 원의 의도는 실현되지 못했다.

고려가 덕흥군을 국왕으로 받아들이지 않자 원은 1364년(공민왕 13) 1월 고려를 공격해왔다. 하지만 최영과 이성계가 이끄는 고려군이 원군을 격퇴함으로써 원의 쇠퇴상이 다시 한번 확인되는 계기가 되었을 뿐이었다. 고려의 승리는 고려·원 관계에서 또 하나의 분수령이 되었다. 반원운동 이후 고려가 주도하던 양국 관계가 홍건적 침략 이후 반원운동 이전으로 돌아가는 듯했지만, 이 승리를 계기로 고려가 다시 주도권을 잡게 되었던 것이다. 이 해 10월에 원에서 공민왕을 복위시킨다는 조서를 보내왔는데, 조서에는 공민왕 폐위의 경위에 대한 해명과 함께 이례적으로 황제가 사과하는 내용이 담겼다.

1368년(공민왕 17) 무렵부터는 주원장의 명이 등장함으로써 고려·원 관계는 새로운 전기를 맞이하였다. 그해 윤7월에 명이 원의 수도인 대도를 점령하고 원 황제 토곤테무르 카안(순제)이 북쪽의 상도(上都)로 피신하는 일이 벌어졌다. 이 사실이 고려에 알려진 직후 명에 사신을 파견했고, 이듬해 명의 사신이 와서 홍무제의 즉위 사실과 함께 국호를 대명(大明), 연호를 홍무(洪武)라고 했음을 알리자 곧바로 원의 지정 연호를 중지하고 원과의 관계를 단절하였다. 그리고 1370년 5월 명으로부터 책봉을 받고 7월부터 명의 홍무 연호를 사용함으로써 명과 책봉·조공 관계를 맺었다.

　원은 명의 공격에 밀리면서 고려에 도움을 요청했지만 고려는 그것을 모두 거부하였다. 고려의 친명반원(親明反元) 정책은 명과 책봉·조공 관계를 추진하면서 더욱 강화되었다. 1269년 가을에 동·서북면의 요해처에 군대를 배치하고 요동의 동녕부를 공격하기 위한 준비를 하기 시작한 것이 대표적인 사례이다. 동녕부 공격은 1270년 1월부터 시작했는데, 명이 원을 공격하기 위해 대규모 군대를 투입한 것과 시기적으로 일치하였다. 즉, 고려는 중국의 원·명 교체기를 맞이하여 매우 기민하게 원과 관계를 단절하고 명과 책봉·조공 관계를 맺었던 것이다.

　명과 책봉·조공 관계를 맺은 이후 고려의 친명반원 정책은 당분간 일관되게 유지되었으나, 1374년(공민왕 23) 9월 공민왕 시해로 말미암아 커다란 난관에 봉착하였다. 당시 고려에 왔다가 돌아가는 명 사신 채빈과 임밀 일행을 호송하던 김의가 사신 채빈을 죽이고 임밀을 사로잡아 원으로 도망하는 사건이 발생했던 것이다. 친명정책을 주도했던 공민왕의 죽음과 명 사신의 피살은 명으로 하여금 고려를 의심하게 하기에 충분한 사건이었다. 이 해 11월에 고려에서는 명에 사신을 보내 공민왕 시해 사실을 알리고 시호를 청하는 동시에 우왕의 습위를 승인해줄 것을 요청했다. 책봉·조공 관계에서 당연한 조치였지만, 후계 국왕의 결정을 명에 맡기지 않고 이미 즉위한 우왕의 승인을 요구한 것은 원 간섭기와 크게 달라진 점이었다. 그런데 이 사신들은 명에 가던 도중 김의의 명 사신 살해 소식을 듣고 돌아왔다. 그리고 다음 달인 12월 원에 공민왕의 상을 알리는 사신을 보냈다. 공민왕 때의 반원적인 분위기를 생각한다면 의외의 결정이었지만, 이때 원에는 시호와 승습(承襲)을 요청하지 않아 명과 원을 분명히 구분하는 태도를 보였다. 이듬해 1월 명에 시호와 승습을 요청하는 사신을 다시 보냈고, 3월에는 공마(貢馬)를 보내는 등 명과 관계를 유지하고자 했지만 명이 일체 대응하지 않음으로써 당분간 양국 관계는 단절되고 말았다.

공민왕 시해 뒤 고려는 원과도 갈등을 빚었다. 원에서 심왕 고(暠)의 손자인 톡토부카[脫脫不花]를 고려국왕에 책봉했기 때문이다. 원은 이전에도 공민왕의 친명반원 정책에 대한 대응으로서 공민왕 폐위를 검토한 적이 있었는데, 공민왕이 시해되자 후사가 없다는 사실을 빌미로 톡토부카를 고려국왕에 책봉했던 것이다. 이에 고려에서는 톡토부카 책봉을 거부하는 한편, 그 철회를 요구했다. 사태를 파악한 원에서는 톡토부카 책봉이 실수였음을 인정하고, 우왕의 즉위를 인정할 것이니 자신들의 책봉을 받을 것을 요구했다. 장차 명을 공격할 때 군사를 내어 도울 것도 함께 요구해왔다. 이로부터 고려와 원의 관계가 개선되어 1377년(우왕 3) 2월 원이 우왕을 책봉하기에 이르렀고, 그에 따라 고려에서는 원의 선광(宣光) 연호를 사용하기 시작했다. 1370년(공민왕 19) 명의 홍무 연호를 사용한 지 7년 만의 변화로, 사대의 대상을 명에서 원으로 되돌린 대사건이었다.

하지만 고려와 원의 책봉·조공 관계는 고려·명 관계가 단절된 동안에만 유지되었다. 1377년(우왕 3) 12월에 명에서 그동안 억류하고 있던 고려 사람들을 돌려보냈고, 이를 계기로 고려·명 관계가 재개되었다. 이듬해 3월 고려에서 명에 시호와 승습을 다시 요청했고, 9월부터 홍무 연호를 사용하기 시작했다. 이는 곧 원 연호의 중지를 뜻하는 것으로, 명과 관계를 회복하고 원과의 관계를 단절한 것이었다. 결국 우왕 즉위 후 원과의 책봉·조공 관계는 1377년 2월부터 이듬해 9월까지 2년이 채 못 되는 기간 동안 유지된 셈이었다. 이 시기 고려의 대외정책을 중립 외교라고 평가하기는 어렵다. 즉, 고려는 1370년 명과 책봉·조공 관계를 맺은 이후 줄곧 친명반원 정책으로 일관했고, 우왕 즉위 후 명과의 관계가 단절된 상태에서 아주 짧은 기간 동안 원과 책봉·조공 관계를 회복했을 뿐이었다.

고려가 친명정책으로 기울자 원은 고려를 끌어들이기 위해 안간힘을 썼다. 1379년(우왕 5) 6월에 사신을 파견하여 연호를 천원(天元)으로 고쳤음을 알려왔고, 이듬해 2월에는 우왕을 태위에 책봉하여 우대하는 태도를 보였다. 이에 고려는 원의 연호 개정을 축하하고 태위 책봉에 사은하는 사신을 보내 답례했지만, 그것도 잠시일 뿐 원과의 교류는 곧 단절되었다. 1380년 7월에 원의 마지막 사신이 고려에 도착했고, 이후 1384년(우왕 10) 10월에 원 사신이 고려에 오다가 화령부에서 길이 막혀 돌아갔다.

한편, 1378년부터 고려에서 명의 연호를 사용하기 시작했지만, 명으로부터 책봉을 받기까지는 많은 시간이 흘렀다. 책봉을 둘러싼 줄다리기 끝에 명이 요구하는 막대한 양의 공물을 모두 납부하고 1385년(우왕 11)에야 우왕이 명의 책봉을 받는 데 성공하였다. 그에 따라 고려가 원과 관계를 회복할 가능성은 더욱 희박해졌다. 그러한 상황에서 1388년(우왕 14) 2월부터 명과 철령위 설치 문제로 갈등이 빚어지자 고려에서는 우왕과 최영을 중심으로 요동 공격을 추진했는데, 그때 우왕이 관리들에게 원의 관복을 입게 하고 명의 홍무 연호를 중지하는 등 친원반명 정책을 편 일이 있었다. 또한 요동 공격을 추진하면서 최영이 원에 사람을 보내 협공을 제안하기도 하였다. 하지만 이때는 이미 원이 명의 공격을 받아 카라코룸 방면으로 후퇴한 뒤였으므로, 명과 싸우기 위해 원을 끌어들이려는 시도가 효과를 거두기는 어려웠다. 결국 1388년, 위화도 회군으로 이성계가 권력을 잡은 뒤 친명 노선을 더욱 강화했고 원이 완전히 멸망함으로써 일제 고려와 원의 관계는 자연스럽게 단절되었다.

참고문헌

1. 저서

姜在光, 2011,『蒙古侵入에 대한 崔氏政權의 外交的 對應』, 景仁文化社.
김순자, 2007,『韓國 中世 韓中關係史』, 혜안.
김호동, 2007,『몽골제국과 고려』, 서울대학교출판부.
윤은숙, 2010,『몽골제국의 만주지배사』, 소나무.
이강한, 2013,『고려와 원제국의 교역의 역사』, 창비.
이개석, 2013,『고려-대원 관계 연구』, 지식산업사.
이명미, 2016,『13~14세기 고려·몽골 관계 연구』, 혜안.
張東翼, 1994,『高麗後期外交史研究』, 一潮閣.

2. 논문

高柄翊, 1961·62,「麗代 征東行省의 研究」(上·下),『歷史學報』14·19.
_____, 1969,「蒙古·高麗의 兄弟盟約의 性格」,『白山學報』6.
金光哲, 1996,「14세기초 元의 政局동향과 忠宣王의 吐蕃 유배」,『한국중세사연구』3.
金九鎭, 1989,「麗·元의 領土分爭과 그 歸屬問題-元代에 있어서 高麗本土와 東寧府·雙城總管府·耽羅總管府의 分離政策을 중심으로-」,『國史館論叢』7.
金塘澤, 1997,「高麗 禑王 元年(1375) 元과의 외교관계 再開를 둘러싼 정치세력 간의 갈등」,『震檀學報』83.
金惠苑, 1989,「麗元王室婚姻의 成立과 特徵-元公主出身王妃의 家系를 중심으로-」,『梨大史苑』24·25合輯.
모리히라 마사히코(森平雅彦), 2011,「제국 동방 변경에서 일본을 막는다」,『13~14세기 고려·몽골 관계 탐구』, 동북아역사재단.

閔賢九, 1989,「高麗 恭愍王의 反元的 改革政治에 대한 一考察 -背景과 發端-」,『震檀學報』68.

_____, 1992,「高麗 恭愍王代 反元的 改革政治의 展開過程」,『許善道先生停年紀念韓國史學論叢』, 一潮閣.

_____, 1994,「高麗 恭愍王代의「誅奇轍功臣」에 대한 檢討 -反元的 改革政治의 主導勢力-」,『李基白先生古稀紀念韓國史學論叢』[上].

閔賢九, 2004,「新主(德興君)와 舊君(恭愍王)의 對決」,『高麗政治史論』, 고려대학교 출판부.

尹銀淑, 2010「고려의 北元칭호 사용과 동아시아 인식 -고려의 양면 외교를 중심으로-」,『中央아시아硏究』15.

李康漢, 2007,「征東行省官 闊里吉思의 고려제도 개변 시도」,『韓國史硏究』139.

_____, 2008,「整治都監 운영의 제양상에 대한 재검토」,『역사와 현실』67

_____, 2008,「고려 충선왕의 정치개혁과 元의 영향」,『韓國文化』43.

_____, 2009,「공민왕 5년(1356) '反元改革'의 재검토」,『大東文化硏究』65.

李起男, 1971,「忠宣王의 改革과 詞林院의 設置」,『歷史學報』52.

李命美, 2003,「高麗·元 王室通婚의 政治的 意味」,『韓國史論』49.

_____, 2011,「공민왕대 초반 군주권 재구축 시도와 奇氏一家 -1356년(공민왕 5) 개혁을 중심으로-」,『한국문화』53.

李益柱, 1996,「高麗·元關係의 構造에 대한 硏究 -소위 '世祖舊制'의 분석을 중심으로-」,『韓國史論』36.

_____, 2000,「14세기 전반 高麗·元關係와 政治勢力 동향 -忠肅王代의 瀋王擁立運動을 중심으로-」,『한국중세사연구』9.

_____, 2009,「고려·몽골 관계사 연구 시각의 검토 -고려·몽골 관계사에 대한 공시적, 통시적 접근-」,『한국중세사연구』27.

_____, 2011,「고려·몽골관계에서 보이는 책봉·조공관계 요소의 탐색」,『13~14세기 고려·몽골관계 탐구』, 동북아역사재단.

_____, 2015,「1356년 공민왕 反元政治 再論」,『歷史學報』225.

_____, 2016,「1219년(고종 19) 고려·몽골 '兄弟盟約' 再論」,『東方學志』175.

_____, 2016,「14세기 후반 고려·원 관계의 연구」,『동북아역사논총』53.

鄭東勳, 2013, 「명초 국제질서의 재편과 고려의 위상 - 홍무 연간 명의 사신 인선을 중심으로-」, 『역사와 현실』 89.

周采赫, 1989, 「몽골-고려사 연구의 재검토 -몽골-고려사의 성격 문제-」, 『國史館論叢』 8.

蔡雄錫, 2003, 「원 간섭기 성리학자들의 화이관과 국가관」, 『역사와 현실』 49.

崔鍾奭, 2010, 「1356(공민왕 5)~1369(공민왕 18) 고려·몽골(원) 관계의 성격 - '원 간섭기'와의 연속성을 중심으로-」, 『歷史敎育』 116.

제 8 장
주변 민족과의 외교와 전쟁

이미지

1. 교류하는 고려
2. 여진과의 교류와 전쟁
3. 주변국의 반적(叛賊)에 대한 대응
4. 대식국·류큐·섬라곡국과의 조우

1. 교류하는 고려

1019년(현종 10) 2월 고려는 퇴각하던 거란 군사를 귀주에서 크게 패배시켰다. 고려와 거란 간의 전쟁 중 마지막 대형 전투였던 이 사건 이후 고려는 거란과의 세 번째 전쟁을 마무리하는 절차에 들어갔다. 이로부터 7개월여 뒤 중양절을 맞은 고려 현종은 특별한 잔치를 마련하였는데, 『고려사』에는 다음과 같이 전한다.

> 현종 10년(1019) (9월) 임술 중양절이어서 송나라, 탐라, 흑수 등 여러 나라 사람들에게 객사에서 연회를 베풀었다.
> _ 『고려사』 권4.

전쟁이 끝나가던 시점이기는 했지만 불과 몇 개월 전까지 동북아시아 최대 강국인 거란의 공격을 받던 고려였다. 그럼에도 불구하고 고려 현종은 세시풍속에 따라 잔치를 베풀었고, 특별히 외국인들에게도 잔치를 열어주도록 하였으며 여기에는 다양한 출신의 이국인들이 포함되어 있었다. 고려왕조는 주변의 강대국뿐 아니라 군소 국가 및 세력집단과 끊임없이 교류하였다. 이하에서는 주변 민족과 고려의 교류를 다루어 보도록 하겠다.

2. 여진과의 교류와 전쟁

여진족은 한반도 북부와 만주, 간도 지역에 분포하며 오랫동안 한반도와 교류해 오던 종족이다. 이들은 시기에 따라 읍루, 숙신, 말갈, 여진, 여직 등 다양한 명칭으로 지칭되었다. 이는 모두 여진족 고유어를 음차하거나 또는 그 의미를 한자로 표기하는 과정에서 발생한 이칭이다. 고려왕조는 이들을 서여진(숙여진)과 동여진(생여진)으로 구분하기도 하였다. 서여진은 주로 압록강 유역에 거주하던 여진을 가리키며, 동여진은 함경도 및 두만강 유역의 여진을 가리킨다. 그러나 각각 뚜렷하게 구분되는 집단을 형성하지는 않았으므로 기록에서는 주로 '여진'이라고 통칭된다.

고려는 이들 여진인에 대하여 "향배가 일정하지 않다(向背無常)", "배고프면 왔다가 배를 채우면 가버린다(饑來飽去)"라고 박하게 평하였다. 기본적으로 고려와 조우한 여진은 통합된 정치체로서가 아니라 개별 중소규모의 세력집단이거나 개인이었다. 고려왕조는 이들을 '여진'이라 통칭하였으나 사실 고려가 만난 여진은 매우 다양한 세력집단이었던 것이다. 이들은 각각의 이익에 따라 행동하였으므로 고려왕조가 여진에 대해 '향배가 일정하지 않다'라고 파악하였던 것도 어찌보면 당연하다고 하겠다.

『고려사』와 『고려사절요』에서 확인되는 여진인의 고려왕래는 총 480여 회에 이른다. 그러나 고려시대의 기록은 조선시대만큼 풍부하게 남아 있지 않다는 점을 고려하면 생략되거나 기록으로 남지 않은 여진인의 고려왕래는 이보다 훨씬 더 빈번하였을 것으로 추정된다. 이들 여진은 어떠한 목적으로 고려를 왕래하였을까? 이하에서는 고려의 '이웃' 중 하나였던 여진과의 관계를 크게 교류와 전쟁으로 나누어 살펴보도록 하자.

1) 여진과의 교류 및 협력

여진인은 때에 따라 주변국인 거란 혹은 고려의 통치 질서에 적절히 순응하며 생존하였다. 고려는 주로 부족 단위의 여진과 교류하였는데, 그 무리의 우두머리에게 장군호 등을 수여하거나 물품을 교환할 기회를 주는 등의 방식으로 여진을 회유하며 이들로부터 고려가 필요로 하는 정보를 얻거나 무기류를 입수하였다.

일찍이 고려 태조대부터 흑수의 추장이나 흑수인들이 고려에 몇 백 명 단위로 내투하였다(921년). 923년에는 왕건의 부장 유금필이 북번(여진)을 초유하였고 제번경기(諸蕃勁騎)를 통령하였다는 기록도 있다. 이 시기는 고려의 후삼국 통일 전쟁이 한창 진행되고 있었으므로, 이들 흑수인과 북번(여진) 및 '제번경기'로 칭해지는 여진 기병 집단 등은 고려의 병력이 되어 후삼국 통일 전쟁에 가담하였을 것으로 보고 있다.

고려에 협조적이었던 여진과의 관계는 계속되었다. 993년, 거란 성종이 고려에 대한 공격을 준비하고 있을 때 그 첩보를 가장 먼저 고려에 알려 온 것이 바로 여진이었다. 고려 조정은 여진인들의 말을 신뢰할 수 없다면서 첩보를 무시하였다가, 거란군이 코앞에 들이닥친 뒤에야 여진인의 첩보가 사실이었음을 깨닫고 후회하기도 하였다.

그로부터 20여 년 후인 1010년에 현종의 즉위 과정에 대해 문제를 제기하며 거란이 고려에 대한 공격을 예고했었다. 이때 고려 내부에서는 당시 왕이었던 목종이 쿠데타에 의해 강제로 폐위된 뒤 살해되었고, 목종의 조카인 현종이 쿠데타 세력에 의해 즉위하는 일이 벌어졌다. 고려 조정은 목종의 폐위와 신왕 현종의 즉위에 대해 거란에 별도로 보고하지 않았다. 그런데 거란은 목종의 폐위와 현종의 즉위에 문제를 제기하며 고려를 공격해 왔다(거란의 2차 침입). 이때 고려 내부의 왕위 교체 및 쿠데타에 대한 정보를 거란에 제공하여 고려 공격의 명분으로 삼게 했던 것은 다름아닌 여진이었다.

이 상황을 조금 더 자세히 살펴보자. 거란이 쳐들어오던 해인 1010년(현종 1) 5월에 고려 경내에 머물고 있던 여진 무리가 있었다. 그런데 고려의 장수가 임의로 이들을 살해하는 사건이 벌어졌다. 해당 장수와 그의 지휘관은 이에 대한 책임을 지고 처벌을 받아 먼 섬으로 유배되었으나 당시 피살된 여진인들의 남은 무리가 이를 원망하여 고려에 복수할 것을 벼르고 있었다. 결국 이들은 고려 조정에 쿠데타가 일어나 거란이 책봉한 목종이 폐위되고 쿠데타 세력이 새로운 왕을 즉위시켰다는 고려 내의 정세 변화를 거란 조정에 알림으로써 고려와 거란 간에 2차 전쟁이 일어나는 데 일조하였다.

이렇듯 여진은 거란과 고려 사이에서, 때로는 고려 편에 서서 전쟁 대비를 위한 도움을 주기도 하고 때로는 고려의 반대편에 서서 전쟁의 명분을 제공하기도 하였다. 잊지 말아야 할 것은 거란과의 1차 전쟁 때 고려에 도움을 주었던 여진과 2차 전쟁시 거란에 고려 내부 정보를 넘겼던 이들이 동일한 세력 또는 같은 집단이 아니라는 점이다. 다만 여진 세력이 개별 집단 단위로 거란과 고려 사이에서 자신들에게 유리한 상황에 따라 생존하여갔던 모습을 잘 보여주는 사례인 점은 분명하다.

고려는 여진의 이러한 습속을 잘 파악하여 적절히 활용하였다. 고려는 자신들에 우호적인 여진 집단을 통하여 거란이나 다른 여진 부족의 정세를 파악하기도 하였고 그들과의 교역을 통하여 말이나 모피류, 무기 등을 공급받기도 하였다. 드물게는 '번미(蕃米)'라고 기록된 여진 지역의 곡식을 고려에 바친 사례도 있다. 이러한 관계 속에서 고려는 여진이 고려 내지를 왕래하는 것을 무조건 제한하지는 않았다.

고려는 여진인의 입경을 다양한 형태로 허락하였다. 모든 여진인의 왕래가 자유롭게 허락된 것은 아니었으나, 허가받은 경우에는 고려 경내를 왕래하는 동안 신변 안전도 보장받았다. 앞서 언급하였듯이 1010년 5월에 내조한 여진인들을 고려 장수가 몰살한 사건이 있었다. 고려 장수는 이전에 벌어졌던 여진과의 전투에서 패배한 원한을 이들에게 갚은 것이었다. 그러나 고려 조정은 책임을 물어 이 장수를 처벌하였다. 이는 고려가 여진인들을 무조건적으로 적대하지 않았으며, 적절한 절차에 따라 입국한 여진인들에게는 안전을 보장하는 것이 기본 원칙이었다는 점을 잘 알려준다.

특히 11세기 후반 문종대부터는 입경한 여진인들의 수를 통제하거나 체류 기간을 통제하는 등 그들의 왕래를 행정적으로 관리하려는 시도가 많이 나타난다. 이 시기에는 여진인들 수십 명이 경관(京館) 혹은 광인관(廣仁館)이라는 장소에 억류되어 있기도 했다. 이들은 무엇인가 잘못을 저질러 구류되어 있었으나, 이들이 억류된 장소는 기본적으로 고려에 입국한 여진인들이 개경에서 머물던 객관이었을 것으로 생각된다. 고려 조정이 여진인들에게 체류 기간 동안 숙소를 제공한 것은 이국인들에게 편의를 제공한다는 측면 외에도 이국인의 무단 이탈을 방지하려는 관리 정책적 측면도 있었을 것이다.

여진인들은 고려에 와서 물품을 바치고 그 값어치에 해당하는 선물(옷가지류, 직물류 등)을 받아갈 수 있었다. 고려는 이를 특별히 '내헌(來獻)'이라 기록하였는데, 고려왕조에 내헌한 이국인은 주로 여진인들이었다. 특별한 경우 여진인의 개경 방문 및 국왕 알현이 허락되기도 하였는데, 이는 '내조(來朝)'라 한다. 고려는 여진에 대해 강온 양면책을 취하고 있었다. 따라서 여진인들에게 내조를 허락하여 우호적인 관계를 유지하는 것도 중요했을 것이다. 그러나 국경 주변 군소 여진 무리가 요청할 때마다 국왕의 알현을 허락하지는 않았을 것이다. 기록 상 확인되는 내조가 허락된 여진인들은 주로 여진 추장(酋長)급의 인물이었고 대체로 고려가 내려준 장군호를 띠고 있었다. 고려는 여진인들에게 '고려의 덕에 귀의한다, 고려의 변방을 평안하게 한다, (고려를 대신하여) 다른 이민족을 회유한다' 등의 의미를 갖고 있는 귀덕장군(歸德將軍), 회화장군(懷化將軍), 영새장군(寧塞將軍),

유원장군(柔遠將軍) 등의 장군호를 내려주었다. 여진 추장들은 고려의 장군호를 자신들의 권위를 높이는 일종의 위세품으로 활용하였다.

내조는 고려국왕과의 만남을 허락하는 행위였으므로 내조가 이루어지는 절차는 『고려사』 등의 기록을 통해 어느 정도 확인할 수 있다. 여진인들의 내조 신청은 고려의 병마사를 통해 중앙 조정에 보고되었고, 내조가 허락된 여진인들은 개경에서 약 15일간 체류할 수 있었다. 고려는 내조자에게 별도의 숙박시설을 제공하였다. 경관에 머무를 수 있던 여진인의 최대 규모는 약 300여 명 정도였던 것으로 추정된다. 즉 11세기 중반 경 고려왕조는 개경에서 300인 정도 규모의 여진인을 통제 및 관리할 수 있는 인력과 비용, 제도적 절차 등을 마련하고 있었다고 볼 수 있겠다.

내헌이나 내조는 비교적 짧은 기간 동안 고려를 방문하고 목적을 달성한 뒤 본래의 거주지(고려 외부)로 돌아가는 단기 체류에 해당한다. 그러나 이외에도 여진인 개인 또는 집단이 고려의 호적에 오르는 경우도 적지 않았다. 고려는 이를 '내부(來附, 內附)'라 기록하였다. 여진인들이 자연촌락 단위로 내부하여 오는 경우에는 현 거주지를 그대로 유지한 채로 고려의 호적에 등록되었기 때문에 결과적으로 고려의 영역이 확대되는 상황이 발생하기도 하였다. 소규모 집단이나 개인이 내부하는 경우에는 고려 내지에 새로운 거처를 할당받아 이주해 오는 경우도 있었다. 고려가 여진인들에게 거처를 마련하여 준 기록을 보면, 이들을 '강남(江南)' 또는 '영남(嶺南)' 지방에 거처하게 하거나 혹은 발해의 성이 있던 곳을 새로운 거주지로 지정해 주기도 하였다. 강남이나 영남이라는 지명은 고려시대에 특정한 지명을 지칭하지 않으나 일단 남쪽 지역이라고 생각된다. 그러나 발해의 성이 있던 옛 터는 분명 개경을 기준으로 볼 때 북쪽에 해당한다. 따라서 고려에 귀화한 여진인의 거처를 정하여 주는 것에는 일정한 규칙이 확인되지는 않는다.

드물기는 하지만 11세기에 고려에 귀화한 고열(高烈)이라는 여진인은 여러 차례 군공을 세우고 당대의 명장으로 이름을 날리면서 정2품직에까지 오르기도 하였다. 이로 미루어 짐작해 본다면 여진의 지배계층 출신으로 고려에 공헌이 큰 여진인의 경우에는 고려에 귀화한 이후에도 상당히 높은 사회적 지위를 부여받을 수 있었을 것이라 생각된다.

여진인들이 고려의 질서를 따르게 되면서 그들의 지위를 어떻게 볼 것인가 하는 논의가 고려 조정에서 일어나기도 하였다. 1038년(정종 4) 5월 위계주(威鷄州)라는 지역에 거주하는 여진인 간에 살인사건이 발생하였다. 가해자에 대한 처벌을 논의하는 과정에서 고려 조정의 의견은 속지주의론과 속인주의론으로 나뉘었다. 서눌(徐訥, 서희의 아들) 등은 이들 범법자들이 여진인이기는 하나 이미 고려의 호적에 올랐으므로 고려의 법에 따라 처벌할 것을 주장하였다. 황주량(黃周亮) 등은 반대로 이들이 고려의 편민이 되었지만 본래 여진인이므로 본속법(本俗法)에 따라 처벌할 것을 주장하였다. 결국 고려는 이들의 법적 신분이 고려인과 동등하지 않다고 보고 여진의 풍속에 따라 처리하도록 결정하였다.

그 후의 기록에서는 고려가 여진인을 처벌하는 사례를 찾아볼 수 있다. 1047년(문종 1) 고려는 내부하였다가 거란에 투탁한 동여진 추장 아도간(阿兜幹)의 행위를 죄로 간주하고, 그 무리의 수령 고지문(高之問)이 고려 국경 지역에 와 있다는 정보를 입수하여 그를 잡아 처벌하였다. 고려에 내부하였다가 고려를 저버리고 거란에 붙은 것을 과죄의 대상으로 인식한 것이다. 1038년 위계주 내의 살인사건의 처리 과정과는 다른 법률적 원칙이 적용된 것이 아닌가 하는 의문이 발생할 수 있는 부분이다.

그러나 위에서 설명한 사례들은 각각 사인(私人)인 여진인 간에 일어난 사건을 처리하는 문제와 고려왕조-여진인 간의 문제에 대한 처벌로, 그 성격이 크게 다르다. 따라서 고려 조정이 각각에 대해 취한 입장이 다르게 나타나는 것은 당연하다고 볼 수 있다. 1047년 여진 수령 고지문 처벌 사례는 고려에 귀부 의사를 밝힘으로써 고려의 질서에 순응할 것을 약속하였던 집단이 그 약속을 저버린 것에 대한 응징이므로 고려 조정의 입장에서 볼 때 당연히 처벌 대상에 해당한다.

그런데 여진 수령 고지문을 처벌한 사례는 고려와 개별 여진 집단 간의 관계에서 뿐 아니라 고려왕조의 외교정책의 기본 지향을 이해하는 데 있어서도 매우 중요한 시사점을 주는 사례이다. 993년 이래로 고려 군주는 거란 황제의 책봉을 받아 왔다. 양국은 조공책봉 질서에 입각한 교섭을 진행해 왔으므로 고려는 이러한 관계 속에서 볼 때 거란의 책봉국에 해당한다. 그렇지만 고려 조정은 거란과의 외교관계를 타국 또는 타집단과의 관계에 확대 적용하지 않았다. 그 직접적인 증거가 바로 위에서 살펴 본 1047년 고지문에 대한 처벌이다. 고려 조정이 아도간 휘하의 고지문을 처벌한 것은 고려가 아도간 등과 합의 하에 맺은 질서에 입각하여 그에 어긋난 행위를 한 아도간 세력을 치죄한 것이다. 아도간 세력을 치죄하였다고 해서 고려가 거란에 대한 기존 정책을 저버린 것은 아니었다. 고려는 계속해서 거란과의 조공책봉 질서에 충실하였고, 거란이 멸망하는 시점까지 양국 관계는 크고 작은 갈등은 있었지만 기본적으로는 조공책봉 질서가 안정적으로 유지되었다.

이렇듯 아도간 세력에 대한 처벌 사례를 통해 확인되는 고려 조정의 여진에 대한 정책은 개별 집단과 고려 간에 성립된 질서 관계를 유지하는 것에 중점이 맞추어져 있었다. 고려가 개별 여진 집단과의 관계에서 상국(上國)으로서의 위상을 확실히 하고자 하였음은 분명하다. 그러나 이 관계에 거란과의 질서를 확대 적용하지 않았다는 점은 고려왕조가 수행한 외교정책의 주요한 특징 중 하나이다.

2) 여진과의 전쟁

① 동여진의 침략

고려 초기 태조~성종대까지는 서북 변경지역을 개척하는 북진정책이 추진되었다. 이 과정에서 여진과의 충돌이 있기도 했으나 고려는 여진이 직접 위협이 되지 않는 한 회유책을 통해 이들과의 관계를 유지하였다.

이와 같은 고려의 입장과 달리 여진은 생존을 위해서는 주변국으로부터의 물자 공급이 상대적으로 필수적이었다. 따라서 생존에 필요한 물자가 원활하게 공급되지 않았을 때에는 수단을 가리지 않았다. 이로 인해 고려의 변경지역은 크고 작은 여진의 침략을 받게 되었다.

특히 현 중국 지린성 동북 지역에 거주하던 여진인(동여진, 생여진)은 자주 고려를 침입하여 약탈을 자행하였다. 이들은 육로와 수로를 모두 활용하여 고려를 침략하였다. 한반도 동해안 북부 지역은 물론, 배를 타고 우산국(于山國, 울릉도)을 공격하거나 경주까지 내려오기도 하였다.

1019년에는 이들이 일본 쓰시마[對馬島] 이키[壹岐], 규슈[九州] 지역에도 출몰하였다. 일본에서는 이를 '도이의 입구[刀伊の入寇]'라 부른다. 일본에서는 처음에는 고려인의 소행이라 생각하였으나 포로로 잡힌 고려인의 설명을 듣고 일본을 공격한 무리가 고려인이 아니라 여진인이라는 것을 알게 되었다. 일본은 고려인들이 여진을 가리킬 때 사용하던 용어인 '되'를 그대로 받아 적어 여진인을 '도이'라 부르게 되었다.

고려는 이들을 막기 위해 동해안 지역에 수군과 전투선을 배치하였으며 방어성을 축조하여 이들을 물리쳤다. 때로는 직접 정벌에 나서기도 했으나 동여진의 침입을 근절하지는 못하였다.

② 숙종·예종대의 여진 정벌

11세기 말, 지금의 하얼빈 일대를 근거지로 삼았던 완안부(完顏部)가 세력을 키우며 성장하기 시작했다. 완안부가 이끄는 여진 세력은 점차 두만강 일대까지 세력권을 확장하였다.

당시 고려에는 많은 여진인들이 투화해 있었다. 여진인들은 다양한 규모로 고려에 투화하여 고려 내지로 거주지를 옮기기도 하였고 기존의 거주지에 살면서 고려의 주현으로 편입되기도 하였다. 한반도 동북부 지역에서는 고려에 투화한 여진 부족과 그렇지 않은 여진 부족 간에 충돌이 빚어지기도 하였다. 따라서 완안부의 성장에 따라 새롭게 통합된 여진 세력과 고려와의 충돌은 피할 수 없는 귀결이기도 하였다.

고려와 완안부의 본격적인 충돌은 1104년(숙종 4) 1월에 일어났다. 당시 완안부 군사가 다른 부족을 좇아 고려의 변경인 정주(定州)의 관문 밖까지 도달하여 고려군과 대결하였다. 완안부 군사들이 고려 경내로 들어오지 못하도록 고려군이 맞섰으나 이들에 크게 패배하였고, 여진군은 정주 관내로 들어와 약탈하는 지경까지 이르렀다. 뒤이어 파견된 고려군도 여진에 패배하였다. 고려는 생각지도 못한 여진의 공세에 놀라 그들의 요구 조건을 수용하는 것으로 여진을 달래고 강화를 맺고 돌아와야만 했다.

같은 해 6월에 완안부는 공형 지조 등 68인을 관문에 보내 와서 화친을 청하였다. 고려는 완안부의 요청을 핑계 삼아 화친을 했다는 명분을 얻었지만, 완안부를 제압하는 데 실패한 것은 불변의 사실이었다. 결국 고려는 여진의 요구대로 고려가 포로로 잡고 있던 여진 족장 14명을 송환하는 조건으로 그들과 화의를 맺게 되었다.

당시 고려군 원수였던 윤관은 패전의 원인을 분석하고, 기병 주력 부대를 운용하는 여진군에 대항하기 위해 신보군·항마군·신기군 등으로 구성된 별무반(別武班) 창설을 건의하였다. 별무반은 당시 동원이 가능한 거의 모든 젊은 성인 남성을 편제하여 기병·보병·노병(弩兵) 등으로 편성하였고, 승려들도 항마군(降魔軍)으로 편제되었다. 말을 가진 사람은 기병인 신기군에 배정되었고, 말이 없는 사람은 보병인 신보군·도탕(跳盪)·경궁

(梗弓)·정노(精弩)·발화(發火) 등의 군에 편입되었다. 도탕 이하의 병종은 신기군과 신보군에 속하지 않는 별도의 임무를 수행한 것으로 보인다. 각 군의 실제 임무는 사료상 확인되지 않으나 명칭을 통해 그 기능을 추정해 볼 수는 있다. '도탕'은 적이 싸울 준비를 하기 전에 공격한다는 의미이므로 기습공격을 주로 담당하는 부대로 생각되며, '경궁'은 말 그대로 강한 파괴력을 가진 궁을 쏘는 부대, '정노'는 일종의 기계식 발사 설비를 갖춘 화살을 사용하여 정밀한 공격을 담당하였던 부대, '발화'는 화공을 담당하는 부대였으리라 추측된다. 고려는 여진 정벌 재개와 승리를 위해 이러한 준비를 거쳤으나 이듬해 왕이 사망하면서 전쟁이 속개되지는 않았다.

고려가 다시 여진 공격 계획을 세운 것은 1107년(예종 2)이다. 여진과의 전쟁 경험이 있었던 윤관이 재차 원수로 임명되어 약 17만의 병력을 이끌고 출정하였다. 고려군은 다섯 갈래로 나누어 기습공격을 단행하였다. 압도적인 병력과 잘 준비된 작전을 앞세운 고려군은 여진족 부락들을 하나씩 격파하며 급속도로 전진했다. 일부 지역에서 여진족의 저항을 맞닥뜨리거나 기습을 받아 위기에 처하기도 하였으나, 고려군은 여진족을 대파하며 큰 성과를 거두었다.

윤관이 귀환하기까지 불과 3~4개월의 작전 기간 동안, 고려군은 약 135개의 여진 촌락을 함락시키고 5천여 명의 포로를 잡았으며 또 그만큼의 여진군을 살상하였다. 또한 점령한 지역에 영주(英州)·웅주(雄州)·복주(福州)·길주(吉州)·함주(咸州)·공험진(公嶮鎭)·의주(宜州)·통태진(通泰鎭)·평융진(平戎鎭)을 비롯해 여러 성을 쌓았다(윤관 九城, 동북 9성). 고려는 이 지역에 6만 9천 호의 인구를 이주시켜 실제 영토화하려 하였다.

그러나 1108년(예종 3) 초부터 고려군은 완안부 및 현지 여진족의 반격으로 큰 어려움을 겪었다. 이러한 상황은 점점 악화되어, 고려군은 여러 성에 분산된 채 여진족에 포위공격을 당하기도 하는 등 피해가 누적되고 있었다. 고려는 윤관과 오연총을 다시 파견하였으나 상황이 달라지지 않자 더 이상 전쟁을 지속해서는 안 된다는 여론이 점점 힘을 얻게 되었다. 마침 여진이 예전처럼 고려에 조공을 수행하며 침범하지 않는 대신 9성 지역을 돌려달라는 요청을 해오자 고려는 결국 1109년 6월 이를 수용하였다.

이렇게 고려의 여진 정벌은 마무리 되었다. 이때 고려왕조의 외교정책적 관점에서 고려의 책봉국인 거란과의 관계에 대해서도 살펴볼 필요가 있다. 고려는 1107년 정벌에서 큰 성과를 거둔 뒤 거란에 사신을 보내어 여진 토벌과 축성 사실을 통보하였다. 이는 100년 이상 지속되어 온 양국 관계 상 매우 적절한 외교적 조처였다고 하겠다. 또한 고려의 대규모 축성과 그로 인한 영토 확장을 둘러싸고 거란와의 관계에서 발생할 수 있는 불필요한 긴장과 갈등을 사전에 방지하는 효과도 있었다. 고려는 1109년 여진의 동북 9성 반환 요청을 수용한 뒤에도 이를 거란에 통보하였다. 거란은 고려의 결정과 자신들과의 관계를 평화적으로 유지하려는 고려의 노력을 긍정적으로 평가하였다.

완안부는 계속적으로 팽창하여 1115년(예종 10)에 나라를 세우고 국호를 금(金)이라 하였다. 결국 금은 거란을 멸망시켰으며, 송의 수도를 함락하여 남쪽으로 몰아내고 중국 북부 지역을 영토화하였다. 이에 비해 금과 고려는 금이 몽골에 의해 멸망할 때까지 별다른 물리적 충돌 없이 비교적 평화로운 관계를 유지하였는데, 이러한 배경에는 완안부 성장 과정에서 고려와의 대결 경험이 큰 영향을 주었던 것으로 평가되고 있다.

3. 주변국의 반적(叛賊)에 대한 대응

이하에서는 고려가 동북아시아 지역의 구성원으로서 주변 왕조 교체 및 정세 변화 등으로 인해 겪게 되었던 크고 작은 반적 집단과의 관계에 대해 알아보겠다.

1) 동진과 거란 유종

1206년 12월, 몽골 고원의 여러 세력집단을 규합한 테무진[Тэмүжин, 鐵木眞]이 대몽골국의 칭기즈칸[ЧингисХаан, 成吉思汗]으로 추대되었다. 칭기즈칸이 이끄는 몽골은 불과 몇 년 후 주변국에 막대한 영향을 미치는 유례없는 대제국을 건설하게 되었지만, 칭기즈칸 즉위 당시에는 주변국의 이목을 크게 끌지는 못했다. 당시 고려는 금(金)과 맺은 조공책봉 질서를 충실히 유지하고 있었다.

1211년 4월에 몽골은 금을 공격하기 시작하였다. 이 해 9월과 11월에 고려가 금에 보낸 사신들은 모두 길이 막혀 돌아왔을 정도로 고려·금 국경지역도 몽골과 금 간에 벌어지던 전쟁의 영향을 받고 있었다. 금이 몽골과의 전쟁에서 연이어 패배하고 중앙정부의 통제력이 약해지면서 금의 통치에 반기를 든 여러 세력이 봉기하였다.

1213년 3월, 거란인 야율유가(耶律留哥)가 요동 지역에 요(遼)를 세우고 천통(天統)이라는 연호를 채택하였다. 1214년에는 금이 보낸 토벌군에 승리를 거둔 뒤 금의 중경(中京, 현재의 베이징 지역)을 차지하고 도읍으로 삼아 세력을 키워나갔다.

당시 금은 야율유가 세력을 진압하기 위해 장수 포선만노(浦鮮萬奴)를 요동에 파견하였다. 야율유가 세력과 전투를 벌이던 포선만노는 크게 패배한 뒤 오히려 금에 반기를 들고 1215년 10월에 대진(大眞)의 왕을 칭하였다. 얼마 뒤 포선만노는 요동을 공략하던 몽골군에 투항하였다가 몽골군이 철수하자 다시 두만강 유역에서 동하(東夏)를 세웠다(1217). 그러나 이 동하 역시 몽골에 복속되는 등의 행로를 보이다가 기록상에서 사라졌다.

『고려사』에서는 포선만노 세력을 동진(東眞)이라 지칭하였다. 고려가 포선만노의 배반과 건국에 대하여 알게 된 것은 금을 통해서이다. 금은 포선만노의 동진 세력에 대해 고려에 경고하며 이들을 진압하는 데 협조해 줄 것을 요청하였다. 금의 경고대로 동진은 고려 압록강 지역을 공격하기도 하였고, 몽골에 복속한 뒤에는 몽골군 및 몽골 사신의 앞잡이가 되어 고려에 들어오기도 하였다. 또 고려의 반란 세력과 결탁하여 고려를 공격하기도 하였으며 몽골과 단교한 뒤에는 몽골을 노골적으로 비난하는 내용의 문서를 고려에 전달하기도 하는 등 금·몽골·고려 사이에서 활로를 찾기 위한 여러 방법을 시도하였다.

몽골은 세력을 확장해 가는 과정에서 복속한 주변 집단의 자원을 적극 활용하였는데, 동진 역시 요동 지역과 한반도 지역으로 진출하기 위한 일종의 수단으로 활용되었다. 몽골은 자신들이 구축하고 있던 세계질서 속에 고려를 복속시키는 데 동진을 활용하고자 하였던 것인데 몽골의 계획과 달리 동진은 매우 가변적인 행보를 보였으므로 몽골의 미움을 사게 되었고, 결국 몽골의 공격 대상이 되었다.

고려 역시 당시 동북아시아에 새롭게 등장한 몽골과의 외교관계를 어떻게 설정할 것인지 탐색하고 있었다. 이러한 몽골과 동진의 행보에 대해 고려 조정은 왕조의 대외적 안정을 최우선적으로 추구하며 섣부르게 입장을 정리하지 않았다. 고려는 어디까지나 몽골을 주요 상대로 설정하여 교섭하였으며, 동진의 개별적인 교역 요구나 화친 요청은 수용하지 않았다. 다만 몽골과의 전쟁이 시작된 이후에는 고려 조정 역시 동진과의 연합을 통해 몽골에 대응하는 방안을 모색하기도 하였다.

한편, 1213년에 요동 지역에 요를 세웠던 야율유가는 1215년에 몽골에 투항하였다. 그러나 야율유가 휘하 세력 중 이에 동조하지 않은 일부는 몽골에 저항하며 대요수국(大遼收國)이라는 새로운 세력을 형성하였다 (1216). 이들은 몽골의 집중적인 공격을 받다가 결국 고려의 국경을 넘게 되었고, 이후 1218년 말까지 고려의 서북 지역은 이들의 약탈로 인해 많은 피해를 입었다. 이들은 국적으로 볼 때는 금에 반란을 일으킨 금나라 사람이지만 종족으로 볼 때 거란인들이었기 때문에 『고려사』에서는 이를 '거란 유종(遺種)'의 난으로 기록하였다.

고려는 거란 유종의 약탈을 저지하는 한편 이들을 몰아내기 위해 많은 병력을 동원하였지만 성과를 거두지 못하고 있었다. 이때 몽골 역시 거란 유종을 배반자로 규정하여 추격하고 있었다. 1218년 겨울, 몽골군은 거란군을 토벌하러 왔음을 밝히며 고려의 국경을 넘어와 합동공격을 제안하였다. 토벌 결과 연합군이 승리하였고 이를 계기로 고려와 몽골은 국가 대 국가로서 처음으로 관계를 맺게 되었다.

2) 합단적과 홍건적

1287년 몽골의 동쪽 지역을 구성하고 있던 동방3왕가 세력이 반란을 일으켰다. 칭기즈칸은 일찍이 자신의 친동생들인 카사르, 카치운, 옷치긴을 대흥안령산맥 동쪽에 분봉하고 영지를 나누어 주었는데, 이들은 동방3왕가로 지칭된다. 옷치긴 가문의 나얀[乃顔]은 동방3왕가를 이끌고 칭기즈칸의 손자인 쿠빌라이 정권에 반기를 들었지만 결국 쿠빌라이에 의해 진압되었고 이후 몽골의 정국 역시 안정되었다.

그런데 카치운가의 카다안[哈丹]과 그가 이끄는 세력은 나얀군이 패배하고 항복한 이후에도 결과에 승복하지 않고 계속해서 쿠빌라이 정권에 반기를 들며 고려 경내에까지 침입하게 되었다. 고려는 몽골군과 이들을 협공하였고 그 결과 1292년 카다안 세력이 소멸되었다. 카다안군 세력의 침입으로 고려는 인적·물적 손실을 겪기는 하였다. 그러나 이 과정에서 당시 몽골이 점유하고 있던 쌍성 지역에도 고려 군대가 파견되는 등 쌍성총관부 관할지역에 대한 고려의 영향력을 회복하는 계기가 되기도 하였다.

홍건적(紅巾賊)은 원 말기에 하북성 지역에서 일어난 세력이다. 이들은 당시 유행하던 비밀 종교결사인 백련교를 기반으로 성장한 집단인데 머리에 붉은 수건을 둘렀기 때문에 홍건적 또는 홍두적(紅頭賊)이라고 불렀다. 이 세력은 황제를 칭하고 국호를 정할 정도로 크게 성장하여 몽골을 공격하였다. 그 중 한 무리가 요양 지역에까지 왔다가 몽골의 반격을 피해 고려 경내로 들어오면서 고려는 두 차례에 걸쳐 홍건적의 침입을 받게 되었다.

1359년 12월 압록강을 건너 고려로 들어온 홍건적은 세력을 불려 고려의 서북 지역을 공격하였다. 고려 조정의 반격에 크게 패배한 홍건적은 1361년에 10여 만 명을 이끌고 다시 고려를 침입하였다. 홍건적의 대대적인 공세에 개경까지 함락되는 상황이 벌어졌고, 이에 공민왕을 비롯한 고려 조정은 복주(현 안동)로 피난하게 되었다. 정세운을 총병관으로 하는 고려군은 전열을 가다듬어 홍건적을 급습하여 지휘부를 무너뜨림으로써 홍건적을 성공적으로 격퇴할 수 있었다.

홍건적의 침입과 격퇴 과정에서 고려도 많은 피해를 입었다. 그런데 정작 홍건적의 반란을 주체적으로 진압해야 할 몽골은 이렇다 할 성과를 내지 못했다. 홍건적의 난에 대한 몽골 조정의 대응을 통해 고려는 몽골의 약화를 체감하게 되었으며, 이로 인해 몽골과의 관계에만 집중되어 있던 고려의 대외정책도 변화하게 되었다.

4. 대식국·류큐·섬라곡국과의 조우

이하에서 다룰 내용은 기록상 일회적 또는 단기적으로 나타나는 고려와 외국 간의 교섭이다. 고려왕조가 주체적으로 나선 것이 아니라 멀리에서 고려를 찾아와 교섭이 이루어졌다는 점에서 흥미로운 사례이다.

1) 대식국 상인의 방문

고려에는 아랍 지역의 상인들이 왕래하기도 하였다. 이들은 대식국인(大食國人)이라 기록되어 있는데, 대식은 Tajik을 음역(音譯)한 표현이다. Tajik은 페르시아 고어인 파홀라비어로, 북아랍의 한 부족인 Tayyi를 가리키는 말이다. 아랍 상인들은 본래 오래전부터 중국에 왕래하며 교역 활동을 해왔다.

아랍 지역 상인이 고려를 방문하게 된 것은 원래부터 고려 방문이 목적은 아니었을 것이다. 송을 방문한 아랍 상인 일부가 우연히 송상(宋商)을 따라 고려를 방문하게 되었을 것으로 추정하고 있다.

아랍 상인의 방문 기록은 1024~1040년 동안 3회 정도 남아있다. 100여 명에 이르는 규모가 큰 상인단이었던 것으로 보이며, 약재로 사용되던 용치(龍齒)나 몰약(沒藥), 수은(水銀), 점성향(占城香), 대소목(大蘇木) 등을 고려에 바쳤다. 고려는 이들을 객관에 머물게 하는 등 우대하였으며 돌아갈 때에는 비단 등을 주어 보냈다.

2) 류큐 사신의 방문

류큐 왕국이 한국의 역사 기록에 처음으로 등장한 것이 바로 고려시대이다. 1389년(창왕 1) 8월에 류큐국 중산왕(中山王) 삿토[察度]가 보낸 사신이 고려에 도착하였다. 당시 류큐는 중산, 북산(北山), 남산(南山)의 세 나라가 성립되어 있었는데 삿토는 바로 중산국의 왕이었다. 중산국은 왜구에 납치되었던 고려인들을 돌려보내면서 유황 300근, 소목(蘇木) 600근, 후추 300근, 갑(甲) 20부 등을 방물로 바치며 교류를 청하였다. 고려 조정은 처음 접한 이들의 방문을 어떻게 처리할지를 두고 논의를 거치기도 하였다. 고려는 삿토의 요청을 수락하고 전객령(典客令) 김윤후(金允厚) 등을 보내어 보빙하게 하였다.

이때 고려가 류큐에 보낸 예물은 안장 2벌, 은주발과 수저 각 2벌, 은잔과 은 술잔이 각 1개, 흑마포(黑麻布) 20필, 호피(虎皮) 2벌, 표피(豹皮) 1벌, 만화석(滿花席) 4장, 화살 100매, 그림 병풍 1부, 그림 족자 1쌍 등이었다. 김윤후 일행은 1년 뒤인 1390년 8월에 무사히 귀환하였다. 이후 고려가 곧 멸망하였으므로 양국 간의 교류는 이어지지 않았지만 류큐와의 교류는 조선시대에 계속해서 이어졌다.

3) 섬라곡국 사신의 방문

섬라곡국(暹羅斛國)은 현재 태국에 해당하는 것으로 추정된다. 한국사상 섬라곡국과의 교류 역시 고려시대에 처음으로 확인된다. 1391년(공양왕 3) 7월에 섬라곡국의 내공(柰工) 등 8인이 일본을 거쳐 고려를 방문하였다. 내공 등의 발언에 따르면 이들은 1388년에 본국을 출발하여 일본에서 1년을 머무르다가 고려에 왔으나, 바람의 때가 잘 맞으면 섬라곡국에서 고려까지 40일이면 도착할 수 있다고 주장하였다.

고려 조정은 이들이 가져온 문서에 외교문서라면 으레 갖추어야 할 발신자의 성명 표기나 문서를 봉한 표식 등이 없이 동그란 도장만 찍혀 있는 것을 수상히 여겼다. 그들이 가져온 문서가 위조된 것은 물론 섬라곡국에서 왔다는 그들의 주장 역시 거짓일 것으로 의심하는 사람도 있었으나, 고려 조정은 '멀리서 고려를 찾아온 사람은 내치치 않는다[來者不拒].'는 원칙에 따라 이들을 접견하였다.

고려는 세 번의 통역을 거쳐 그들과 소통하였으며, 섬라곡국 사람들의 차림새를 특별히 기록해 두었다. 이에 따르면 섬라곡국인들은 존경의 의미로 옷을 벗어 몸을 드러내었는데 그런 이유에서인지 고려를 방문하는 동안 윗옷을 입지 않기도 하거나 맨발이었다.

참고문헌

1. 저서

김명진, 2014, 『고려 태조 왕건의 통일전쟁 연구』, 혜안.
육군군사연구소, 2012, 『한국군사사』 3, 경인문화사.
육군군사연구소, 2012, 『한국군사사』 4, 경인문화사.
李丙燾, 1961, 『韓國史』 中世篇, 乙酉文化社.
이정신, 2004, 『고려시대의 정치변동과 대외정책』, 경인문화사.
羅鍾宇 외, 2002, 『한국사』 15, 「고려 전기의 사회와 대외관계」, 국사편찬위원회.

2. 논문

高柄翊, 1969, 「蒙古·高麗의 兄弟盟約의 性格」, 『白山學報』 6 ; 1970, 『東亞交涉史의 硏究』, 서울대학교출판부.
김구진, 1988, 「13C~17C 여진 사회의 연구」, 고려대학교 박사학위 논문.
金塘澤, 2000, 「高麗 肅宗·睿宗代의 女眞征伐」, 『東아시아 歷史의 還流』, 지식산업사.
김순자, 2012, 「고려중기 국제질서의 변화와 고려-여진 전쟁」, 『한국중세사연구』 32.
金洛珍, 2017, 「고려 숙종·예종대 여진정벌과 별무반의 전술체계」, 『한국학논총』 47.
송용덕, 2011, 「1107~1109년 고려의 葛懶甸 지역 축성과 '尹瓘 9성' 인식」, 『한국사학보』 43.
신안식, 2011, 「고려 고종초기 거란유종의 침입과 김취려의 활약」, 『한국중세사연구』 30.
李美智, 2014, 「13세기 초 고려의 국제 환경 변화와 생애 기록 : 고려 墓誌를 중심으로」, 『한국사학보』 55.
_____, 2015, 「고려 전기 異國人入境의 유형과 실상- 來獻·來朝·來投·來附를 중심으로」, 『한국중세사연구』 43.

임형수, 2017, 「고려전기 女眞에 대한 武散階 授與의 양상과 특징」, 『한국중세사연구』 51.

허인욱, 2001, 「高麗 中期 東北界에 대한 考察」, 『白山學報』 59.

제 9 장
일본과의 외교와 왜구

나종우

1. 10세기 초 동아시아의 국제관계
2. 사절의 내왕
3. 일본 상인의 내왕과 진봉 외교
4. 왜구의 침구(侵寇)와 대응
5. 고려 대일 외교의 성격

1. 10세기 초 동아시아의 국제관계

고려시대의 일본과의 관계는 정치·경제·외교·군사 등 모든 면에서 가장 침체되고 부진했던 시기였다. 이 시대에 양국 간의 관계가 다른 시대에 비해 소원할 수밖에 없었던 것은 당시의 시대적 상황과 밀접한 관계가 있다. 고려가 건국되던 918년경의 국제정세는 중국에 있어서는 5대의 혼란기였고, 일본에서는 다이코덴노[醍醐天皇] 연희(延喜)연간으로 이미 견당사(遣唐使)가 폐지되어 중국과의 국교가 단절된 상태였다.

한편 고려의 입장은 후삼국의 대립기를 거쳐 통일왕조를 이루었다고는 하지만 신라하대에서부터 나타났던 사회적 혼란상과 그 연장선상에서 여전히 독자적 정치세력을 형성하고 있는 호족들을 정리하지 못하는 등 아직 정치적 안정을 이룩하지 못한 때였다.

이처럼 10세기 초 동아시아의 국제관계는 각국의 국내 사정 등으로 상당히 위축될 수밖에 없었는데, 이에 따라 당시의 고려와 일본과의 관계는 고려 전후의 시대에 비하여 침체되었다. 이러한 시대적 상황에 대하여 일본은 한국과 일본과의 관계는 상결(相結, 서로 결합하려는 것)하려는 힘과 상리(相離, 서로 멀리하려는 것)하려는 힘과의 상극(相剋)을 중축으로 전개되었으며, 고려시대는 서로 멀리하려는 힘이 압도적으로 우세를 지속한 시대라고 말하여 이 시대의 양국 관계가 소원했음을 말하고 있다. 뿐만 아니라 아예 이 시대를 전후한 470여 년간의 양국 관계는 완전히 별천지에서 전개되었다고 까지 말하였다. 물론 고려시대의 한일관계는 앞서 언급한 대로 전후 시대에 비하여 침체되었던 것은 사실이라 할지라도 일본 측에서 말하는 것처럼 별개의 세계로 존재했던 것은 아니다. 이 기간에도 전반적인 것은 아니지만 전기에는 통교무역을 중심으로 양국 관계는 이어졌고, 후기에는 왜구로 대표되는 무력행사로 계속되었던 것이다.

한 가지 특기할 사항은 고려 전기의 양국 간의 교류는 정치적인 면과 경제적인 면에서 양국이 상반된 태도를 보이고 있는 점이다. 지금까지 일반적으로 여·일의 관계가 시종일관 고려가 일본에 대해 제한적이고 거절적인 태도로 일관했던 것처럼 보아왔으나, 정치적 관계는 고려가 일본에 대해 적극적으로 문호 개방을 요구했고, 일본은 수동적 자세로 일관했던 것이다.

2. 사절의 내왕

1) 태조대의 일본과의 교섭

후삼국을 통일한 고려 태조에게 있어서 가장 시급한 문제는 국내 정세의 안정이었으며 이를 위한 방편의 하나가 인접 국가와의 평화유지를 위한 외교관계의 설정이었다.

중국에 대해서는 건국 초부터 이미 문화 수입이라는 측면에서 적극적인 관심을 가졌기 때문에 인적 교류도 비교적 활발하게 이루어졌고, 태조 10년(927)에는 중국의 5대의 한 나라인 오월(吳越)과 정식으로 국교를 맺기도 하였다. 중국과의 교류는 일찍부터 선진문물의 수입과 무역이라는 점이 강조되었지만, 일본에 대해서는 정치적 문제에 더 관심을 둔 접근이었다. 왜냐하면 새로 건국한 고려왕조가 국내의 불안정한 정세를 안정시키는 데 모든 힘을 기울이던 상황에서 외부로부터 군사적인 위협이 없어야 했기 때문에 불가피한 외교관계로 생각했던 것이다.

그러한 상황 아래 고려 태조는 2회에 걸쳐 일본에 사신을 파견했다.

① 첫 번째 사신을 파견한 것은 후삼국을 통일한 이듬해인 태조 20년(937)이었다. 이때의 사실에 대해서는 우리 측 기록은 보이지 않고, 일본 측의 기록으로 "좌우 대신 이하를 불러모아 고려의 국첩(國牒) 등을 살펴보았다"는 간단한 기사만 남아있어 그 내용은 알 수 없지만, 후대의 기록을 참조해 보면 당시 국첩의 내용은 수호(修好)를 희망한 것으로 파악된다. 고려의 요청에 대해 일본정부는 신중히 검토하여 수교 요청을 거절하기로 하고, 태조 22년(939) 2월에 섭정태정대신(攝政太政大臣) 후지와라노 타다히라[藤原忠平]가 고려에서 온 첩장을 오에노 아사츠나[大江朝綱]에게 주어서 고려에 보낼 회신을 작성토록 하였다. 이때 작성된 반첩(返牒)은 다음 달인 3월 고려 사신을 통하여 다자이후[大宰府]로부터 고려의 광평성(廣評省)에 보내졌다.

당시 외국의 국서에 대한 일본정부의 태도는 대략 세 가지의 반응을 보였다. 첫째는 외국의 국서가 왔을 때 아예 묵살하고 전혀 회답하지 않는 경우이고, 두 번째는 중앙정부에서 회답하는 경우이며, 세 번째는 중앙정부에서 다자이후에 명하여 간접적으로 회답하는 경우이다. 일본이 당시 고려에 보낸 반첩은 세 번째의 경우로 문장의 작성은 다자이후에서 고려의 광평성 앞으로 되어 있지만, 실제로 이 경우는 중앙정부에서 문장을 작성한 것이다.

여기에서 살펴볼 수 있는 문제는 이 반첩이 왜 1년 8개월이나 지난 후에 작성되었는가 하는 점과, 반첩의 작성을 후지와라노 타다히라가 오에노 아사쓰나에게 의뢰한 점, 그리고 중앙정부가 회답을 취하지 않고 왜 다자이후로 하여금 회답토록 하였는가 하는 점이다. 이에 대하여 일본 학자들은 우선 반첩에 오랜 시일이 걸린 것은 당시 일본조정의 논의가 대체적으로 더디게 진행되었기 때문이고, 또한 견당사 폐지 이후 외교에 소극적이었기 때문이었다고 하였다. 그리고 반첩의 작성을 오에노 아사쓰나[大江朝綱]에게 의뢰한 것은 그가 오에 젠닌[大江善人]의 손자로 부조(父祖)의 업을 이어받아 박학하고 명문장가였기 때문이었으며, 그리고 이 회신을 일본정부에서 하지 않고 다자이후가 회답한 까닭은 고려와의 정치적 통교를 거부하는 일본정부의 완곡한 표시였다고 보기도 한다고 하면서, 한편으로는 당시 일본은 고쿠후분카[國風文化]에 취해 있어서 외국의 요구에 냉담하였기 때문이라는 견해를 보이기도 하였다.

그러나 이러한 설명은 설득력이 약하다. 9세기 전반에 걸쳐 신라로부터 무역 압력 등으로 시달려 온 일본으로서는 신라를 병합하고 통일을 이룬 고려, 특히 해상세력을 쥐고 있는 왕건의 요구에 이를 소홀히 취급할 수 없었기 때문에 매사에 신중을 기하여 명문장가까지 찾아 회답서를 쓰게 되었다는 견해가 당시의 상황으로 미루어 보다 강한 설득력을 갖게 한다.

② 태조가 일본에 보낸 두 번째의 국서는 일본정부의 반첩이 고려에 도

착한 이듬해인 태조 23년(940)이었다. 이 국서는 그해 6월에 다자이후에 의해 중앙정부에 보고되었다. 일본정부는 이 국서를 오에노 아사쓰나와 도우 도키[同維時] 등의 학자에게 보내어 살펴보도록 하였다. 그 내용은 현재 알려져 있지 않지만 전후의 사정으로 미루어 전과 같이 수호를 요구한 것 같으며, 일본정부는 이것 역시 받아들이지 않았다.

2) 태조 이후 일본과의 교섭

이 일이 있은 이후 30여 년 동안 양국의 공적인 통교에 관한 내용이 전혀 보이지 않다가 광종 23년(972)에 고려의 남경부사(南京府使)가 대마도에 도착했는데, 이를 다자이후에서 중앙정부에 보고했다는 것과, 2년 후인 광종 25년에 일본 장인소(藏人所)의 출납인 쿠니다다시[國雅]가 교역사(交易使)로서 고려로부터 교역 화물을 가지고 일본에 귀국했다는 사실이 보인다. 하지만 이후로도 오랫동안 양국의 교류 사실은 확인되지 않고 있으며 문종 10년(1056)에 후지와라노 요리타다[藤原賴忠] 등 30인이 국사(國使)로서는 처음으로 금주(金州, 金海)에 건너온 일이 있을 뿐이다. 직접적인 사절 파견과는 조금 다르지만 문종 34년(1080)에 고려 예빈성(禮賓省)에서 문종의 중풍 치료를 위해 왜상(倭商) 오소쿠테이[王則貞]에게 첩(牒)을 주어 일본에 의사 파견을 의뢰하기도 하였다. 문종의 병세에 대하여는 이보다 2년 전인 문종 32년(1078)에 송나라 사신 안도(安燾)를 통하여 송제(宋帝, 神宗)에게 의관(醫官)과 약재를 청한 일이 있었는데, 이에 대하여 이듬해에 송나라로부터 의관과 여러 가지의 약재를 보내온 일이 있었다. 그러나 큰 효험이 없었던지 다시 일본에 의사를 요청하게 되었던 것이다.

고려의 의뢰를 받은 일본정부는 의사의 파견 여부를 조정의 의론에 붙여 검토하였으나 의견이 대립되었다. 곤쥬나곤[權中納言] 미나모토노 츠네노부[源經信]는 고려가 지금으로서는 일본을 침략할 의사가 보이지 않으므로 파견하자고 주장하여 한때는 니와 다다야츠[丹波忠康]나 도우 고츠[同後

通]두 사람 가운데 한 명을 보내기로 결정되었다. 그러나 참의(參議) 미나모도노 도시미노루[源俊實]는 "보내는 것도 좋지만 치료의 효과가 없다면 일본에 욕되는 일이니 보내지 않는 것이 좋겠다"고 반대의견을 제시하니 참의 미나모도[源俊明]도 이에 동의하여 보내지 않기로 하였다. 다만 보내지 않으려면 적당한 구실이 필요했고, 그 답으로 의사가 너무 늙어서 곤란하다는 점을 고려에 보내는 반첩에 기재하기로 하였다.

여기에서 당시에 일본정부가 고려의 요구에 매우 신중하고 어려워하고 있다는 것을 알 수가 있다. 무엇 때문에 의사를 보낼 수 없는 구실까지 만들어 첩장에 써넣는 상황까지 이르렀을까? 이 점을 알아보기 위해서는 광종 25년(974) 일본의 교역사(交易使)가 고려를 다녀 간 이후부터를 주의깊게 살펴볼 필요가 있다. 일본 측의 기록에는 고려 성종 16년(997, 일본 長德 3)에 고려인이 규슈를 침략하게 되어 일본 측의 고려에 대한 태도는 더욱 경화되었다는 사실이 보인다. 그런데 같은 해 6월에 고려는 다자이후를 통해「일본국완(日本國宛)」,「쓰시마사완(對馬島司宛)」,「쓰시마완(對馬島宛)」등 3통의 첩장을 일본정부에 전달하였다. 이때 보낸 첩장의 내용은 일본으로 하여금 고려와 수호관계를 맺도록 압력을 가한 것이었다. 고려의 첩장을 접한 일본정부는 첩장의 말투가 전과는 달리 대단히 비례(非禮)하다며 고려 침입에 대비한 방위태세를 갖추게 하였다.

즉 규슈의 각국사(各國司)로 하여금 무기·무구(武具)를 수리·보수하고, 다자이후 관내의 여러 신위(神位)를 승급시키고, 향추묘(香椎廟)에 봉호(封戶) 25호를 늘렸다. 또 쓰시마 노카이[對馬守] 다카하시 주유칸[高橋仲堪]은 문무와 지략이 부족하다고 보고 다자이후의 대감[大宰大監] 다이라노 주보[平中方]로 교체시켜 섬의 경비를 강화하여 만일의 사태에 대비토록 하였다. 이외에도 후쿠리쿠[北陸]·산인[山陰]에 태정관부(太政官符)를 보내어 방비를 엄하게 하였다.

당시 일본이 고려에 대하여 크게 두려워하였다는 사실은 그해 가을에 일어난 엔비지마[奄美島人]인의 다자이후 관내 제국난입사건(諸國亂入事件)을 보아서도 알 수 있다. 이 사건은 그해 10월 초하루, 조정의 남전(南殿)에서 천황과 좌우내대신 이하의 조신이 차석하여 의식이 끝나고 연회가 시작될 때 좌근진관(左近陣官)이 큰 소리를 지르며, "고려국인이 쓰시마[對馬]·이키[壹岐]를 침략하여 히젠노쿠니[肥前國]에 도착하였고 여기도 침략하려고 한다."고 하자, 이때 상하가 모두 놀라고 세 대신도 선례도 잊은 채 정신없이 동쪽계단에서 내려왔다는 것이다. 이것은 사실 고려가 일본을 침략하려 한다는 일종의 유언비어였던 것이다. 이렇듯 당시의 일본은 고려에 대하여 심한 두려움을 가지고 있었으면서도 고려의 요구에 응하기보다 거절의 방법을 택하고 수비에 급급하였으므로 얼마 가지 않아서 고려는 무력으로 시위를 하였고, 일본은 그 사실을 고려인이 규슈를 침략하였다고 오인하였던 것이다.

실제로 그 당시 고려의 군사력이 매우 막강하였으니 1019년(고려 현종10, 일본 칸닌寬仁 3)에는 고려 병선 1,000여 척이 고려 연안에 숨어있는 여진적을 격멸하기도 하였던 것이다.

이와 같이 고려의 국력이 일본에 알려지게 되자 일본인 가운데서는 항상 불안하게 생활하기보다 고려에 친부(親附)하려는 자들도 나타났다. 목종 2년(999)에 도요미도(道要彌刀) 등 20호가 내투(來投)한 사실이 있고, 앞에 언급한 왜상인 왕측정은 고려 국성(國姓)을 따라 성을 왕(王) 씨로 하였다.

이렇듯 고려에 대하여 두려움과 불신감을 가지고 있던 일본은 포로의 송환이 이루어지는 현종 10년(1020) 이후부터는 두려움에서 벗어나기 시작하여 문종대에 이르러서는 비교적 활발한 사절의 입국이 계속되었다. 그러나 계속되는 사절의 입국도 대개 사절이라고는 하지만 상인 활동으로 나타나는 교역사(交易使)적인 성격을 띠고 있음을 볼 수 있다.

3) 표류민의 송환

고려시대의 대일 관계는 정치적으로 볼 때 매우 소원하여 진봉무역(進奉貿易) 정도가 그 창구 역할을 담당했다고 볼 수 있는데, 이 진봉무역 정도라도 가능하게 했던 것은 표류민의 송환과 앞에 기술한 사절의 내왕이 있었기 때문이다.

표류민의 송환에 관한 기사로 10세기 이후 처음 보이는 것은 태조 12년(929)의 일이다. 일본 측의 기록을 보면 신라인이 탐라국(제주도)에서 해조(海藻)를 교역하다 표류하여 태조 12년 정월에 쓰시마(對馬島)의 시모아카타군(下顯郡)에 표착하였는데, 이때 쓰시마 노카미(對馬島守) 사카나우에 노츠네쿠니(坂上經國)는 표류민을 보호하고 식량을 주어서 의통사(擬通使) 나가미네노 모치미치(長岑望通)과 검비위사(檢非違使) 주자경(秦滋景)을 파견하여 서장(書狀)을 가지고 금주(金州)에 보냈다는 것이다. 물론 이때 이 지역의 관할권은 견훤에게 있었기 때문에 사신들은 견훤에게 보내진 것이다.

표류민의 송환으로 기록상 가장 많은 수이며, 고려왕조로서는 처음인 것은 현종 10년(1019)의 일이다. 당시 고려의 진명병선도부서(鎭溟兵船都部署) 장위남(張渭男) 등은 해적선(여진) 8척을 잡아 취조한 결과 해적선 안에 일본인 남녀 259명의 포로가 있음을 알고 보고하니, 고려정부에서는 공역령(供驛令) 정자량(鄭子良)을 시켜 그들을 본토에 송환하였다. 이 사실이 일본 측의 사료에는 보다 자세히 적혀 있다. 즉 현종 10년 4월에 여진적이 쓰시마(對馬)·이키(壹岐)와 하카다(博多)까지 육박하였는데, 퇴각할 때 많은 포로를 데리고 갔다는 것이다. 이 여진적은 고려를 습격한 후 일본으로 갔던 것으로, 고려에서는 이들의 귀로를 기다려 천여 척의 병선으로 격멸시키고, 이들이 다섯 군데로 나누어 수용한 일본인 포로 중 3개소의 300여 명을 탈회하여 먼저 송환하고 나머지 포로도 모두 송환키로 하고, 6월에 정자량으로 하여금 259명을 송환케 했다는 것이다. 이때의 포로 송환에 대하여 일본정부는 매우 고마워하고 정자량에게 녹(祿)과 일본의 위계

(位階)를 수여할 것 등의 우대 방법을 논의하고, 실제로 그가 귀국할 때에 감사의 반첩과 더불어 예물을 주었다.

이 현종 10년의 포로 송환 이후로 양국 관계는 상당히 가까워진 것이 사실이다. 현종 20년에는 탐라민 정일(貞一) 등이 일본으로부터 돌아왔다. 이에 대하여 일본에서는 표류민 송환이라 하였는데 『고려사』에는 정일 등이 항해 중에 바람에 밀리어 극원도(極遠島)에 표착하여 7개월 동안 억류 당하다가 정일 등 7인 만이 몰래 작은 배를 타고 나가사키[長崎]를 거쳐 생환하였다고 하여 탈출한 것으로 기록하였다. 덕종 3년(1034)에는 대마도주가 일본 오오스미[大隅] 지방에 표류한 고려인을 송환하였으며, 정종 2년(1036) 7월에도 일본에서 고려의 표류인 겸준(謙俊) 등 11인을 돌려보냈다. 그 뒤 문종 3년(1049) 11월에는 일본 쓰시마관[對馬島官]이 수령(首令) 명임(明任) 등을 통해서 고려의 표풍인(飄風人) 김효(金孝) 등 20인을 금주에 돌려보내왔다. 이때 국가에서는 동남해선병도부서사(東南海船兵都部署司)를 통해 명임 등에게 예물을 주었다.

표류인의 송환과는 조금 다르지만 당시에 일본과의 관계가 상당히 개선되어 있는 것을 볼 수 있는 것으로 문종 5년 7월에 쓰시마에서 사인(使人)을 보내어 죄를 짓고 도망한 사람(被罪逃人) 양한(良漢) 등 3인을 붙잡아 보냈다고 하였다. 그 후 문종 14년 7월에는 동남해선병서사가 아뢰기를 "(대마도에서) 우리의 표풍인 예성강 백성 위효남(位孝男)을 보내왔다"고 보고하니 그 사신에게 후한 예물을 주었고, 문종 32(1078)년 9월에는 일본에서 탐라의 표풍민 고려(高礪) 등 18인을 송환하였으며, 또 이듬해 9월에도 일본에서 고려의 표풍 상인 안광(安光) 등 44인을 돌려보낸 일이 있다.

이상의 사실에서 나타나듯이 표류민 송환이 대체로 7월에서 9월 사이에 많이 이루어지고 있는데 이는 항해술이 발달하지 못했던 당시에, 태풍이 많이 발생하는 계절적 요인으로 그 시기에 표류민이 많이 발생했기 때문이다.

이러한 표류민의 송환은 경색되었던 양국의 관계를 부드러운 방향으로 전환시키는데 크게 작용하여 현종대 이후 진봉무역이나마 가능하게 하였던 것이다. 다만 종래에 일반적으로 인식되어진 것처럼 시종일관 고려가 일본에 대해 제한적이고 수동적인 입장을 취해 온 것이 아니라, 사절의 내왕편에서도 나타난 바와 같이 적어도 문종대 이전에는 정치적인 측면에서 고려가 적극 일본에 진출을 시도하였으며, 오히려 일본이 당시 국내의 정치적 불안정과 고려에 대한 군사적 두려움 때문에 문호 개방과 수호에 수동적인 태도를 보였던 것이다.

3. 일본 상인의 내왕과 진봉 외교

고려에 입국한 최초의 일본 상선으로 기록에 나타난 것은 문종 27년(1073) 7월의 일이다. 그 뒤로도 계속된 여·일 무역은 고려와 당시 일본을 대표하는 다자이후의 약정에 의하여 일본의 진봉선(進奉船) 파견으로 이루어졌다. 진봉이란 호칭에 대하여 일본 측 기록에 보면, "고려국금주방어사가 보낸 첩장에 일본국사 가이 야키노리(介明頼) 등 40인이 3척의 배에 타고 와서 남포(南浦)에 정박하였는데 통역하는 자가 무엇 때문에 왔는가 하고 물으니 '진봉(進奉)'이라고 말하면서 아울러 문첩(文牒)을 올리려 한다"고 하였다는 것이다. 여하튼 1073년에 맺어진 약정에 의하면 일본은 매년 1회 2척의 진봉선을 파견하도록 되어 있었다. 이때 고려에서는 금주(金州, 김해)에 객관(客館)을 설치하여 그들을 맞았는데 송 상인들이 직접 개경에 왔던 것과 비교해 볼 때 일본에 대해서는 중국과 차등을 두어 고려에서 대하고 있었음을 볼 수 있다. 이러한 사실은 침략성이 강한 일본에 대하여 제한적인 태도로 국내의 사정을 보이지 않으려는 의도라고도 볼 수 있을 것이다.

고려에 대하여 두려움과 불신감을 가지고 있던 일본은 포로의 송환이 이루어지는 현종 10년(1020) 이후부터는 두려움에서 벗어나기 시작하여 문종대에 이르러서는 비교적 활발한 사절의 입국이 계속되는데, 사절의 입국도 사절이라고는 하지만 상인 활동으로 나타나는 교역사(交易使)적인 성격을 띤 것이고, 그리고 그들을 통한 여일무역의 주종은 진봉선에 의하여 이루어졌다. 『고려사』 「세가」의 기록으로 몇 가지 예를 들어보면 다음과 같다.

① 문종 27년(1073) 7월 일본국인 오소쿠테이(王則貞)·마쓰나카(松永年) 등 42인이 와서 나전(螺鈿, 광채나는 자개 조각을 여러 모양으로 박아 넣거나 붙여서 장식한 공예품), 안교(鞍

稿, 말안장), 칼[刀], 경갑(鏡匣, 거울을 넣는 상자), 연상(硯箱, 벼루를 넣는 상자), 빗(櫛)·서안
(書案, 책상), 화병(畫屛, 그림을 그린 병풍), 향로, 궁전(弓箭, 화살), 나갑(螺匣, 자개상자) 등의
물건을 바치기를 청하고, 이끼시마 구도칸[壹岐島 勾當官인 후지이 야스꾸니, 藤井安
國] 등 33인을 보내어 또 방물 바치기를 청하니 동궁(東宮) 및 여러 관부에서
법에 따라 바닷길을 통해 서울에 이르도록 허락하였다.

② 동 28년(1074) 2월 일본국 선두(船頭) 시게토시[重利] 등 39인이 와서 토물을 바쳤다.

③ 동 29년(1075) 윤4월 일본 상인 오에[大江] 등 18인이 와서 토물을 바쳤다.

④ 동 29년(1075) 6월 일본인 조원(朝元)·시경(時經) 등 12인이 와서 토물을 바쳤다.

⑤ 동 29년(1075) 추 7월 일본 상인 55인이 왔다.

⑥ 동 34년(1080) 윤9월 일본국 사쓰마슈[薩摩州]에서 사신을 보내 방물을 바쳤다.

⑦ 동 36년(1082) 11월 일본국 대마도에서 사신을 보내 방물을 바쳤다.

⑧ 선종 원년(1084) 6월 일본국 축전(筑前)의 상인 신통(信通) 등이 수은(水銀) 250근을 바쳤다.

⑨ 동 2년(1085) 춘 2월 대마도 구당관이 감귤을 바쳤다.

⑩ 동 3년(1086) 3월 대마도 구당관이 사신을 보내 방물을 바쳤다.

⑪ 동 4년(1087) 3월 일본 상인 시게모토[重元]·차카무네[親宗] 등 32인이 와서 토물을 바쳤다.

⑫ 동 4년(1087) 추 7월 일본국 대마도에서 원평(元平) 등 40인이 와서 진주·수은·보검·소·말 등을 바쳤다.

⑬ 동 6년(1089) 추 8월 일본국 다자이후의 상인이 와서 수은·진주·화살·도검을 바쳤다.'

위의 사실에서도 알 수 있듯이 일본은 고려가 공격하지 않으리라는 두려움을 씻은 뒤로는 상당히 적극적으로 사절을 파견하였으며, 특히 쓰시마는 지리적으로 가장 근접해 있어 예로부터 우리나라를 통하여 식량문

제를 해결하였던 만큼, 항상 사절을 보내 진공(進貢)하였다. 여기에서 주목할 만한 것은 일본의 관민(官民) 모두가 방물(方物)의 진헌(進獻)을 청원하고 있다는 점이다. 또 한 가지는 방물의 품목이 미술공예품, 진주, 수은 또는 감귤 같은 고려에서 생산되지 않는 것들이라는 것이다. 물론 여기에 대하여는 귀족들의 기호품(嗜好品)이 주된 대상이었고 당시의 여일무역이 진헌하사(進獻下賜)의 진봉무역이었음을 간접적으로 보여준다고 말할 수 있을 것이다. 진봉선에 관한 일본측의 기록을 살펴보면 당시 일본에서 들어오는 무역선이 진봉선이라고 불리었던 사실을 알 수 있다.

일본 측 사서인 『평호기(平戶記)』의 인치(仁治) 원년(1240, 고려 고종 27) 4월 17일에 실린 태화(泰和) 6년(1206, 일본 건영 원년, 고려 희종 2, 태화는 당시 금의 연호)의 기사를 보면 1205년(고려 희종 원년, 일본 원구 2) 8월 쓰시마인 항평(恒平) 등 11인이 고려에 와서 문서와 진봉물을 고려정부에 진상하였지만 고려에서는 문서가 진실성이 없다고 하여 문서와 진봉물을 모두 각하고 수납하지 않았다고 하였다. 또한 그 다음 해인 1206년(고려 희종 2년, 일본 건영 원년)에도 대마도 사신 가이아키 요리[介明賴] 등 30인이 3척의 배에 타고 고려의 표류자와 함께 고려의 금주의 남포에 입항하고 진봉이라고 칭하여 문서와 진봉물로서 원포(圓鮑) 2근첩(二斤帖), 흑포(黑鮑) 2근첩(二斤帖), 사슴가죽[鹿皮] 30매를 고려정부에 진상하였지만 그 문서의 문장이 조잡하고 또한 예의절차가 진봉의 예를 갖추지 않았다고 하여 이 첩장을 검열한 관리가 그 뜻을 중앙정부에 보고하니 조정은 수리하지 않고 첩장과 진봉물을 각하했다는 기사도 볼 수 있다. 또한 당시 고려에서 일본에 보낸 문서에 보면 "금년 정월 14일에 귀국(일본)의 사신 가이아키 요리[介明賴] 등 40인이 3척의 배를 타고와 남포에 정박하였는데 통역관을 시켜서 어디서 왔는가를 물으니 진봉물과 외교문서를 가지고 왔다고 칭하였다…" 라는 기사가 보인다. 이처럼 당시 일본에서 고려에 오는 문서에는 공공연하게 진봉이라는 용어가 사용되었으며, 13세기 초에는 이미 이러한 규정이 양국 간에 공식적으로 되어 있었으며, 고려에서는 그 진봉 자체를 달갑게 여기고 있지 않음을 살필 수가 있다.

그 뒤 34년이 지난 1240년(고려 고종27, 일본 인치 원년) 고려의 문서가 일본에 전달되었을 때 다자이후에서 이를 조정에 보고하였는데 이에 대하여 회의를 하게 되었으며, 그때 문서 가운데 기록된 진봉선이라는 것이 문제가 된 일이 있었다. 여하튼 11세기 후반기부터 13세기까지의 여일무역은 일본인들이 고려왕에게 헌납하고 고려왕은 회사를 주었다는 진헌하사무역이 행하여졌음을 볼 수 있는 것이다.

4. 왜구의 침구(侵寇)와 대응

왜구의 침입은 고려 말 내우외환으로 어려운 처지에 있던 고려의 큰 환란 중의 하나였다. 따라서 고려는 북방의 외적과의 투쟁을 계속하면서 한편으로는 국력을 기울여 남방의 왜구와 싸우지 않으면 안 되는 이중의 부담을 지니고 있었다. 그 결과 민심은 더욱 어지러워졌으며 이러한 일들은 고려왕조의 종말을 가속화시켰다.

고려 말의 왜구를 이야기할 때 소위 '경인년(1350) 이후의 왜구'라는 표현을 쓰고 있는데, 이때부터 왜구가 발생하게 된 원인은 당시 일본이 남북조쟁란기(南北朝爭亂期)였던 사실에서 찾을 수 있다. 이 시기에는 정권이 양분되어 중앙통치권이 지방에까지 미치지 못하는 57년이란 긴 기간 동안 사회적 불안은 증대되었다. 또 혼란기를 맞이하여 무사(武士)들은 쟁란에 편승하여 소유 영지를 확대시키고자 획책하였다. 이러한 사회정세 속에서 농지를 잃은 농민과 전쟁에 동원되었으나 보상을 받지 못해 경제적으로 무력해진 하급무사, 그리고 여기에 토지가 적었을 뿐 아니라 그것도 비옥하지 못해 기근을 면키 어려웠던 쓰시마[對馬]·이키[壹岐]·마쓰우라[松浦] 3도(島) 지방의 열악한 입지조건과 아울러 변경지방까지 침투해 왔던 상품 화폐경제의 압박 등 여러 조건들이 일본의 서쪽 연안 일대의 중소 영주층과 영세 농어민을 자극하여 해적이 되게끔 하였고 바로 이들이 고려의 연안에 침입하였던 것이다.

왜구의 규모는 많은 때는 400여 척이라 하고 적은 때는 20척이라고 하여 단순한 도적의 무리가 아니었다. 그러한 사실은 침입한 왜구의 인원수에서도 잘 나타나고 있다. 공민왕 13년(1387) 5월에 왜적 3,000을 진해현에서 대파한 기록이 보이며 우왕 5년(1379) 5월에는 기(騎)700, 보(步) 2,000의 침구가 있었고, 도적이 많으면 천백(千百)으로 떼를 지어 다닌다고 하였다. 이러한 규모로 미루어볼 때 왜구는 단순한 해적의 오합지졸이 아니고

〈표1〉 왜구 침구 횟수 표

연 도	침입 횟수	연 도	침입 횟수
고종 10년 (1223)	1	공민왕 16년 (1367)	1
12 (1225)	1	18 (1369)	2
13 (1226)	2	19 (1370)	2
14 (1227)	2(6)	20 (1371)	4
원 종 4 (1263)	1	21 (1372)	19
6 (1265)	1(2)	22 (1373)	6
충렬왕 6 (1280)	1	23 (1374)	12(115)
16 (1290)	1(2)	우 왕 1 (1375)	10
충숙왕 10 (1323)	2(2)	2 (1376)	46
충정왕 2 (1350)	7	3 (1377)	52
3 (1351)	4(11)	4 (1378)	48
공민왕 1 (1352)	8	5 (1379)	29
3 (1354)	1	6 (1380)	40
4 (1355)	2	7 (1381)	21
6 (1357)	4	8 (1382)	23
7 (1358)	10	9 (1383)	50
8 (1359)	41	10 (1384)	19
9 (1360)	8	11 (1385)	13
10 (1361)	10	13 (1387)	7
11 (1362)	1	14 (1388)	20(378)
12 (1363)	2	창 왕 1 (1389)	5(5)
13 (1364)	11	공양왕 2 (1390)	6
14 (1365)	5	3 (1391)	1
15 (1366)	3	4 (1392)	1(8)

배후에는 유력한 토호가 직접 조종하였다고 할 수 있다.

왜구의 침구 목적에 대하여는 정치적 야심이나 문화적 욕구라는 견해도 있으나 경제적 목적이 가장 컸다고 할 수 있다. 왜냐하면 당시의 일본 상황이 남북조의 혼란기였기 때문에 문물의 수입이라든지 정치적 야심보다는 경제적 이익을 추구하고 생활필수품을 얻기 위해 침구했을 것이다.

왜구의 침입 횟수를 살펴보면 고종 10년(1223)에서 공양왕 4년(1392)까지 169년간 519회 침입하였다. 이것을 다시 왜구가 창궐하기 시작한 충정왕 2년(1350년)부터 보면, 42년 동안 506회로 연평균 12회 침입한 사실을 알 수 있다. 왜구가 가장 많이 침입했던 우왕 연간에는 연평균 27회의 놀라운 숫자를 보이고 있으며, 가장 극심했던 해는 우왕 9년의 50회로 월평균 4회를 넘고 있다.
　이러한 왜구에 대하여 고려조정에서는 군사체제를 정비하고 강화하는 정책과, 토벌, 회유, 외교적 노력을 병행하였다. 그 대응 과정을 살펴보면 우선 토벌이라는 강경책을 들 수 있다.

1) 토벌

　고려는 왜구의 침입에 대해 처음에는 변방을 괴롭히는 대수롭지 않은 해적으로 취급했으며, 왜구로 인하여 국가의 영토를 상실한다거나 하는 등의 일은 생각하지도 않았다. 그것은 같은 시기에 있었던 북방 홍건적의 침입과 왜구의 침입에 대처하는 고려의 태도를 비교할 때 잘 알 수 있다. 그러나 왜구의 규모가 커지고 왜구로 인해 국정이 문란해짐에 따라 이에 대해 보다 강경책을 써서 토벌을 감행하였다. 그 예를 들면 우선 우왕 2년(1376) 7월에 있었던 최영의 홍산대첩(鴻山大捷)을 들 수 있다. 우왕 2년 7월에는 왜구가 다섯 차례에 걸쳐 전라도와 충청도 9개 지방을 침구하여 소란을 피웠다. 이때 대규모의 왜구가 연산 개태사에 침입하니 원수(元帥) 박인규(朴仁圭)가 맞아 싸웠으나 전사하였다. 이에 최영이 출정하기를 자청하여 여러 장수들과 함께 홍산에 이르렀으나 지세가 험하여 모두 나아가 싸우기를 꺼려하였다. 이에 최영이 몸소 사졸보다 먼저 돌진하니 사기가 크게 올라 적을 모두 무찔렀으므로, 그 후 왜구들은 최영을 가장 두려워하게 되었다고 한다.
　왜구 토벌 중 가장 특기할 만한 싸움은 나세의 진포 싸움과 이성계의 황산대첩이다. 이 싸움을 계기로 왜구가 쇠퇴했다고 볼 수 있을 만큼 중요한데, 신병기(火藥)를 처음 사용하기도 한 의미 있는 전투이다. 우왕 6년 8월에 왜구는 500여 척의 배로 진포(鎭浦, 금강 입구, 현 전북 군산시 성산면)에 침입하였다. 타고 온 모든 배를 밧줄로 굳게 묶어두고 적은 병사만이 남아 배를 지키고, 거의 다 상륙하여 부근의 김제·옥구·익산 등지로 흩어져 방화와 노략질을 자행하니 사람들의 시체가 산과 들을 덮고 적들이 운반하며 흘린 쌀이 길 위에 한 자 이상 깔릴 정도였다고 한다. 이에 조정에서는 나세를 상원수로 하고 최무선을 부원수로, 심덕부를 도원수로 하여 물리치도록 하였다. 진포에 이르러 최무선이 만든 화포로 적선을 불태우니 적선은 굳게 묶인 탓으로 쉽게 흩어질 수 없어 모두 불에 타버렸다. 이 진포싸움에서 겨우 살아남은 360여 명의 적들은 옥주(沃州, 옥천)로 달아나 먼저 상륙한 적들과 합류하였다. 돌아갈 배를 잃고 퇴로가 끊긴 왜적들은 황간(黃澗, 영동)·중모(中牟, 상주)·화령(化寧, 상주) 등의 내륙으로 달아나면서 그들에게 포로 된 자의 자녀를 살상하는 등 온갖 만행을 자행하였다. 이러한 가운데 왜구는 상주에 진을 치고 있다가 불리하다고 판단하여 선주(善州, 선산)로 진을 옮기고 경산부(京山府)로 쳐들어갔다. 이 왜구를 토벌하면서 장수 박수경·배언 등 500여 명의 고려 군사가 전사했다. 왜구는 이듬해 9월 남원 운봉현을 방화하고 인월현(引月縣, 전북 남원시 동면 인월리)에 주둔하여 장차 북상하겠다고 큰소리치니 중외가 크게 놀랄 지경이었다. 조정에서는 이성계를 양광·전라·경상도 순찰사로 삼고, 변안열을 체찰사, 그리고 우인열·이원규·박임종·홍인규·임성미 등을 원수로 삼아 대토벌작전을 실시하였다. 이 전투에서 왜구는 아지발도(阿只拔都)의 용감함도 효력이 없이 크게 패하였다. 이때 전사한 왜구의 피로 강이 빨갛게 되어 6~7일간이나 변하지 않았으며 포획한 말이 1,600여 필이었고 병기도 무수히 많았다. 또한 처음에는 적군이 고려 군사보다 10배나 많았는데 70여 명만이 살아 지리산으로 도망하였다.

수전(水戰)에 있어서는 정지의 남해대첩을 꼽을 수 있다. 정지는 우왕 8년부터 해도원수(海道元帥)가 되어 수군을 지휘하고 있었다. 그러나 전함과 무기는 보잘 것 없어 이듬해 5월에 겨우 전함 47척을 마련하여 나주와 목포에서 경비하였다. 그때 합포원수(合浦元帥) 박만수(朴曼殊)가 왜선 120척이 경상도 연해에 들어와 연해의 주군을 크게 소란케 한다고 보고하자, 정지는 관음포에 이르러 적을 만나 이를 추격하여 박두양(朴頭洋)에서 크게 무찔렀다. 적의 시체는 바다를 덮었고 화포를 쏘아 적선 17척을 불태웠다. 이 싸움에서 적은 17척의 대선(大船)과 2,000여 명의 인명 피해를 입었다. 이 관음포 싸움 이후 고려 군사의 사기가 높아졌으며 이듬해 10월에 왜구 입구의 근거지라 할 수 있는 축산도에 선졸(船卒)을 두는 데 성공했다.

그 후 공양왕 원년 2월에 당시 경상도 원수이던 박위는 병선 100척으로 쓰시마를 정벌하여 왜선 300척과 연해 가옥을 모두 없앴으며, 원수 김종연·최칠석·박자안 등이 잇따라 이르러 본국 포로 남녀 100여 인을 데려왔다.

이렇게 대마도를 정벌할 수 있었던 당시 고려의 사정은 이성계가 위화도 회군 후 우왕을 강화도에 보내고 창왕을 세워 실권을 쥐고 있던 때였다. 이성계는 지리산 전투, 황산대첩 등 여러 차례 왜구를 토벌한 경험으로 왜구를 잘 알고 있었기 때문에 왜구의 근거지이고 소굴인 쓰시마 정벌을 주장했던 것이다.

2) 금왜 사절의 파견

왜구의 침구가 창궐기에 들어서자 고려에서는 적극적으로 토벌을 감행하는 한편, 사절을 파견하여 왜구를 금하는 교섭을 진행하기도 하였다.

① 김용(金龍)의 파견 : 공민왕 15년(1366)에 여·원연합군의 일본 원정 이후 처음 파견된 사절이다. 그해 9월에 고려에서 파견한 사자 김용이

일본에 도착하였으며,

② 김일(金逸)의 파견 : 같은 해 11월에 김일을 파견하였는데, 당시 고려의 국내 사정은 김용(金鏞)의 난(공민왕 12)과 덕흥군(德興君)의 난(공민왕 13) 등의 내란에 시달렸을 뿐 아니라 왜구의 개경 부근 출몰이 잦아진 때였다.

당시의 이러한 사정에 대하여 김용 일행이 일본에 전한 다음과 같은 첩장 내용의 일부를 살펴보면,

귀국의 영토에서 나와 본성(本省)의 합포(合浦) 등과 같은 곳에 와 관청에 불 지르고 백성을 괴롭혔다. 극단적인 경우에는 살인까지도 서슴지 않았다. 그 뒤 십여 년 동안은 바닷길을 항해하지 못하고 변경에 사는 백성들은 편안하게 살 수가 없었다. 그야말로 귀국의 섬에 사는 백성들이 나라의 법을 두려워하지 않고 오로지 탐욕스런 행동을 일삼아 땅에서는 숨고 바다로 나와 위협하고 약탈해 가는 것이다. 그런데 생각해 보니 귀국은 땅이 넓어서 주변 지역의 이런 사정까지 상세하게 알 수 없을 거라고 여겨진다. 만약 군대를 일으켜 그들을 체포한다면 이웃나라와의 우호관계가 어긋날 것이다. 그래서 일본국에 문서를 보내어 알아보기로 한 것이다. 그러니 여기저기에 명령을 내려서 지면(地面)의 바다 섬(海島)들을 잘 관리하고 엄격히 침구를 금해 예전처럼 국경을 넘어와 난폭한 행동을 하지 않도록 해주기 바란다.

라고 하였다. 이러한 시대 상황 아래 고려에서는 왜구를 금하기를 요구하는 사자를 파견하였고, 이에 대하여 일본의 정이대장군(征夷大將軍)은 즉시 왜구를 금할 것을 약속하였으므로 비로소 왜구가 약간 줄어들게 되었다. 그러나 당시의 일본은 신정권 제2대 정이대장군 아시카가 요시아키라[足利義詮] 말년에 해당되는데, 이때는 남조의 관방(官方)정권과 대립하던 시기

로 통일이 요원한 시대였다. 따라서 당시 일본은 막부정치가 지방에까지 강력히 미치지 못하던 때이므로 어느 정도 약속이 지켜졌는지 알 수 없으나 정동(征東) 이후 고려정부와 일본 막부와의 사이에 최초의 교섭이라는 데 의의가 있다.

이 공민왕 15년의 사절 파견에 대한 답례로 일본은 동왕 17년 정월에 김일에 동반하여 승려 본토오[梵蕩]와 본류[梵鏐]로 하여금 보빙케 하였다. 그런데 이때 온 일본 사자를 신돈이 박대하였기 때문에 이들은 노하여 돌아갔다. 같은 해 7월에 일본이 다시 사자를 보내와 토물(土物)을 바쳤다. 고려정부에서는 그해 11월 쓰시마 만호(萬戶) 쓰네시키[宗慶]에게 쌀 1천 석을 주었다. 이와 같이 막부 당국과 금구 교섭을 진행하면서 아울러 대마도주 등 금구 교섭에 유력한 제후들을 후대하여 평화적인 교섭을 추진하였다.

③ 나흥유의 파견 : 우왕 원년 2월에는 판전객사사(判典客寺事) 나흥유를 통신사로 일본에 파견하였다. 이듬해 10월 나흥유가 일본에서 돌아올 때 일본은 승려 양유(良柔)를 보내어 보빙케 하고, 예물도 채단(彩段)·화병(畵屛)·장검(長劍)·주기(酒器)·금용두(金龍頭) 등을 바쳤다 또한 일본 승려 도쿠소슈사 주좌[德叟周佐]의 글을 보내왔다. 글의 내용은,

우리 서해도 일대와 구주는 난신(亂臣)이 할거하여 공부(貢賦)를 납부하지 아니한 지 20년이 되었습니다. 그런데 서변해도(西邊海島)의 우매한 백성들이 귀국을 침구하는 것이지 우리가 하는 것이 아닙니다. 그러므로 조정에서 장수를 보내어 토벌토록 하고 있는데, 이제 구주만 평정하면 해적들을 금할 수 있음을 하늘에 맹세하고 약속하는 바입니다.
_『고려사』 권 133, 열전 46, 신우 2년 10월.

라고 하여, 왜구가 서해도 일대와 구주에 근거하였다고 미루고, 왜구를 금

할 것에 성의를 표시하였다. 그러나 이러한 교섭이 이루어지고 있는 가운데에도 왜구는 더욱 창궐하여 우왕 2년에만 46회 침입하였다.

④ 안길상의 파견 : 우왕 3년 6월에 판전객사사 안길상을 다시 일본에 파견하였다. 그가 가지고 간 국서에서는 두 나라의 우호와 항로의 안정 여부가 전혀 일본의 처리 여하에 달려 있다고 경고하였다. 안길상은 일본에서 병으로 죽고 일본은 그해 8월에 승려 신코[信弘]으로 보빙케 하였지만 일본은 회신에서 왜구들은 도망쳐 간 무리로서 명령을 준수하지 않기 때문에 금지하기가 쉽지 않다고 하였다.

⑤ 정몽주의 파견 : 왜구의 침구가 계속되자 이에 고려는 1377년 다시 전(前) 대사성(大司成) 정몽주를 파견하여 금적(禁賊)을 교섭케 하였다. 당시 정몽주가 하카다[博多]에 도착하니 이마가와 사다요[今川貞世, 號는 료우슌(了俊)]는 히고[肥後, 현재 구마모토 현] 전진(前陣)에서 급히 하카다로 돌아와 정몽주를 만났다. 정몽주는 그를 만나 금적을 요구했으며, 그의 요구는 상당한 성과를 거두었다. 특히 로우슌[了俊]을 비롯한 일본인들은 정몽주의 박학다식과 인품에 감복하여 예우를 다해 대접했다. 그리고 정몽주에게 성의를 보이기 위해 우왕 4년(1378) 6월에는 원료준이 승려 신홍에게 군사 69인을 주어 고려에 가서 왜적을 잡도록 하였다. 신코는 조양포(兆陽浦, 전남 보성)에서 왜적선 1척을 포획하고 포로로 잡힌 20여 명의 부녀자를 방환하였다. 그러나 고성(固城) 적전포(赤田浦) 싸움에서는 이기지 못하고 돌아갔다. 같은 해 9월에 정몽주가 돌아올 때는 포로로 잡혀갔던 윤명(尹明)·안우세(安遇世) 등 수백 명을 돌려보내 주었으며 원료준은 주맹인(周孟仁)을 정몽주에 동반시켜 보빙토록 하였다.

1378년 7월 이마가와 사다요는 230여 명의 고려인 포로를 송환하고 창

(槍)·검(劍)·말(馬)등을 고려왕에게 헌공하였다. 또한 그는 1391년 8월에는 남녀 68명을 송환하였다.

⑥ 이자용과 한국주의 파견 : 그러나 왜구의 침입이 계속되어 우왕 4년 10월에는 다시 판도판서(版圖判書) 이자용(李子庸)과 전(前) 사재령(司宰令) 한국주(韓國主)를 파견하여 왜구의 금지를 청하였다. 이때 이자용은 구주탐제 원료준에게, 한국주는 스오우[周防, 山口縣]의 오우치 우지[大內氏]에게 가서 왜구의 금지를 요청하였다. 이에 대하여 일본은 승려 법인(法印)을 파견하여 보빙케 하고 토산물을 바쳤다. 한국주는 우왕 5년 5월에 돌아왔는데 그때 백제 성왕의 후예라는 아시카가 요시히로[大內義弘]가 박거사(朴居士)에게 군사 186인을 주어 고려에 와서 왜적을 잡도록 하였고, 이자용의 귀국길에 원료준은 포로 230명을 돌려보내면서 창검과 말을 헌상하였다.

이상과 같이 우왕 초기에 특히 사절의 왕래가 많았던 것은 우왕 3년부터 6년 사이가 왜구가 가장 창궐하였던 때이므로 우연한 일은 아니다. 당시의 구주탐제 원료준이 왜구의 진압에 적극적인 성의를 보이며 고려의 요구에 응한 것 역시 고려와 화친관계를 유지하려는 의도보다 당시의 일본 사정 때문이었다. 이것은 우왕 5년의 사절 뒤로는 고려에서 보낸 사절보다 일본 측에서 오는 사절이 훨씬 많아지고 있음을 볼 때 명백히 알 수 있다. 당시 구주탐제라고는 하지만 아직도 원료준에 복종하지 않는 장수들이 있어 불화가 계속되던 때였다. 따라서 고려의 뜻을 거슬러 막부에 적의를 품게 하는 것은 스스로 큰 화를 초래하는 것이 되며, 왜구 중에는 더러 천황군(天皇軍)과 밀통하는 자가 있었으므로, 왜구를 금함은 고려와 막부와의 정상 교역과 천황군의 기세를 꺾는 데 유리하다는 속셈이었던 것이다. 사절의 왕래 가운데 한 가지 특징은 일본 측의 사절로 처음부터 계속해서 승려가 오고 있다는 점인데, 이는 당시의 일본의 문화 수준이 전체적으로 저급하고 특히 무신정권 아래서 일본의 지식인은 승려 정도였다는 것을 말하는 것이라 하겠다.

5. 고려 대일 외교의 성격

1) 정치적 관계

고려시대의 일본과의 관계는 전 시대를 통하여 정상적인 평화 통교보다 그렇지 못한 때가 많았다고 볼 수 있다. 이러한 사실은 우선 국제정치사적인 면에서 살펴볼 때 한 나라의 대외정책의 목적은 그 나라의 '국가이익'이라는 전제 아래 각 시대에 있어서 그 국가와 민족의 생존상의 요구에서 나오는 것은 자명한 일이라 하겠다. 그러나 국가 이익의 실현이 대외정책의 목적이라 하여 상대국과 협상 없이 자국의 이익을 위해 일방적인 행위를 한다면 평화로운 국제질서는 기대하기가 어렵다. 상호 협력 아래서만 국가 이익이 가능한 것이며 균형이 깨어질 때에는 마찰이 일어나게 되는 것이다. 그러나 고려와 일본의 관계는 협력적이기보다는 항시 일본 측의 일방적인 행위가 많았다. 그러한 일본에 대하여 고려는 제한적이고 거절적인 태도를 취하였으며, 따라서 고려와 일본의 정치적 관계는 침체되고 외교적 관계도 매끄러울 수는 없었다. 진봉 형식의 통상이 겨우 창구 역할을 하는 정도였다. 이러한 관계마저도 여원연합군의 일본 원정 이후로 끊기게 되었다. 고려 후기에 내려오면서는 정부 간의 공적인 관계보다 일본의 지방호족이나 지방정권 등 사적인 관계로 바뀌게 되었다. 당시 일본은 남북조 혼란기로 왜구가 발생하는 등 경제적으로 어려움을 겪던 시기였다. 고려는 금구의 필요성에서, 일본은 경제 난관을 타개하기 위하여 정치 외교적 관계를 맺게 되니 고려에서는 공민왕 15년(1366) 금구 교섭사를 무로마치[室町] 바쿠후[幕府]에 파견하고, 막부에서도 보빙사(報聘使)를 보내와 단절되었던 여일 교섭의 새 출발이 되었다. 이후로 구주탐제도 중앙정부를 제쳐놓고 직접 고려에 대한 교섭에 나서고, 오우치우지[大內氏]도 사절을 파견하게 되었다. 이들 막부 장군이나 구주탐제와 호족들은 고려 사절들이 금구 교섭이나 포로인의 쇄환을 요청하면서 주는 재화에 관심을 가지고 해구금지령(海寇禁止令)을 관하에 내리는 등 적극성을 띠게 되었다. 이리하여 고려 말의 여일 간의 외교적인 관계는 정부 간의 공적인 관계보다 왜구로 인한 비정상적인 관계가 많을 수밖에 없었다.

그리고 지금까지 일반적인 통설은 고려는 전 시기를 통하여 일본에 대하여 제한적이고 거절적인 태도만을 견지해온 것으로 되어 있으나 문종 이전까지는 적극적으로 일본에 진출을 시도했으며, 이에 대해 일본은 당시 정치적 불안정과 경제적 문화적 후진으로, 그리고 군사적 위협 때문에 고려에 대하여 문호 개방과 수호에 있어 부정적 태도를 취하고 있었음을 알 수 있다.

2) 경제적 관계

고려의 경제적 기반은 농업에 있었으며 무역에는 관심이 훨씬 적었다. 그리고 무역이라는 것도 선진 중국의 문물을 수입하는 것이 주종을 이루었고, 이것을 매체로 평화관계를 유지하려는 목적이 있었다. 이에 대하여 당시 일본은 고려에 비해 문화적으로 미개했을 뿐더러 생활필수품 특히 식량의 부족으로 생존상 필연적으로 무역을 해야만 하였다. 고려는 그들에게서 문물의 수입은 기대할 수 없을 뿐더러 삼국 이래 약탈 근성이 강했으므로, 거절적이고 제한적이며 미온적인 교역 상태를 유지하고 있었다. 따라서 여일 무역은 진봉이라는 형식의 제한적인 공무역이 행해지고 있었다. 이러한 무역 형태로 욕구 충족을 할 수 없었던 일본은 고려 말에 와서는 왜구 침구로 나타나게 되었는데, 이러한 왜구의 침구로 40여 년에 걸쳐 고려는 막대한 인적·물적 피해를 입게 되니 고려왕조의 사회적 모순을 심화시키는 요소가 되었다. 당시 일본은 남북조의 혼란기로 중앙 권력이 지방에까지 미치지 못하였으며, 경제적으로는 변경지방에까지 침투하였던 상품경제의 압박, 그리고 농지를 상실한 농민 등의 여러 조건이 일본 내의 모순을 심화시키고 있었다. 이러한 상황에서 고려는 왜구 퇴치에 국력을 기울이게 되었고, 이 과정에서 군권을 쥔 이성계 등의 신흥세력이 등장하게 되었다. 한편 일본에서는 왜구를 통한 자급자족의 경제로서는 경제적 모순을 타개할 수 없었기 때문에 단절된 공무역의 재개를 갈망하게 되었다. 이러한 과정에서 서국영주층(西國領主層)들은 왜구를 단속하게 되고, 이에 따라 일찍이 왜구 활동을 함께한 영세 농어민과 서로 헤어지게 되어 고려 말에는 정규 무역에 참가하지 못한 영세 농어민만이 소규모로 왜구 활동을 계속하였으나 쇠퇴의 길을 걷지 않을 수 없었다. 결국 여일 관계는 정치적·경제적으로 변태적인 외교관계를 유지할 수밖에 없었으며, 고려왕조는 당면한 국내의 모순과 금구 문제를 종식시키지 못한 채 조선 왕조로 넘어갔으며, 선초에 공무역이 전개됨에 따라 왜구는 종식되게 되었다.

참고문헌

1. 저서
국사편찬위원회 편,『한국사』15, 20.
나종우, 1996,『韓國中世對日交涉史硏究』, 원광대학교출판국.
한국해양재단 편, 2013,『한국해양사』「Ⅲ. 고려시대」.
中村榮孝, 1965,『日鮮關係史ノの硏究』上, 吉川弘文館.
田中健夫, 1963,『倭寇と勘合貿易』, 至文堂.

2. 논문
신석호, 1959,「여말선초의 왜구와 그 대책」,『국사상의 제문제』3.
佐佐木銀彌, 1970,「海外貿易と國內經濟」,『講座日本史』3, 東京大學出版部.

제 10 장
명과의 외교와 갈등

김순자

1. 원·명의 교체와 고려의 외교정책
2. 제주 소재 목장과 말, 목호(牧胡)의 귀속권 분쟁
3. 우왕 책봉을 둘러싼 대립과 공물
4. 쌍성총관부 귀속을 둘러싼 영토 분쟁 – 철령위(鐵嶺衛) 사건
5. 요동 인구 귀속권 분쟁
6. 위화도 회군 이후 고려의 정치 변동과 명과의 관계

1. 원·명의 교체와 고려의 외교정책

중국에서는 유목정복 왕조인 몽골족이 지배한 지 1세기 가까이 된 14세기 중반이 되자 한족(漢族)이 이에 저항하여 홍건적(紅巾賊)이 반란을 일으키고 양자강 일대에서는 한인군웅(漢人群雄)이 등장하였다. 양자강 하류 지역에서 농민군으로 일어난 주원장이 1368년(공민왕 17)에 명(明)을 건국하고 몽골원(元)을 북으로 몰아냄으로써 중국 대륙에서는 원·명이 교체되었다. 고려는 동아시아 세계의 변화를 인지하고 이보다 20여 년 앞선 1356년(공민왕 5)에 원의 세력을 몰아내고 쌍성총관부(雙城摠管府)를 수복하는 등 이른바 반원개혁을 단행하였다. 명이 건국되자 1세기 이상 지속된 원과의 관계를 청산하고 과감하게 친명(親明)으로 외교 노선을 변경하였다.

1356년의 반원개혁 이후 고려는 홍건적의 침입(1359~1361)으로 어려운 시기에 일시 후퇴하기도 하였지만 원과의 관계에서 독립 왕조로서 자율성을 확보해 가고 있었다. 고려국왕으로서 공민왕은 관리 임면권을 확보하고 내정간섭을 거부하였으며, 1세기 동안 원이 점령했던 쌍성총관부를 수복하고 그 이북까지 영역을 확장하였다. 원과 책봉조공 관계를 유지하여 사신이 왕래하였으나 필요에 따라 중국의 지방세력과도 왕래하는 등 외교적으로 자율성을 확보하고 있었다. 원·명이 교체되기 직전인 1367년 2월에는 제주에 대한 통치권과 몽골 황실 목장 및 말, 목호(牧胡)에 대한 관리·처분권을 요구하여 동의를 얻어내었다.

신흥왕조인 명은 북으로 원을 공격하여 대도(大都)를 함락시키고 중국을 통일해가고 있었다. 대외적으로는 동아시아 세계의 새로운 정통왕조로 주변으로부터 인정받을 필요가 절실했다. 명은 1369년 4월 사신을 파견하여 대명(大明) 건국을 알리면서 우호관계 수립을 바랬다. 안팎으로 북원의 영향과 간섭을 물리쳐야 했던 공민왕과 고려정부에게도 명과의 우호관계는 필요하였다. 공민왕은 1370년 5월 책봉받고 명의 연호를 사용하기 시작함으로써 양국의 국교는 빠르게 체결되었다. 그런데 4년만인 1374년 9월에 친명 정책을 주도하던 공민왕이 시해되었다. 당시 고려에 파견되어 있던 명의 사신이 귀국길에 압록강 북쪽에서 살해되었다. 양국 사이에 사신 왕래가 중단된 사이에, 고려와 다시 제휴하여 중국 본토를 회복하려던 북원은 사신을 파견하여 왔다. 공민왕을 이은 우왕 정권에서 이들을 받아들임으로써 고려와 명 사이에는 긴장이 고조되었다.

명은 대외정책에서 원대의 유산을 상속받으려고 하였다. 이러한 명의 정책은 반원개혁 이후 고려가 추구하고 성취해온 대중국 관계와 상충되었다. 국교 수립 후 오래지 않아서 양국 사이에는 국왕 책봉권 문제를 비롯하여 옛 쌍성총관부와 거주민에 대한 귀속권 문제(철령위 사건), 제주에 설치되었던 원 황실 목장과 말 소유권 문제, 요동 거주민(고려인, 여진족)에 대한 귀속권 문제 등이 연이어 외교 현안으로 떠올랐다. 명이 건국한 1368년부터 고려가 멸망하는 1392년까지는 이러한 외교 현안이 해결되는 한편으로 조선·명 외교의 새로운 질서가 성립되는 시기였다.

2. 제주 소재 목장과 말, 목호(牧胡)의 귀속권 분쟁

고려와 명 사이에 첫 번째로 제기된 현안은 제주와 그곳 소재 원 황실 목장과 말, 몽골인 목호에 대한 귀속권, 지배권 문제였다. 몽골은 일본 원정과 남송(南宋) 공격의 전진기지로 삼고자 1273년(원종 14) 삼별초의 반란을 진압한 뒤 탐라국초토사(耽羅國招討司)를 설치하고 직접 통치하였다. 1276년에 말 160필을 방목하여 황실 목마장으로 사용하기 시작하였다. 그 후 언제부터인가 선휘원(宣徽院), 자정원(資政院), 태복시(太僕寺) 등 여러 권력기관들이 제각각 말과 노새를 방목하고 관리를 파견하였다.

고려 태자 왕전(王倎, 뒤의 元宗)과 몽골의 쿠빌라이(뒤의 世祖)가 강화협정을 맺을 때 1259년 2월을 기점으로 몽골은 더 이상 고려 땅을 점령하지 않겠다고 약속하였다. 이에 근거하여 고려는 제주 환속을 요구하여 돌려받고, 1295년(충렬왕 21)에 제주목(濟州牧)을 설치하였다. 그러나 이미 설치되어 있던 목마장과 말, 목호(牧胡) 등은 고려의 통치권 밖에 있었다. 1301년에 탐라총관부(耽羅摠管府), 4년 뒤에 황제 예하의 탐라군민만호부(耽羅軍民萬戶府)를 설치하였다. 고려는 제주를 환속받았으나 통치권 행사에 제한이 컸다. 고려가 목사, 만호 등을 파견하여 통치권을 행사하고 목장 말에 대한 관할권까지 확보하고 원으로부터 추인받은 것은 원·명 교체의 목전인 1367년 2월이었다. 그러나 몽골인 목호들은 고려 귀속에 반대하였으며, 1356년 이래 관리를 살해하면서 연이어 반란을 일으키고 있었다.

제주 문제를 먼저 언급한 것은 고려였다. 공민왕이 책봉받은 지 2개월 후인 1370년 7월 사은사를 파견할 때 제주에 관한 별도의 문서[耽羅計稟表]를 보내었다. 탐라계품표에서 고려는 ① 제주는 고려 건국 이래로, 원의 목마장이 설치된 뒤에도 고려에 속한 봉강(封疆)이었으며, ② 원의 태복시·선휘원·중정원·자정원에서 방목하던 말과 노새 등을 고려가 관리하며 진헌마(進獻馬)는 스스로 알아서 보내겠다, ③ 몽골인 목자들을 양민으로 삼겠다고 주장하였다. 이 세 가지 사항은 앞서 1367년 2월에 고려가 원에게 요구했던 것과 같은 내용이다. 제주를 실효 지배하고 있던 고려는 새로운 중국왕조인 명을 상대로 제주와 그곳의 몽골원 유산에 대한 영유권, 지배권을 주장한 것이다. 명이 동남해안의 한인군웅, 왜구 등 적대세력과 북쪽의 북원, 요동세력과 전쟁을 계속하느라 제주 문제에 관여하지 못하던 정세에서 제주와 제주 목장, 목호에 대한 권리를 앞서 주장함으로써 미연에 영유권 분쟁을 방지하고 제주의 자산에 대한 권리를 추인받으려 한 것이다.

이에 대하여 명의 홍무제는 1372년 9월에 '탐라의 목자(牧者)는 원조(元朝)의 몽골인으로서 본래 목축을 업으로 삼으며 따로 농사지을 줄을 모른다. …… 이놈들이 앞서 너희 나라에서 파견한 윤(尹) 재상을 죽였다고 한다'라고만 언급한 문서를 전달하였다. 고려의 영유권·지배권 주장에 대하여 직접 응답하지 않고 목호는 몽골인이라는 것과 그들이 고려의 관리에게 저항하고 있다는 것만을 언급하는 데 그쳤다. 고려와 대립할 수 없던 정세에서 그들이 몽골원에서 유래하였다는 것과 고려가 지배권을 항사하지 못한다고 함으로써 자신의 권리를 유보시켜 둔 것이라 하겠다.

고려는 탐라계품표의 주장을 기정사실화 하기 위해 필요한 조치를 취하였다. 1372년 3월에 제주에 선마사(選馬使)를 파견하여 명에 보낼 공마(貢馬)를 징발하려고 했다. 그러자 목호들은 지방관을 죽이고 반란을 일으켰다. 이때 고려는 본토의 말 6필을 공마로 보내고, 그 다음 달인 4월에 '탐라 토벌을 청하는 표문[請討耽羅表]'을 전달하였다. 제주 반란을 토벌하는 데 명의 동의를 구함으로써 제주 문제 처리에서 영유권을 확실히 하려는 것이었다. 이때 파견된 사신은 7월에 홍무제를 알현하고 9월에 귀국하였다. 홍무제는 군마(軍馬)를 동원하여 토벌하라고 하기도 하고, 한편으로는 다시 사신을 보내어 자기에게 의논하는 게 어떠냐고 회유하기도 하였다. 현실적으로 제주 문제에 개입하지 못하는 당시 명 측의 입장이 드러난다.

고려는 제주 귀속권을 주장한 1370년 7월부터 1372년 12월까지 결과적으로는 4필만을 명으로 운송하는 데 그쳤다. 고려는 '스스로 알아서 말을 보내겠다'는 약속을 이행하려고 노력하였다. 1372년 3월에 오계남(吳季南)으로 하여금 말 6필을 운송하게 하였으며, 11월에는 김갑우(金甲雨)를 파견하였으나 그는 이듬해 10월에야 난징에 도착하였다. 1373년 6월에는 해로로 정원비(鄭元庇)를 파견하려고 하였으나 왜구 때문에 출발하지 못하자, 7월에 육로로 주영찬(周英贊)을 파견하여 말을 보내려고 하였다. 그러나 명이 정요위(定遼衛)에서 육로를 봉쇄하였으므로 무산되었다. 그러자 11월에 다시 우인열(禹仁烈)을 해로로 파견하였다. 이들은 풍랑을 만나 총 30명이 익사하고 말과 노새를 모두 잃어버렸다.

홍무제는 1372년 12월 고려 사신을 접견할 때 이것을 크게 힐난하였다. 북원과의 전쟁을 앞두고 부족한 말을 고려에서 공급받으려던 명은 고려가 나하추(納哈出) 등 북원세력과 내통하고 있다는 의심까지 겹쳐져 제주말을 빌미로 고려를 압박하였다. 고려 입장에서는 제주와 제주 말에 대하여 명이 별도의 주장을 하지 못하도록 할 필요에서도 말을 운송시켜야 하였다. 1374년(공민왕 23) 4월 명은 사신 임밀(林密)과 채빈(蔡斌)을 파견하여 원이 탐라에 남겨둔 말이 2~3만 필에 달한다고 주장하면서 그 중에서 2,000필을 보내라고 요구하였다. 당시 제주의 말이 2~3만 필 규모는 아니었던 것으로 추정되는데, 논란 끝에 공민왕은 이 요구를 받아들이기로 결정하였다. 그러자 제주에서는 목호들이 "세조 황제께서 풀어 기르신 말을 대명에 바칠 수 있겠는가?"라면서 300필만을 납부하였다. 명의 사신들은 2,000필이 되지 않으면 귀국하지 않겠다면서 고려를 압박하였다.

공민왕은 7월에 제주 토벌의 명령을 내렸다. 도통사 최영(崔瑩)이 2만 5,605명의 군대를 거느리고 8월에 출진하였다. 이 군대는 고려가 동원할 수 있었던 최대 규모였다고 보인다. 관군은 말 1,700필을 징발하였으나 개경까지 도착한 것은 837필에 불과하였다. 8월 28일 제주에 상륙한 토벌군은 반란을 진압하고 9월 22일 제주를 떠났으나 11월 3일에야 목포에 도착하였다. 그 중간인 10월에 제주에서는 원주민이 다시 반란을 일으켰다. 대규모의 군대가 제주 토벌에 나서느라 개경의 방비가 느슨한 틈에, 최영이 인솔하는 원정군이 귀환하기 전인 9월 22일에 공민왕이 시해되었다. 공마 2,000필을 독촉하던 명 사신은 200필을 운송하여 9월 3일 개경을 출발하였는데, 11월 25일 압록강 북쪽에서 고려 호송관에 의해 살해되었다. 공민왕 시해와 우왕 즉위라는 비상 상황에서 고려는 11월 9일 도평의사사(都評議使司) 명의의 외교문서[申]를 명 중서성(中書省)으로 보내었다. 여기에서 고려는 제주 정벌의 경과를 알리면서 고려의 실효 지배를 기정사실화하였다.

친명 정책을 주도해온 공민왕이 시해되고 명의 사신이 귀국길에 피살되고 납치되는 사건이 발생하여 고려와 명 사이에는 사신 왕래가 단절되었다. 공마 문제는 5년 후에 명이 1년 세공마(歲貢馬)로 1,000필을 요구하고 고려가 그것을 받아들임으로써 해결되었다. 고려의 제주 영유권은 1387년(우왕 13)에 명이 최종적으로 승인하였다. 그 결과가 조선으로 상속되어져 제주는 이제까지 고유 영토가 되었다. 명의 제주 공마 요구는 조선 건국 후에 종마(種馬) 50필로 정해졌다.

명은 뒤에도 제주에 관심을 보인 적이 있다. 이른바 '철령위 사건'으로 불리는, 명이 원의 옛 쌍성총관부와 그곳 거주민에 대한 귀속권을 주장한 고려·명 사이의 영토분쟁 당시였다. 1388년 2월에 파견되었던 박의중(朴宜中)이 6월에 귀국하면서 명의 예부자문(禮部咨文)을 가지고 왔다. 여기에서 명은 "탐라라는 섬은 옛적에 원 세조가 말을 기르던 장소이다. 지금 원의 자손으로 짐에게 귀순한 자가 매우 많으니 …… 여러 왕을 섬 가운데 두고 수만의 군사로 지키면서, 양절(兩浙)에서 양식을 공급해서 후사를 보존하여 원의 자손이 바다 가운데에서 잘 살게 하면 어찌 좋지 않겠는가?"라고 하였다. 원의 후손을 보존하여 제사가 끊어지지 않게 해준다는 명분을 내세웠지만 제주와 그곳의 원대의 유산에 대한 관심을 표명한 것이라 하겠다. 실제 북원 멸망 후 포로가 된 북원 황실들은 제주로 보내어져 거기에서 여생을 마쳤다.

3. 우왕 책봉을 둘러싼 대립과 공물

공민왕은 친명 정책을 주도하였으며 명이 책봉한 국왕이었다. 그는 1374년 목호의 반란을 진압하려던 제주 토벌군이 귀환하기 전에 시해되었다. 제주의 말 2,000필을 공마로 징발하겠다고 파견되어 온 명의 사신은 귀국길에 개주참(開州站)에서 호송관 김의(金義)에 의해 채빈은 살해되고 임밀은 공마와 함께 적국인 북원으로 잡혀갔다.

이 두 가지 사건에 대하여 고려는 명이 납득할 정도로 해명하여야 했을 것이다. 사건 발생 2개월 후인 1374년(우왕 즉위년) 11월에 고려는 공민왕의 죽음을 알리고 시호를 요청하며, 왕세자(우왕)의 왕위 계승을 승인해 달라는 고부·청시·승습사(告訃·請諡·承襲使)를 파견하였다. 그런데 사신으로 파견되었던 장자온(張子溫)·민백훤(閔伯萱)은 명의 사신이 살해되었다는 소식을 전해듣자 문책이 두려워서 중도에 귀환해버렸다. 그 2개월 후에 고려는 다시 고부·청시·승습사를 파견하였지만, 이들은 억류되었다가 4년 6개월만에야 귀국하였다. 결과적으로 고려는 공민왕 시해, 명사 살해라는 사건이 일어난 상태에서 후계 정부(우왕 정권)에 대한 외교적 승인을 받지 못하였을 뿐 아니라 사신 왕래조차 중단되는 상황에 처하게 되었다.

공민왕이 시해되기 직전 북원으로부터 고려왕실인 심왕(瀋王)의 손자를 고려왕으로 책봉하였다는 소식이 전해졌다. 반원개혁 이래 원이 그러했듯 북원은 친명·반원 정책을 주도하는 공민왕을 제거하기 위해 지속적으로 공작해왔다. 중국에서 명의 공세에 밀리자 고려의 협력을 기대하고 부득이하게 반원개혁의 제반 조치를 추인하였지만, 그 이전의 원·고려 관계를 다시 회복하려고 끊임없이 공작해오던 터였다. 고려국왕에 대한 책봉권 행사는 그 중에서 핵심적인 사항이었다.

고려는 명으로 고부사(告訃使)를 파견한 다음 달 북원에도 공민왕의 시해를 통보하였다. 그 4개월 후에는 심왕(瀋王)의 손자를 고려왕으로 책봉한 것이 부당하다고 주장하는 백관연명서(百官連名書)를 보내었다. 1368년 명 건국 후 친명 정책 기조 위에서 북원과는 공식적인 외교를 중단한 상태였지만, 고려는 다시 사신을 파견하여 우왕의 왕위 계승을 추인받으려고 하였다. 북원은 이를 국교를 회복할 호기로 판단한 듯 매우 적극적으로 접근해왔다. 백관연명서를 보낸 바로 다음 달에 공민왕을 시해한 죄를 묻지 않겠다고 통보하는가 하면, 그 1년 뒤에는 종래의 우호관계를 거론하면서 국교 회복을 설득하였다.

우왕은 열 살이라는 어린 나이에 갑작스럽게 즉위하였고 공민왕의 유언에 따라 시중인 이인임(李仁任)이 보좌하고 있었다. 그러나 공민왕의 모후인 명덕태후를 비롯, 주요 관리들에게도 생소한 국왕이었다. 우왕과 이인임 정권은 중국왕조로부터 책봉받음으로써 이 문제를 해결하려고 하였다. 명과 사신 왕래가 중단된 상태에서 차선책으로 북원으로부터의 책봉을 선택하였다. 1376년 10월 북원에 책봉을 요청하였으며 그 달에 책봉을 받고 북원의 선광(宣光) 연호를 사용하였다.

우왕이 북원으로부터 책봉받은 지 1년 2개월이 지난 1377년(우왕 3) 12월에 명은 자국 영토 안에서 노획한 고려인 358명을 아무런 사전 통고도 없이 방환하였다. 명과의 관계 정상화를 위해 노력해오던 고려는 3개월 뒤에 사은사를 파견하면서 동시에 청시·승습사도 보내었다. 명은 기다렸다는 듯 그동안 억류하였던 사신들을 돌려보냄으로써 호응하였다. 우왕 책봉이라는 당면 현안을 두고 강경책만 고수하던 명이 고려·북원 간 국교가 복원될 조짐이 보이자 서둘러 고려에 유화책으로 전환한 것이라 하겠다. 고려가 즉시 이에 호응한 것은 동아시아 세계의 중국은 명이며 고려의 외교는 명을 중심으로 이루어져야 한다는 정세 판단에서 벗어나지 않고 있었음을 보여주는 것이다. 1378년 억류되었던 사신 일행이 귀국하자 고려는 책봉을 받지 않았음에도 다시 명의 홍무(洪武) 연호를 사용하기 시작하였다.

사신 왕래가 단절된 지 4년 6개월만인 1379년(우왕 5) 3월에 비로소 명에서 사신이 파견되어 왔다. 이때 명은 세 가지를 요구하였다. 첫째, 우왕이 실제 정치를 하고 있는지 의문스러우므로 집정대신이 내조(來朝)할 것, 둘째, 1378년도분으로 공마 1,000필과, 1379년도부터는 금 100근, 은 1만 냥, 양마(良馬) 100필, 세포(細布) 1만 필을 매년 상공(常貢)으로 보낼 것, 셋째, 고려 영역으로 유입한 요동민(遼東民) 수만 명을 쇄환할 것이다. 세 가지 요구사항에서 요동민 쇄환 건은 조선 태종대(1401~1418)까지 이어진 외교 현안으로 당시에는 시급한 사안은 아니었던 듯하다.

세 가지 사항에서 명이 공식적으로 상당한 양의 물자를 '공물' 명목으로 요구한 것이 주목된다. 중국 내지에서는 늘 말이 부족하여 국경지대에서 마시(馬市)를 열어 충당해왔다. 북원과 전쟁을 계속하던 정세에서 고려로부터 공마 명목으로 일정량의 말을 공급받으려 한 것이다. 여기에 더하여 고려에서 생산되지 않는 상당한 양의 금과 은까지 요구하였다. 이는 몽골이 초기에 고려에서 물자를 징발하던 방식을 답습함과 동시에 고려 내지에 남아있는 목마장 등 원대의 유산에 대한 권리를 주장하는 의미도 있었을 것이다.

우왕 정부는 명과의 관계를 안정화시켜서 책봉 문제를 매듭짓고 군사적 위기를 피해가는 방향에서 대응하였다. 그러나 1356년 이후로는 원이든 명이든 공물을 강요한 적이 없으며 고려가 재량으로 예물을 보내는데 그쳤으므로 이러한 원칙을 지키려고 하였다. 이 해 10월에 금 31근 4냥, 은 1,000냥, 백·흑세포 각 500필, 말 200필을 보내었다. 양은 요구액에 미치지 못하였으나 품목 구성은 요구에 따른 것이다. 명의 공물 요구를 무시하지 않는다는 성의를 표시하면서 일방적인 요구에 응하지 않음을 나타낸 것이다. 아울러 세공 감면을 요청하였다. 금·은은 국내에서 생산되지 않는 물건이며 양마를 구하기 어려운 점, 포 만 필을 마련하기 어렵다고 설명하면서, 공물액을 재량에 맡겨달라고 요청하였다.

명은 고려의 요청을 거부하고, 또한 공물액이 미달이라는 이유로 접수를 거부하였다. 1380년 8월에 고려의 계품사(啓稟使)가 돌아갈 때 공물액을 수정하여 제의하였다. 이미 보낸 말 1,000필 외에 다시 1,000필을 공납하고, 이듬해부터 매년 금 100근, 은 5,000냥, 포 5,000필, 말 100필을 공물로 납부하면 사신 살해죄를 사면할 것이라고 통보하였다. 명이 수정 제의한 공물액은 이전의 요구에서 은과 포를 1/2로 줄인 것이다. 고려의 공물 감액 요청을 일부 수용한 것이다. 아울러 명사 살해 건도 더 이상 문제삼지 않겠다고 하였다. 공물액 감액에 관한 고려의 요청을 일부 수용하여 고려의 반발을 무마하고, 속히 국교를 정상화하기 위하여 양국 사이의 현안인 명사 살해 건을 문제삼지 않겠다고 하였다. 아울러 우왕 정부가 수용하기 힘들었을 집정대신의 내조 요구도 철회하였다.

당시 고려와 명 사이 국경에서는 몇 차례 군사적 충돌이 있었으며, 고려와 명 모두에게 군사적 위기감이 고조되고 있었다. 1380년 명의 군사가 북청주(北靑州)에 침입하여 고려가 격퇴하였다. 나하추는 아들을 파견하여 여러 차례 명의 정요위(定遼衛)를 협공하자고 제안하였다. 고려가 나하추의 제안에 호응하였는지는 고려 측 기록에 나타나지 않는다. 그러나 1379년 북원 몽골병의 습격으로 혼하구자(渾河口子)의 군사가 도륙당하였던 명은 고려를 강하게 의심하면서 고려와 나하추가 연계할까 계속 압박하고 있었다. 1382년에 명은 운남(雲南) 평정에 성공하여 내지의 북원 세력을 소탕하였다. 명은 중국 일대를 완전히 장악해가고 있었다.

이러한 정세에서 고려는 명의 공물 요구를 수용하기로 결정하고, 공물액이 수정 제의된 1380년 12월부터 금, 은, 포, 말 등을 명으로 보내었다. 고려에서 생산되지 않는 금, 은을 말로 절가대납할 수 있게 해달라고 요청하였다. 1384년 윤10월에 명이 요구한 총 6년분의 공물액을 전부 보내었다. 다음 해 9월 드디어 명은 우왕을 책봉하였다.

고려는 명의 공물 요구를 수용함으로써 우왕의 왕위 계승을 대외적으로 승인받을 수 있었다. 아울러 명사 살해라는 현안도 해결할 수 있었다. 그러나 우왕 책봉 건을 해결하는 과정에서 명의 일방적인 공물 요구를 상당 부분 수용할 수밖에 없었다. 이는 반원개혁 이후 고려가 추구해온 대중국 관계에서의 자율성에 어긋나는 것이었다. 공물량을 충당하기 위하여 임시관청인 반전색(盤纏色)을 설치하게 되었으며, 관리층과 일반 민에게서도 물자를 징발하였다. 1387년에는 재정이 부족하여 관리들의 녹봉을 축소 지급하였다. 국왕 책봉 건과 공마 등의 문제에 있어서 고려·원 관계의 유산이 고려·명 관계에서도 어느 정도 재현되는 결과를 가져왔다. 반면 책봉 문제를 마무리지음으로써 우왕의 정통성에 대한 국내의 의문을 잠재우고 내정의 안정을 꾀할 수 있게 되었다. 아울러 신흥 강대국인 명과 군사적 긴장 내지는 대립을 지양하고 국교를 정상화할 수 있었다.

4. 쌍성총관부 귀속을 둘러싼 영토 분쟁 - 철령위(鐵嶺衛) 사건

1385년(우왕 11) 9월 우왕이 책봉받음으로써 공민왕 사후 11년만에 고려와 명의 관계가 정상화되었다. 그런데 불과 1년 4개월여 지난 1387년 2월 명은 고려가 요동을 경유하면서 정탐 활동을 한다고 항의하고 사신 왕래를 금지한다고 통보하였다. 명은 고려가 나하추와 연결되지 않았는지 늘 의심하면서 때로는 군사로 공격하겠다고도 협박하였다. 동시에 말 무역에 제대로 응하지 않는다고 항의하면서 일방적으로 말 5,000필을 수입하겠다고 통보하였다. 명은 1385년부터 본격적으로 요동을 공략하기 시작하였는데, 2년 후인 1387년 6월에 20만 군대를 동원하여 나하추를 평정하고 20만여 명을 포로로 획득하였다. 여세를 몰아 다음 해에 북원의 본거지를 토벌하여 10만여 명을 포로로 잡았다.

나하추가 평정됨으로써 명과 국경을 맞대게 되자 고려에서는 그 여세를 몰아 명이 침략해올지도 모른다는 위기의식이 고조되었다. 국경지대에서는 군사적 위기감이 고조되고 크고 작은 군사적 충돌도 발생하고 있었다. 공민왕 이래 공물 요구와 우왕 책봉 문제에서 일방적이고 강압적인 명을 상대해온 고려로서는 군사 침략을 실질적인 위협으로 받아들인 것으로 보인다. 1387년 5월 귀국 사신 편에 전달받은 외교문서에서 홍무제는 '그대들[高麗]은 다만 이곳의 한 군대가 다른 곳[納哈出]을 모두 평정하고 나면 반드시 (고려로) 정벌해올 것이라고 생각하였다'라고 언급하기도 하였다.

중국 본토와 요동에서 북원과 전쟁을 계속하고 있는 신흥 강대국 명이 침략하겠다고 협박할 때 고려로서는 심각하게 받아들이지 않을 수 없었을 것이다. 조운선이 표류하였는데 '중국 배를 탄 군인들이 장차 경성을 습격할 것'이라는 유언비어가 돌고, 이를 들은 개성의 사람들이 크게 놀라기도 하였다. 1387년 6월에는 요동에서 도망온 자가 명의 황제가 '장차 처녀와 수재, 환자(宦者) 각 1,000명과 소와 말 각 1,000필씩 요구할 것'이라고 알린 적도 있었다. 이의 사실 여부를 확인하지도 않았는데, 최고위자였던 최영(崔瑩)은 '(명이) 이렇게 한다면 군대를 동원하여 공격하는 것이 나을 것이다'라고 할 정도로 고려 민심은 불안해하고 있었다.

고려의 민심이 이와 같을 때 명은 고려에 원의 옛 쌍성총관부(雙城摠管府)를 회수하여 철령위(鐵嶺衛)를 설치하겠다고 통보하였다. 이른바 '철령위 사건'의 시작이다. 철령위 사건이란 명이 원의 요양행성(遼陽行省) 개원로(開元路)에 속했던 쌍성총관부와 그곳 거주민에 대한 귀속권을 주장함으로써 고려와 영토 분쟁을 일으킨 사건을 말한다. 1388년 2월에 요동도사(遼東都司)가 파견한 관원들이 압록강을 건너와 호부(戶部)의 방문(榜文)을 붙임으로써 처음 전해졌다. 연이어서 이전에 파견되었던 진정사 설장수(偰長壽)가 귀국하면서 홍무제의 선유성지(宣諭聖旨)를 전하였는데, 여기에서 명은 '철령의 이북·이동·이서는 예전에 개원로에 속하였으므로 그곳에 토착하고 있는 군민(軍民)으로 여진(女眞)·달단(韃靼)·고려인은 요동(遼東)에서 통솔'하겠다고 주장하였다. 고려의 영역은 '철령의 남쪽'이라는 주장이다.

쌍성총관부는 고려와 몽골이 전쟁 중이던 1258년 몽골이 점령함으로써 상실한 고려의 동북면이었다. 1356년 반원개혁 때 군대를 동원하여 수복하였는데, 이때 총관부 이북의 길주(吉州) 일대까지 점령하여 영역을 확장시켰다. 이 지역에는 여진족이 주로 살아왔지만 11세기 중반 이래 고려의 기미주가 설치되었으며 고려의 영향권에 들어왔었다. 고려는 이를 '고려의 백성, 고려의 땅'으로 인식해왔다.

한편 명은 건국 후 20년만에 북원의 마지막 잔존세력인 나하추까지 축출하였지만, 명이 확보한 요동은 옛 원의 요양행성 영역보다 훨씬 축소되어 있었다. 또한 이곳에 거주하던 여진족, 고려인, 몽골인, 한족 등이 원·명 교체기에 많이 이주하거나 흩어져버렸는데, 그 중에서 고려인은 고려로 돌아와 정착하였으며 여진족 중 상당수가 두만강 이남 지역으로 이주하여 정착하였다. 원을 이은 정통왕조로 자임하던 명은 이들에 대한 귀속권을 주장한 것이다.

고려는 철령위 설치 문제를 인구 귀속권 문제로서보다는 영토문제로서 받아들였다. 대응책을 논의하는 2월의 조정회의에서 영토 할양은 불가하며, 전쟁을 반대하고 화의를 택한다는 두 가지 원칙을 정하였다. 설장수를 통해 홍무제의 말을 접수한 그 달에 박의중(朴宜中)을 진정사로 파견하여 이 지역이 고려의 고유 영토임을 주장하였다. 즉 ① 철령 이북의 '문주(文州)·고주(高州)·화주(和州)·정주(定州)·함주(咸州) 등 여러 주를 거쳐 공험진(公嶮鎭)에 이르기까지' 원래부터 고려의 영토였다고 주장하였다. ② 철령 이북 지역은 고려의 옛 동북면으로 고려·몽골 전쟁의 막바지인 1258년(고종 45) 12월에 개원로 쌍성총관부로 편입된 내력과, ③ 공민왕 때에 고려 영토로 회복되어 원으로부터 인정받은 사실 및 실효적으로 지배하고 있는 상태를 강조하였다. 아울러 1370년 공민왕 책봉문서에서 '본래의 풍속을 허락하며, (고려는) 옛 전장[舊章]을 따르라'고 한 것을 언급하였다. 이는 고려와 명이 현 상태를 인정하는 상태에서 국교를 맺었다는 것으로써, 이미 고려가 수복한 상태였던 철령 이북에 대하여 영유권을 주장하는 것이 부당하다고 지적한 것이다. 한편으로는 각 도(道)의 양반·백성·향리·역리들을 조사하여 군대 명부를 만들고 5도의 성을 수리하는 등 방어 태세를 갖추었다.

3월이 되자 요동도사가 지휘와 군사 1천여 명을 강계(江界)에 파견하여 요동에서 철령까지 역참(驛站) 70곳을 설치하려 한다는 소식이 전해졌다. 이어서 후군도독부(後軍都督府)는 백호(百戶)를 파견하여 정식으로 철령위 설치를 통고하였다. 우왕은 8도 군사의 징집령을 내리고, 총사령관인 최영은 호부 방문을 가지고 와서 체류 중이던 명의 군사 21명을 살해하고 관원 5명을 억류하였다.

〈표 1〉 철령위 사건의 경과와 고려·명의 주장

일시	사건 경과	내용
1388. 2	명 요동도사의 관원이 압록강 건너와서 호부방문(戶部榜文) 게시	"철령 이북·이동·이서는 이전에 개원로(開元路)에 속하였으니 여기에 토착하고 있는 군민(軍民)으로 여진(女眞)·달단(韃靼)·고려인들은 종전처럼 요동에서 통솔하라."
〃	재상회의	정요위(定遼衛) 공격 여부 논의 → 모두 '화친'을 지지함
〃	백관회의 — 최영 주재	철령 이북 할양 의논 → 모두 '불가'로 결정
〃	우왕, 최영 비밀 회동	요동 공격 의논
〃	설장수가 귀국하며 홍무제의 선유성지(宣諭聖旨) 전달	"① 철령 이북은 원래 원조(元朝)에 속하였으므로 요동에 귀속시키겠다. ② 개원(開元)·심양(瀋陽)·신주(信州) 등지의 군민(軍民)은 원래의 생업에 복귀시키도록 하라."
〃	진정사 박의중 파견	① 철령 이북의 문주(文州)·고주(高州)·화주(和州)·정주(定州)·함주(咸州)에서 공험진(公嶮鎭)까지는 원래 고려의 영토라는 것, ② 쌍성총관부 설치 내력, ③ 1356년 이래 고려의 영토였으며 원이 동의한 사실, 관원 배치한 실효적 지배를 주장
1388. 3	서북면 도안무사 최원지(崔元沚) 보고	요동도사가 지휘, 병사 등을 강계로 파견하여 철령위의 관원을 미리 배치하고 역참 70곳 설치하려 한다고 보고
〃	8도 정병 징발령	좌·우군 38,830명, 겸종 11,634명, 말 21,682필 징발
〃	명 후군도독부(後軍都督府) 통고	철령위 설치를 정식으로 통고
〃	명의 군사 살해, 관원 억류	요동도사가 파견한 군사 21명 살해하고 이사경(李思敬) 등 관원 5명 억류
1388. 4 정미	요동 정벌군 출진	팔도도통사 최영, 좌·우군도통사 조민수·이성계
〃	명에서 고려 출병 논의	홍무제가 전쟁 여부를 종묘에서 점침
1388. 5 경진	요동 정벌군 위화도 주둔	좌·우군이 위화도에 주둔
〃 갑신		이성원수·강계원수가 요동 공격하고 귀환
〃 병술	회군 건의	회군 건의
〃 을미	위화도 회군 단행	
1388. 6	우왕, 최영 축출	최영을 고봉현으로 축출, 우왕을 퇴위시켜 강화로 추방
〃	창왕 즉위	
〃	진정사 박의중 귀환하여 명 예부자문(禮部咨文) 전달	"(고려)왕이 말한 바로써는 그 땅은 … 고려에 예속되는 것이지만, 이치와 형세로써는 그 몇 개 주의 땅은 이전에 원(元)이 통합하였으므로 지금 요동에 예속되어야 한다. 고려가 말한 것을 가볍게 신뢰할 수 없(도다.)"
1388. 7	고려가 요동 공격 사실 해명하고 관계 복원 표명	우왕 퇴위 알리고 창왕 책봉 요청하는 표문 전달 요동 정벌군 책임을 최영 소행으로 해명함

우왕과 최영이 전국적으로 군대를 징발하여 요동 정벌군을 출동시킨 것은 앞서 조정회의에서 채택한 화의론에는 배치되는 것이다. 침략받기 전에 고려가 중국왕조를 선제공격한 선례도 없다. 요동 정벌군에 명이 응전한다면 고려에게는 국지전의 범위를 넘어설 것이었다. 우왕과 최영이 군대 동원을 겉으로 드러내어 말하지 못할 정도로 반대여론이 거셌던 듯하다. 요동 정벌군은 4월에 출진하여 5월에 위화도에 주둔하였다. 이때 이성원수(泥城元帥), 강계원수(江界元帥)는 선발대 격으로 먼저 요동을 공격하고 귀환하기도 하였다. 우군도통사 이성계는 4가지 근거로 명과의 전쟁을 반대하였다. 이른바 4불가론으로써 ① 소국(小國)이 대국(大國)을 거스르는 것, ② 여름에 군대를 동원하는 것, ③ 온 나라가 원정을 가면 왜구가 그 틈을 탈까 걱정스러운 것, ④ 장마철이어서 활과 쇠뇌가 느슨해지고 전염병이 돌까 우려스러운 것 등이다.

고려가 요동 정벌군을 출진시킨 소식은 대략 4월말쯤 명의 수도인 난징에 전달된 듯하다. 북원의 잔여세력인 몽골족과의 전쟁을 앞두고, 여진족 초무에 박차를 가하고 있던 명은 고려가 강경하게 반발하자 당혹스러워한 것으로 보인다. 말, 금, 은 등 공물이나 말 무역 등 일방적 요구까지 수용하면서 자국과 우호관계를 유지해온 고려와 친선관계를 폐기하고 전쟁을 불사할 정도로 쌍성총관부의 호구가 중요한가? 전쟁 이후 정세는 어떻게 예상할 수 있을까? 고려의 군대 동원 소식에 관리들은 홍무제에게 고려를 공격하자고 건의하였다. 홍무제는 고려와의 전쟁을 결정하기 전에 그 길흉이 어떨지 종묘에서 점을 치려고 하였다 한다. 그러는 중에 고려의 진정사가 도착하였다. 이는 고려가 이 문제를 외교적으로 해결하고자 한다는 표시였다.

2월에 파견되었던 진정사 박의중은 6월에 귀환하였다. 그 전에 고려에서는 좌·우군 사령관인 조민수·이성계가 위화도에서 회군하는 정변이 발생하였다. 회군파들은 대명 강경책을 주도한 8도도통사 최영을 축출하고 우왕을 퇴위시켰다. 며칠 후 박의중이 귀국하여 명 예부의 자문(咨文)이 전달되었다. 이 자문에서 명은 고려의 주장을 '신뢰할 수 없다'고 하면서도, "고려가 '주장하는' 말이 있다[王國有辭]"고 하였다. 천자국을 자처하는 중국의 황제는 공식적으로 과오, 혹은 실수를 '인정'하는 표현을 사용하지 않는다. 이 표현은 책봉조공 체제 하 고려·명 사이 외교문서상의 수사이다. 고려의 주장에 일리가 있음을 인정한다는 정도의 표현이며, 이것을 고려는 "'명이' 드디어 철령에 위(衛)를 세운다는 의논을 중지시켰다[遂寢]"라고 받아들였다. 고려·명 사이의 영토 분쟁이 공식적으로 종결된 것이다. 이후 명은 쌍성총관부에 대하여 영유권을 주장하지 않았다.

철령위 설치령으로 나타난 1388년 분쟁은 몽골원이 점령하였던 고려의 호구와 지역에 대하여 명의 상속권을 인정하느냐, 몽골 침입 이전 고려의 영유권을 근거로 하느냐는 차이에서 발생하였다. 명은 일차적으로 인구 귀속에 관심이 있었으나 고려는 영토 수호에 관심이 있었다. 위화도 회군은 이성계가 집권하는 계기가 되어 조선 건국의 제일보가 이루어졌다는 의미가 있다. 그러나 우왕과 최영이 주도한 대명 강경책으로 인해 명이 귀속권 주장에서 물러선 것이다. 고려는 옛 쌍성총관부는 물론 철령 이북부터 길주까지에 대하여 영유권을 주장하였고 새로운 중국왕조인 명으로부터 추인받았다. 이는 1356년 반원개혁의 성과가 원을 이어 명으로부터도 승인받은 것으로써 15세기 조선시대까지 이어진다는 의미였다. 고려 말에 철령 이북 지역을 영토로 확고히 한 토대 위에 북으로 더욱 진출하여 조선 초에 두만강 일대까지 확장할 수 있게 되었다.

5. 요동 인구 귀속권 분쟁

요동은 14세기 중반 원·명 교체기에 끊임없이 전쟁에 휩싸이게 됨으로써 인구 이동이 심하였다. 1359년, 1361년에는 홍건적(紅巾賊)이 휩쓸었다. 1368년 원의 대도가 함락된 이후에는 나하추, 쿠바투 등 북원의 잔여 세력이 할거하면서 대립하였다. 이들은 요동으로 세력을 확장하는 명과 충돌하였는데, 1371년에는 나하추가 우가장(牛家莊)을 공격하여 말 10만 필을 노획하는 큰 전투가 벌어졌다. 1370~1371년에는 고려가 북원의 동녕부(東寧府)를 공격하여 요양(遼陽)과 우라산성(于羅山城)에서 전투가 벌어졌을 때, 그곳 거주민 수만 호가 귀부하였다. 1382년 1월, 7월에는 쿠바투가 의주(義州)와 동북면을 침략하여 수만 명을 노략해가기도 하였다. 15세기 초 명의 건문제(建文帝. 2대 황제)와 연왕(燕王. 3대 황제 永樂帝) 사이의 제위(帝位) 계승 전쟁 당시 다시 전장터가 되었다.

요동의 거주민은 한인, 고려인, 여진족, 몽골족 등 다양하였으며 지역에 따라서는 종족별로 집단 거주하였다. 고려인들은 요양행성의 요양 심양(瀋陽) 지방에 집단 거주하였는데, 이들은 원·명 교체기에 대부분 고려로 돌아온 것으로 보인다. 두만강, 압록강 일대와 그 이북에 거주하던 여진족들 중 상당수도 원·명의 세력권에서 이탈하여 고려 내지로 이주하거나 혹은 고려의 영향권으로 포섭되어 왔다. 이들이 고려 내지로 이주하는 데는 고려의 인구 유치 정책도 크게 반영하였다. 고려는 귀화하거나 이주해오는 요동민을 환영하였고, 이주할 경우에는 양식과 농업용 종자를 공급하면서 농민으로 정착시키고 있었다.

요동민이 처음 고려 국내로 이주한 것은 홍건적 침입 때인 1359년 11월이었다. 두 차례의 홍건적이 요동 지방을 유린할 때 요양, 심양 일대는 그 통로에 위치하고 있어서 큰 피해를 입었다. 당시 요양, 심양 사람 2,300여 호가 내투(來投)한 것이 첫 번째 대규모 유입이다. 두 번째는 고려가 동녕부를 공격한 때로 고려인들은 거의 본국으로 귀환하였으며, 고려의 정치적 군사적 영향력이 강화되자 여진족들 중 일부가 동북면의 함흥(咸興), 정평(定平) 등지로 이주해왔다. 세 번째는 쿠바투가 동북면에 침입하여 2만 명 이상을 노략해갔으며, 이때 노략을 면한 여진족들은 안전한 고려 땅으로 이주하여 동북면의 남부 해안지대에 정착하였다. 네 번째는 1402년(태종 2) 전후 명의 연왕 군대에 패한 건문제 측 정부군과 요동위(遼東衛), 동녕위(東寧衛) 소속의 패잔병들이 대거 유입되었다. 이들을 만산군(漫散軍)이라 불렀는데, 전쟁을 피하려는 고려인, 여진족이 함께 유입되었다. 기록에서 확인되는 수가 2만여 명 이상이며, 그 외에도 개별 가호 단위, 혹은 수십 호 단위로 계속 이주해왔다.

명은 요동 경략을 시작한 처음부터 외교문서에서 요동 민호에 대한 추쇄를 언급했었다. 처음 구체적으로 인구 추쇄를 요구한 것은 1376년 6월에 전달된 고가노(高家奴)의 문서에서이다. 고가노는 1372년에 명에 귀부하여 요동위지휘사사(遼東衛指揮使司)에 속해 있었는데, 휘하의 인구가 흩어져버려 자신의 세력을 유지하기 어려워지자 명의 권위에 기대어 1319년 이후 고려로 유입한 인구의 명부를 보내달라고 요구하였다. 명 중앙정부 차원에서 추쇄를 요구한 것은 1379년 1월과 3월이 처음이다. 1370년 고려의 동녕부 공격 당시 고려로 유입한 요동 인구 '수만 명'을 송환하라고 요구하면서 이오로사티무르[李兀魯思帖木兒] 등 33명을 명시하였다. 1386년에는 홍건적 당시 심양로 군민(軍民) '4만여 호'가 고려로 유입하였다고 주장하면서 추쇄를 요구하였다.

명이 한반도로 유입한, 혹은 유입하였다는 요동 인구를 추쇄하겠다고 요구한 것은 1416년(조선 태종 16)까지 40년간 지속된 외교 현안이었다. 명이 추쇄를 요구하는 근거는 1386년 12월 사례에 잘 나타난다. 이때 명은 '기해년(1359, 공민왕 8)을 피하여 고려로 유입한 심양로의 군민 4만여 호'를 추쇄하겠다고 주장하였다. '4만여 호'는 옛 심양로 다루가치[達魯花赤]였던

〈표 2〉 명이 요구한 추쇄 대상과 송환한 인구

연도	추쇄 대상	송환 인구	비고
고려 1376. 6	1319년 이후 요양에서 도피한 민호의 명부(名簿)를 보내달라고 요구	불명	명 중앙정부의 요구가 아니고 고가노 측의 요구로 추정
1379. 1	1369년 11월 고려군이 잡아간 요양 관민(官民) 남부(男婦) 1천 명과 각 위(衛) 군인으로 도망간 자		
1379. 3	명(明) 중앙정부 : 구류하고 있는 요동민 수만 명 송환. 요동도사 : 동지 이오로사티무르 등 33명과 황성(黃城) 등지에서 이주한 인민		이오로사티무르는 추쇄에 응하지 않고 길주(吉州)에 그대로 거주
1385. 7	원말의 유민 이타리부다(李朶里不歹) 등 47명	김원귀(金原貴), 은득현(銀得顯) 등을 송환	
1387. 2 이전		이타리부다 등 358명 송환	
1386. 12	己亥年(1369)에 홍건적을 피하여 고려로 유입한 심양의 군민 4만여 호		전 심양로 다루가치 교주(咬住)의 무고에 근거했다고 추정
조선 1393. 4	동북면 출신 탈환불화(脫歡不花)가 본인 관하인민(管下人民) 추쇄 요구		1387년 2월 진정사 파견
1393. 5	압록강을 넘은 여진인 500여 명 전체		
1393. 5~ 1396. 10		5회 총 554명 + 탈환불화 관하민	
1401. 1	도망군인 왕화귀(王和貴) 등	왕화귀 등 36명	고려인 122호 388명 포함
1402. 5 ~1403. 1	만산군 송환 요구(2회)		
1403. 1~ 1403. 12		11,210명	만산군 현황 조사 요구
1404. 12		28명	
1405. 3	풍해도(豊海道) 거주하는 미송환 만산군 4,940명		1년 뒤 다시 송환 독촉
1406. 8		443 + 419 명	명이 지목한 4,940명은 풍해도에 없다고 해명
1406. 12	전자수(全者遂) 등 4,940구와 천호 고욱(高勗) 가속 14명 외		
1407. 3~ 1408. 9		5,336명	
1413~1416		31명	

교주(咬住)의 일방적 주장에 근거하였다고 한다. 1359년은 홍무제가 천자국을 칭하며 명을 건국하기 10년 전이며, 나하추를 정복하고 실질적으로 요동을 지배하게 된 1387년에서는 30년쯤 이른 시기이다. 명은 자국이 건국하기도 전인 원대의 호구 등록[附籍] 상태를 근거로 해당 인구에 대한 귀속권을 주장하며 추쇄를 요구한 것이다. 원 말기의 인구 이동 상태를 인정하지 않겠다는 것이며, 또한 원의 호구에 대한 계승을 주장한 것이다.

이에 대한 고려의 입장은 1387년(우왕 13) 2월에 명으로 보낸 진정표(陳情表)에 나타난다. 인구 추쇄 요구가 4가지 근거로 부당하다고 주장하였다. 먼저 고려로 유입한 인구는 본디 고려인으로서 심양 등 지역에 거주하다가 본토로 돌아온 것이라고 하였다. 두 번째로는 『대명률(大明律)』「호율(戶律)」의 '민호(民戶) 추쇄 규정'이다. '민호가 인접 주현(州縣)으로 유이(流移)한 경우에 1374년(홍무 7) 10월 이전에 유이하여 역(役)을 지고 있는 경우는 추쇄하지 않는다'는 규정에 근거하여, 심양로 민의 경우 그들이 고려로 유입되었다 하더라도 이미 1359년에 이주한 것이므로 추쇄 대상이 아니라고 주장하였다. 세 번째는 당시 동아시아 국제질서에서 명이 표방하는 세계관에 근거한 것이다. 명은 천자국이라고 자임하였고 홍무제는 '중국과 외국(化外)을 차별하지 않는다'고 하므로, 설혹 요동민이 고려로 유입하였다 하여도 명의 책봉을 받은 고려 역시 명 천자의 교화를 받는 범위 안에 포함되어 있기 때문에 굳이 추쇄할 필요가 없다고 주장하였다. 네 번째는 4만여 호는 실상과 달리 과장된 숫자라고 하였다. 이 네 가지 주장은 조선 건국 후까지 계속되었다.

명은 원 말에 한반도로 유입한 인구 수를 정확하게 몰랐다. 고려는 요동에 거주해온 고려인은 물론 고려 영역으로 이주하기를 원하는 여진족을 적극적으로 유치하여 정착시키는 정책을 썼는데, 이는 조선 건국 후에도 이어졌다. 따라서 명의 요구에는 기본적으로 반대하였지만, 전체적으로 우호관계를 유지하기 위해서 명의 요구를 어느 정도 수용하였다. 명이 구체적으로 추쇄 대상자를 지목한 경우에는 송환에 응하되, 가능한 회피하면서 현황 조사 요구에도 반대하였다. 여진족들은 경계인 입장에서 고려말에 두만강 이남으로 이주해왔지만, 그들 중 상당수는 요동의 정세가 안정되고 명이 위소(衛所)를 확대 설치하면서 회유하자 다시 두만강 이북으로 이주해가기도 하였다.

6. 위화도 회군 이후 고려의 정치 변동과 명과의 관계

위화도 회군으로 이성계는 정권을 장악하였다. 동북면을 고유 영토로 수호하고 대외적으로 추인받았으며, 명이라는 새로운 '중국'과의 군사적 충돌을 피할 수 있었다. 그러나 군령을 어기고 회군하여 국왕을 축출시켰다는 사실은 정치적으로 큰 부담이었을 것이다. 하극상은 유교 정치사상 강상의 윤리를 어긴 것으로 평가되는데, 효(孝)를 국가 통치의 기준으로 표방하던 명이 외교적으로 문제 삼을 가능성은 충분히 예상할 수 있는 일이었다. 멀리는 1세기 가까이 원의 내정간섭을 받아온 집단 기억과, 가깝게는 우왕의 왕위 계승을 빌미로 12년간 압박받았던 현실에서 명으로부터의 간섭은 예견되었을 것이다.

회군파는 1388년 우왕을 퇴위시킨 6월 8일 다음날 창왕(昌王)을 국왕으로 추대하였다. 7월에 우왕의 양위(讓位) 표문을 명으로 보내었는데, 이때 최영의 요동을 공격하려 한 '죄'를 사전에 처벌하였다고 주장하였다. 회군과 국왕 교체를 군령과 임금의 명을 어긴 하극상이 아니라 상국(上國)인 명을 수호한 충절로 정당화하면서 그 지지를 기대하는 외교적 표현이었다. 한 발 더 나아가 10월에 하정사(賀正使)를 파견할 때 관원을 보내어 국정을 감독해달라는 왕관감국(王官監國)을 요청하였다. 명이 이 요청을 받아들인다면 회군 이후 고려에서 일어나는 일련의 정치적 조치에 동의한다, 혹은 추인한다는 의미로 해석될 것이었다. 회군파에서는 이를 굳히려는 듯 11월에는 창왕의 친조(親朝)까지 요청하였다. 이는 국왕 교체를 명의 권위를 이용하여 기정사실화 하겠다는 시도였다. 그런데 명의 국정 감독이나 국왕의 친조 등은 고려에 대한 중국왕조 몽골원의 간섭을 나타내는 표징으로서 반원개혁 이래 고려가 힘써 거부해온 사항이었다.

우왕의 양위와 창왕의 계승을 알리는 사신은 7월에 파견되었으므로 늦어도 9월에는 난징에 도착하였을 것이다. 철령위 사건이 일어난 1388년 명이 고려로 파견한 유일한 사신은 12월에 개성에 도착하였으므로 10월 쯤 난징에서 출발하였을 것이다. 7월 파견된 고려의 사신을 접수한 뒤에 파견하였을 것이다. 그런데 명은 단지 말과 환관(閹人)을 보내달라는 것과 몽골 친왕(親王) 등 80여 호를 탐라에 거주시킬 것이므로 조처하라는 두 가지 사항만을 언급하였다. 명에서 온 외교문서가 완전히 삭제된 것이 아니라면, 회군의 전말이나 국왕 교체, 최영 숙청 등에 관해서는 어떠한 것도 언급하지 않았다. 1388년 5월 회군한 뒤부터 1392년 7월 조선 개국까지의 4년 2개월간 고려에서는 우왕 퇴위, 요동 공격을 주도한 최영 살해, 왕관감국 요청, 우창비왕설(禑昌非王說) 공표 후 우왕·창왕 살해, 공양왕 즉위, 조선 건국 등 정치적으로 격변의 시기였다. 명은 고려에서의 정치적 변화를 충분히 인지하고 있었을 것이지만, 이 기간에 어떠한 문제에 대하여도 관여하지 않았다.

회군 후 고려에서 정치권력을 장악하고 조선을 건국하는 과정에서 큰 전환점이 된 사건은 우창비왕설로 이를 계기로 우왕·창왕과 그를 지지한 이색 등 정치세력이 대거 숙청되었다. 이 주장은 공민왕을 계승한 우왕이 공민왕 때에 반역죄로 처벌된 신돈(辛旽)의 아들인 신씨이며, 그 아들인 창왕 역시 신씨라는 주장으로 이성론(異姓論)이라고도 표현된다. 왕조 사회에서 성씨가 다른 국왕의 존재는 그 자체로 찬탈에 해당하므로 이들을 제거하는 것이 그 왕조에 충성하는 것이다. 우왕을 제거한 회군파의 행위는 고려왕조에 충성을 다했다는 명분이 생기는 것이다.

그런데 이성론은 명이 고려에 보낸 외교문서에 쓰여져 있다고 '주장'되었다. 1389년 6월에 창왕의 친조를 요청하는 2차의 사신으로 윤승순(尹承順)과 권근(權近)을 파견하였는데, 9월에 이들이 귀국할 때 명의 답변서인 예부자문(禮部咨文)을 가지고 왔다. 그런데 무슨 이유에서인지 이 자문은 사신이 귀국하고 두 달 동안 공개되지 않다가 11월에야 공개되었다. 내용은 창왕의 친조 요청을 허락하지 않는다는 것인데, 그 문서에 써져 있다고 주장된 '이성(異姓)' 두 글자가 문제되었다. 즉 "'고려' 왕위는 왕씨(공민왕)가 시해되어 후계가 끊기었으며, 뒤에 비록 왕씨라고 가장하였으나 이성(異姓)이 '왕이' 되었으니[君位自王氏被弑絶嗣, 後雖假王氏, 以異姓爲之]"라는 부분이다. '이성'은 책봉국인 명의 황제가 지적한 것이다. 이 문서가 공표된 후 우왕·창왕은 왕위에서 축출되어 서인(庶人)으로 강등되었다가 바로 살해되었다. 더 나아가 우왕·창왕의 즉위와 그 정부에 참여한 정치세력도 대거 숙청되었다.

예부자문은 홍무제의 지시를 받아 명 예부에서 작성한 것이고, 고려로 발행할 때 예부상서인 이원명(李原明)이 최종적으로 점검하였을 것이다. 따라서 홍무제와 이원명은 이성(異姓)에 관한 부분을 당연히 알고 있었어야 한다. 우왕·창왕 제거 후 공양왕이 즉위하였고, 고려는 바로 입조 요청사를 파견하여 왕위 교체를 알렸다. 이때 이례적으로 황태자와 예부에도 별도로 문서를 보내어 협조를 요청하였다. 입조 요청사는 1390년 정월에는 명에 도착하였던 듯한데, 이에 대하여 홍무제와 예부상서 이원명이 나눈 대화가 기록되어 있다. 홍무제는 고려가 '이성(異姓)을 폐출'시키고 왕씨를 국왕으로 세웠다고 주장하지만, "그 진위를 알 수 없다"라고 하였다. 홍무제의 말을 기록한 예부자문이라는 문서의 해당 부분은 정작 발언 당사자인 홍무제와 그것을 문서로 작성한 이원명은 전혀 모르는 사실이었다. 그렇다면 이 문서는 전체이든 해당 부분이든 고려가 위조하거나 고쳐 쓴 것일 것이다. 그러나 고려에서는 홍무제의 발언이라고 주장되면서 이성계 측에서 국왕을 폐출시키고 정치세력을 숙청하는 절대적 권위로 사용되었다.

위화도에서 회군한 1388년 5월부터 조선을 건국한 1392년 7월까지의 4년 2개월간 고려는 총 18회의 사신을 명으로 파견하였다. 하정사, 성절사와 같은 의례적 사행 외에 최영 처형 보고, 창왕과 공양왕의 입조 요청 등 고려 국내정치에서 일어나는 일들도 사건마다 알리고 있었다. 명은 고

〈참고자료 1〉 우창비왕설(禑昌非王說)에 관한 고려와 명의 기록

① 『고려사』에 수록된 명의 예부자문(禮部咨文)
　_『고려사』 권137, 창왕 원년(1389) 9월.

윤승순(尹承順)·권근(權近)이 경사(京師)에서 돌아왔다. 예부에서 성지를 받들어 도평의사사에 자문을 보내기를, "홍무 22년(1389) 8월 초8일에, 본 부(部)의 상서(尙書) 이원명(李原明) 등의 관원이 봉천문에서 성지를 받들었습니다. (말씀하시기를),
'고려는 나라 안에 일이 많고, 배신(陪臣)이 된 자들 중에 충신과 역신이 섞여 있으니 하는 바가 모두 좋은 계책이 아니다. 왕위는 왕씨가 시해되어 후계가 끊기었으며, 뒤에 비록 왕씨라고 가장하였으나 다른 성씨[異姓]가 (왕이) 되었으니, 이는 삼한에서 대대로 지켜온 좋은 법이 아니다. …… 임금을 시해하는 것은 비록 난신적자이지만, 또한 어진 정치를 폄으로써 하늘의 뜻을 돌이키고 백성들을 평안히 만든 경우도 있었다. …… 예부는 어린 왕에게 공문을 보내 경사에 오지 말라고 하라. 과연 현명하고 지혜로운 배신이 제 자리에 있어 위로 임금과 신하의 명분을 정하고 나라에서는 백성을 편안하게 할 계책을 마련한다면, 비록 수십 년 동안 입조하지 않는다 한들 무슨 걱정이 있겠으며, 해마다 입조한들 무엇을 싫어하겠는가? 또한 처녀도 보내지 말라고 명하라'
라고 하시었습니다"라고 하였다.

② 『명태조실록』에 기록된 홍무제와 예부상서의 대화
　_『명태조실록』 권199, 홍무 23년(1390) 정월 계미(19일).

고려가 사신을 보내와서 말하기를, "국왕 왕창(王昌)은 왕씨의 후예가 아니고 사실 신돈(辛旽)의 아들인 우(禑)의 아들이라서 국인들이 믿고 복종하지 않습니다. 따라서 왕씨 종친 중에서 정창국원군(定昌國院君) 왕요(王瑤)를 받들어 세워 왕위를 계승하여 왕씨의 뒤를 잇게 하였습니다. 엎드려 바라건대 청하는 바를 윤허하소서"라고 하였다. 상(上)께서 예부상서 이원명에게 말씀하시기를, "고려는 산과 바다로 떨어져있는데, 그 사람들은 속이는 것이 많도다. 지금 이성(異姓)을 폐출시키고 왕씨 종친 중에서 선택해서 (국왕으로) 세웠다고 한다. 그런데 전에 온 자는 '동자(童子, 창왕)가 입조하겠습니다'
라고 말하였(다).…… 또 그 (이성이라고 하는) 진위를 알 수 없다. 만약 과연 본국(本國, 고려)의 신민(臣民)들이 추대한 것이면 들어줄 것이다. …… 모두 (그들이) 스스로 취한 것이다. 너는 마땅히 자문을 준비하여 그 나라의 국인들이 알게 하라"라고 하였다.

려의 정치 변동에서 자국의 예부자문이나 홍무제의 구두 발언이라는 것들이 정치적 권위를 부여하는 수단으로 사용되고 있는 사실 역시 인지하였을 것이다.

이 기간에 명에서는 4회 사신을 파견했는데, 유배보내었던 육십노(六十奴)를 소환한 1건(1389.11)을 제외하면 다른 3회의 사신은 고려에서 말과 환관을 징발하겠다는 건 한 가지뿐이다. 1388년 12월에 수를 명시하지 않고 말과 환관[閹寺]을 보내라고 통보하더니, 4개월 후인 1391년 4월에 말 1만 필과 환관 200명을 요구하였다. 1391년 12월 사신은 4월의 요구사항을 보충하는 것이었다. 명은 이 기간에 고려에서 일어나는 정치 변화에는 물론 요동 정벌군 출동에 대하여도 아무런 해명을 요구하지 않았다. 이는 공민왕이 시해된 것을 문제 삼아 12년간이나 고려를 압박한 전례, 뒤에 조선과의 관계에서 예제(禮制)에 의거한 질서를 강조했던 것들과 완전히 상반된다. 고려의 정치 변동에 간여하지 않음으로써 명에 대한 사대를 표방하며 온건 노선을 택하고 있던 이성계 측을 방조한 것이라 하겠다.

이성계 측은 명의 요구에 적극 협조하였다. 1391년 4월 1만 필의 말 무역을 요구하자 관리에서부터 노비에게서까지 말을 징발하여 조선 건국 직전까지 8,000필을 요동으로 보내었다. 남은 2,000필은 조선 건국 후 4개월 동안 마저 보내었다. 고려에서는 말을 징발하느라 전국이 소란스러웠으나 명과는 우호관계가 유지되었다. 1392년 7월 12일 공양왕은 혼미하여 백성을 다스릴 수 없다는 이유로 왕위에서 몰아내고 17일에 이성계가 즉위하였다. 이성계가 즉위한 바로 다음날 고려국 도평의사사(都評議使司) 명의로 사신을 파견하여 명 예부에 이성계의 즉위를 알렸다. 8월 29일에는 전후 사정을 해명하는 계품사를 파견하면서 권지고려국사(權知高麗國事)의 직함으로 표문을 보냈다. 역성혁명을 이룬 입장에서 새 국호를 정하는 것이 중요하지만 중국왕조가 왕조 교체를 쉽게 승인하리라고 기대하기 어려웠기 때문일 것이다. 그러나 이성계 측의 우려와는 달리 명은 아무런 이의 제기 없이 역성혁명을 승인하였다. 3개월만에 도평의사사가 접수한 명 예부의 차부(箚付)에서 홍무제는 이성계가 즉위한 것을 "상제(上帝)의 명령이 아니면 안되는 것"이며 고려의 백성들이 이씨를 높인 것 역시 상제의 명령이라고 하였다. 조선 건국을 천명론(天命論)으로 정당화해 준 것이다. 계품사 역시 3개월만에 귀국하였는데, 이때 가지고 온 예부자문에서 홍무제는 "국호를 어떻게 고칠 것인지 빨리 달려와서 보고하라"라고 하였다. 역성혁명을 승인하는 것은 물론 국호 개정이라는 큰 일을 추진할 수 있도록 길을 열어준 셈이다. 조선은 '조선(朝鮮)'과 '화녕(和寧)' 두 가지 국호를 골라서 이틀 뒤에 주문사를 파견하였다. 명이 '조선'을 선택하였고 조선이 이를 받아들여 국호가 결정되었다.

명이 이성계 측의 역성혁명을 추인하고 국호 개정까지 방조한 것은 이전의 고려·명 관계의 경험에서나, 같은 시기 명과 다른 국가와의 관계에 비춰볼 때 이례적이다. 안남(安南)에서는 1393년에 재상인 여계리(黎季犛)가 진(陳) 왕조를 무너뜨리고 왕위를 찬탈하였다. 명은 상하 강상의 윤리를 어긴 것이라 하여 안남의 사신 파견을 금지하였다. 점성국(占城國)에서는 1391년에 왕위 찬탈이 발생하였을 때 명은 이를 문제 삼아 조공을 거부하였다. 유교주의를 통치의 근본으로 삼은 명에 있어서 역성혁명은 상·하의 질서를 부정하는 것이다. 새 왕조 조선의 대명 외교는 이성계의 4불가론과 같은 노선에서 이루어질 것으로 기대되었을 것이므로 명은 이성계의 권력 장악이나 역성혁명 과정에 불간섭 노선을 고수함으로써 방조하였다. 아울러 말의 수입이나 필요한 물자를 공급받는 데 이성계 측의 협조도 기대했다고 본다.

새로 왕조를 건국한 이성계 입장에서는 동아시아 세계의 중국을 자처하는 명으로부터 국왕으로 책봉하는 고명(誥命)과 인신(印信)을 받는 것이 필요했다. '조선의 건국'과 '조선국왕 이성계'의 지위를 국제사회에서 인정받는 절차이기 때문이다. 조선은 1395년 11월에 고명과 인신을 요청하는 계품사를 파견하였다. 그런데 조선 건국을 유교 정치사상의 천명론으로 정당화해주고 국호 개정 문제를 해결하도록 도와준 홍무제는 "왕이 간악하고 간사하며 교활하고 사특하다"고 하면서 거절하였다. 오히려 조선의 외교문서가 홍무제를 모욕하였다고 하면서 작성자의 압송을 요구하였다. 고명과 인신을 받는 문제는 조선과 명 사이에 새로 대두한 외교 현안으로서 그 이후로 남겨졌다. 조선은 정종 때부터 하정사, 성절사, 천추절사의 1년 3사신 파견을 제도화하였으며, 그 외에 각종 명목의 임시 사절을 파견하였다. 조선과 명 사이에는 요동민 추쇄를 둘러싼 현안이 남아 있었으며, 명의 일방적인 말 무역 요구 역시 세종대까지 계속되는 현안이었다. 그 뒤에 이성계의 계통에 관한 종계변무(宗系辨誣) 건이 새로운 현안으로 발생하기도 하였다. 그러나 명이 중심이 되는 동아시아 세계의 질서 범위에서 조선과 명은 활발하게 정치적·군사적·문화적으로 교류하고 협조하면서 안정적으로 책봉·조공 관계를 유지하였다.

참고문헌

1. 저서
김상기, 1985, 『신편 고려시대사』, 서울대학교출판부.
김순자, 2007, 『한국 중세 한중관계사』, 혜안.
박원호, 2002, 『명초조선관계사연구』, 일조각.
윤은숙, 2010, 『몽골제국의 만주지배사』, 소나무.

2. 논문
김순자, 2005, 「고려·원(元)의 영토정책, 인구정책 연구」, 『역사와 현실』 60.
이익주, 2006, 「14세기 후반 원·명 교체와 한반도」, 『전쟁과 동북아의 국제질서』, 일조각.
정동훈, 2013, 「명초 국제질서의 재편과 고려의 위상」, 『역사와현실』 89.
_____, 2016, 「고려시대 외교문서 연구」, 서울대학교 박사학위논문.

찾아보기

ㄱ

가도(假道) 178, 186
가봉 138
가사도 31
가이 야키노리[介明賴] 349
가이아키 요리[介明賴] 351
가창조(賈昌祚) 151
각장(榷場) 121, 165
갑자(甲子) 156, 165, 172, 185, 201
강감찬(姜邯贊) 112, 146
강동 6주 103, 104, 110, 117, 123, 142, 145, 146, 147
강동성 40, 41
강동성 전투 237
강절 180
강조(康兆) 108, 145, 217
강종 219, 229
강화 186
강화 천도 243, 244
개경 149
개경 환도 251, 281
「개보통례(開寶通禮)」164
개봉부 27, 30, 144
객관(客館) 349

거란[契丹] 27, 52, 68, 72, 85~88
거란 유종(遺種)의 난 329
거제도 송변포 256
건덕(乾德) 134
건륭(建隆) 134
건염(建炎) 182
건흥력(乾興曆) 147
건흥절(乾興節) 221
검비위사(檢非違使) 346
견권(堅權) 68
견당사 342
견훤 67, 68, 70, 72, 73, 75, 77
겸고주사(進奉·兼告奏使) 148
겸준(謙俊) 347
경갑 350
경계의 난 214
경궁군 199
경력신정(慶曆新政) 151
경룡절 221
경명왕 70
경서 164
경순왕(敬順王) 72, 76
경애왕(景哀王) 70, 71
경원 185
계림 168

계림공 166
계림유사(鷄林類事) 168
계서제도(hierarchy) 36
계주(薊州) 138
고가노(高家奴) 390
고려(高礪) 347
고려 입공(入貢) 159
고려입공법(高麗入貢法) 171
고려 태자 186
고려국공 226
『고려도경』 174
고려첩장불심조조(高麗牒狀不審條條) 254, 261
고려칙령격식례(高麗勅令格式例) 171
고르기스 296
고백숙 209
고사열(高師說) 152
고영창 28
고영창(高永昌)의 반란 206
고종(高宗) 27, 31, 40
고종(송) 179, 182
고창군(古昌郡) 전투 75
고쿠후분카[國風文化] 342
곡보 172
곤쥬나곤[權中納言] 343
공마 374, 376, 380
공물(貢物) 39, 156, 159
공민왕 50, 300, 371, 375
공산(公山) 전투 72, 74
공역령(供驛令) 346
공예태후 임씨 213

공종 31
곽원(郭元) 146
곽중순(郭仲荀) 183
관감국(王官監國) 394
관반(사) 163, 170, 181
광군(光軍) 88
광종(光宗) 80
광천절(光天節) 221
광평성(廣評省) 341, 342
광화문(廣化門) 226
교장도감(敎藏都監)을 164
교정별감 250
교주(咬住) 392
교지(交趾) 171
9경 157
9성 199
구법당 26, 166
국신관계(國信關係) 203
국신물(國信物) 156, 159, 168
국신사(國信使) 37, 158, 159, 181
국왕 의복 159
국의(國醫) 173
국익(國益) 48, 56
국제관계 21, 44, 45, 46, 58
국제정세 23
국제질서 59
「국조등과기(國朝登科記)」 146
군사적 협조 187
군신관계 47, 203
궁구문(弓口門) 119, 125, 153
궁예 67, 85

궁전 350
권적(權適) 172
권지국사(權知國事) 137
궐열(厥烈) 141
귀주 147
극원도(極遠島) 347
금(金) 29, 159, 172, 182
금국 정벌(론) 195, 204
금의(芩儀) 55
금주(金州) 343
기미주체제 195
기철 300
기황후 300
김구 249
김구로 247
김길(金吉) 76
김단(金端) 172
김락(金樂) 69, 72
김렴(金廉) 80
김방경 56
김부식(金富軾) 176
김부의(金富儀) 203
김상기(金上琦) 164
김상우(金商祐) 170
김수강 55, 56
김악(金岳) 70
김양감(金良鑑) 155, 157, 158
김연(金緣, 김인존) 170
김용(金鏞) 357, 358
김원충(金元冲) 148
김유경(金幼卿) 69

김윤후(金允侯) 43
김입기(金立奇) 68
김일 358
김자류 204
김제(金悌) 155, 156, 158
김종연 357
김준 250, 251
김취려(金就礪) 40, 42, 238, 241
김치규(金稚規) 183
김태현 56, 57
김통정 255
김행성(金行成) 135
김효(金孝) 347

나가미네노 모치미치[長峯望通] 346
나가사키[長崎] 347
나갑 350
나세 355, 356
나전 349
나증(羅拯) 155
나하추 33, 381, 383, 389
나흥유 359
낙양부 30
남경(南京) 176
남경부사(南京府使) 343
남교(南郊) 225
남당(南唐) 78
남벌(南伐) 176

남북조의 혼란기(일본) 353, 364
남송(南宋) 27, 249
남송 멸망 259
남송 상단 249
남포(南浦) 349
남해대첩 357
남해도 253
내부(來附) 320
내사문하성 154
내원성(來遠城) 99, 114, 116, 172
내조(來朝) 319
내투자 185
내헌(來獻) 319
노기(盧肵) 82
노령거 204
노윤적(路允迪) 174
노카이[對馬守] 344
능라 182
능인지전(能仁之殿) 173
니와 다다야츠[丹波忠康] 343

ㄷ

다루가치 246, 274, 276, 277, 283, 288
다시 378
다이라노 주보[平中方] 344
다이코 덴노[醍醐天皇] 339
다자이후[大宰府] 341259, 342~345
다카시마 260
다카하시 주유칸[高橋仲堪] 344
단연 25
단종 31
단주 25
대관전(大觀殿) 225
대광현(大光顯) 87, 97
대도 56
대도수 102
대마도 구당관 350
대명률(大明律) 392
대몽골국 30, 31
대성(臺省) 185
대성악 172, 173
대식국인(大食國人) 331
대안사(大安寺) 168
대연림 114
대요수국(大遼收國) 41, 236, 329
대원(大元) 270
대원몽골국(大元蒙古國) 32
대장경 155, 164, 169
대중상부(大中祥符) 146
대흠무(大欽茂) 85
덕흥군(德興君) 358
도교 171
도루가(독로화) 246, 247
도병마사 154
도요미도(道要彌刀) 345
도우고츠[同後通] 343
도이입구(刀伊入寇) 323
도쿠소슈사[德叟周佐] 359
도탕군 199

동남해선병도부서사(東南海船兵都部署司) 347
동녕부(東寧府) 290~293, 296, 389
동문 의식 228
동문관 228
동문원(同文院) 226
동북 9성 325
동북아시아 58
동서여진 149
동진군(東眞軍) 40
두세충 259
등주(登州) 30, 82, 86, 152, 155

ㅁ

마산 259
마시(馬市) 380
마쓰나가(松永年) 349
마쓰우라(松浦) 353
마후라(摩睺羅) 83
만부교(萬夫橋) 46, 47, 97
만산군(漫散軍) 390
만호부(萬戶府) 51, 302
명 185, 381
명임(明任) 347
명종 54, 213, 214
명주 155, 160, 168, 174, 184, 185
목종 217
목호(牧胡) 371, 373
몽골 29

몽골군 30, 31, 40~43
몽골원(元) 371, 388
몽골의 고려 침입 242, 244
몽골제국 40, 51, 52, 57
묘청 204
묘청의 반란 183
무신정변 213, 214
무책봉 상태 172, 184
문관(文冠) 200
문선왕묘도(文宣王廟圖) 140
문원영화(文苑英華)』 164, 165, 169
문종 226
문종의 대송통교 152
문화적 우월의식 228
문화적 이익 180
미곡 159
미나모도(源俊明) 344
미나모도 로준(源了俊) 360
미나모도노 도시미노루(源俊實) 344
미나모토노 츠네노부 343
민간 교역 157
밀주(密州) 163

박거사(朴居士) 361
박두양 357
박만수 357
박수경 356
박술홍(朴術洪) 71

박술희(朴述熙) 79
박암(朴巖) 69, 84
박양유(朴良柔) 141
박위 357
박인규(朴仁圭) 355
박인량 161
박임종 356
박자안 357
반부 257
반원개혁 371, 388
반원운동 301, 302
발해 85, 86
발화군 199
방국진 32
방물 170
방지온(房知溫) 82
배언 356
백관연명서 379
백사유(白思柔) 141
번속국(藩屬國) 36, 51
범문호의 강남군 260
범중엄(范仲淹) 150
베스트팔렌 체제 22
변두(籩豆) 172
변안열 356
별무반(別武班) 199, 324
보궤(簠簋) 172
보살계(菩薩戒) 224
보주(성) 110, 112, 114, 116, 117, 121, 122, 126, 196
보현원 사건 214

보화 159
복식 168
복원궁(福源宮) 171
본토오[梵湯] 359
봉건국가 51
봉산군 100, 101
부마 282
부마국(駙馬國) 284
부마국왕(駙馬國王) 283
부모지방 209, 212
부묵경(傅墨卿) 174
부원세력 287, 288, 300
부처의 사리[佛骨] 173
부처의 치아와 두골 173
부필(富弼) 151
북방민족 37, 39, 42, 52
북번(北蕃) 197
북원 33, 371, 372, 378, 379
북조(北朝) 170
북진정책 36, 98, 105
분(張芬) 75
불개토풍(不改土風) 273
불경[釋典] 164
불교 전적 163
불신론(不信論) 216
비장전(祕藏詮) 140

ㅅ

4불가론 387

사고덕(司古德) 210
사대 의례 177
사대관계 187
사민순문론(士民詢問論) 216
사반(謝攀) 78, 79
사쓰마슈(薩摩州) 350
사은사 156, 163
『사직당기』 140
『사직당도(社稷堂圖)』 140
사카나우에 노츠네쿠니[坂上經國] 346
사튀족 23
사행선 155
사헌(私獻) 무역 149
사횡선사(謝橫宣使) 223
산인[山陰] 344
살레타이[撒禮塔] 43
삼별초 254, 255, 281, 282, 292, 373
삼별초의 외교전략 253
삼성(三聖) 177
상경 29, 39
상국사(相國寺) 157
상도 33
상로(象) 226
상원연등회 221
생여진 172
생일사 166
서경천도 204
서교(西郊) 225
서긍(徐兢) 174, 228
서눌(徐訥) 146
서덕영(徐德榮) 184, 185

서봉(徐逢) 80
서선 158
서안 350
서표(誓表) 39, 210
서피(靑鼠皮) 148
서하(西夏) 150, 154, 156, 166, 171
서희(徐熙) 52, 48, 49, 53, 101, 102, 103, 106, 142
석경당(石敬瑭) 24, 27, 78
석중귀 27
선경전(宣慶殿) 225
선유사(宣諭使) 204
선의군 116, 117
선종 29
선주 356
선진문물 149, 185
섬과 산성으로의 입보 244
섬라곡국(暹羅斛國) 332
섭몽득(葉夢得) 177
성종 24, 25
성종(聖宗, 거란) 217
성혜방(聖惠方) 146
세계질서 21
세공 184
세궁(細弓) 156
세조구제 290, 296~300, 302
세종(금) 29, 215
세폐 25, 26, 38
세포(細布) 148
소달름 25
소배압 111, 124

소손녕(蕭遜寧, 蕭恒德) 52, 53, 100~104, 106, 123, 141, 142
소식 166
소요영(逍遙詠) 140
소장(塑匠) 157
소종(昭宗, 북원) 33, 229
소흥(紹興) 182
소흥화의(紹興和議) 27, 225
속국(屬國) 51
손목(孫穆) 168
손보새(孫保塞) 198
손부(孫傅) 174
송 24
송 황제 158, 159
송령(松嶺) 153
『송사』 185
송상 149, 163, 184, 185
송징 253
수공전(垂拱殿) 163
수륙대회 160
수성(守成) 50
수성절(壽成節) 221
수어책 151
숙종 226
순망치한 179, 186
순문사(詢問使) 215
순질(荀質) 80
순천관(順天館) 158
스오우 361
승평문(昇平門) 225
승화후 253

시계모토[重元] 350
시계토시[重利] 350
시모아카타군[下縣郡] 346
시박사(市舶司) 168
신기군 199
신돈(辛旽) 395
신라 69
신법 26
신보군 199
신속(臣屬) 28, 47, 50, 52
신숭겸(申崇謙) 72
신안공 전 246
『신의보구방』 167, 168
신종(송) 26, 156, 157, 159, 160, 162, 168, 174, 179, 213
신주(神舟) 158
신통(信通) 350
신코[信弘] 360
『신편제종교장총록』 164
실리외교 229
심기 182
심덕부 356
심양 389
심양왕 295
심왕(瀋王) 297, 378
16나한의 소상(塑像) 173
쌍기(雙翼) 80
쌍성총관부(雙城摠管府) 290, 291, 295, 301, 302, 371, 383, 384
쌍철(雙哲) 80
쓰네시키[宗慶] 359

쓰시마[對馬] 345, 346, 353
쓰시마 노카미[對馬島守] 346
쓰시마사완[對馬島司宛] 344
쓰시마완[對馬島宛] 344

ㅇ

아구타[阿骨打] 38, 39, 201
아릭부게 269
아시카가 요시아키라[足利義詮] 358
아시카가 요시히로[大內義弘] 361
아지발도[阿只拔都] 356
안경공 창 247
안광(安光) 347
안교 349
안길상 360
안도(安燾) 343
안우세 360
안장 달린 말[鞍馬] 159, 168
안직숭(安稷崇) 172
안퉁[安童] 56
안흥정(安興亭) 158
압록강 149, 165
애산 31
야율녕 206
야율덕광 27, 97
야율시불 30, 40
야율아보기(耶律阿保機) 97
야율유가(耶律留哥) 30, 40
약사 157

약재 159
양걸(楊傑) 163
양경략(楊景略) 162
양소업(楊昭業) 76
양유(良柔) 359
양응성(楊應誠) 177, 178
양절(兩浙) 177, 182
양주 157
양진(梁稹) 147
양필(良弼) 216
양한(良漢) 347
어시(御詩) 146
어의 156
엔비지마[奄美島人] 345
여몽 간의 사신 교환 246
여몽연합군 260
여몽연합군의 일본 침입 258
여진 정벌 195
여진(족) 384, 390, 392
『역대사』 165
『역옹패설』 47
역일(曆日) 146
연경(燕京) 37
연려제요책 151
연상 350
연운 16주 34, 78, 144, 151, 171
연주(燕州) 138
연호 156, 165, 172, 173, 185, 272
『연화심륜(蓮華心輪)』 140
영가(盈歌) 199
영관(伶官) 157

영녕공 준 246
영토분쟁 157, 168
예리 아포치 27
예모전(睿謨殿) 171
예부 227
예부자문(禮部咨文) 376, 386, 395, 396
예빈성(禮賓省) 185, 227, 343
예성항 149
예종 200
오국성 26
오대 왕조 136
오대십국 23
오돈례(吳敦禮) 183
오불(吳芾) 184
오에[大江] 350
오에젠닌[大江善시] 342
오에노 아사쓰나[大江朝綱] 342
오에노 아사쓰나와 도우 도키[同維時] 343
오연총 199
오오스미[大隅] 347
오왕 32
오우치우지[大內氏] 361, 363
오월(吳越) 341
오월국 68
오잠(吳蠶) 186
옥주 356
온역 32
올야부 107
옹진(甕津) 148
완도 253

완안량 29
완안부(完顔部) 199, 323
완안아골타(完顔阿骨打) 172
완안욱 211
완엔 아구타 28, 29
왕가도 118
왕건 67, 68, 70, 73, 75, 76, 79, 86
왕건립(王建立) 82
왕경(王瓊) 76
왕계(王繼) 87
왕관감국 395
왕규(王規) 78
왕긍(王兢) 80
왕동영(王同穎) 144
왕봉규(王逢規) 70, 72
왕신(王信) 70
왕신일(王申一) 79
왕안석 26
왕양(王襄) 170
왕운(王運) 168
왕융(王融) 80
왕인적(王仁翟) 79, 82
왕자지(王字之) 172
왕전(王佺, 원종) 373
왕정 회복 251
왕중유(王仲儒) 76
오소쿠테이(王則貞) 343, 349
왕하(王嘏) 168
왜구 339, 353
외교 22
외교관계 35

외교사 22, 44, 58, 59
외교적 이익 187
외교적 협조 180
외번(外藩) 45
요(遼) 27, 30
요강(廖剛) 183
요동 공격 307
요동도사(遼東都司) 33, 384, 385, 386
요동민 380
요양 389
요양행성 297, 384
용봉차(龍鳳茶) 159
용봉촉(龍鳳燭) 159
용장성 253
우가장 389
우왕 357, 379, 381, 387, 388
우인열 356
우정(郵亭) 153
우창비왕설(禑昌非王說) 395
운봉현 356
원병 요청 138
원욱(元郁) 142
원정군의 편성 260
원종 250, 251
원평(元平) 350
원풍령(元豊令) 167
월주(越州) 182, 185
위계주(威雞州) 321
위구 99
위신(韋伸) 70
위화도 회군 386

위효남(位孝男) 347
6월 15일 224
유규(劉逵) 168
유긍질(柳兢質) 79
유기 184
유민 쇄환 290
유방(庾方) 147
유복통(劉福通) 33
유소 114
유시(流矢) 사건 213
유응규 53, 54, 215
유존혁 253
유주(幽州) 138
유홍 159
유환(劉渙) 152
유황 148
유훈률(柳勳律) 78
6사 275, 276, 277, 278, 283
6사(六事) 274
6주 112, 117
윤관(尹瓘) 167, 199
윤명 360
윤서안 100
윤언이(尹彦頤) 178, 179
윤질(尹質) 69, 83
윤징고(尹徵古) 145
은 159, 165, 166, 182
은그릇[은기] 159, 166
『음양이택서(陰陽二宅書)』 147
응창 33
응천부 30

의관 159
의사 157
의장 168
의종 54, 213
의주방어사(義州防禦使) 202
의천 163, 164
의통사(擬通使) 346
이고(李高) 214
이공승 223
이규보 247
이끼시마 구도칸 350
이마가와 사다요 360
이사원(李嗣源) 71
이선고(李宣古) 144
이성계 295, 355~357, 365, 387, 398, 399
이성론(異姓論) 395
이소사대 195, 229
이승휴 202
이심(李深) 184
이오로사티무르[李兀魯思帖木兒] 390
이원규 356
이원명(李原明) 396
이위(李瑋) 170
이유(李儒) 76
이의방(李義方) 214
이인욱(李仁旭) 77
이자겸 173, 195, 204
이자겸의 난 176
이자덕(李資德) 174
이자용 361

이자위(李子威) 165
이자의(李資義) 165
이장용 256, 258
이제현(李齊賢) 46, 161
이종 30
이종가(李從珈) 78
이중외교 154, 157, 163, 168, 180, 184, 187
이지백 101
이충식(李忠式) 71
이키[壹岐] 345, 346, 353
이흥우(李興祐) 134
인구 쇄환 212
인삼 148, 156, 182
인월 356
인종 203
일리천(一利川)
일본 149
일본 원정 259
일본국완(日本國宛) 344
일본에 대한 몽골의 사신 파견 256
임간 199
임개(林檊) 164
임대유(林大有) 184
임밀(林密) 375
임성미 356
임안부 27
임언(林彦) 72
임연 251
임영(林寧) 163
임유무 251

임의(任懿) 168
임황부 27
입성론 241
입성책동 297
입송구법(入宋求法) 163
입현의식(入見儀式) 145

ㅈ

자라[札剌] 40~42
장강 31, 186
장경 140
장방창 26
장분(張芬, 張彬) 71
장사성 32
장성일(張誠一) 155
장위남(張渭男) 346
장인소(藏人所) 343
장종 29
장철(張喆) 184
장훈(張訓) 78
장흥 천관산 259
쟈라[札剌] 237
저고여(著古與, 자구르) 43, 238, 239
적여문(翟汝文) 177
전북 부안의 변산 259
전연의 맹[澶淵之盟] 25, 28, 107, 110, 124, 144, 150
전적 166
전진 360

전협(錢勰) 162
절강의 비단[浙絹] 160
정강(靖康)의 변 26, 176
정구(程俱) 181
정근(鄭僅) 164
정노군 199
정동행성(征東行省) 51, 289, 297, 302, 304
정몽주 360
정사(正使) 170
정안국(定安國) 141
정요위 381
『정위곡보(鄭衛曲譜)』 165
정융진 157
정일(貞一) 347
정자량(鄭子良) 346
정조(政曹) 185
정종(定宗) 80
정주(定州) 42
정주(貞州) 163
정중부 54, 214
정지 357
정치도감 300
정해현 176
정화 171
「정화오례의(政和五禮儀)」 171
제국난입사건(諸國亂入事件) 345
제기 172
『제기도』 140
제만(諸蠻) 171
제석원(帝釋院) 83

제왕운기 202
제전 174
제전사(祭奠使) 162
제주(도) 186, 373, 375, 376, 255
제후(국) 23, 35, 38, 53
조공(朝貢) 34, 35, 40, 51, 52, 156, 187
조공체제(tribute system) 35, 36, 45
조광윤(趙匡胤, 송 태조) 24, 134
조광의 24
조동희(趙冬曦) 184
조선(朝鮮) 399, 400
조양필 255
조영인 218
조운제도 244
조원(朝元) 350
조위 174
조위사 162
조준례(趙遵禮) 135
조충(趙冲) 40~42, 238, 241
종간(宗幹) 227
종계변무(宗系辨誣) 400
종주국(宗主國) 36, 39, 51, 57, 157
종택(宗澤) 177
주기 197
주맹인(周孟仁) 360
주변국가 45
주승비(朱勝非) 178
주원장 32, 33, 371
주인소(朱仁紹) 144
주자경(秦滋景) 346
주전론(主戰論) 50

준풍(峻豊) 134
중경 28
중도 29
중동팔관회 221
중모 356
중산왕(中山王) 331
중원(重元) 350
중화의식(中華意識) 36
증채(繒綵) 147
지와라 노타다히라(藤原忠平) 341
지지용(智之用) 184
직한림원(直翰林院) 227
진도 186, 253
진도 정부 253, 254, 255
진명병선도부서(鎭溟兵船都部署) 346
진방물사(進方物使) 221
진봉(進奉) 148, 156, 349
진봉무역(進奉貿易) 346, 348, 351
진봉물 351
진봉사(進奉使) 56
진봉선(進奉船) 349, 351, 352
진서(陳舒) 183
진우량 32
진종(眞宗, 송) 147
진포(싸움) 355, 356
진헌하사(進獻下賜) 351
진호(眞虎) 70
진화 99
진회(秦檜) 184

ㅊ

창왕 357
채빈(蔡斌) 375
채주 30
책력 185
책명 138
책명사 139
책봉 35, 40, 52, 271
책봉 관계 133, 149
책봉·조공 관계 271, 272, 278, 303
책봉국 136, 162, 173
책봉사 170
책봉호 134, 139, 152
『책부원구(册府元龜)』 165, 166
척준경 195, 204, 213
천경(天慶) 201
천도론(遷都論) 38
천령절(千齡節) 147
천리장성 115
천신(天神) 170
천조제 28, 29
천희(天禧) 146
철령위(鐵嶺衛) 307, 383, 384
철령위 사건 376
철종(송) 163, 164, 166~168, 174
청주(靑州) 82
초 26
초강대국 40, 52
최광윤 88
최무선 356

최사량(崔思諒) 156, 157
최씨정권 243
최씨정권의 외교적 대응 245
최영(崔瑩) 355, 375, 376, 384~388, 394
최우 243
최원신(崔元信) 147
최유청(崔惟淸) 182
최자 247
최정 223
최제안(崔齊顔) 147
최칠석 357
최한(崔罕) 140
최홍정 200
추언규(酋彦規) 68, 84
축단전책(築壇傳册) 225
충렬왕 260
충선왕 46
차카무네[親宗] 360
친명반원 정책 305
친조(親朝) 274~276, 286, 394
친조외교(親朝外交) 249, 251
『칠십이현찬기(七十二賢贊記)』 140
칭신사대 204
칭신상표 209
칭제건원 204

ㅋ

카단[哈丹] 241, 329

카친[哈眞] 40~42, 237
케케 테무르 33
쿠니다다시[國雅] 343
쿠빌라이[忽必烈] 31, 32, 186, 250,
　251, 257, 258, 269, 373
쿠빌라이의 조서 256
쿠투루칼리미쉬[忽都魯揭里迷失] 공주
　281, 282

퇴자(槌子) 172
투하령(投下領) 284
투화 186
투화인 134
특사 154, 165

ㅍ

팔관회 149
패권(覇權) 50
패도(覇道) 50
편승 44
포로모타부 107
포로 송환 185
포마 208
포주(抱州) 172, 202, 206
포주성 119, 125
표류민(송환) 185, 346
필제 118, 125

ㅎ

하공진(河拱辰) 110, 145
하북 182
하생신사 220
하정사(賀正使) 221
하청절(河淸節) 221
하카다[博多] 346, 360
한광연(韓光衍) 42

ㅌ

탁자 172
탐라 149
탐라국초토사(耽羅國招討司) 373
탐라만호부 293
탐라총관부(耽羅摠管府) 290, 292, 293,
　373
탐수암(探守庵) 157
『태묘당기』 140
『태묘당도(太廟堂圖)』 140
태자 입조 250
태조(금) 206
태종(금) 209
『태평어람(太平御覽)』 164, 167, 168, 169
태학(太學) 172
『태학학칙(太學勅式)』 165
태황태후(금) 159
테무친 30, 31
통교무역 339
통화(統和) 142

찾아보기　417

한교여 206
한국주 361
한국화(韓國華) 138
한림아(韓林兒) 32, 33
한방(韓昉) 210, 226
한비자(韓非子) 50
한신일(韓申一) 69
한언공(韓彦恭) 139
한인군웅(漢人群雄) 371
한조(韓祚) 147
한현규(韓玄珪) 80
할지론(割地論) 38, 101, 110
함성절(咸成節) 221
합포(合浦) 358
항마군 199
항주 168
항평(恒平) 351
해도 177
해도재천(海島再遷) 251
해상(海商) 155, 168, 181
해상지맹 208
海上之盟 26
해상지맹海上之盟 29
해외번객 171
향유 148, 156
향추묘(香椎廟) 344
허한(許翰) 174
헌종 31
현종 217
현종 친조 147
협산 28

형법서 164
형순(邢順) 76, 78
형제 맹약 236, 238~240
형제관계 175, 187, 202
혜종(惠宗) 80
호구조사 288
호순척(胡舜陟) 175
호시(互市) 43
혼전(魂殿) 162
홍건적(紅巾賊) 303, 304, 330, 371, 389
홍경(洪慶) 83
홍무제 374, 375, 383, 386, 387, 396, 399, 400
홍보보 33
홍산대첩(鴻山大捷) 355
홍술(洪術) 75
홍인규 356
홍주 정해현 158
홍차구(洪茶丘) 286, 287
화계(畵鷄) 사건 213
화녕(和寧) 399
화령 356
화사(畵師) 157
화엄경 164
화전 양면 245
황간 356
황보위광(皇甫魏光) 80
황산대첩 356, 357
황소 23
황신(黃愼) 155
황잠선(黃潛善) 178

『황제침경(黃帝鍼經)』 165
황종각(黃宗慤) 165
황태후 159
황통(皇統) 205
황피 31
회경전(會慶殿) 158, 168
회남(淮南) 177, 180
회령부 29
회사품 160
회수(淮水) 184
회안공(淮安公) 246
횡선사 223
효자전(哮子箭) 156
후당(後唐) 69
후량(後梁) 67, 69
후백제 77
후왕박래(厚往薄來) 164
후장(侯章) 176
후주(後周) 80
후지와라노 요리타다[藤原賴忠] 343
후지와라 노타다히라 341, 342
후진(後晉) 78, 79, 82, 97
후쿠리쿠[北陸] 344
후쿠오카 259
후한(後漢) 80
휘종(송) 26, 168, 171, 172, 173, 176, 178, 179, 209
흑수말갈 149
흠종(欽宗, 송) 26, 174, 176, 178, 209
흥성궁(興盛宮) 168
흥왕사 164

흥요국 114
흥화진 109, 112, 124
희령(熙寧) 171
희종(금) 219
히고 360
히젠노쿠니[肥前國] 345

> 편찬 후기

『한국의 대외관계와 외교사』의 편찬 경위

1

　동북아역사재단은 고대에서 현대에 이르는 한국 외교사 통사가 개발되지 않고 있는 학문적 공백을 시급히 메우지 않으면 안 된다는 문제의식에서 한국의 대외관계와 외교사 편찬 사업에 착수하였다. 해방 70년이 넘도록 한국 외교의 역사를 체계적으로 정리한 교재가 없다는 것 자체가 부끄러운 일이거니와, 이런 학문적 결손이 주변국의 역사 왜곡 대응에도 적지 않은 문제를 야기하고 있다는 데 주목한 것이다.

　이런 문제의식은 외교 현장에서 한국의 대외관계와 외교에 대한 체계적인 지식이 절실히 필요하다는 이현주 전 사무총장의 문제제기로 추진의 동력을 확보하게 되었다. 예비외교관이나 관련 분야의 대학(원)생들이 한국 외교사를 쉽게 이해할 수 있는 수준의 교재를 개발한다는 방향을 정하고, 기본계획을 수립하고 사업을 본격화한 것은 2015년 7월이었다.

　사업을 시작하면서 전반적인 사업 기획과 실무는 필자가 맡기로 하였다. 사업담당자로서 필자는 먼저 외교사를 전공하고 대학에서 관련 강의를 하면서 후학을 양성해온 구대열 이화여대 명예교수를 섭외하고, 공석구 한밭대 교수(고구려사), 이진한 고려대 교수(고려시대사), 한명기 명지대 교수(조선시대사) 등으로 각 시대의 주편진을 구성하였다. 근대 시기는 재단의 김종학 박사가 참여하여 전반적인 내용 구성에 기여하였다.

　각 시기의 장절의 구성과 집필자 선정은 시대별 주편자에게 전적으로 위임하였다. 다만 필자는 한국의 대외관계와 외교사 개발 과정에서 중국사나 일본사 전공자, 국제정치학 등 관련분야 전문가들의 관점을 반영했으면 좋겠다는 등의 의견을 제기하였다. 독자들이 한국 외교의 계기와 역동성을 좀 더 큰 전략적 판도에서 읽을 수 있도록 배려하자는 의도였다.

2

그 후 주편진을 중심으로 한국 외교사 구성의 구체적인 방향과 문제들을 검토하였다. 어떻게 방향을 잡을 것인지, 어떤 내용을 담을 것인지 등에 대해 논의를 거듭했다. 역사상 우리 역사 공간을 둘러싼 국제환경의 특징을 살피고, 우리 선조들은 이를 어떻게 인식하고 대응했는지, 어떤 선택이 가능했고 무엇을 성취했는지가 기본 내용이라는 데는 이견이 없었다.

그러나 서술의 대상과 범위를 어떻게 정할 것이냐부터가 논의의 대상이 되었다. 대외관계사인가, 외교사인가, 대외교섭사인가, 대외교류사인가, 고대국가 간의 교섭을 외교로 볼 수 있느냐 등의 문제가 제기되었다. 그럼에도 이들을 한국의 대외관계와 외교사로 아우를 수 있다는 데까지 의견이 모였다. 서술 내용의 선별이나 용어의 통일 역시 고민거리였다. 결국 집필자 개인의 학문적 견해를 충분히 존중하면서도 이런 문제들을 하나의 흐름 속에 녹여내기로 하고 속도를 붙이기로 했다.

2015년 첫 해에는 한국 외교사 구성을 위한 기본계획을 구체화하고, 2016년에는 한국 외교사 구성을 위한 작성 방향과 서술 내용, 항목을 구체화하였다. 2017년에는 집필 참여자들이 초고를 작성하고 이를 윤독하며 내용을 다듬었다. 항목의 설정과 문체 통일 등의 애로가 있었지만 주편진과 집필자들의 적극적인 참여로 문제를 해소할 수 있었다. 이 과정에서 필자가 교체되기도 했고, 새로운 항목이 추가되기도 했다. 특히 근대편의 경우 청일전쟁의 역사적 중요성을 감안하여 이를 조선과 청, 일본의 입장에서 입체적으로 조명하기로 하는 등 일부 내용을 조정하였다.

한국사 전 시기의 외교제도와 인물을 소개하자는 의견도 있었지만 일단 근대 외교기구의 변화를 다루는 선에서 마무리하기로 했다. 2018년에는 그동안의 내용을 하나의 흐름으로 통합하고, 발간과 관련한 기술적인 문제들을 검토하였다. 처음 지도, 연표, 도표 등을 통해 가독성을 높이고 참고문헌을 충분히 제시하기로 했지만 한국 외교사의 통사적 체계 확보에 주력하기로 의견을 모았다.

한국의 대외관계와 외교사를 체계적으로 정리하는 것이 최초의 일인 만큼 기술적인 부분보다는 내용의 충실도를 높이는 데 주력할 필요가 있다는 취지였다. 이런 과정을 거쳐 고대·고려·조선·근대 편으로 구성된 4권 편제의 『한국의 대외관계와 외교사』가 빛을 보게 되었다. 고대편은 주편자의 갑작스런 사임으로 출간 일정이 다소 늦어졌다. 이미 초고가 완성된 상황이어서 별도의 주편자를 섭외하지는 않았다.

3

우리가 학계의 역량을 모은 한국 외교사를 갖는다는 것은 세계에 한국사의 위상을 올바로 세우고, 우리의 눈으로 세계를 보며 미래 역사를 개척하겠다는 의지를 밝힌다는 의의가 있다. 외교란 국가가 국제환경을 주체적으로 판단하고, 세계무대에서 자국의 목표와 이익을 추구하는 행위이다. 그런 점에서 이 성과물은 한국사를 권력 정치의 객체로 재단해 온 주변국의 왜곡된 시각을 교정함은 물론, 우리의 역사적 경험으로부터 새로운 역사적 지향을 탐색해 갈 수 있는 학문적 입론점을 확보한다는 의미를 갖는 것이기도 하다. 무엇보다 중요한 것은 일반 국민들의 마음 속에 각인된 '지정학적 조건론'이나 '강대국 결정론'을 불식하고, 한국사의 주체성과 발전 경로에 대한 올바른 인식을 진작할 수 있다는 점이다.

우리 역사에 대한 부정적 인식과 '주변부 의식'을 떨치지 않으면 미래를 향한 용기와 상상력은 충전되기 어렵다. 우리 역사가 마주했던 상황과 이를 헤쳐 나온 선인들의 경험과 선택들에 대한 깊은 이해가 전제되지 않은 채, 미래 역사 비전을 세운다는 것은 연목구어(緣木求魚)에 불과할지도 모른다. 그들이 숨 쉬었던 공간에서 그들의 문화를 이어받은 우리가 한국의 역사를 떠나 통일과 통일 이후의 미래를 설계한다는 것은 매우 어렵기 때문이다. 이런 점에서 한국의 대외관계와 외교사는 주변국의 역사적 왜곡에 대응하는 총론적 기획의 의의를 갖는다.

4

하지만 이번 작업을 통해 그동안 편찬위원회에서 논의되거나 공감되었던 문제들을 모두 소화할 수는 없었다. 편찬 후기에서 이를 밝혀두기로 한다.

우선, 한국 외교사를 어떻게 볼 것인가의 문제이다. 한국의 대외관계와 외교사에 대한 총설적 이해와 관련된 부분이다. 한국 외교의 역사적 환경, 전통 시대 동아시아 외교의 특징으로 호명되는 조공·책봉 등의 제도사적 문제, 한국의 외교제도사 등이 그것이다. 각 권의 내용을 읽는 독자들에게 한국 외교의 역사적 구조와 얼개에 대한 이해가 제공될 필요가 있다고 보았기 때문이다. 한국의 대외관계와 외교사를 우리의 시각에서 읽는 나침반이 필요하다는 것이다. 4권의 시대사에 총설을 얹게 되면 완정한 한국 외교사 체제가 축조되는 셈이다.

다음은 학제적 연구의 필요성이다. 당초 편찬위원회는 한국의 대외관계와 외교사를 사실관계 설명과 더불어 정책결정자를 비롯한 독자들이 한반도의 범역을 넘어 국제관계의 전략적 연동관계를 요해할 수 있도록 서술하고자 했으나 이는 후속작업에 미룰 수밖에 없었다. 한국의 대외관계에 대한 국제정치학적 검토와 이론화가 진전되면 한국 외교의 미래와 비전 설계를 위한 튼실한 학문적 토대를 마련할 수 있을 것이다. 이런 관점에서 한국사상 다양한 행위주체가 병립했던 고대 시기는 이를 굳이 하나의 서술체계에 가두지는 않았다. 각각의 권력집단과 주체의 정세 판단과 전략, 자원의 동원 등을 밝혀두는 것이 낫다는 생각에서이다.

셋째, 편찬위원회는 세계 학계에 한국의 연구결과를 적극적으로 번역하고 소개해 나가야 할 것이라는 점에 문제의식을 같이해 왔다. 미국과 유럽 등 세계 학계에서의 한국사의 위상은 중국과 일본 등 경쟁국에 비해 매우 열악하다. 이런 상황을 개선하기 위해 한국 외교사의 흐름과 독자성을 꾸준히 전파해 나가야 한다고 본다. 한국사의 발전에 대한 독자적 논리 없이 중국과 일본의 역사왜곡에 상황적으로 대응하는 것만으로는 '역사전쟁'에 대처하기 어렵기 때문이다.

마지막으로, 편찬위원과 집필자들은 여러 계기를 통해 한국 외교사상의 주요 정책 쟁점과 인물 발굴 등의 후속사업을 고려할 필요가 있다는 점을 지적해 왔다. 다양한 학문 분과에서 한국의 대외관계와 외교의 흐름을 적극적이고 진취적인 시각에서 이해할 수 있는 스토리텔링의 소재를 발굴해 나가기 위한 노력이 이루어져야 한다는 의견도 제시되었다. 이런 역사인식이야말로 역사의 큰 줄기를 놓치지 않으면서 현실을 성찰하고 미래를 구상하는 '역사하기'(doing history)의 힘을 주기 때문이다.

5

그동안 50여 명의 연구자들이 편찬위원회와 호흡을 같이하면서 한국의 대외관계와 외교사를 개발하기 위해 노력해 왔다. 이들이 힘을 합한 것은 불모에 가까운 한국의 대외관계와 외교사를 정리해야 한다는 학문적 소명감이었다고 생각한다. 재단은 일반 국민들, 심지어 정책 결정자들조차 주변 환경의 이해나 정책 설계에 우리 자신의 경험보다 외국의 이론과 사례를 더 크게 참고하고 있는 현실을 극복해야 한다는 일념으로 이 사업을 추진해 왔다.

만시지탄이 있지만 4년 여에 걸친 연구자들의 노력으로 이제 우리는 한국 외교사에 대한 학문적 불모성을 타개하고, 한국의 역사에 대한 주변국의 '은밀한 기획'에 대응해 나가는 논리 기반을 크게 확충할 수 있게 되었다. 한국의 대외관계와 외교사 체계를 수립하려는 재단의 노력이 한국의 역사에도 면면한 '외교'의 호흡이 있어 왔고, 또 있을 것임을 천명하는 학문적이며 실천적인 이정표가 되기를 기대한다.

이번의 결과물이 완벽한 최종의 것일 수는 없다. 대외관계에 대한 관심을 추가하다보니 구성상 약간의 드나듦도 생겼다. 이런 아쉬움에도 불구하고 이번 성과는 관련 분야 연구를 자극하고, 후속 세대가 체계를 다듬고 살을 붙여 나갈 수 있는 디딤돌을 놓았다는 점에 큰 의의가 있다. 비학문적이고 소모적인 논쟁이 아닌 생산적이고 건설적인 토론의 장을 기대한다는 점을 덧붙이며 편찬 후기에 갈음한다.

2018. 12
동북아역사재단 한국외교사편찬위원회 간사
홍면기

집필진

장동익 경북대학교 명예교수
저서 : 『고려시대 외교사연구』(일조각, 1994), 『원대여사자료집성』(1997), 『원송대여사자료집성』(2000), 『일본고중세고려자료연구』 이상 서울대학교 출판부, 2004, 『고려시대대외관계사종합연표』(동북아역사재단, 2009), 『일본고중세고려자료연구』(1, 2경인문화사, 2014), 『고려사연구의 기초』(1, 2경인문화사, 2016), 『モンゴル帝國期のアジア』(汲古書院, 2016)

김갑동 대전대학교 역사문화학과 교수
저서 : 『고려의 후삼국 통일과 후백제』(서경문화사, 2010), 『고려시대사 개론』(혜안, 2013), 『인물로 읽는 라이벌 한국사』(애플북스, 2007)
논문 : 「후삼국의 대중국외교」(한국중세사연구49, 2017), 「'왕건의 중국출신설'에 대한 비판적 검토」(동북아역사논총19, 2008), 「후백제의 멸망과 견훤」(한국사학보12, 2002), 「고려시대 남원과 지리산 성모천왕」(역사민속학16, 2003)

이정신 한남대학교 명예교수
저서 : 『고려시대의 변동과 대외정책』(경인문화사, 2004), 『고려시대의 특수행정구역 所 연구』(혜안, 2013)
논문 : 「고려후기 입성론과 국왕의 역할」(한국사연구 179, 2017), 「공민왕의 죽음과 국내외정세」(한국사학보 67, 2017), 「충선왕의 요동회복 의지와 고려왕 심왕의 불리임명」(한국인물사연구 21, 2014), 「고려후기의 역관」(한국중세사연구 38, 2014)

이진한 고려대학교 한국사학과 교수
저서 : 『고려시대 송상왕래 연구』(경인문화사, 2011), 『고려시대 무역과 바다』(경인문화사, 2014)
논문 : 「고려시대 해상교류와 '무역'」(동양사학연구 127, 2014)

한정수 건국대학교 사학과 교수
저서 : 『한국 중세 유교정치사상과 농업』(2007, 혜안)
논문 : 「고려 太祖代 대외 교섭과 外交儀禮」(한국사연구 170, 2015), 「고려전기 異邦人·歸化人의 입국과 해동천하」(한국중세사연구 50, 2017), 「고려 전기 '迎契丹使臣儀'의 내용과 의미」(사학연구 118, 2015), 「고려-금 간 사절 왕래에 나타난 주기성과 의미」(사학연구 91, 2008)

윤용혁 공주대학교 명예교수
저서 : 『고려 대몽항쟁사 연구』(일지사, 1991), 『삼별초 – 무인정권. 몽골, 그리고 바다로의 역사』(혜안, 2014), 『한국 해양사 연구』(주류성, 2015)

이익주 서울시립대학교 국사학과 교수
저서 : 『이색의 삶과 생각』(일조각, 2013), 『전쟁과 동북아의 국제질서』(공저, 일조각, 2007) 등
논문 : 「高麗·元關係의 構造에 대한 硏究」(韓國史論 36), 1996 ; 「14세기 전반 高麗·元關係와 政治勢力 동향」(한국중세사연구 9, 2000) ; 「고려-몽골 관계사 연구 시각의 검토」(한국중세사연구 27, 2009), 「14세기 후반 동아시아 국제질서의 변화와 고려-원·명-일본 관계」(震檀學報 114, 2012), 「1356년 공민왕 反元政治 再論」(歷史學報 225, 2015), 「1219년(高宗 6) 고려-몽골 '兄弟盟約' 再論」(東方學志 175, 2016), 「14세기 후반 고려-원 관계의 연구」(동북아역사논총 53, 2016)

이미지 국사편찬위원회 편사연구사
저서 : 『태평한 변방 – 고려의 對거란 외교와 그 소산』(경인, 2018)
논문 : 「『三韓紀畧』 소재 高麗 관련 기록과 伊藤東涯의 고려시대사 인식」, (사학연구 129, 2018), 「고려 숙종 책봉 문제와 여요 관계」(한국중세사연구 51, 2017), 「고려 무신정권기 군공자 포상 제도의 운영과 특징」(한국중세사연구 47, 2016)

나종우 원광대학교 명예교수
저서 : 『한국중세대일교섭사연구』(원광대출판국, 1996), 『전북의 역사와 인물』(원광대출판국, 2003), 『잃어버린 세월 그리운 땅』(신아출판사, 2003)
논문 : 「百濟史上에 있어서 익산의 위치」(백제문화 26, 1997), 「고려말기의 여·일관계」(전북사학 4, 1980)

김순자 중국 하남성 정주 경공업대학 한국어과 교수
저서 : 『한국 중세 한중관계사』(혜안, 2007). 김영미·김순자외, 『전염병의 문화사』(혜안, 2010). 장남원·김순자외, 『고려와 북방문화』(양사재, 2011).
논문 : 「고려·원(元)의 영토정책, 인구정책 연구」(역사와 현실 60, 2005), 「高麗·朝鮮-明 관계 외교문서의 정리와 분석」(『한국중세사연구』 28, 2010).

동북아역사재단 연구총서 77
한국의 대외관계와 외교사 _ 고려 편

초판 1쇄 발행 2018년 12월 20일
초판 3쇄 발행 2019년 8월 26일

엮은이 동북아역사재단 한국외교사편찬위원회
펴낸이 김도형
펴낸곳 동북아역사재단

등 록 312-2004-050호(2004년 10월 18일)
주 소 서울시 서대문구 통일로 81 NH농협생명빌딩
전 화 02-2012-6065
팩 스 02-2012-6189
e-mail book@nahf.or.kr

ⓒ 동북아역사재단, 2019

ISBN 978-89-6187-411-3 94910
      978-89-6187-409-0 (세트)

* 이 책의 출판권 및 저작권은 동북아역사재단에 있습니다. 저작권법에 의해 보호를 받는
  저작물이므로 어떤 형태나 어떤 방법으로도 무단전재와 무단복제를 금합니다.
* 이 도서의 국립중앙도서관 출판예정도서목록(CIP)은 서지정보유통지원시스템 홈페이지(http://seoji.
  nl.go.kr)와 국가자료종합목록시스템(http://www.nl.go.kr/kolisnet)에서 이용하실 수 있습니다.
  (CIP제어번호: CIP2018040310)

* 책값은 뒤표지에 있습니다. 잘못된 책은 바꾸어 드립니다.